FOUR GURUS
BOUND VOLUME
**第二版**

# 投资巨擘的圭臬

## 价值投资的谱系与四大圣手之道（上册）

魏强斌/著

经济管理出版社
ECONOMY & MANAGEMENT PUBLISHING HOUSE

**图书在版编目（CIP）数据**

投资巨擘的圭臬：价值投资的谱系与四大圣手之道/魏强斌著. —2 版. —北京：经济管理出版社，2016.11

ISBN 978-7-5096-4543-7

Ⅰ.①投… Ⅱ.①魏… Ⅲ.①股票投资 Ⅳ.①F830.91

中国版本图书馆 CIP 数据核字（2016）第 188965 号

策划编辑：勇　生
责任编辑：勇　生　王　聪
责任印制：黄章平
责任校对：王　淼

出版发行：经济管理出版社
　　　　　（北京市海淀区北蜂窝 8 号中雅大厦 A 座 11 层　100038）
网　　址：www. E-mp. com. cn
电　　话：（010）51915602
印　　刷：三河市延风印装有限公司
经　　销：新华书店
开　　本：787mm×1092mm/16
印　　张：30.75
字　　数：595 千字
版　　次：2016 年 11 月第 2 版　　2016 年 11 月第 1 次印刷
书　　号：ISBN 978-7-5096-4543-7
定　　价：108.00 元（上、下册）

# 价值投资大师谱系

**第一代价值投资的典范**

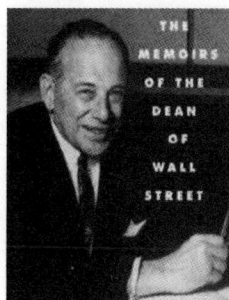

本杰明·格雷厄姆
Benjamin Graham
主要贡献：空间宽度价值
主要著作：《证券分析》
年复合收益率：20%

**第二代价值投资的典范**

沃伦·巴菲特
Warren E. Buffett
头衔：世界最伟大投资者
主要贡献：空间深度价值
主要著作：《伯克希尔·哈撒韦
年报》
年复合收益率：24.7%

乔治·索罗斯
George Soros
头衔：打败英格兰银行的人
主要贡献：空间广度价值
主要著作：《金融炼金术》
年复合收益率：28.6%

**第三代价值投资的典范**

彼得·林奇
Peter Lynch
头衔：全球第一基金经理
主要贡献：时间价值
主要著作：《彼得·林奇的
成功投资》
年复合收益率：29%

**第四代价值投资的典范**

?

# 第二版序言
# 价值投资与题材投机

无论是欧美股市还是中国股市，投资与投机都是并存的，客观来讲，A股的题材更为普遍一些，从投机起家的交易者在A股并不少见。写这篇新版自序的时候，A股刚好经历了一年的牛熊轮回，投机过后鸡毛遍地，价值投资的最佳窗口逐渐来临，上证指数在2800点附近徘徊。是不是投机就一定是错的呢？是不是投资就一定增长很慢呢？我希望用实践来回答这些问题，而不是照搬主流的看法。从几万元、几十万元，几年内赚到几千万元、上亿元的人并非寥寥数人，他们靠的是投机，而且其中有客观规律可循，虽然也有一些运气的成分，但至少表明投机并非完全是胡搞。A股市场上的成功投机我定义为"题材投机"，因为这些成功的投机大家们主要是基于对题材生命力和资金流向的预判而展开操作。但是，这类资金的增长是存在瓶颈的，当资金规模达到上亿元之后，投机变得危险起来，除非你缩减资本规模，而投资则可以容纳大得多的资本规模。成功的投机类型是"题材投机"，而成功的投资类型则是"价值投资"，那么什么是价值投资呢？

价值投资的核心在于评估价值，对于股票而言价值在于资产能够创造的未来现金流，而这些现金流之所以能够被创造出来是因为商业竞争力。因此，价值源于商业竞争力，股票投资的本质是商业活动。

不唯书，不唯上，只唯实！有人说价值投资在A股市场没用，要吃亏，有人说投机是歪门邪道，早晚要吃亏，我们不要被这些看似有道理的主流言论所迷惑，而应该看看市场上那些持续盈利者的特征和做法。实践是检验真理的唯一标准，我和周围人的实践表明，价值投资和题材投机都是A股市场上能够持续盈利的策略，只不过两者的资本规模和盈利速率存在差别。价值投资可以运用于任何资本规模，而题材投机则适合中小资金；价值投资的盈利速度是先慢后快，而题材投机的盈利速度是先快后慢；价值投资的根本是商业活动，题材投机的根本是资金流向。

　　本书讲的是价值投资的主要原理，以及不同的估值方法，邓普顿老先生曾经反复强调过大众普遍采用的方法很难赚钱，大家可以看下身边的股票交易者们采用的主要方法是什么，是价值投资呢？还是题材投机呢？都不是，他们往往采用的是纯技术交易策略，以 K 线和技术指标为主。

　　本书主要以价值投资的各项原理为中心展开，我的核心观点是价值投资的本质是商业活动，戳穿股票的面纱，你会见到价值的本质，那就是商业，全书所有的内容都是为了阐明这点。

　　股票价值的三大要素是什么？商业，商业，还是商业！

魏强斌

2016 年 10 月 18 日

# 前言 这是一个令人振奋的时代，价值投资势必"再度为王"

当今时代，中国乃至全世界都在经历一场前所未有的"新时代"。"中国概念"、"十年大财"、"八十年大牛市"跃然于新闻媒体之上，众口相传，似乎价值投资已经走到了舞台的边缘。但是价值投资者仍旧非常清醒，国内价值投资的代表人物段永基和林园纷纷表现出狂热气候下的超然冷静，而李嘉诚和巴菲特则卖出了高涨的 H 股，似乎这些人都在与历史趋势背道而驰，似乎价值投资注定要永远与大把的钞票无缘，但是让我们听听证券分析之父——本杰明·格雷厄姆 50 年前发出的醒世良言：**"新时代主义"认为，无论价格多么高，绩优股都可以作为稳健的投资对象，这种说法只不过是那些以投资之名疯狂地进行赌博行为的托词而已。**

价值投资的理念总是在牛市的时候遭到抛弃，价值投资的书籍总是在熊市中热卖，我们今天就是站在这里借助大师们的不厌教诲，站在巨擘们的肩膀上呼唤每个中国股民的价值投资意识，避免疯狂之后的追悔莫及。

每次股灾都是价值投资重拾王者风范的开端，每次股市走入熊市都是价值投资遍地找宝的良机。中国经济借助世界的风帆一定会大展宏图，但是股市过高的市盈率反映了"泡沫"爆裂的危险在增加。中国股市的高涨有着资金过剩的支撑，随着利率的上升和贸易的逐渐平衡，中国股市必定像一只漏了气的气球随风飘摇。在这个时刻，我们需要和沃伦·巴菲特、李嘉诚站到一起，勇敢地坚持价值投资。

世纪之交的网络股"泡沫"证明了价值投资的永恒魅力，击穿了那些"新时代"和"新经济"的幌子。无论熊市牛市，最终的胜利者都是价值投资者：在熊市的低沉和恐慌中，价值投资者们捡起那些大众丢弃的宝贝；在牛市的高涨和狂热中，价值投资者们谨慎地观望，趁机抛弃那些"价不称值"的家伙。牛市中疯狂的人们得到的只是短暂的纸上富贵，从来都难以落袋为安。

**本书以四位大师的卓绝投资智慧为准绳，以大师的亲身经历为载体，以中国股市**

的狂热为背景，来一次价值投资的集中展示，帮助中国的每一位股民认识到什么叫投资，什么叫价值投资。60 年的实践智慧表明，持久盈利的智慧和最后的胜者始终归于价值投资学派。

上起本杰明·格雷厄姆，中继沃伦·巴菲特、乔治·索罗斯，下至彼得·林奇，绵延不息的价值投资血统，在中国也有其血亲。本杰明·格雷厄姆首开证券分析之先河，提出价值投资的目的在于寻找隐藏价值；沃伦·巴菲特的博学笃行在隐藏价值上增加了无形价值，将市场性专利引入价值投资体系；乔治·索罗斯虽非蒙受价值投资正统灌输，却也深得价值投资精髓，在其投资生涯中通过全球眼光发掘那些价值与价格严重背离的货币并实行炼金秘法，一次所获当以十亿计；彼得·林奇乃天纵之才，于冥冥之中悟到价值投资的新维度，将费雪的衣钵继承并发扬光大，专注于成长性，也就是将价值的时间维度提升到实际运用的高度。"隐藏价值＋无形价值＋成长价值＝最新价值投资"，这一等式提炼和凝聚了从格雷厄姆到巴菲特再到林奇的投资精髓，也是本书将要呈现给大家的价值投资新体系。

在此我们背靠所有位列价值投资名人堂的大师们发出 2008 年度的股票市场最大预言：价值投资势必"再度为王"！

作　者

2007 年 12 月 27 日

# Preface   This is an inspiring age, value investment will be claimed King again!

Nowadays China and the entire world are going through an unprecedented "New Age". You see on newspapers "China Concept", "Ten-year Big Fortune", "Eight Decades of Bull Market" which are spoken by nearly everybody. It seems that value investment has been made marginal., Nevertheless value investors remain calm. Duan Yongji, and Lin Yuan, the two domestic representatives of value investment showcased us what outstanding calmness amongst mania is; while Li Ka-cheng and Buffett outrightly sold their handsomely appreciating H shares. It seems that these people are doing things against historical trends and value investment totally has nothing to do with large sum of notes. Well, let's just listen to the warning made by Father of Stock Analysis, Benjamin Graham 50 years ago, "New Ageism thinks that no matter how high the price is, a blue chip is always is a secured target for investment—this idea is just an excuse for crazy gambling under the name of investment."

The idea of value investment is always abandoned in a bull market while gets popular again in a bear market. Inspired by the repeated teachings of great masters, we are trying to reinvigorate the consciousness of value investment among Chinese shareholders so as to avoid future regrets and pains.

Each stock disaster turns to be the beginning of the revitalization of value investment; each bear market stands for a good chance for value investment to claim gains. Chinese economy is surely going to play a big role on the world stage, but a too high p/e ratio in the stock market means that the risk of bubble blast is increasing. Currently the rising Chinese stock market is backed by excessive fund; as the interest rate goes up and trade achieves balance, the future of Chinese stock market is rather volatile, just like a frustrated balloon. At this moment, we need to stand by the side of Buffett and Li Ka-shing and safeguard

value investment with bravery.

The web stock bubble at the turn of the new century proved the eternal charm of value investment and broke those New Age and New Economy myths. No matter the market is bull or bear, the value investor is always the final winner. He picks up the treasures discarded by the masses in the gloomy panic of a bear market, and watches cautiously in a bull market and is ready to abandon those unfavored stocks. People who act with craze in a bull market get temporary paper wealth only and never claim genuine fortunes.

This book exploits the unparallel wits of the four masters and showcases their investment experiences and magnifies these experiences in the Chinese stock market background. It aims at showcasing value investment and telling Chinese shareholders what investment is and what value investment us. Practices of 60 years have proved that the value investment school will reap long-lasting profits and the final victory.

We have Graham, Buffett, Soros and the lately Peter Lynch. The trace of the value investment chain could be found in China as well. Graham started stock analysis and told us that the aim of value investment is to seek hidden value; the knowledgeable and practical Buffett presented the idea of intangible value on the basis of hidden value thus incorporated market patent into the value investment system; although Soros is not a formal student of value investment, he gets the essence of it. In his investment history, he found out those currencies of which the price is severely far away from its value and used alchemy and made a fortune of billions; Lynch is a genius. He detected the new dimension of value investment and revitalized the teaching of Fisher and focuses on growth which actually means promoting the time dimension of value to a practical level. "Hidden value + intangible value + growth value = the latest value investment" —this formula is an distillation of the soul of investment by Graham and Buffett and is also the new value investment system that this book is going to present to the public.

**Relying on these masters of value investment, we proclaim for 2008 stock market: value investment will be the King again!**

**Authors**

**2007-12-27**

# 导言　成为伟大交易者的秘密

◇ 伟大并非偶然！

◇ 常人的失败在于期望用同样的方法达到不一样的效果！

金融交易是全世界最自由的职业，每个交易者都可以为自己量身定做一套盈利模式。从市场中"提取"金钱的具体方式各异，而这却是金融市场最令人神往之处。但是，正如大千世界的诡异多变由少数几条定律支配一样，仅有的"圣杯"也为众多伟大的交易圣者所朝拜。我们就来一一细数其中的最伟大代表吧。

作为技术交易（Technical trading）的代表性人物，理查德·丹尼斯（Richard Dannis）闻名于世，他以区区 2000 美元的资本累计赚取了高达 10 亿美元的利润，而且持续了数十年的交易时间。更令人惊奇的是他以技术分析方法进行商品期货买卖，也就是以价格作为分析的核心。但是，理查德·丹尼斯的伟大远不止于此，这就好比亚历山大的伟大远不止于他建立了地跨欧亚非的大帝国一样，丹尼斯的"海龟计划"使得目前世界排名前十的 CTA 基金经理有六位是其门徒。"海龟交易法"从此名扬天下，纵横寰球数十载，今天中国内地也刮起了一股"海龟交易法"的超级风暴。其实，海龟交易法的核心在于两点：一是"周规则"蕴含的趋势交易思想；二是资金管理和风险控制中蕴含的机械和系统交易思想。所谓"周规则"（Weeks' Rules），简单而言就是价格突破 N 周内高点做多（低点做空）的简单规则，"突破而作"（Trading as Breaking）彰显的就是趋势跟踪交易（Trend Following Trading）。深入下去，"周规则"其实是一个交易系统，其中首先体现了"系统交易"（Systematic Trading）的原则，其次是体现了"机械交易"（Mechanical Trading）的原则。对于这两个原则，我们暂不深入，让我们看看更令人惊奇的事实。

巴菲特（Warren Buffett）和索罗斯（Georgy Soros）是基本面交易（Fundamental investment & Speculation）的最伟大代表，前者 2007 年再次登上首富的宝座，能够时隔多年后二次登榜，实力自不待言，后者则被誉为"全世界唯一拥有独立外交政策的平

民"，两位大师能够"登榜首"和"上尊号"基本上都源于他们的巨额财富。从根本上讲，是卓越的金融投资才能使得他们能够"坐拥天下"。巴菲特刚踏入投资大门就被信息论巨擘认定是未来的世界首富，因为这位学界巨擘认为巴菲特对概率论的实践实在是无人能出其右，巴菲特的妻子更是将巴菲特的投资秘诀和盘托出，其中不难看出巴菲特系统交易思维的"强悍"程度，套用一句时下流行的口头禅"很好很强大"，恐怕连那些以定量著称的技术投机客都要俯首称臣。巴菲特自称85%的思想受传于本杰明·格雷厄姆的教诲，而此君则是一个以会计精算式思维进行投资的代表，其中需要的概率性思维和系统性思维不需多言便可以看出"九分"！巴菲特精于桥牌，比尔·盖茨是其搭档，桥牌运动需要的是严密的概率思维，也就是系统思维，怪不得巴菲特首先在牌桌上征服了信息论巨擘，然后又征服了整个金融世界。由此看来，巴菲特在金融王国的"加冕"早在桥牌游戏中就已经显出端倪！

索罗斯的著作一大箩筐，以《金融炼金术》最为出名，其中他尝试构建一个投机的系统。他师承卡尔·波普和哈耶克，两者都认为人的认知天生存在缺陷，所以索罗斯认为情绪和有限理性导致了市场的"盛衰周期"（Boom and Burst Cycles），而要成为一个伟大的交易者则需要避免受到此种缺陷的影响，并且进而利用这些波动。索罗斯力图构建一个系统的交易框架，其中以卡尔·波普的哲学和哈耶克的经济学思想为基础，"反身性"是这个系统的核心所在。

还可以举出太多以系统交易和机械交易为原则的金融大师们，比如伯恩斯坦（短线交易大师）、比尔·威廉姆（混沌交易大师）等，太多了，实在无法一一述及。

那么，从抽象的角度来讲，我们为什么要迈向系统交易和机械交易的道路呢？请让我们给你几条显而易见的理由吧。

第一，人的认知和行为极其容易受到市场和参与群体的影响，当你处于其中超过5分钟时，你将受到环境的催眠，此后你的决策将受到非理性因素的影响，你的行为将被外界接管。而机械交易和系统交易可以极大地避免这种情况的发生。

第二，任何交易都是由行情分析和仓位管理构成的，其中涉及的不仅仅是进场，还涉及出场，而出场则涉及盈利状态下的出场和亏损下的出场，进场和出场之间还涉及加仓和减仓等问题，这些涉及多次决策，在短线交易中更是如此。复杂和高频率的决策任务使得带有情绪且精力有限的人脑无法胜任。疲劳和焦虑下的决策会导致失误，对此想必是每个外汇和黄金短线客都深有体会的。系统交易和机械交易可以流程化地反复管理这些过程，省去了不少心力成本。

第三，人的决策行为随意性较强，更为重要的是每次交易中使用的策略都有某种

程度上的不一致，这使得绩效很难评价，因为不清楚 N 次交易中特定因素的作用到底如何。由于交易绩效很难评价，所以也就谈不上提高。这也是国内很多炒股者十年无长进的根本原因。任何交易技术和策略的评价都要基于足够多的交易样本，而随意决策下的交易则无法做到这点，因为每次交易其实都运用了存在某些差异的策略，样本实际上来自不同的总体，无法用于统计分析。而机械交易和系统交易由于每次使用的策略一致，这样得到的样本也能用于绩效统计，所以很快就能发现问题。比如，一个交易者很可能在 1，2，3，…，21 次交易中，混杂使用了 A、B、C、D 四种策略，21次交易下来，他无法对四种策略的效率做出有效评价，因为这 21 次交易中四种策略的使用程度并不一致。而机械和系统交易则完全可以解决这一问题。所以，要想客观评价交易策略的绩效，更快提高交易水平，应该以系统交易和机械交易为原则。

第四，目前金融市场飞速发展，股票、外汇、黄金、商品期货、股指期货、利率期货，还有期权等品种不断翻新花样，这使得交易机会大量涌现，如果仅仅依靠人的随机决策能力来把握市场机会无疑于杯水车薪。而且大型基金的不断涌现，使得仅靠基金经理临场判断的压力和风险大大提高。机械交易和系统交易借助编程技术"上位"已成为了这个时代的既定趋势。况且，期权类衍生品根本离不开系统交易和机械交易，因为其中牵涉大量的数理模型运用，靠人工是应付不了的。

中国人相信人脑胜过电脑，这绝对没有错，但未必完全对。毕竟人脑的功能在于创造性解决新问题，而且人脑容易受到情绪和经验的影响。在现代的金融交易中，交易者的主要作用不是盯盘和执行交易，这些都是交易系统的责任，交易者的主要作用是设计交易系统，定期统计交易系统的绩效，并做出改进。这一流程利用了人的创造性和机器的一致性。交易者的成功，离不开灵机一动，也离不开严守纪律。当交易者参与交易执行时，纪律成了最大问题；当既有交易系统让后来者放弃思考时，创新成了最大问题。但是，如果让交易者和交易系统各司其职，则需要的仅仅是从市场中提取利润！

作为内地最早倡导机械交易和系统交易的理念提供商（Trading Ideas Provider），希望我们策划出版的书籍能够为你带来最快的进步，当然，金融市场没有白拿的利润，长期的生存不可能夹杂任何的侥幸，请一定努力！高超的技能、完善的心智、卓越的眼光、坚韧的意志、广博的知识，这些都是一个至高无上交易者应该具备的素质。请允许我们助你跻身于这个世纪最伟大的交易者行列！

# Introduction　Secret to Become a Great Trader!

◇ Greatness does not derive from mere luck!

◇ The reason that an ordinary man fails is that he hopes to achieve different outcome using the same old way!

Financial trading is the freest occupation in the world, for every trader can develop a set of profit−making methods tailored exclusively for himself. There are various specific methods of soliciting money from market; while this is the very reason that why financial market is so fascinating. However, just like the ever−changing world is indeed dictated by a few rules, the only "Holy Grail" is worshipped by numerous great traders as well. In the following, we will examine the greatest representatives among them one by one.

As a representative of Techincal Trading, Richard Dannis is known worldwide. He has accumulated a profit as staggering as 1 billion dollar while the cost was merely 2000 bucks! He has been a trader for more than a decade. The inspiring thing about him is that he conducted commodity futures trading with a technical analysis method which in essence is price acting as the core of such analysis. Nevertheless, the greatness of Richard Dannis is far beyond this which is like the greatness of Alexander was more than the great empire across both Europe and Asia built by him. Thanks to his "Turtle Plan", 6 out of the world top 10 CTA fund managers are his adherents. And the Turtle Trading Method is frantically well−known ever since for a couple of decades. Today in mainland China, a storm of "Turtle Trading Method" is sweeping across the entire country. The core of Turtle Trading Method lies in two factors: first, the philosophy of trendy trading implied in "Weeks' Rules"; second, the philosophy of mechanical trading and systematic trading implied in fund management and risk control. The so−called "Weeks' Rules" can be simplified as simples rules that going long at high and short at low within N weeks since price breakthrough. While

Trading as breaking illustrates trend following trading. If we go deeper, we will find that "Weeks' Rules" is a trading system in nature. It tells us the principle of systematic trading and the principle of mechanical trading. Well, let's just put these two principles aside and look at some amazing facts in the first place.

The greatest representatives of fundamental investment and speculation are undoubtedly Warren Buffett and George Soros. The former claimed the title of richest man in the world in 2007 again. You can imagine how powerful he is; the latter is accredited as "the only civilian who has independent diplomatic policies in the world". The two masters win these glamorous titles because of their possession of enormous wealth. In essence, it is due to unparalleled financial trading that makes them admired by the whole world. fresh with his feet in the field of investment, Buffett was regarded by the guru of Information Theory as the richest man in the future world for this guru considered that the practice by Buffett of Probability Theory is unparallel by anyone; Buffett' wife even made his investment secrets public. It is not hard to see that the trading system of Buffett is really powerful that even those technical speculators famous for quantity theory have to bow before him. Buffet said himself that 85% of his ideas are inherited from Benjamin Graham who is a representative of investing in a accountant's actuarial method which requires probability and systematic thinking. The interesting thing is that Buffett is a good player of bridge and his partner is Bill Gates! Playing bridge requires mentality of strict probability which is systematic thinking, no wonder that Buffett conquered the guru of Information Theory on bridge table and then conquered the whole financial world. From these facts we can see that even in his early plays of bridge, Buffett had shown his ambition to become king of the financial world.

Soros has written a large bucket of books among which the most famous is *The Alchemy of Finance*. In this book he tried to build a system of speculation. His teachers are Karl Popper and Hayek. The two thought that human perception has some inherent flaws, so their students Soros consequently deems that emotion and limited rationality lead to "Boom and Burst Cycles" of market; while if a man wants to become a great trader, he must overcome influences of such flaws and furthermore take advantage of them. Soros tried to build a systematic framework for trading based on economic ideas of Hayek and philosophic thoughts of Karl Popper. Reflexivity is the very core of this system.

I may still tell you so many financial gurus taking systematic trading and mechanical

trading as their principles, for instance, Bernstein (master of short line trading), Bill Williams (master of Chaos Trading), etc. Too many. Let's just forget about them.

Well, from the abstract perspective, why shall we take the road to systematic trading and mechanical trading? Please let me show you some very obvious reasons.

First. A man's perception and action are easily affected by market and participating groups. When you are staying in market or a group for more than 5 minutes, you will be hypnotized by ambient setting and ever since that your decisions will be affected by irrational elements.

Second. Any trading is composed of situation analysis and account management. It involves not only entrance but exit which may be either exit at profit or exit at a loss, and there are problems such as selling out and buying in. all these require multiple decision-makings, particularly in short line trading. Complicated and frequent decision-making is beyond the average brain of emotional and busy people. I bet every short line player of forex or gold knows it well that decision-making in fatigue and anxiety usually leads to failure. Well, systematic trading and machanical trading are able to manage these procedures repeatedly in a process and thus can save lots of time and energy.

Third. People make decisions in a quite casual manner. A more important factor is that people use different strategies in varying degrees in trading. This makes it difficult to evaluate the performance of such trading because in that way you will not know how much a specific factor plays in the N tradings. And the player can not improve his skills consequently. This is the very reason that many domestic retail investors make no progress at all for many years. Evaluation of trading techniques and strategies shall be based on plenty enough trading samples while it's simply impossible for tradings casually made for every trading adopts a variant strategy and samples accordingly derive from a different totality which can not be used for calculating and analysis. On the contrary, systematic trading and mechanical trading adopt the same strategy every time so they have applicable samples for performance evaluation and it's easier to pinpoint problems, for instance, a player may in first, second ... twenty-first tradings used strategies A, B, C, D. He himself could not make effective evaluation of each strategy for he used them in varying degrees in these tradings, but systematic trading and mechanical trading can shoot this trouble completely. Therefore, if you want to evaluate your trading strategies rationally and make quicker

progress, you have to take systematic trading and mechanical trading as principles.

Fourth. Currently the financial market is developing at a staggering speed. Stock, forex, gold, commodity, index futures, interest rate futures, options, etc, everything new is coming out. So many opportunities! Well, if we just rely on human mind in grasping these opportunities, it is absolutely not enough. The emergence of large-scale funds makes the risk of personal judgment of fund managers pretty high. Take it easy, anyway, because we now have mechanical trading and systematic trading which has become an irrevocable trend of this age. Furthermore, derivatives such as options can not live without systematic trading and mechanical trading for it involves usage of large amount of mathematic and physical models which are simply beyond the reach of human strength.

Chinese people believe that human mind is superior to computer. Well, this is not wrong, but it is not completely right either. The greatness of human mind is its creativity; while its weakness is that it's vulnerable to emotion and past experiences. In modern financial trading, the main function of a trader is not looking at the board and executing deals—these are the responsibilities of the trading system—instead, his main function is to design the trading system and examine the performance of it and make according improvements. This process unifies human creativity and mechanical uniformity. The success of a trader is derived from tow factors: smart idea and discipline. When the trader is executing deals, discipline becomes a problem; when existing trading system makes newcomers give up thinking, creativity becomes dead. If, we let the trader and the trading system do their respective jobs well, what we need to do is soliciting profit from market only!

As the earliest Trading Ideas Provider who advocates mechanical trading and systematic trading in the mainland, we hope that our books will bring real progress to you. Of course, there is no free lunch. Long-term existence does not merely rely on luck. Please make some efforts! Superb skill, perfect mind, excellent eyesight, strong will, rich knowledge—all these are merits that a great trader shall have to command. Finally, please allow us to help you squeeze into the queue of the greatest traders of this century!

# 目 录

# 上 册

在华尔街，那些从事股票投资的大资金拥有者和管理者都采用价值投资这种模式，除了指数投资者，这个市场上没有其他类型的投资者在资金规模上与价值投资者能一较高下。21世纪初的高科技泡沫破灭以后，价值投资再度回到华尔街的舞台中央，价值投资成为一个时髦的主流词汇，但是真正的价值投资者永远是那么少。价值投资中的集大成者与技术交易中的集大成者的财富根本不在一个级别上，巴菲特的个人财富是以百亿元计算，而技术分析中的顶尖大师也只能以亿为单位计算个人财富，技术分析大师的个人财富水平几乎没有超过 10 亿美元的。

在华尔街，那些从事股票投资者的大资金拥有者和管理者都采用价值投资这种模式，除了指数投资者，这个市场上没有其他类型的投资者在资金规模上与价值投资者能一较高下。金融市场上确实有很多技术派的分析人士和咨询人士，但是在股票市场上几乎不可能纯粹靠技术分析来运作大量的资金。

巴菲特发现了市场情绪导致价格大幅偏离价值，而索罗斯不光是发现了市场情绪这一扰动因素，还发现了信贷周期。信贷周期也会显著导致价格大幅偏离价值。情绪和流动性制造了非理性对手盘，而这为价值投资者提供了机会。

凡是可以归纳成若干条简明条款的思想都会变得流行起来，我们也不妨在正文展开之前，先将各类书籍和材料中流传的价值投资的基本观念作一个不那么系统化的归纳，大致可以得出价值投资的九大原则。

本杰明·格雷厄姆作为一代宗师，他的金融分析学说和思想在投资领域产生了极为巨大的震动，影响了几乎三代重要的投资者，如今活跃在华尔街的数十位拥有上亿美元资产的投资管理人都自称为格雷厄姆的信徒，他享有"华尔街教父"的美誉。格雷厄姆生前可能没有想到，他的名声居然会由一个比自己低两个辈分的年轻人，即沃伦·巴菲特来传承。

以 40 美分的价格买进一美元的钞票，人若不能够立即接受这项概念，就永远不会接受它。它就像注射药剂。如果它无法立即抓住这个人，则我认为即使你长期地说服他，并且展示各种记录，你也无法让他接受。这是很单纯的概念，但他们就是无法领悟。类似瑞克这样的人，他完全没有正式商学教育的背景，却可以立即领会价值投资法，并且在五分钟之后便加以利用。我从来不曾见过任何人，会在 10 年之后才逐渐地皈依这种方法。它似乎和智商或学术训练无关。它是顿悟，否则就是拒绝。

格雷厄姆认为，动机比外在表现更能确定购买证券是投资还是投机。借款去买证券并希望在短期内获利的决策不管它买的是债券还是股票都是投机。在《证券分析》一书中，他提出了自己的定义："投资是一种通过认真分析研究，有指望保本并能获得满意收益的行为。不满足这些条件的行为就被称为投机。"

格雷厄姆决定拿隐瞒大量资产的公司作为入手处。他开始从上市公司本身、政府管理单位、新闻报道、内部人士等多种渠道收集资料，通过对这些收集到的资料进行研究分析，搜寻那些拥有大量隐匿性资产的公司。

在格雷厄姆看来，投机并不是一项好的投资，因为投机是建立在消息上面的，其风险非常高。当股价已升至高档的上端时，很难说哪一只股票没有下跌的风险，即便是绩优股也不例外。所以，从严格的意义上来讲，基于事实本身的投资和基于消息的投机，两者所蕴含的风险是截然不同的。如果一家公司真的营运良好，则其股票所含的投资风险便小，其未来的获利能力一定比较高。同时，格雷厄姆还认为，风险在股市上是永远存在的，没有风险就没有股市，任何一个投资者要想成功，均需依靠行之有效的技巧来规避风险并进而获利。

格雷厄姆是组合投资的先驱之一，他认为投资者应合理规划手中的投资组合，一般手中应保持 25% 的债券或与债券等值的投资和 25% 的股票投资，另外 50% 的资金可视股票和债券的价格变化而灵活分配其比重。当股票的盈利率高于债券时，投资者可多购买一些股票；当股票的盈利率低于债券时，投资者则应多购买债券。

格雷厄姆主要基于静态价值进行投资，具体而言就是有形资产，通过对有形资产

为核心的价值进行评估，他得出了价值和价格之间的差值，通常而言，由于是基于静态价值评估，所以他基本上不管公司长期的成长和盈利情况，只要账面上的价值在股价上得到了体现，他就会抽回投资，投到下一个具有隐藏价值的公司上。所以，他的价值投资一定没有巴菲特那么长，他的盈利状况也没有巴菲特那么好，最为关键的是随着有形资产盈利能力的提高，随着证券分析技术的进步，格雷厄姆那种以有形资产为基础寻找隐藏价值的方法逐渐失去市场。

价值投资的操作方法并不是使用复杂的公式做复杂的计算，而是格雷厄姆和巴菲特一直强调的"安全边际"。所谓"安全边际"指的是在作投资时，要以内在价值的显著折扣购入资产，以避免未来不可预知的风险。格雷厄姆说："未来能用两种方法达到，一个可称为预测，一个可称为保护。"价值投资者面对未来不可预知的风险时，使用的是"安全边际"的操作原则，让自己得到保护。

格雷厄姆的时代是一个有形资产为主的时代，资产的增值速度远远慢于今日，所以他自然是以资产而非收益为主来判断价值，这种评估价值的方法我们认为是建立在静态基础上的。他也知道公司的价值不仅存在于现在，更取决于未来，但是由于对投机泡沫和人类天性的顾忌，他基本上拒绝了那些不能定量化的东西进入他的研究视野中。在他晚年的时候，也就是世界上第一颗芯片研发出来前后，他的思想也发生了变化。最为重要的推动因素有两个：第一，无形资产比如商誉，知识产权等开始与有形资产分庭抗礼；第二，会计制度的完善，财务和证券分析方法的普及，从业者素质的提高以及大量专业金融机构的出现，使得那种利用账面资产价值与内在价值偏差获取所以的方法慢慢在竞争中丧失了当初的效力。

有人算过，如果再让巴菲特多活20年，整个美国的公司都会被他兼并，因为他一直以24%的复合增长率在增加其财富，似乎从来没有因为资金庞大而找不到投资对象。那些触角伸向全世界每个家庭的美国上市公司，很多都有巴菲特资金的影子，比如宝洁，比如可口可乐，比如吉列，比如耐克。可以说全世界的人都在通过某一产品与巴菲特的投资思想接触。

巴菲特如此伟大，作为全世界最伟大的投资者，他无愧于这个称号。巴菲特受益于格雷厄姆和菲利普·费雪两位投资思想家和实践先驱，他成熟后的投资总是寻找那些具有持续竞争优势的公司，据称他是第一个这样做的投资大师；他远离市场，而热衷于分析和观察公司，不仅查看财务报表，更为重要的是分析一些公司特征和收益前景；在买入股票上他恪守了格雷厄姆的"安全空间"理论。

巴菲特从小就立志做一个金融交易者，先从自学入手，接触了大量的金融交易文献，但是都不得其门而入，格雷厄姆给予了巴菲特第一次升华，由一个没有章法的交

易者上升为定量分析专家，巴菲特取得了一次进步，之后巴菲特从事多年的投资实践，从同事身上学到不少经验，从事独立投资使得巴菲特开始学会企业经营之道，后来经过查理·芒格和费雪的引导，获得第二次飞跃。

直到现在为止，正统的投资理论都认为人天生具备理性的思考能力，而且可以获得充分的信息以便进行全局和长期最优化的投资决策。其实，这显然误读了人的能力范围，无论是巴菲特还是索罗斯，他们都认为人的投资能力无论是从认知能力的角度还是信息处理的角度来看都存在明显的局限性。巴菲特用"能力范围"将自己从查理·芒格那里获取的心理学知识概括起来，而索罗斯则用"预定错误"预先就告诫自己任何判断可能存在的问题，然后在此基础上预先为投资失败留下退路，索罗斯的这些思想源其父亲和卡尔·波普，前者认为人应该随时预见可能的灾难，而后者认为人的认识能力天生就存在缺陷。

市场性专利是否在一家公司存在，也就是说一家公司是否具有市场性专利，通常需要经过如下三个步骤测试才能确定：第一，市场性专利存在的证据，主要从财务数据来分析；第二，市场性专利的来源，主要根据业务特点和市场性专利的既有两种类型来判断；第三，市场性专利的持续性，不同的市场性专利具有不同的有效期限，通常而言，价值投资应该选择那些具有二三十年以上市场性专利的企业。

巴菲特的伟大之处就在于能够找到那些收益持久高于平均水平的公司长期持有。通过"市场专利"法则可以找到那些收益持久高于市场平均水平的公司，但是长期持有一家这样的公司为什么可以带来如此丰厚的收益呢？秘密就在于"复利原理"。长期持有之所以具有丰厚的回报，是因为复利原理的存在。如果没有复利的存在，则利润的增长将是算术化的，而非指数化的。人类的预期通常是按照直线运行的，所以总是无法直观地看到指数化增长的无穷力量。

格雷厄姆认为一个投资者需要具备两个条件才能抵御情绪的影响：第一个条件是采用定量化的理性手段来分析股票，比如会计和财务分析方法；第二个条件是远离市场和投资人群。格雷厄姆告诫巴菲特，即使他掌握了定量化的分析手段仍然不能保障内心的平衡和理性，因为情绪很容易受到市场波动的影响，这时候定量分析反而可能助纣为虐。在掌握了理性分析方法之后，投资者仍然需要战胜自己的情绪。要战胜自己的情绪，最好的办法是远离市场。格雷厄姆以"市场先生"来比喻证券市场的极端无常。

欧洲四大名将亚历山大、汉尼拔、恺撒和拿破仑都强调兵力集中的重要性，拿破仑甚至认为兵力集中是军事学上的第一定律。巴菲特的投资之道也是如此，作为一个经济学学生，他在大学就应该熟悉利润最大化的资源分配原则，那就是将资本优先配置给那些能够带来最大收益的项目，而不是平均分配。作为一个资本管理者，巴菲特

自己也身体力行此原则，同时他对那些投资对象的筛选也会用到这条规则，那些善于留存收益的管理者为巴菲特所青睐，巴菲特坚持每一美元的投资必须用到收益最大的地方，如果企业管理者不能找到更好的再投资项目就应该把资本以红利的形式返还给股东。

为了积累大量财富，就必须利用"复利原理"，因为指数化增长快于算术增长。"复利原理"法则的具体运用要从两个方面入手，一是延长投资期限，增大复利的指数部分，要做到这点一要"远离市场"，二是"集中投资"。运用复利原理的第二个方面是提高复利水平，这增大了复利的幂部分，要做到这点最为关键的是要"集中投资"于拥有"市场专利"，而且在"能力范围"之内的企业。其实，通过了"市场专利"筛选又处在"能力范围"之内的企业毕竟是少数，这又反过来促进了"集中投资"和长期投资。

# 下　册

《巴伦周刊》在千禧年的第一份杂志上这样评价林奇："在过去的10年岁月里，他没有管理任何形式的公众基金，但是他仍旧是这个星球上最受欢迎和崇敬的基金经理。"而巴菲特作为大股东的《华盛顿邮报》则盛赞林奇是这个世界上最著名的基金经理人。要知道林奇当时已经退休多年，其业绩能够盖过千禧年前后的众多IT投资基金，这简直是个世纪奇迹。

格雷厄姆着力于发掘那些有形资产没有得以准确入账的公司，这就是扩展了空间中的宽度价值，因为隐蔽的资产就是价值的宽度被遮盖后形成的。巴菲特着力发掘那些具有无形资产的公司，这些公司具有市场性专利，可以长期阻挠进入者，这就是增加了价值深度的发掘力度。而彼得·林奇则主要集中精力于发掘那些随着时间可以增值的公司，这类公司具有很高和很持久的成长速度，其实这就是林奇在发掘时间上的价值。

在选择成长股票的时候，我们可以很容易找到那些历史表现良好的股票，但是对于这些股票是否能够延续其以前的成长水平，我们经常需要做进一步的研究才能确定。这就是对成长的质量进行深入的剖析，对那些推动成长的要素进行分析，看看这些因素提供的成长动力是否充足。

很多公司都可以通过合法而复杂的会计手段来蒙蔽投资者，但是一家公司的现金流却很难说谎。一家经营正常的企业，其经营性现金流应该大致保持上升趋势，这样

才表明企业的业绩在稳步上升，利润在增长。有一种情况需要特别警惕，那就是如果一家公司的净利润在急剧增长，但是它的经营性现金流却处于停滞状态，或者增长十分缓慢。这通常表明销售收入的回款遇到了麻烦，该企业不能及时收回账款，或者是企业将一些预期的销售收入计入了账目中，从而增加了当期的利润水平，但是这些利润却是没有实现的。

作为一个稳健而现实的投资者，我们应该从另外一种原因上涨的股票上寻找投资机会。这就是那些因为盈利而上涨的股票。这种上涨是必然的，也是可靠的，更是可持续的。只要盈利，那么股票的上涨就是可持续的。抛开企业的生命周期，过去几年的企业盈利水平一般是可以持续的，企业的经营业绩是有惯性的，历史是有用的，否则格雷厄姆就不会那么重视研究 5 年以上的经营历史了。林奇特别在意公司是否盈利，特别是未来的盈利水平是否可以在历史的基础上做到更好。

在建立投资组合时，除了注意股票类型的平衡，还有注意买入的价格是否合理。林奇认为即使一个投资者买入了稳定增长型股票也不见得能够分散投资的风险，因为这个投资者可能在一个过高的价格上买入了这只股票。由于买价不合理地高，使得组合风险不但没有降低，反而变得更高。

毕竟逐利是人类乃至万物的本性，任何资产之间收益差的显著和持续变动都会改变资产价格的趋势。在市场的顶部和底部形成中，资金是最为直接的因素，有些投资者认为市场情绪是最为主要的因素，其实情绪要转化为市场价格运动，必须是作用于手中握有资金的人，一个情绪激动的散户比不过一个情绪稍微波动的基金经理所发挥的影响。

在林奇看来投资并不是面对枯燥的财务数据，也不是埋首于抽象推理，投资是生活的一部分，可以套用一句名言："投资来源于生活，又高于生活。"林奇虽然是一位专业投资者，但是在专业投资者们看来他是一个离经叛道的人，因为林奇反对专业投资者的很多方法和规范，他曾经在自己的三本著作中对专业投资者大加批判，而且认为他们远远比不上那些业余爱好者。但是，林奇的业绩使得华尔街对他爱恨交加。

林奇作为一个中线投资者，如此看重公司的收益，认为收益的历史、现状和未来决定着一只股票的历史和未来。林奇持有这一观点并不孤单，从价值投资大师身上我们可以清晰地看到同样的特征，即使像威廉·欧奈尔这样的强势股交易者也将收益看作最为关键的因素之一。可以这样说，林奇是以"收益第一"为准绳，以"成长为王"为核心，以"消息优势"为手段的投资大师。

1992 年，索罗斯抓住时机，成功地狙击英镑。这一石破天惊之举，使得惯于隐于幕后的他突然聚焦于世界公众面前，成为世界闻名的投资大师。从 1969 年建立"量子基金"至今，他创下了令人难以置信的业绩，以平均每年 35% 的综合成长率令华尔街同行望尘莫及。他好像具有一种超能的力量左右着世界金融市场。他的一句话就可以使某种商品或货币的交易行情突变，市场的价格随着他的言论上升或下跌。

索罗斯之所以是价值投资者，主要是因为三点：第一，他早期从事股票投资时运用了格雷厄姆时的隐蔽资产分析法；第二，他投资所采用的框架是"反身性理论"这一理论强调了价格对基本面的背离，同时也认为价格最终会对基本面进行回归，而他的交易就是要抓住背离后的回归运动，这与格雷厄姆不谋而合，格雷厄姆就是认为价值和价格的偏离造就了安全空间，而这就是价值投资获取收益的关键；第三，索罗斯从卡尔·波普那里获得了投资哲学的基础，这一投资哲学的核心是强调人的认识具有局限性，而这与费雪和巴菲特提出的"能力范围"理论不谋而合。

要精确地把握到金融产品的临界反转点，需要一定的知识储备，那么究竟需要哪些领域的知识呢？根据索罗斯本人的经历和投资哲学，一个成功的"金融炼金"大师必须对宏观经济和政治理论有深入的了解和结合实际的把握，更为重要的是他还能够明晰人性的弱点和缺陷，懂得群体心理学和变态心理学的精髓，与此同时他还得到来自第一线的消息，也许这应该被称为"草根数据"。

金融交易中的"生存之道"在于保住资本，然后才是赚钱，无论是哪位交易大师，无论他信奉何种流派，只要他想通过实践的考验成为名副其实的大师，就需要坚持这一原则，巴菲特从格雷厄姆那里学到了保住资本的第一课，通过安全空间和分散投资来控制损失，后来费雪又教会他通过界定能力范围和集中投资来控制损失，索罗斯也经历了大师的教诲。卡尔·波普并非金融界人士，对于交易恐怕也一无所知，但是他的学说却滋养了索罗斯这样的金融大鳄。波普交给了索罗斯控制风险的一种哲学方法，这就是为自己的判断界定有效空间，也就是明确知道自己判断得以成立的基础。如果一项判断没有前提，则一定无法控制损失，因为根本不知道什么情况下它是错误的。

进行全球宏观交易必须熟知全球的金融动态和宏观经济以及政治形势。宏观对冲基金从事任何类型的金融品交易及各国的股票、政府债券、企业债券、外汇、贵金属、商品期货和金融期货。现在的宏观对冲基金并非遵循最初的避险式策略，而是以高杠杆为险要特征进行全球操作。正是由于宏观对冲基金这种高杠杆特性使得全球的金融市场承受了巨大的波动风险，从欧洲汇率机制的崩溃到东南亚经济危机，可以说对冲基金强大的杠杆使得那些本已聚集的泡沫迅速被刺穿。

第一章

# 最赚钱的方法——价值投资

凡是接触价值投资的人，都能得到道！

——W.st.shocker

## 第一节　华尔街最受宠爱的投资模式

投资只有一种，就是价值投资。

——本杰明·格雷厄姆

虽然华尔街的绝大多数交易者们倾向于盲从和投机，但是本杰明·格雷厄姆开创的价值投资体系却在赢家那**里大行其道**。华尔街的机构投资者和专业投资人士中很少有人敢公开叫板价值投资的，你可以细数一下价值投资领域那些尚且在世的巨擘们。当今最有权势的投资者，几乎都是价值投资者，那些高杠杆的对冲基金经理也无法望其项背，遑论杰出的投机客。1972年出版的《超级富豪》一书中，亚当·斯密斯列出了很多著名的交易大师，其中的大家很多都是价值投资者，而且几乎都是本杰明·格雷厄姆的学生，他们是沃伦·巴菲特，威廉·拉恩，沃尔勒·苏雷斯，马里奥·加贝里，查尔斯·布兰特以及欧文·卡恩等。巴菲特曾经连续好多年成为美国首富，

我们用交易者来统称投资者和投机者，虽然某些读者会刻意强调巴菲特不是交易者，而是投资者，但是不要忘记他是通过金融市场的交易来获得公司股份的，因此称其为交易者并无不当。"价值投资"和"题材投机"是最为主要的获利方式，在新兴市场当中，后者的使用更为普遍，而成熟的资本市场则以前者为主流。像特斯拉汽车这类股票交易，既可以看作是价值投资中的成长性投资，也可以看成是事件驱动的题材投机，也就是炒概念。

软银更加注重成长性，特别是破坏性创新带来的成长性。据说，软银创始人孙正义在年轻时曾经花费多年的时间研究分析各个行业，将其进行对比，以便选择最具潜力的行业作为主攻方向。

价值投资基于重大的驱动因素进行交易和持股，对风险的容忍度更高，对资金量的容纳度也很高。在次贷危机当中，对冲基金经理保尔森一战成名，盈利巨大，但是却不可能一直保持高速的资金增值率，这点与参与公司价值投资的巴菲特相比之下要逊色很多。

不过 2010 年后的几年，巴菲特的两位得力助手取得独立决策的权力，开始介入一系列科技股票。从这点出发可以发现，巴菲特是与时俱进的，持有开放心态看待一切经验和原则，并非拘泥于以前的老经验。

这是题材投机与价值投资的最大区别。题材投机专注于新的重大概念，而价值投资则专注未来收益的贴现。

而威廉·拉恩则是闻名遐迩的红杉资本创始人。现在中国国内的投资人士一定对红杉资本、黑石公司和**软银**三家投资基金非常熟悉。1984 年，巴菲特在母校哥伦比亚大学发表了一篇名为《格雷厄姆和多德的超级投资者们》的演讲，这次演讲之所以著名主要是因为文章使得大众开始发觉和领悟到价值投资的巨大威力，如此多的投资大家原来都是价值投资者，都是格雷厄姆的学生。

在华尔街，那些从事股票投资者的大资金拥有者和管理者都采用价值投资这种模式，除了指数投资者，这个市场上没有其他类型的投资者在资金规模上与**价值投资者能一较高下**。金融市场上确实有很多技术派的分析人士和咨询人士，但是在股票市场上几乎不可能纯粹靠技术分析来运作大量的资金。20 世纪的最后几年，新经济确实让不少投资者开始抛弃价值投资，转向动量交易一类的新技术。但是，格雷厄姆早在几十年前就做出了深刻的预言，他说：**"新时代主义认为无论价格多高，绩优股都可以作为稳健投资的工具的说法只不过是那些以投资之名行投机之实的赌博行为而已。"** 多么深刻而准确的预言啊，千禧年互联网股票暴跌，那些认为价值投资过时的投资者再次领悟到了价值投资的魅力。曾经因为拒不介入高科技股而蒙受舆论压力的巴菲特再次显示了**"世界股王"**的实力。

历史上经常出现群众性的癫狂，市场上充满了各种传言和新时代的论点，大量的概念和美好预期充斥其中，一些本来微不足道的事件被看成是**划时代的标志**。2007 年上半年和 2015 年上半年的 A 股市场似乎类似于这种状态，公司的盈利状况被高价远远地抛离，无论是巴菲特，还是李嘉诚都对中国的股市敬而远之。我们应该保持清醒，静下心来，仔细读读那些价值投资大师的哲学和策略，然后再来比照一下现实世界，这样我们就会懂得更多，也变得更加理智，而非盲从。

21 世纪初的高科技泡沫破灭以后，价值投资再度回到华

尔街的舞台中央，价值投资成为一个时髦的主流词汇，但是真正的价值投资者永远是那么少。当年的证券投资界，存在三种占据主导地位的投资模式：第一种是价值投资模式，包括格雷厄姆的静态价值投资和费雪的静态价值投资；第二种模式是指数化投资和分散化组合投资，比如约翰·伯格创立的先锋基金；第三种模式是技术分析流派，其最为成功的运用者是威廉·欧奈尔，他的方法包含了很多基本面的成分，比如每股收益，同时这是一种类似跟庄的战法，所以只适合那些资金规模不大的个人投资者，其投资方法被简称为 CANSLIM 体系。

指数化和分散化投资是为那些没有分析意愿和分析能力的投资者准备的，而价值投资者和技术分析则是为有分析意愿和分析能力的投资者做准备的。在股票市场上很难看到资金庞大的纯技术交易者，可能存在两个原因：第一个原因是他们本身的技术分析的基础并不扎实，这个原因目前来看还是不太站得住脚，因为现代行为金融学的某些理论支持技术分析的合理性；第二个原因是技术分析适合那些小规模的资金，一旦资金超过一定数量，则会打乱原本良好**的交易形态结构**。在那些流通性较好，成交量较大的金融市场上技术分析要好得多，比如外汇市场和国际贵金属市场以及美国国债市场、国际大宗商品市场等，要知道海龟交易者们占据了世界顶尖期货经理人的半数席位，就这点来看技术分析派**的能力也不可小觑**。

但是，世界上最有钱的投资者还是价值投资者，比如巴菲特，比如拉恩，比如邓普顿，太多了。价值投资中的集大成者与技术交易中的集大成者的财富根本不在一个级别上，巴菲特的个人财富是以百亿计算，而技术分析中的顶尖大师也只能以亿为单位计算个人财富，技术分析大师的个人财富水平几乎没有超过 10 **亿美元的**。

看看那些个人财富位居最高水平的个人投资者，几乎看不到纯技术分析的交易人士。这至少表明在目前的市场模式

> 价值投资重在识别一种近乎不败的格局，然后参与其中，而欧奈尔的方法则是以关注其他玩家，特别是重量级玩家的动向为主。

> 一旦玩家的体量超过某个规模，那么价格走势不过是你操作的影子而已。

> 不过，现在活跃的海归交易者们已经改变了纯粹的技术分析和决策框架。

> 技术分析是用来分析对手的，当你资金量过大的时候，你就无法通过技术分析来分析和决策了，这就好比一只追着自己尾巴跑的猫。

下，技术分析很难为成功的交易者带来更高水平的财富数量级别。

所以，在华尔街谈论价值投资绝对是身份和地位的一个标志，也是一种时尚元素，但是这种情况总是处于周而复**始的轮回状态**。我们并不是要追逐时髦，我们需要的是能够长期赚取利润的法宝。

我们来看看格雷厄姆和三位还健在的投资大师的骄人业绩吧：

● 证券分析之父 本杰明·格雷厄姆 年复利水平为20%

● 世界上最伟大的投资者 沃伦·巴菲特 年复利水平为24.7%

● 全球第一基金经理 彼得·林奇 年复利水平为29%

● 打败英格兰银行的人 索罗斯 年复利水平为28.6%

按照巴菲特52年来的复利水平来看，如果你在第一年投入1000美元，则40年后将变成750万美元，而另外两个大师的年复利水平更高，40年后的复利将变得高几个数量级。表1-1是2007年福布斯杂志评选出来的全球富豪排行榜，我们截取了巴菲特和索罗斯的部分，可以看出巴菲特的财富位列第二。索罗斯则排在靠后的位置，不过在全球富豪榜上面他也非常显著了，要知道他还在抽取不少利润支持开放社会和慈善事业，这使得本来可以创造惊人复利的本金减少了，仅仅1994~2000年，索罗斯就捐出了超过25亿美元给自己的慈善基金会。表1-2显示的则是2015年福布斯全球富豪榜前十名，巴菲特资本增值速度开始放慢了。如果按照巴菲特此前年平均速度增值手头的资本，那么2009年应该就可以将520亿美元增值为648.44亿美元了，但直到2015年才608亿美元，这就是资本体量过大之后面临的巨大挑战了。

A股市场，专攻事件驱动的投机客们这几年更受大众追捧，虽然初始资金不多，但是增长迅速，这点我们不能否认。

表 1-1　2007 年福布斯全球富豪排行榜

| 排名 | 姓名 | 国籍 | 年龄 | 净资产（10亿美元） | 居住地 |
|---|---|---|---|---|---|
| 1 | 比尔·盖茨（William Gates Ⅲ） | 美国 | 51 | 56.0 | 美国 |
| 2 | 沃伦·巴菲特（Warren Buffett） | 美国 | 76 | 52.0 | 美国 |
| 3 | 卡洛斯·斯利姆·埃卢（Carlos Slim Helu） | 墨西哥 | 67 | 49.0 | 墨西哥 |
| 4 | 坎普拉德家族（Ingvar Kamprad Family） | 瑞典 | 80 | 33.0 | 瑞士 |
| 5 | 拉克希米·米塔尔（Lakshmi Mittal） | 印度 | 56 | 32.0 | 英国 |
| 6 | 谢尔登·阿德尔森（Sheldon Adelson） | 美国 | 73 | 26.5 | 美国 |
| 7 | 贝尔纳德·阿尔诺（Bernard Arnault） | 法国 | 58 | 26.0 | 法国 |
| 8 | 阿曼西奥·奥尔特（Amancio Ortega） | 西班牙 | 71 | 24.0 | 西班牙 |
| 9 | 李嘉诚（Li Ka-shing） | 中国香港 | 78 | 23.0 | 中国香港 |
| 10 | 汤姆森家族（David Thomson Family） | 加拿大 | 49 | 22.0 | 加拿大 |
| 80 | 乔治·索罗斯（George Soros） | 美国 | 76 | 8.5 | 美国 |

表 1-2　2015 年福布斯全球富豪榜 TOP10

| 排名 | 姓名 | 财富（亿美元） | 公司 | 国籍 | 年龄 | 行业 |
|---|---|---|---|---|---|---|
| 1 | 比尔·盖茨 | 750 | 微软 | 美国 | 60 | 科技 |
| 2 | 阿曼西奥·奥特加 | 670 | Zara | 西班牙 | 79 | 零售 |
| 3 | 沃伦·巴菲特 | 608 | 伯克希尔·哈撒韦 | 美国 | 85 | 金融 |
| 4 | 卡洛斯·斯利姆·埃卢 | 506 | Telmex 和墨西哥美洲电信公司 | 墨西哥 | 76 | 电信 |
| 5 | 杰夫·贝佐斯 | 452 | 特亚马逊 | 美国 | 52 | 科技 |
| 6 | 马克·扎克伯格 | 446 | Facebook | 美国 | 31 | 科技 |
| 7 | 拉里·埃里森 | 436 | 甲骨文 | 美国 | 71 | 科技 |
| 8 | 迈克尔·布隆伯格 | 400 | 彭博社 | 美国 | 74 | 科技 |
| 9 | 查尔斯·科赫 | 396 | 科赫工业 | 美国 | 80 | 石油化工 |
| 9 | 大卫·科赫 | 396 | 科赫工业 | 美国 | 75 | 石油化工 |

# 第二节　价值投资的演化：四个维度，四个大师

长江后浪推前浪，世上新人换旧人。

——《增广贤文》

世界是发展的。

——卡尔·马克思

> 价值投资有很多不同的具体形式。
>
> ——沃伦·巴菲特

价值投资不是一个确定性和僵硬的投资体系，它也和其他投资体系一样不断沿着最初的路径发生演化，本书就是要将价值投资的演化路径与本书四位主角联系起来。格雷厄姆开创了证券分析这门职业，同时将定量化的技术引入了证券交易事业，这与他所受的教育和所从事的职业密切相关。格雷厄姆在上大学的时候对数学非常热爱，对于经济学了解很少，对于金融更是一片茫然，大学毕业后从事金融方面的工作。在形成证券分析体系的过程中成了保险公司的管理者。数学的理论功底加上保险精算的经验，使得格雷厄姆将证券分析与数学和保险精算结合起来。在此基础上格雷厄姆发现市场的确定性只能在长期才能生效，他认为市场价格会产生倾向价值中枢的自回归运动。同时，格雷厄姆还经历了1929年的股市大崩盘，崩盘之前市场充满了各类美好的预期。经历这次股灾之后，格雷厄姆对动态价值充满怀疑，而且格雷厄姆时代的经济是以有形资产为主的，所以格雷厄姆最终以企业的有形资产作为价值评估的主要对象，这样他就建立起了静态的价值评估体系。这个体系主要考虑的是股价价格与资产账面价值之间的背离，以及没有反映到账面的有形资产，也就是所谓的隐蔽资产，隐形资产。格雷厄姆力图通过精密的计算找出那些被股票市场低估的账面价值，以及没有正确计入账面价值的隐蔽资产。后来彼得·林奇专门发展了隐蔽资产投资法来囊括这一类型的价值投资。格雷厄姆代表了价值投资的第一代领袖人物，他着眼于空间上的价值，主要是隐蔽资产，所以我们认为他是在价值的宽度上进行了挖掘。

格雷厄姆最杰出的弟子是沃伦·巴菲特，在最初使用格雷厄姆的方法时巴菲特就感到存在一些问题，部分是由于个人的原因，部分是由于方法本身的原因。首先谈个人的原因，巴菲特倾向于集中投资，虽然他并没有完全意识到这一点，

物竞天择，适者生存，变异才能带来更多的生存和复制机会。

每个投资大师都是他个人历史的产物，没有两个人的经历是一样的，因此也不会有完全一样的有效价值投资理论。一切有效的价值投资理论必然是个性化的，一切伟大的成功都是无法完全复制的。

投机者则不能迷信所谓的中值回归。

格雷厄姆着重于寻找被对手盘忽略掉的账面资产和有形资产。

格雷厄姆的《证券分析》出版前后，许多昔日在华尔街叱咤风云的投机巨擘们相继谢幕，这就是美国股市转型大背景导致的。

但这确实是他的天性，而格雷厄姆的方法是基于保险式的精算原理，也就是大多数账面资产高于股价的股票都会上涨，但是格雷厄姆却不能确定具体哪些上涨，所以格雷厄姆就采用了分散式的投资策略来锁定大概率的收益，规避小概率**的风险**。但是巴菲特却并不是这样使用格雷厄姆式的静态价值分析法的，他倾向于集中投资，所以如果恰好遇到那些小概率的事件则会危及投资本金，巴菲特在纺织业务上的投资就遇到了这类情况。另外，格雷厄姆的方法本身也有问题，格雷厄姆习惯于通过财务报表来了解公司，这就形成了当今"在办公室里完成投资"的主流，公司调研往往是走形式，而这点影响了投资者对商业本身的了解和掌握，从而会使得投资者买入**那些前景不好的股票**。巴菲特经历了实践和理论上的困境后遇到了费雪和查理·芒格，从他们那里学到了商业分析方法和集中持股的原则，从此巴菲特开始有意识地集中持股，并且利用费雪的商业分析方法来研究公司的运营，公司的管理水平等，更为重要的是摆脱了单纯的抽象研究方法，开始将格雷厄姆的定量分析与费雪的定性**分析结合起来**。通过费雪的调查法和商业分析方法，巴菲特更加倾向于公司运营研究而不是财务研究，通过商业分析方法巴菲特规避了集中持股的弊端，同时提供了集中持股的收益。巴菲特很好地解决了实践和理论上的难题，成功地实现了投资生涯的第二次飞跃。在从师费雪的过程中，巴菲特认识到无形资产的价值，并且感觉到商业世界正在发生翻天覆地的变化，经济中的无形资产成分增加了，其收益也**占据了很大成分**。虽然，费雪也强调了成长性，但是巴菲特更多的是研究成长性的基础，也就是无形资产。无形资产的价值代表了价值在空间维度上的深度。**巴菲特开辟了价值投资第一个新维度，这就是无形资产投资**。虽然无形资产是公司成长性的基础，但是巴菲特却并没有费雪那么重视成长性，这主要是由于巴菲特受到格雷厄姆静态资产分析倾向的影响较深，所以没有向动态的成长**性价值继续深入。巴菲特作为第二代价值投资技术的**

格雷厄姆的方法偏重于防守，而巴菲特的方法则是攻守兼备。

价值投资的本质之一是商业！

格雷厄姆偏重于"数"，而费雪偏重于"理"！

巴菲特入行之后，美国以服务业为主的第三产业开始突飞猛进，大趋势形成。格雷厄姆是工业经济时代的投资大师，而费雪则是服务经济时代的投资大师。

近年来巴菲特投资 IBM 反映出他更加重视成长性这个因子，但是探究成长因素面临更大的不确定性。

领袖人物，主要对无形资产价值进行了挖掘。

　　格雷厄姆和巴菲特都是从空间的静态价值入手进行价值投资的，虽然巴菲特站在静态价值投资和动态价值投资的连接点处，但是他却并没有跨出这一步，看看巴菲特持有的主要公司类型就知道，他喜欢那些成长水平稳定，具有持久竞争优势的大公司。

　　彼得·林奇的出现使得价值投资顺利演化到第三代。**彼得·林奇将成长性看作自己整个价值投资的体系核心，彼得·林奇比巴菲特离费雪更近一些。**彼得·林奇将公司分为六种类型，分类主要是按照成长性来的，他将巴菲特和格雷厄姆投资类型顺理成章地纳入了六分法中，并在此基础上进行投资。林奇将费雪的调查法发挥到了极致，比如调查公司管理者、员工、客户和竞争者，实地考察销售情况等。这些都是费雪式的方法，但是林奇通过卓越的实践绩效证明了这些方法的有效性。13年时间，林奇管理的基金由2000万美元增长到了140亿美元。林奇获得了全球第一基金经理的称号，这与他利用高成长性公司提高整体收益的努力密不可分。林奇继续了费雪未尽的投资事业，将成长性价值投资发扬光大，从而把巴菲特所在的价值投资区域与费雪所在的价值区域连接了起来，开辟了一个新的价值投资维度——价值的时间维度。**无论是格雷厄姆还是巴菲特都倾向于静态价值投资，前者是隐形资产价值挖掘，后者是无形资产价值挖掘。而林奇则是动态的价值投资，他挖掘的是成长性价值。**

　　索罗斯是四位大师中无师自通的高手，他学习过经济学和哲学，但是对于金融投资却有天生的领悟能力。很多人认为索罗斯是短线交易者，所以不是价值投资者，还有人认为他主要交易国际性资产而且是对冲基金所以与价值投资无关。其实，这些要么是对索罗斯的误读，要么是对价值投资的误读。首先，我们纠正一下对价值投资的狭隘看法。投资与投机相对，价值与价格相对，价值来源于资产孳息，也就是其产生收益的能力，而价格的来源或者说影响因素却是资金流

巴菲特发现了市场情绪导致价格大幅偏离价值，而索罗斯不光是发现了市场情绪这一扰动因素，还发现了信贷周期。信贷周期也会显著导致价格大幅偏离价值。情绪和流动性制造了非理性对手盘，而这为价值投资者提供了机会。

动或者说供求关系变化。投资是获取收益，投机是获取价差。所以，凡是那些针对收益入手的交易都是投资，那些针对价差入手的交易都是投机，投资和投机不能用交易的时间长短来定义，也不能将投资看作证券投资的专有名词。索罗斯的投资方法主要是在资产价格与价值的偏离过大，处在极可能的**转折点时介入交易**。在其早年的金融投资生涯中，他利用过类似格雷厄姆的方法发现银行类股票的隐蔽资产，由此才开始崭露头角的。后来他打败英格兰银行，做空英镑也是因为认识到英镑的价格（汇率）已经高于其价值（英国的经济状况）的情况，后来做空泰铢也是因为该国货币被高估了。货币也有高估和低估的说法，这说明货币也存在价格和价值，当货币价格高于内在价值超过一定程度时，价格就会有**回归价值的巨大压力**。从这点来看，索罗斯与格雷厄姆的价值中枢回归理论非常相似。无论是格雷厄姆，还是巴菲特，乃至于彼得·林奇都与索罗斯一样，认为市场经常处在剧烈的情绪波动之中，而投资者本身的**认识也是不完备的**。索罗斯确实是一个价值投资者，而且被保罗·琼斯这位大名鼎鼎的技术派大师称为外汇界几乎不可见的纯**基本面分析者**。21世纪最初几年，巴菲特也加入到外汇交易的行列中来了，这就多了一个只依靠基本面交易外汇的大师。

索罗斯的伟大之处在于，他将价值投资的方法广泛运用于各类金融市场，从股票到债券，再到外汇和贵金属，从美国国内市场用到美国以外的市场。所以，索罗斯也开启了价值投资的一个维度，这就是价值的空间广度。

四位大师各自打开了一个独特的价值投资渠道，但是还没有人能够真正贯通价值在空间上的三个维度和时间上的一个维度。我们寄希望于第四代**价值投资者吧**。

> 主权信用是货币估值的基础，购买力平价和利率平价对于汇率的估值并不靠谱。

> 对手盘的非理性是价值投资有效的根本前提。

> 但是，现在外汇交易界很难见到大资金交易者采用纯技术分析手段。

> 流水不腐户枢不蠹，唯有不断变化者能够常存于世。

# 第三节　价值投资的八大原则

> 世界被少数几条原理统治着。
>
> ——黑格尔
>
> 人应该按照原则行事，而不是权力，金钱，他人的看法。
>
> ——斯蒂芬·科维

*新手在乎"术"，对于他们而言"如何"更为重要，高手在乎"道"，对于他们而言"为何"更为重要。*

凡是可以归纳成若干条简明条款的思想都会变得流行起来，我们也不妨在正文展开之前，先将各类书籍和材料中流传的价值投资的基本观念作一个不那么系统化的归纳，大致可以得出价值**投资的九大原则**。在后面几章中，价值投资的原则将得到系统化和个性化的介绍，可能读起来比较吃力，但是却非常能够增加各个级别价值投资者的"体质"。本书是唯一一本打通了价值投资各位大师思想的书，也是将价值投资体系的进化脉络厘清的第一本书。我们查阅了包括威力父子出版社和麦克劳—希尔在内的著名金融书籍出版商的正式出版物，并没有在国外找到同样的著作，所以我们敢自豪地说本书正文的逻辑绝对是没有先例的。下面先吃一道开胃菜。

- 市场无效原则（市场先生原则）
- 市场专利原则（竞争优势原则）
- 安全边际原则（安全空间原则）
- 能力范围原则
- 回归价值原则
- 坦诚管理原则
- 集中投资原则
- 持有公司原则（企业所有者原则）

**市场无效原则**：价值投资的一个前提就是市场在短期内不能正确地评估公司的价值，所以使得价格经常远离价值，

这就为价值投资者**获利提供了机会**。价格和价值之间的差异越大，则此时进行的投资越安全。市场总是无效的，主要原因在于市场是由非理性的人组成的，而人群比个体更为非理性，所以价格经常偏离价值做两极化的运动。格雷厄姆将市场导致市场无效的运动看作一个情绪不稳定的年轻人，他要么将现状和前景看得极度乐观，要么则看得极度悲观。**正是由于市场如此的非理性和无效，才使得价值投资者可以战胜市场的平均收益率**。巴菲特曾经在哥伦比亚大学格雷厄姆著作的周年庆典上批评那些固守市场有效理论的金融理论家，他认为如此多的价值投资者获得了超过市场平均水平的收益水平，这本身就证明了市场至少在短期内是**无效的和非理性的**。

**市场专利原则**：经济有通胀的时候，也有萧条的时候，只有那些具有较强竞争优势的企业才具有抵御外部风险的能力。那些竞争激烈的行业不会诞生出具有持久竞争优势的企业。所谓市场性专利就是企业具有一种持久的竞争优势，这种优势不是来自技术创新，通常也不会来自**低价竞争战略**。日用消费品中具有品牌价值的企业通常是这类企业，比如宝洁和可口可乐，以及绿箭公司。巴菲特将这类企业称为具有较高"经济商誉"的公司，有人翻译为具有"特许经营权"或者"消费者独占特性"，香港的价值投资之父林森池则将其称作"市场专利"。简而言之，就是持久的竞争优势。

**安全边际原则**：价值投资者其实就是博取价格和价值之间的差值，那些技术类交易者则是博取价格和价格之间的差值。但是，即使是价值交易也存在不确定的情况，所以为了避免估值错误，投资者在价值和价格差值越大时介入越安全。安全边际又称为安全空间，这个空间就是价格和价值之间的差值，该差值越大，则投资的**保险系数越高**。

**能力范围原则**：投资者在进行投资的时候总是会受到情绪、技能、经验及知识等方面的限制，一个成功的投资者应该清楚自己能力的局限性。如果对于一家公司的某一关键问

在什么样的情况下价格会显著偏离价值？第一，群体性的恐慌或者恐惧；第二，流动性过剩或者过紧。简而言之，就是情绪和货币。

就算个体的行为是理性的，但是当所有人都持有同样的行为时，将会驱使价格大幅背离价值。

迈克尔·波特的竞争优势理论中强调了三种类型的竞争战略，第一种是成本优势战略，第二种是差异化战略，第三种是专注战略。

像浑水公司一类的做空者其实也是价值投资者，他们在价格远远高于价值时采取做空行为。当然，他们其实也有投机的成分，那就是通过发布报告影响其他市场参与者的行为。

题不清楚，那么就应该避免介入这家公司。**知道自己能力的界限，这样才能很好地进行投资**。通过排除那些处在能力范围之外的公司，投资者可以集中精力于少数自己熟悉的公司。明晰自己的能力范围，说起来简单，做起来难，绝大部分投资者根本没有能力范围这个概念，通常都不会界定自己的投资对象，凡是觉得好的公司和股票都会参与，根本不管自己是否**了解这家公司**。

**回归价值原则**：无论是格雷厄姆还是巴菲特、彼得·林奇，乃至于索罗斯都认为价格具有向价值或者类似中枢回归的特性，这种回归在**长期内最为有效**。价值投资者必会去预测回归什么时候发生，但是会在价格大幅度低于价值的时候买入。

**坦诚管理原则**：费雪认为管理者对于股东的诚实程度是一个非常关键的问题，巴菲特和林奇从费雪那里获得了这一见解后都积极地运用于投资实践。**管理者一定要有清白的诚信记录，那些曾经有过欺骗表现的管理者是不值得信任的，拥有这种管理者的公司也是不值得拥有的**。

**集中投资原则**：费雪和巴菲特都主张要将资金投资在较少的股票上，要对投资对象进行精挑细选，将资金配置在收益率最高的资产上。而格雷厄姆则主张进行分散投资。在后面的章节我们将会看到，两种主张都具有一定的前提。

**持有公司原则**：每个价值投资者都认为股票投资并不关乎股票，而是关系到公司。巴菲特强调股票买卖，其实是买卖一家公司。通过站在一个企业购买者和所有者的角度可以进行更为理性的投资决策。巴菲特一直声称自己是个商业分析家，而**非证券分析家**。

---

能力永远都是有限的，这决定了我们可以选择的战略也是极其有限的。不顾这一基本事实和前提，就会犯下致命的错误。

价格终将回归价值，偏离越大就提供了越大的机会，你不抓住这个机会，别人就会抓住这个机会。市场上的资金，特别是大资金之间常常存在激烈的竞争。

诚信者的行为具有更高的确定性，而投资本来就是在不确定的世界中寻求相对的高确定性。

价值投资的要点在于寻找和证实公司的竞争优势来源和财务表现，而这要求刺破"股票"这层面纱，直达商业的本来面目。

# 第二章

# 隐形资产价值投资（空间宽度价值）
## ——本杰明·格雷厄姆

如果证券分析可以看作一个职业，那么这个职业只有一个教头，那就是格雷厄姆。

——亚当·斯密斯

## 第一节　证券分析之父：本杰明·格雷厄姆

遇到格雷厄姆这样的良师，是我一生最幸运的事情。

——沃伦·巴菲特

格雷厄姆建构了一个框架，让投资者能够理解财务数字的意义。

——威廉·拉恩

本杰明·格雷厄姆在1934年底完成他酝酿已久的《证券分析》这部划时代的著作，他的金融分析学说和思想在投资领域产生了极为巨大的震动，影响了几乎三代重要的投资者，如今活跃在华尔街的数十位拥有上亿美元资产的投资管理人都自称为格雷厄姆的信徒，他享有"华尔街教父"的美誉。

作为一代宗师，格雷厄姆生前可能没有想到，他的名声居然会由一个比自己低两个辈分的年轻人，即沃伦·巴菲特来

> 1934年是一个重要的分水岭，在此之前是投机的兴盛时代，在此之后则是投资的兴盛时代。

传承。今天，即使在哥伦比亚大学，许多人也不记得格雷厄姆的全名了，他们只记得这个人是"巴菲特的老师"。但是，巴菲特和他的老师实在不怎么像。巴菲特的数学水平很差，他的老师却精通数学；巴菲特几乎不懂金融衍生品，他的老师却比较喜欢**金融衍生品**；巴菲特善于分析现金流，他的老师却喜欢分析资产。1984 年在庆祝格雷厄姆与多德合著的《证券分析》发行 50 周年大会上，巴菲特这位格雷厄姆在哥伦比亚大学的投资课上唯一给了 "A+" 的最优秀的学生进行了一次题为《格雷厄姆—多德都市的超级投资者们》的演讲，在他演讲中回顾了 50 年来格雷厄姆的追随者们采用价值投资策略持续战胜市场的无可争议的事实，总结归纳出价值投资策略的精髓，在投资界具有非常大的影响力。

> 当然，最近几年巴菲特还是抱着开放的心态在对待金融衍生品。

我们就来一起倾听世界股王巴菲特对他老师的评价吧，下面是翻译过来的《格雷厄姆—多德都市的超级投资者们》，大部分引用自 2005 年的一篇网上译文，译者不详，在此表示感谢，我做了部分修改，而演讲中的图表则省略了：

伟大的证券分析之父格雷厄姆与多德追求"价值远超过价格的安全边际空间"，这种证券分析方法是否变得过时？目前许多撰写金融和投资教科书的**教授这样认为**。这些理论权威认为，股票市场是有效率的市场；换句话说就是一只股票的价格已经充分地反映了一家公司一切已知的事实以及整体经济情况；这些理论家认为，市场上没有价格偏低的股票，因为聪明的证券分析师将运用全部的既有资讯，以确保适当的价格。所谓的投资者能经年累月地击败市场，纯粹是运气好罢了。**"如果价格完全反映已有的各类信息和数据，则这类投资策略的超额将不存在。"**一位著名的金融教科书的撰写者在书中这样宣称。

> 当价值投资的理念、方法和工具被广泛使用之后，价值远超价格的机会越来越难寻找，除非你独辟蹊径，看到别人看不到的地方，否则也不是那么简单的事情。当市场整体处于极端悲观时，价值投资更容易寻找到好的机会。因为这时哪怕最聪明的群体也往往会变得非理性。

未来可能会像他说的那样。但是，我要提供一组投资者的收益情况供各位参考，他们长期的收益情况总是超越标准普尔 500 种股价指数。他们的收益情况即使纯属巧合，这项假说至少也值得我们加以审查。审查的关键事实是，我个人

很早就认识了这些股市大赢家，而且很久以来便将他们看作超级投资者，即使认识最晚的也有十五年了。缺少这项条件，也就是说，倘若我最近才从成千上万的记录中挑选几个名字，并且在今天早上提供给各位，我建议各位立即停止阅读本文。我必须说明，所有的这些记录都经过核实的。我必须再次强调，我个人认识许多上述经理人的客户，他们长年以来所收取的收益确实符合现存的投资记录。

首先，我要在座的各位设想一场全国性的掷硬币大赛。让我们假定，全美国 2.25 亿的人口在明天早晨起床时都掷出一枚一美元的硬币。早晨太阳升起时，他们都走到门外掷硬币，并猜硬币出现的正面或反面。如果猜对了，他们将从猜错者的手中赢得一美元。每轮都有输家遭到淘汰，奖金则不断地累积。经过十个早晨的十次投掷之后，全美国约有 2.2 万人连续十次猜对掷硬币的结果。每人所赢得的资金约超过 1000 美元。

此时，这群赚钱的人可能会开始炫耀自己的战绩，这就是人的天性。他们可能保持谦虚的态度，但在酒会中，他们偶尔会以此技巧吸引异性的注意，并炫耀其投掷硬币的**超常洞察力**。

假设掷硬币的赢家都可以从输家手中得到适当的奖金，再经过十天，约有 215 个人连续二十次猜对掷硬币的结果，每个人赢得大约 100 万美元的奖金。输家总共付出 2.25 亿美元，赢家则得到 2.25 亿美元。

那么这个时候，这群人可能完全沉迷在自己的成就中：他们可能开始著书立说："我如何每天早晨工作 30 秒，而在二十天之内将一美元变成 100 万美元。"更糟的是，他们会在全国各地参加讲习会，宣扬如何有效地投掷硬币，并且反驳持怀疑态度的教授说，"如果这是不可能的事，为什么会有我们这 215 个人呢？"

然而，一位著名商学院的教授可能会粗鲁地提出一项事实，如果 2.25 亿只猩猩参加这场大赛，结果大致上也是如此：

能力让人胜出，还是格局让人胜出，没有人能够认识得很清楚。

有 215 只自大的猩猩将连续赢得 20 次的投掷。

但是，我必须说明，前述事例和我即将提出的案例，两者之间存在着若干重大差异。如果你所选择的 2.25 亿只猩猩的分布状况大致上和美国的人口分布相同；如果经过 20 天的竞赛，只剩下 215 只赢家；如果你发现其中有 40 只猩猩来自奥马哈的某个动物园，则其中必有蹊跷。于是，你会询问猩猩管理员各种问题，它们吃什么饲料、是否做特殊的运动、阅读什么书籍等。换句话说，**如果你发现成功案例有非比寻常的集中现象，则你希望判定此异常的特色是否是成功的原因。**

所谓的科学调查也遵循此形态。如果你试图分析某种罕见的癌症原因比如美国每年只有 1500 个病例，而你发现蒙大拿州的某个矿区小镇便产生 400 个病例，则你必然对当地的饮水、病患的职业或其他种种变数产生兴趣。你知道，在一个小镇中发生 400 个病例，绝不是随机因素所造成的。虽然你未必了解病因，但你知道从哪里着手调查。

除了地理的起源，还有我所谓"智力的起源"。我认为各位将在投资领域发现，不成比例的硬币投掷赢家来自一个极小的智力村庄，它可以称为"格雷厄姆—多德群落"。这个特殊智力村存在着许多赢家，**这种集中现象绝非巧合能够解释。**

在某些情况下，即使非比寻常的集中现象也可能不重要。或许有 100 位只是模仿某一位极具说服力的领导者，而依其主张来猜测硬币的投掷结果。当他猜正面，100 位追随者也会自动地做相同的猜测。如果这一位领导者是属于最后 215 位赢家之一，则这 100 位追随者也便属于同一个智力起源，这项事实便不具有任何意义，因为 100 个案例实际上只代表一个案例。同理，假定你生活在一个父权结构极为严密的社会，而美国每一个家庭都恰好以父亲马首是瞻。20 天之后，你将发现 215 位赢家是来自 21.5 个家庭。若干天真的分析师可能因此而认为，成功地猜测硬币投掷的结果，其中具有高度的遗传因素。当然，这实际上不具有任何意义，因为你所拥有

搞清楚异常概率分布的原因具有重大意义。

赢家的共同点更可能是决定输赢的关键因素。

的不是 215 位赢家，而只是 21.5 个随机分布的家庭。

我所要考虑的这一群成功投资者，有一位共同的智力族长：本杰明·格雷厄姆。但是，这些离开此智力家族的孩童，都是依据非常不同的方法猜测他们自己的"硬币"。他们各自前往不同的地方，买卖不同的股票和企业，但他们的综合绩效绝对无法用随机因素加以解释。他们做相同的猜测，并不是因为领导者下达某一项指令，因此也无法用这种方式解释他们的表现。族长只提供了猜测硬币的智力理论，每位学生都必须自行决定如何运用这项理论。

来自"格雷厄姆—多德群落"的投资者所具备的共同智力结构是：他们探索企业的价值与该企业市场价格之间的差异。事实上，他们利用其间的差异，却不在意效率市场理论家所关心的问题：股票究竟在星期一或星期五买进，或是在一月或七月买进等。当企业家买进某家公司时，这正是"格雷厄姆—多德群落"的投资者通过上市股票所从事的行为，我怀疑有多少人会在意交易必须发生于某个月份或某个星期的第一天。如果企业的买进交易发生在星期一或星期五没有任何差别，则我无法了解学术界人士为何要花费大量的时间和精力，来探讨代表该企业部分股权的交易发生时的差异。毋庸置疑，"格雷厄姆—多德群落"的投资者并不探讨贝塔值、资本资产定价模型、证券投资报酬率的变异数。这些都不足他们所关心的议题。事实上，他们大多数难以界定上述学术名词。他们只在乎两项实数：价格与**价值**。

> 价值的本质扎根于商业，而非金融市场的统计特征！

面对技术分析师所研究的价量行为，我始终感觉惊讶。你是否会仅仅因为某家公司的市场价格在本周或前一周飙升，便决定购买该企业呢？**在目前计算机化的时代，人们之所以会大量研究价格与成交量的行为，理由是这两项变数拥有了无数的资料。研究未必是因为其具任何功用；而只是因为资料既然存在，学术界人士便必须努力学习操作这些资料所需要的数学技巧。一旦拥有这些技巧，不去运用它们便会带来罪恶感，即使这些技巧的运用没有任何功用，或只会带来负**

面功用，**也在所不惜**。如同一位朋友所说的，对一位持铁锤的人来说，每一件事看起来都像是钉子。

我个人认为这一群具有共同智力起源的投资者非常值得我们研究。虽然学术界不断地研究价格、成交量、季节性、资本规模以及其他变数对股票绩效的影响，但这群以价值为导向赢家的方法**却毫不受人关心**。

关于这一项投资绩效的研究，我首先要追溯到从 1954 年到 1956 年，工作于格雷厄姆—纽曼公司的四位伙伴。我们总共四个人，而我并不是从数以千计的对象中挑选这四个人。在我选修本杰明·格雷厄姆的课程之后，我要求进入格雷厄姆—纽曼公司工作，但格雷厄姆却以"价值高估"为由拒绝了**我的要求**。他把价值看得非常严重！经我不断地恳求，他最后答应雇我。当时公司有三位合伙股东，以及我们四位"学徒"。公司结束经营之后，我们四个人陆续在 1955 年到 1957 年离开公司，目前只能够追踪其中三个人的投资记录。

第一个案例是沃特·史洛斯。沃特从来没有念过大学，但他在纽约金融协会参加了本杰明·格雷**厄姆的夜间课程**。沃特在 1955 年离开格雷厄姆—纽曼公司。以下是亚当·史密斯在《超级金钱》一书中对他所做的描述：

沃特·史洛斯几乎从来不运用或接触有用的资讯。在华尔街几乎没有人认识他，所以没有人提供他有关投资的观念。他只参考手册上的数字，并要求企业寄年报给他，情况便是如此。

沃特·史洛斯曾经描述"他从来没有忘记自己是在管理别人的资金，这进一步强化了他对于风险的厌恶"。他有高尚的品格，并以务实的态度自持。对他来说，金钱是真实的，股票也是真实的，并从此而接受了**"安全空间"**的原则。

沃特的投资组合极为分散，目前拥有的股票远越过 100 只。他了解如何选股，以远低于价值的价格买入股票。这便是他所做的一切。他不担心目前是不是一月，不在乎今天是不是星期一，也不关心今年是不是大选年。他的想法非常单

什么是决定投资成败的关键因素？是价格吗？是成交量吗？是季节性吗？是股本规模吗？是贝塔值吗？抓住主要矛盾，就会让一切显得轻松自如。抓不住主要矛盾，则会让你手忙脚乱。

格雷厄姆选人也按照价值投资的原则展开！

念过大学，但是没有掌握相关行业的思维方法和技能，那也是白搭。

风险是价值投资的最大敌人，所以安全空间是价值投资的重要原则。

纯，如果某家公司值一美元，若我能够以 40 美分买进，我迟早会获利。他便是如此不断地行动：他所持有的股票种类远比我的多，而且比我更不关心企业的本质；我对沃特·史洛斯似乎没有**太大的影响力**。这是他的长处之一，没有人能够对他产生足够的影响力。

第二个案例是汤姆·柯纳普，他曾经和我一起在格雷厄姆—纽曼公司工作。汤姆于"二战"之前曾在普林斯顿大学主修化学，"二战"结束之后，他经常在海滩游荡。某一天，他得知大卫·多德将在哥伦比亚大学开夜间投资课程。汤姆以旁听方式选修该课程，之后他对投资学科产生了浓厚的兴趣，于是正式注册进入哥伦比亚大学商学院，并且获得了 MBA 学位。35 年之后，我拨电话给汤姆，确定某些有关此一主题的事，我发现他仍然在海滩游荡。唯一的差别是，他目前拥有一片海滩！

1968 年，汤姆·柯纳普与另一位格雷厄姆的门徒爱德·安德森组成了帝地布朗合伙公司。帝地布朗合伙公司的投资高度分散。他们偶尔会从事控制股权的投资，但其被动式的投资绩效约略等于控权式投资的表现。

表 3 是格雷厄姆—纽曼公司第三位员工的投资业绩记录。他在 1957 年成立巴菲特合伙公司。他做出的最明智决策是在 1969 年结束合伙公司。从此之后，伯克希尔·哈撒韦公司在某种程度上成为合伙公司的延续。我无法给各位单一的指数，用以合理地测试伯克希尔公司的投资管理。但是，我认为各位不论如何考验它，它的表现一直都令人满意。

表四是红杉基金经理人威廉·拉恩的投资业绩记录，我在 1951 年格雷厄姆的讲座中认识他。哈佛商学院毕业之后，他进入华尔街。稍后，他发觉需要接受真正的商业教育，于是参加了格雷厄姆在哥伦比亚大学开办的讲座，我们便相逢于 1951 年初。1951~1970 年，威廉·拉恩所管理的资金规模相当小，绩效却远比大盘来得好。当我结束巴菲特合伙公司的业务时，我要求拉恩成立一个基金公司，来管理我们合伙股东

> 价值投资者都是基于独立思考来展开自己的研究和投资的。价格只有在大众犯错的时候才会大幅偏离价值，从众而非独立思考是无法发现大众错误的。

这个红杉基金与我们通常所知的红杉资本并非是同一家公司。红杉资本于 1972 年在美国硅谷成立，创始人为唐·瓦伦丁。在成立之后的 30 多年中，红杉基金作为第一家机构投资人投资了如 Apple, Google, Cisco, Oracle, Yahoo, Linkedin 等众多创新型的领导潮流的公司。

的资金，他于是成立了**红杉基金**。他成立基金的时机非常不利。他面临两个层次的市场，以及以价值为导向的投资者相当难以运作的情况。我十分乐于提及一点：我的合伙股东不仅继续委托他管理，还投入更多的资金，而且对他的表现十分赞赏。

威廉·拉恩是我推荐给合伙股东的唯一人选，我当时就表示，如果他的绩效能够高出标准普尔指数四个百分点，这便是非常稳固的表现。拉恩的绩效远甚于此，而且所管理的资金规模不断地扩大。这使得管理越来越困难。**资金规模是绩效的拖累，这是毫无疑问的。这并不意味着当资金规模扩大，你的表现便无法超越平均水准，只是超越的幅度会缩小。**如果你所管理的资金是两兆美元，则你的表现必然无法超越平均水准，因为你的资金规模便是整个股票市场的总市值。

另外必须补充说明一下的是，截至目前我们所观察的记录，投资组合在整段期间几乎都没有重叠。他们都是根据价格与价值间的差异来选股，选择的标的也截然不同。沃特·史洛斯的最重要持股都是扎实的企业，即使是偶尔阅读金融版新闻的人，对这些企业的名称也耳熟能详。帝地布朗公司所选择的标的则更是名不见经传的企业。而拉恩选择标的则是大型企业。这些投资组合极少出现重叠现象。当然，他们的记录并非是由某人主导的猜测硬币产生的，而是各自分析和决策做出的。

表 5 的投资业绩来自我的一位朋友查理·芒格，他毕业于哈佛法学院，并且成立了一家主要的法律事务所。我大约在 1960 年认识他，并且建议说，法律作为嗜好是件好事，但是他应该做得更好。于是，他成立了一家合伙公司，他的操作方式和沃特·史洛斯迥异，**他的投资组合集中在极少数的证券，因此，绩效的变动比较激烈，但他仍然依据相同的价值折价法从事投资。**他愿意接受绩效的上下震荡，而他恰好是一位精神极度集中的人。芒格是我在柏克希尔公司从事操作的长期合伙股东。当他自己经营合伙事业时，他的投资组合

和我或任何**先前所提到的人完全都不同**。

表 6 提到的投资业绩属于查理的一位好朋友，另一位非商学系出身的人，瑞克·吉林毕业于南加州大学数学系。毕业之后，他进入 IBM，曾经担任推销员的工作。在我网罗查理之后，查理又网罗他。1965~1983 年标准普尔指数的复利成长率为 316%，而瑞克的绩效为 22200%，这或许是因为他缺乏商学教育背景，他可以视为具有统计上的显著性。

查理·芒格将巴菲特提升了一个层级，与他早期的同学拉开了距离。

以 40 美分的价格买进一美元的钞票，人若不能够立即接受这项概念，就永远不会接受它。它就像注射药剂。如果它无法立即抓住这个人，则我认为即使你长期地说服他，并且展示各种记录，你也无法让他接受。这是很单纯的概念，但他们就**是无法领悟**。类似瑞克这样的人，他完全没有正式商学教育的背景，却可以立即领会价值投资法，并且在五分钟之后便加以利用。我从来不曾见过任何人，会在 10 年之后才逐渐地皈依这种方法。它似乎和智商或学术训练无关。它是顿悟，否则就是拒绝。

*观念决定成败，观念决定命运！*

表 7 是斯坦·帕迩密特的投资业绩。他毕业于密西根大学艺术系，是波则雅各布广告公司的合伙股东之一。我们的办公室恰好位于奥马哈市的同一幢大楼。1965 年，他认为我所经营的事业比他的行业要好，于是他离开广告业。再一次地，斯坦于五分钟之内就接受了价值投资法。

斯坦·帕迩密特所持有的股票与华特的不同。他所持有的股票也和拉恩的不同。他们都是独立的记录。但是，斯坦买进每一只股票时，都是因为他所获得的价值高于他所支付的价格。这是他唯一的考虑。他既不参考每一季的盈余预估值，也不参考明年的盈余项估值，他不在乎当时是星期几，也不关心任何的投资研究报告，他无视价格动能、成交量与其他类似的变数。**他只提出一个问题：该企业值多少钱？**

*投资的关键在于估值，估值的关键在于商业本质的洞悉！*

表 8 与表 9 的投资业绩记录分别属于我参与的两家退休基金，它们并非是从我所参与的十几种退休基金中选择出来的，是唯有的两家我能够影响其投资决策的退休基金。在这

价值比题材提供了一个更为稳固和确定的格局！

两家基金中，我引导他们转变为价值导向的投资管理人，那时只有非常少数的基金是基于价值进行投资管理的。表8是华盛顿邮报公司退休基金的投资业绩记录。几年之前，他们委托一家大型银行管理基金，后来，我建议他们聘请以价值为导向的基金经理，这样能够使**投资业绩更好**。

你可以从投资记录中看到，从他们更换基金经理之后，其整体投资业绩在所有基金中一直名列前茅。华盛顿邮报公司要求基金经理人至少保持25%的资金投资于债券，而债券未必是基金经理人的投资选择。因此，我在表中也将其债券投资业绩包括在内，而这些数据表明他们其实并没有什么特别的债券专业技巧，他们也从未这样吹嘘过自己，虽然有25%的资金投资于他们并不擅长的债券领域，从而拖累了他们的投资业绩，但其基金管理业绩水平仍然名列前一百名之内。华盛顿邮报公司退休基金的投资尽管并没有经过一个很长的市场低迷时期的考验，但仍然足以证明三位基金经理的许多投资决策并非后见之明。

表9显示的投资业绩属于FMC公司退休基金，我本人没有管理过这家基金的一分钱，但我的确在1974年影响了他们的决策，说服他们选择以价值为导向的基金经理。**在此之前，他们采取与其他大型企业相同的方式来选择基金经理。在他们转向价值投资策略之后，其投资业绩目前在贝克退休基金调查报告中超越其他同等规模基金而名列第一。1983年，该基金共有8位任职1年以上的基金经理，其中7位累计投资业绩超过标准普尔指数。**在此期间，FMC基金的实际业绩表现与基金平均业绩表现的净回报差额是2.43亿美元，FMC将此归功于其与众不同的基金经理选择倾向，这些基金经理未必会是我个人中意的选择，但他们都具有一个共同的特点，即基于价值来选择股票。

大家需要注意的是以上这9项投资业绩记录都来自"格雷厄姆—多德群落"的"硬币投掷者"，是我根据他们的投资决策架构，在多年前便选定了他们。我了解他们所接受过的

训练，而且知道他们的智慧、个性和脾气。我们务必了解，这群人只承担了一般水准以下的风险，我们需要留意他们在股市疲弱期间的记录。**他们的投资风格虽然大不相同，但心态上始终恪守：买进的标的是企业，而非企业的股票。**他们当中有些人偶尔会买下整个企业，但是他们经常只是购买企业的一小部分。**不论买进整体或一部分企业，他们所秉持的态度完全相同。**在投资组合，有些人持有几十种股票；有些人则集中少数几只股票。但是，**每个人都受惠于企业市场价格与其内含价值之间的差值。**

**我和许多价值投资者都相信市场上存在着许多没有效率的现象。**这些来自"格雷厄姆—多德群落"的投资人成功地掌握了价格与价值之间的缺口。华尔街的"群众"可以影响股票价格，当最情绪化的、最贪婪的或最沮丧的人肆意驱动股价时，我们很难辩称市场价格是理性的产物。事实上，市场经常是**不合理的**。

这里我想提一下回报与风险之间的重要关系。在一些情况下，回报与风险之间存在着正向关系。如果有人告诉我"我有一支六发弹装的左轮手枪，并且填装一发子弹。你可以任意地拨动转轮，然后朝自己扣一次扳机。如果你能够逃过一劫，我就赏你 100 万美元。"我将会拒绝这项提议，或许我的理由是 100 万美元太少了。然后，他可能建议将奖金提高为 500 万美元，但必须扣两次扳机，这便是报酬与风险之间的正向关系。

在价值投资策略中，情况恰恰相反。如果你以 60 美分买进一美元的纸钞，其风险大于以 40 美分买进一美元的纸钞，但后者报酬的期望值却比较高。**以价值为导向的投资组合，其报酬的潜力越高，风险越低。**

我给出一个较为简单的例子：1973 年，华盛顿邮报公司的总市值为 8 千万美元。在这一天，你可以将其资产卖给十位买家之一，而且价格不低于 4 亿美元，甚至还能更高。该公司拥有华盛顿邮报、商业周刊以及数家重要的电视台。这

*需要琢磨的是商业，而非股票价格的波动。*

*效率来自理性，缺乏效率或者没有效率来自非理性。*

*市场波动体现了人群的整体认识能力。*

些资产目前的价值为 4 亿美元，因此愿意支付 4 亿美元的买家并非疯子。

如果公司的股价现在继续下跌，该公司的市值从 8 千万美元跌到 4 千万美元，其贝塔值也上升。对于用贝塔值衡量风险的人来说，更低的价格使它更有风险。这真是仙境中的爱丽丝。我永远无法了解，用 4 千万美元，而非 8 千万美元购买价值 4 亿美元的资产，其风险竟然更高。事实上，如果你买进一堆这样的证券，而且稍微了解所谓的企业评价，则用 8 千万美元的价格买进 4 亿美元的资产，这笔交易基本上没有风险，**尤其是分别以 800 万美元的价格买进 10 种价值 4000 万美元的资产，其风险更低**。因为你不拥有 4 亿美元，所以你希望能够确实找到诚实而有能力的人，这并不困难。

除此之外，你应该能够粗略地估计公司的价值。不过，你不需要精密地评价知识。这便是格雷厄姆的所谓的安全空间或者说安全边际。你不必试图以 8000 万美元的价格购买价值 8300 万美元的企业。**你必须让自己保有相当的缓冲**。架设桥梁时，你坚持载重量为 3 万磅，但你只准许 1 万磅的卡车穿梭其间。相同的原则也适用于投资领域。

**有些具备聪明投资头脑的人可能会认为我撰写此文会使得更多人皈依价值投资法，将会缩小价值与价格之间的差距。我只能够如此告诉各位，自从本杰明·格雷厄姆与大卫·多德出版《证券分析》，这个秘密已经流传了 50 年，在我奉行这项投资理论的 35 年中，我不曾目睹价值投资法真正地流行开来**。人的天性中似乎存在着偏执的天性，喜欢把简单的事情弄**得更复杂**。最近 30 年来，金融和投资学术界如果有任何作为的话，也完全背离了价值投资的教训。它很可能继续如此。船只将环绕地球而行，但地平说仍会大行其道。在证券市场上，价格与价值之间还会存在着很大的差值，而奉行格雷厄姆与多德理论的人也将永远兴旺。

上面这段话就是对格雷厄姆最好的介绍，作为世界最伟大的投资家，巴菲特将格雷厄姆放在了所有投资大师的最前列。

# 第二节　格雷厄姆智慧法则一：投资为王

那些通过学习历史对现实领悟最多的人，往往是成就最殊胜的人。

——哈利·S.登特

投资是指根据详尽的分析，本金安全和满意回报有保障的交易，违背这一要求的就是投机。

——本杰明·格雷厄姆

（1）投机与郁金香泡沫兴衰。

格雷厄姆对于历史的投机非常了解，而且他也在 1929 年前后经历了投机**市场的疯狂**，我们就来看看世界上第一次有大量文字记载的投机狂潮，发生在 17 世纪初的荷兰，历史上称为"郁金香狂热"。当然，郁金香也因此成为有记载的第一次商品"泡沫"。在郁金香炒作的高峰时期，甚至一个家庭的所有财富都被葬送在一只植物球茎上。

当时，Jessie Livermore 一战成名，成为真正的投机之王。

郁金香的名字起源于土耳其语，意为"缠头巾"花。在 16 世纪中期，游经土耳其的旅行家们被这种花的美丽所打动，并把它带回了维也纳。很快，它就吸引了欧洲人的广泛注意，几年之内开始在德国种植，接着是比利时，然后是荷兰。在 16 世纪 70 年代后期，它被传播到英格兰。很快，这种新颖的花卉开始在宫廷内流行。

和其他花卉有所不同，郁金香不仅形态优雅，而且**具有"变异"的特性**。人工栽培的郁金香，常常会发生引人注目的变异，比如人工培植的红色郁金香，其后代有可能会变成红白相间的品种。

说点题外话，变异是一项最为重要的竞争和生存能力。

由于当时的人们对植物的基因不甚了解，郁金香的这种神秘"变异"无疑增加了欧洲人对郁金香的投机兴趣。当时

的郁金香种植者们，每天必然会巡视花圃，搜寻颜色"变异"的花朵。花朵的颜色如果漂亮，拥有者就可以期待高价的买主。而买家，之后再用这样的花培育下一代花卉，再以高价出售。"茎基"发黄或形状难看的郁金香会被淘汰，而完美的花朵成为"花种"。

17 世纪 20 年代初，对于郁金香及其"变异"特性的热忱开始登陆荷兰。当时最罕见的种子可以卖到几千弗罗林，这个数字几乎相当于当时中等收入家庭一家的财富。逐渐地，这种狂热从一小部分人传播扩散到整个荷兰社会。很快，几乎所有的家庭都建起了自己的郁金香花圃，几乎布满了荷兰每一寸可以利用的土地。

起先，交易发生在冬季。投机者可能会带着一些样品和一定量的球茎，聚集到郁金香交易者的旅馆。在那里，交易者可以用五百弗罗林买来的"德隆普大将"外加二百弗罗林现金，交换到"博尔元帅"，接着寄希望于一周内再以一千弗罗林出手。

就这样，郁金香价格开始疯狂地上涨。到了 1634 年，从苦力到贵族，荷兰各个社会阶层的人几乎全被"动员"到郁金香炒作的队伍中来了。很快，交易从冬季变成了全年进行，双方可以签订期货合同，然后到第二**年春天交货**。我们现在所说的"看涨"和"看跌"期权，就是在那时被创造出来并广泛交易的。

> 期货导致了"炒作预期"行为的出现。

那时候的投机者其实对交货本身不感兴趣，也无意要求拥有他们所买进的实际的郁金香。当他们买进交货的合约后，往往很快地将他的合同以盈利的价格再出售给其他热衷者。

在《布莱恩维尔游记》中，记载了这样一个情节，似乎很能体现郁金香价格的疯狂。一位年轻的水手因为通报船讯被一位商人奖赏一顿早餐。这个郁金香投机商后来发现，货物中少了一枝价值 3000 弗罗林，名为"永远的奥古斯都"的花茎。当他急匆匆地找到那位水手时，小伙子正津津有味地就着咸鱼大口咀嚼"那个被他当作洋葱的东西"。

有史料记载，一颗"总督"球茎可以换四头牛、八头猪、十二只羊、四车黑麦或两车小麦、两桶白酒或四桶啤酒、两桶黄油和半吨干酪，外加大量家具。在蓝色本色上有红白条纹的"奥古斯都"的售价是两倍于上述价值的现金，外加马匹齐全的马车一辆。荷兰人开始相信，不光荷兰的投机者，其他外国投机者也会愿意接受永远上升的价格。实际上，此前在法国，一只稀有的球茎就**被用作支付一件珍贵的宝石的全部价格**。

一个故事可以说明当时的氛围和人们的心情。当所有的荷兰家庭都已在潜心养植郁金香的时候，海牙有一个鞋匠，在一小块种植园地上最终培育出了一株黑色的郁金香。一伙来自海尔勒姆的种植者拜访了他，说服他把花卖给他们。鞋匠以1500弗罗林的价格把宝贝卖给他们，买家中的一个人立即把黑色郁金香摔到地上，又用脚碾踩，直到它变成一摊烂泥。鞋匠惊呆了。买家们解释说，他们也培育出一株黑色郁金香，毁掉这株，他们自己的花就是独一无二的了。他们情愿付出一切代价，如果有必要，一万弗罗林也在所不惜。心碎的鞋匠郁郁寡欢，据说不久便因懊恼过度而过世。

**当狂热升级时，其他经济活动几乎全放慢了。**1636年，阿姆斯特丹、鹿特丹等地的股票交易所全部开设了郁金香交易所。花价的涨落造就了一大批富翁，而花价的每一次高涨都使更多的人坚信，这条发财之路能永久地延伸下去，世界各地的富人都会跑到荷兰，不问价格地收购所有的郁金香。一枝花还没露出地面，就已经以节节上涨的价格几易其手。没钱的人抵押房产借贷投资，巨额贷款不断堆积到小小**的花茎上**。

郁金香的交易类似于期货交易，但是在17世纪，郁金香交易遇到了比今天的商品期货更多的问题。因为合同背后没有会员公司支持，而且，如果谁最后真的要在数月之后接收一个特定球茎的交割，也不能确保他已经得到了合同所规定的标的，还要等到它真的开花以后。为了规范这一活动，荷

郁金香的变异使得"题材"层出不穷，投机有了"故事"基础。价值投资与题材投机是两种截然不同的理论和操作体系，投机从长远来讲是无法与投资匹敌的，但是投机可以在短期内为你提供快速"逆袭"的机会。

实体缺乏投资机会，流动性过剩，资产就容易出现泡沫。反过来，资产出现泡沫之后，大众参与实体经济的热情会进一步降低。

资产一旦兴起泡沫，会吸干流动性，直到流动性衰竭为止。

兰颁布了新的法律，设置了郁金香的"特别公证人"，指定了进行郁金香交易的固定场所。

"泡沫"总有破灭的一天。不知从哪一天起，不知为何缘故，一些更聪明或胆小的人开始退场。这个迹象被人察觉后，抛售即刻变为恐慌，花价从悬崖上向下俯冲。当疯狂的价格最后坍塌时，荷兰的整个经济生活都崩溃了。债务诉讼数不胜数，连法庭都已经无力审理了。很多大家族因此而衰败，有名的老字号因此而倒闭。一直到许多年后，荷兰的经济才得以恢复。

从郁金香投机中，我们应该像格雷厄姆一样看到巨大的风险，而不是收益。因为推动投机的人类天性经常因为贪婪而失去警觉从而在泡沫破裂中遭受巨大的损失。

（2）市场先生与人类本性。

巴菲特最初接触格雷厄姆是从《聪明的投资人》一书，该书不仅清楚地指出投资与投机的本质区别，而且还提到了推动投机的"市场先生"这个概念。他认为投资是建立在敏锐与数量分析的基础上，而投机则是建立在突发的念头或是臆测之上。**二者的关键在于对股价的看法不同，投资者寻求合理的价格购买股票，而投机者试图在股价的涨跌中获利。**作为聪明的投资者应该充分了解这一点。其实，**投资者最大的敌人不是股票市场而是他自己。**如果投资者在投资时无法掌握自己的情绪，受市场情绪所左右，即使他具有高超的分析能力，也很难获得较大的投资收益。

对此，格雷厄姆曾讲述了两则关于股市的寓言。其中一则是"市场先生"，借此来说明时时预测股市波动的愚蠢。这些寓言后来出现在伯克希尔·哈撒韦公司的年报中。

他说：如果你和"市场先生"是一家私营企业的合伙人。每天这位"市场先生"都会报出一个新的价格，提出他愿以此价格从你手中买入一些股票或将他手中的股票卖给你一些。**尽管你所持有股票的合伙企业具有稳定的经济特性，但"市场先生"的情绪和报价却并不稳定。**有些日子，"市场先生"

泡沫是财富快速分配的时机！主流的价值投资者很容易发现泡沫，但是却不参与泡沫。而投机者的最大盈利机会就在泡沫当中！

投资比的是谁更自持！别人的情绪提供了机会，自己的情绪带来了风险！

情绪高涨，只看到眼前光明一片，这时他会给合伙企业的股票报出很高的价格；另外一些日子，"市场先生"情绪低落，只看到眼前困难重重，这时他会给合伙企业的股票报出很低的价格。此外，"市场先生"还有一个可爱的特点，就是他从不介意被冷落。如果"市场先生"今天所提的报价无人理睬，那么他明天还会来，带来他的新报价。格雷厄姆告诫投资者，处于这种特定的环境中，必须要保持良好的判断力和控制力，与"市场先生"保持一定的距离。当"市场先生"的报价没有道理时，投资者可以利用他；如果他的表现正常，投资者应该袖手旁观，无论如何绝不能被他摆布，否则后果不堪设想。

商业运营相对于股价波动更加确定！

股票市场上经常发生的一些剧烈变动很多情况下是由于投资者的盲目跟风行为，而非公司本身收益**变动的影响**。一旦股市上有传言出现，许多投资者在传言未经证实之前就已快速而盲目地依据这些传言买入或卖出股票，跟风盖过了理性思考，这一方面造成股价的剧烈波动，另一方面常常造成这些投资者的业绩表现平平。令格雷厄姆感到非常费解的是，华尔街上的投资专业人士尽管大多都受过良好的教育并拥有丰富的投资经验，但他们却无法在市场上凝聚成一股更加理性的力量，而是像旅鼠一样，更多地受到市场情绪的左右，拼命在不停地追逐市场的形势。格雷厄姆认为这对于一个合格的投资者而言是极为不可取的。

事件驱动导致参与者们跟风的情况更多一些。

**因为一家公司的股价一般都是由其业绩和财务状况来支撑的，因此投资者在投资前要判断一家公司股票的未来走势，其中很重要的一点就是需要准确衡量公司的绩效。**格雷厄姆曾经以 Erneq 航空公司等以 E 开头的公司为例，介绍了衡量公司绩效的六种基本因素：收益性、稳定性、成长性、财务状况、股利以及历史价格等。

什么样的公司其未来业绩的确定性最强？肯定是那些具有持续竞争优势的公司！

评估一家企业经营绩效的财务**指标有许多**，如每股净收益可以直接体现公司获利程度的高低，投资报酬率可以考察公司全部资产的获利能力等，但格雷厄姆比较偏爱用销售利

经营绩效相关的财务指标是表象，关键是找出背后的原因！财务数据与商业逻辑要相互验证。

润率作为衡量公司收益性的指标，因为该指标不仅可以衡量公司产品销售收入的获利能力，而且可以衡量公司对销售过程成本和费用的控制能力。公司产品销售过程的成本和费用越低，公司销售收入的获利能力就越大。由于公司的大部分收入一般来源于主营业务收入，即产品销售收入，因此，通过销售利润率可以判断出一家公司的发展状况。

评估一家企业的盈利是否稳定，格雷厄姆认为，可以 10 年作为一个考察期，描绘出每股盈余的变动趋势，然后拿该公司最近 3 年的每股盈余与其变动趋势作一比较，若每股盈余的水平是稳定上升的，则表示该公司的盈利水平保持了100%的稳定，否则，**在大起大落的背后一定有某些隐含的市场原因、产品问题或者偶然因素，它们有可能对今后的盈利构成某种程度的威胁。**这一指标对于发展中的小型企业尤其重要。

> 找出异常值的原因非常重要！

评估每股盈余的成长性一般采用盈余增长率这一指标。盈余增长率是一家公司在最近 3 年中每股盈余的年平均增长率，它既能反映出公司的生存能力、管理水平、竞争实力及发展速度，又可以刻画出公司从小变大、由弱变强的历史足迹。格雷厄姆认为，这一指标对于衡量小型公司的成长性至关重要。

公司的财务状况决定其偿债能力，它可以衡量出公司财务的灵活性和风险性。如果公司适度负债且投资报酬率高于利息率时，无疑对公司股东是有利的，但如果举债过度，公司就可能发生财务困难，甚至破产，这将给投资者带来**极大的风险**。衡量公司是否具有足够的偿债能力，可以通过流动比率、速动比率、资产负债率等指标来考察，如流动比率为2，速动比率为 1 时通常被认为是合理的。

> 在经济周期的顺风中，高杠杆带来极高的增长，但是一旦处于经济周期的逆风中，则高杠杆将带来极大的风险。

对于股息，格雷厄姆认为，公司的股息发放不要中止，当然发放的年限越长越好。假如股息发放是采用固定的盈余比率，就更好不过了，因为这显示了该公司的生机勃勃，在不断地平稳成长。同时，股息的发放也更增添了股票的吸引

力和凝聚力。投资者应尽量避免那些以往三年中曾有两年停发或降低股息的股票。

股票的历史价格虽不是衡量企业绩效的关键因素，但它可以从一个侧面反映公司的经营状况和业绩好坏。股票价格就好比公司业绩的一个晴雨表，公司业绩表现比较好时，公司股票价格会在投资者的推崇下而走高；公司业绩表现不理想时，公司股票价格会在投资者的抛弃下而走低。当某一种股票定期地因为某些理由下降或因一头热而下跌时，这无疑是告诉投资人，该公司价格的长期走势可以靠着明察而予以判断。

（3）投资与投机的区别。

在格雷厄姆之前就出现了很多技术分析大师，他们以价格作为判断交易机会的唯一基础，通常而言，证券市场在格雷厄姆之前还是一个投机的场所。格雷厄姆的《证券分析》与技术分析流派研究的着眼点是截然不同的，所涉及的是一个到他为止尚无人涉足的领域。

最为重要的是，格雷厄姆统一和明确了"投资"的定义，区分了投资与投机。在此之前，投资是一个多义词。一些人认为购买安全性较高的证券如债券的行为是投资，而购买股价低于净现值的股票的行为是投机。而格雷厄姆认为，动机比外在表现更能确定购买证券是投资还是投机。借款去买证券并希望在短期内获利的决策不管它买的是债券还是股票都是投机。在《证券分析》一书中，他提出了自己的定义："投资是一种通过认真分析研究，有指望保本并能获得满意收益的行为。不满足这些条件的行为就**被称为投机**。"

就风险控制而言，格雷厄姆认为对于一个被视为投资的证券来说，本金必须有某种程度的安全性和满意的报酬率。当然，所谓安全并不是指绝对安全，而是指在合理的条件下投资应不至于亏本，一旦发生极不寻常或者意想不到的突发事件也会使安全性较高的债券**顷刻间变成废纸**。而满意的回报不仅包括股息或利息收入而且包括资本增值。格雷厄姆特

*这个定义也与事实不符。我身边有不少投机做得好的股票交易者，他们也认真地分析和研究，但是他们绝不是价值投资者，而是题材投机者！*

*黑天鹅事件对于价值投资者而言也是灾难。*

别指出，所谓"满意"是一个主观性的词，只要投资者做得明智，并在投资定义的界限内，投资报酬可以是任何数量，即使很低，也可称为是"满意的"。判断一个人是投资者还是投机者，关键在于他的动机。

幸亏当时债券市场的表现很差，格雷厄姆有关投资的定义才为人们所重视。在1929年到1932年的短短4年，道琼斯债券指数从97.70点跌至65.78点，许多人因购买债券而破了产。债券在人们的心目中不再被简单地视为纯粹的投资了，人们开始重新审视原来对股票和债券的投资与投机的粗浅性认识，格雷厄姆适时提出的投资与投机的定义，帮助**许多人澄清了认识**。

格雷厄姆的《证券分析》一书在区分投资与投机之后，所做出的第二个贡献就是提出了普通股投资的数量分析方法，解决了投资者的迫切问题，使投资者可以正确判断一只股票的价值，以便决定对一只**股票的投资取舍**。在《证券分析》出版之前，尚无任何计量选股模式，格雷厄姆可以称得上是运用数量分析法来选股的第一人。这对于后世的资产定价理论和组合投资理论**起了很大的促进作用**。

> 投资并非等同于低收益，投机并非等同于高收益。小资本成功地投机可以在短期内获得高收益，但是从长期来看，越大的资本越要采用投资来增值。

> 这种方法借鉴了很多保险精算的思维原理。

> 格雷厄姆更加注重有形资产在估值中的地位，同时通过类似保险公司控制经营风险的方法来管理自己的投资风险。

# 第三节　格雷厄姆智慧法则二：隐藏价值

格雷厄姆唯一关心的是股票价格相对于其内在价值是否便宜。

——一个网友的评论

隐藏资产型公司，是任何一家拥有你注意到了而华尔街专家没有注意到的价值的企业。

——彼得·林奇

（1）隐蔽资产。

对于隐蔽资产的投资，无论是早期的巴菲特还是刚立足于投资界的索罗斯，以及后起之秀彼得·林奇都有过深入的研究和实践，这可以说是价值**投资的最传统形式**。我们来看看最早使用此类手法的本杰明·格雷厄姆是怎么做的。

本杰明·格雷厄姆 1914 年夏天来到纽伯格—亨德森—劳伯公司做了一名报价员，主要负责把债券和股票价格贴在黑板上，**周薪 12 美元**。虽然这份工作是纽约证券交易所最低等的职业之一，但这位未来的华尔街教父却由此开始了他在华尔街传奇性的投资生活。

他很快就向公司证明了他的能力。在不到 3 个月的时间里，他就被升职为研究报告撰写人。由于他充足的文学修养和严谨的科学思维，以及渊博的知识，很快就形成了自己简洁而富有逻辑性的文风，在华尔街证券分析舞台独步一时。

应该感谢纽伯格—亨德森—劳伯公司给格雷厄姆提供了一个很好的实践与研究场所，才使这位未来的股票大师开始全面熟悉证券业的一整套相关知识，了解了包括证券买卖程序、行情分析、买入与卖出时机、股市环境与股市人心等在内的实际运作方法。尽管格雷厄姆未受过正式的商学院教育，但这种源自亲身实践的经验，远远比书本上的描述来得更为深刻有力，这为他日后在股票理论上的探索打下了极为**坚实的基础**。公司老板纽伯格经过仔细观察，发规格雷厄姆身上蕴藏着巨大的潜力与才干。不久，格雷厄姆就又被提升为证券分析师。升任证券分析师是格雷厄姆一生事业的真正开始。

在格雷厄姆创立证券分析体系之前，证券交易者们习惯以道氏理论**和道琼斯指数来分析股市行情**，而对单一股票、证券的分析尚停留在较为原始、粗糙的阶段，而且普通投资者在投资时通常倾向于债券投资方式，而对于股票投资，投资者普遍认为过于投机，风险太大，令人难以把握。投资者之所以做出如此选择，一方面是因为债券有稳定的收益，而且一旦发行债券的公司破产清算，债券持有人较股东有优先

隐蔽资产就是大众的盲点，未被大众认识到的资产就是隐蔽资产。

投机之王 J.L. 也是从报价员开始干起的，他在这段经历当中发现了价格波动的某些规律。

那个时代，没有任何系统的投机理论和投资理论，一切都在摸索之中。J.L. 形成了自己的投机理论，而格雷厄姆则形成了自己的投资理论，多年之后两者命运截然不同。

道氏理论是用来分析大盘和大势的。

清偿权，购买债券的安全系数明显要高于购买股票；另一方面是因为一般公司仅公布笼统的财务报表，使投资者难以了解其真实的财务状况。格雷厄姆通过那些上市股票、债券公司的财务报表，以及对那些公司资产的调查研究发现，上市公司为了隐瞒利润或在债权清理时逃脱责任，常常千方百计地隐瞒公司资产，公司财务报表所披露的是低估后的资产，而这一做法造成的直接后果就是反映到股市上的股票价格往往大大低于其实际价值。**庄家可以通过发布消息来控制股价的涨跌，**股市完全在一种几乎无序而混乱的状态下运行。

格雷厄姆决定拿隐瞒大量资产的公司作为入手处。他开始从上市公司本身、政府管理单位、新闻报道、内部人士等多种渠道收集资料，通过对这些收集到的资料进行研究分析，搜寻那些拥有大量隐匿性资产的公司。

1915 年 9 月，格雷厄姆注意到一家拥有多家铜矿股权的矿业开发公司——哥报海姆公司，该公司当时的股价为每股 68.88 美元。格雷厄姆在获悉该公司即将解散的消息后，通过各种渠道收集这家公司的有关资料，对这家公司的矿产和股价进行了详尽的财务分析，发现了该公司尚有大量的不为人知的隐蔽性资产，通过计算，格雷厄姆准确地判断出该公司股票的市场价值与其实际资产价值之间有一个巨大的价差空间。他认为投资该公司的股票将会带来丰厚的回报，建议纽伯格先生大量买进该股票。纽伯格先生接受了格雷厄姆的建议。当 1917 年 1 月哥报海姆公司宣布解散时，纽伯格—亨德森—劳伯公司从这笔买卖中赚取了数十万美元的利润，其投资回报率高达 18.53%。

下面我们再来看看另外一个例子。洛克菲勒是美国无可争议的石油大王，他所创立的美孚石油公司曾以托拉斯方式企图垄断整个美国的石油市场，但最终被华盛顿联邦最高法院判定违反了《垄断禁止法》遭到解散。按照法律，美孚托拉斯被分割成 39 个在理论上相互竞争的公司。而随着美孚托拉斯的分割，几乎很少有人再去注意那些因分割而散布在美国大地上的昔日洛克菲勒家族的分支机构和企业的详细状况。

20 世纪 20 年代，美孚公司的真实状况一般比较隐秘，使人难识其真容。格雷厄姆经过调查发现，查阅公共服务委员会所存的各公司记录有助于揭示那些公司真实的财务状况。于是，他直奔公共服务委员会，将一些公司的重要数据记录后，再回到华尔街对那些资料进行详尽的研究分析，终于他捕获到他所要瞄准的目标——从洛克菲勒集团中分离出来的 8 家石油管道公司。格雷厄姆决定首先拿北方石油管道公司开刀。

格雷厄姆所搜集到的财务数据显示，北方石油管道公司当时在股市上的市价只有280 万美元，而它所持有的铁路债券就有 360 万美元，显然，**它的投资价值被严重低估**

了。**造成这一市场错误的根本原因是投资者没有发现该公司那笔庞大的隐形资产——铁路债券。**而在格雷厄姆看来，当一家公司坐拥一大堆资产而不能创造任何利润时，它便理所当然地成为投资者的目标。徒然拥有价值而不能为企业所用，那么发现它总比让它沉睡要好得多。

格雷厄姆在买入北方管道公司 5% 的股份后，和另一位在北方石油管道公司占有相当比例股份的律师结成同盟，并联合了占总股份 38% 的中小股东，在董事会会议中提出议案，要求将公司持有的铁路债券兑现，并发给股东相应的红利。因格雷厄姆提出的议案完全符合《公司法》的规定，无奈北方石油管道公司只得同意该议案，发放红利。结果，格雷厄姆不仅每股分得丰厚的红利，而且还在众多投资者的跟风下，在股价上涨后**获利颇丰**。

此后，格雷厄姆又从洛克菲勒集团分离出的其他石油管道公司中挤出其所隐藏的资产，获得了数额可观的利润。格雷厄姆也因此获得了"股市猎手"的称号。格雷厄姆—纽曼公司在格雷厄姆正确的投资策略下，其投资报酬率每年都维持在 30% 以上，远远高于同期道琼斯工业指数的上涨速度。但格雷厄姆的骄人业绩既非来自恶意炒作，又非来自幕后操纵，而完全是靠他的知识和智慧。他已将证券投资从原始交易的混沌中，提升到一个依靠理性和分析确定投资方向并进而获利的新层面上。

（2）通过对冲交易（套利）把握隐藏价值机会。

索罗斯是对冲交易的高手，其量子基金闻名遐迩，而格雷厄姆作为价值投资的第一代宗师，也进行过对冲交易。1923 年初，格雷厄姆离开了纽伯格—亨德森—劳伯公司，决定自立门户。他成立了格兰赫私人基金，资金规模为 50 万美元。格雷厄姆决定以此为基础，大展宏图。他选中的第一个目标就是赫赫有名的美国化工巨头：**杜邦公司。**

在格兰赫私人基金成立前几年，美国军火巨头杜邦公司利用通用汽车公司正陷于暂时无法偿还银行贷款的财务困境，

---

上市公司进行的股权投资也会出现被低估的情况。

格雷厄姆这次不仅是投资，也是投机。通过驱使公司公布重大利好来推动股价上涨，这不是题材投机吗？

1788 年，16 岁的 E.I.杜邦在法国埃松省的化学家安东尼·拉瓦锡实验室当学徒。年轻的杜邦很快掌握了火药生产技术。1802 年 7 月 19 日，E.I.杜邦从法国移民到美国特拉华州后，在白兰地酒河边买了一块地，开始建造他自己的火药厂。公司发行股票 18 股，每股 2000 美元，共集资 3.6 万美元。1804 年 5 月 1 日，杜邦开始生产并销售火药。1811 年，杜邦是美国最大的火药生产商。2015 年，陶氏化学和杜邦美国宣布合并新公司，其将成为全球仅次于巴斯夫的第二大化工企业。

通过一场蓄谋已久的兼并战，最终兼并了通用汽车公司。杜邦公司对通用汽车公司的兼并形成了两公司交叉持股的状况。到了1923年8月前后，由于第二次世界大战结束，美国经济开始复苏，杜邦公司失去了军火暴利来源，股价急剧下滑，每股股价仅维持在297.85美元左右；而通用汽车公司因汽车市场需求的大增而利润直线上升，每股股价高达385美元。

他注意到杜邦公司和通用汽车公司股价之间存在巨大的差距。经过分析，他认为由于杜邦公司持有通用38%以上的股份，而且这一份额还在不断增加，所以市场现阶段两种股票之间的价格差距就是一种错误，而由股市造成的错误迟早都会由股市自身来纠正，市场不可能对明显的错误长久视而不见，一旦这种错误得到纠正之时，就是有眼光的投资者获利之时。

格雷厄姆不仅大笔买进杜邦公司股票，而且更大笔地卖出通用汽车公司的股票。这样，他就会因杜邦公司股票上涨和通用汽车公司股票下跌而双向获利。两个星期后，市场迅速对这两家公司股价之间的差距做出了纠正，杜邦公司股价一路攀升，升至每股365.89美元，而通用汽车公司股票随之下跌，跌至每股370美元左右。格雷厄姆迅速获利了结，不算他卖出吃进通用公司股票之间的差价，其单项投资回报率高达23%。这使格兰赫基金的大小股东们都赚了大笔的钱。

格兰赫基金运作一年半，其投资回报率高达100%以上，远高于同期平均股价79%的上涨幅度，但由于股东与格雷厄姆在分红方案上的意见分歧，格兰赫基金最终不得不以解散而告终。但这却使格雷厄姆意外地遇到了他的最佳黄金搭档：杰罗姆·纽曼。纽曼具有非凡的管理才能，处理起各种繁杂的事务显得游刃有余，这使格雷厄姆可以腾出更多的精力来专注于证券分析，做出投资策略。

格雷厄姆和纽曼组建了新的投资合伙公司：格雷厄姆—纽曼公司，格雷厄姆负责最核心的分析和投资策略，纽曼负责处理与投资有关的各种具体事务。新基金从一开始就表现

一般而言，两个人领导的基金业绩更为稳定。

得极为强劲，因为格雷厄姆既有基本理性分析的沉稳性，又有超常的洞察力和嗅觉，他的操作**使新基金成绩斐然**。

虽然我们只能找到格雷厄姆可数的对冲交易经历，但是这足以说明对冲交易和价值投资并不矛盾，通过卖出那些价值高估的股票，同时买入那些价值低估的股票，价值投资者可以做得更好，这无疑增加了利润，同时减少了风险，**也许第四代价值投资体系会把对冲纳入操作策略中**，毕竟格雷厄姆已经这样做过了。

（3）重置成本法和价值投资三次进步。

通常而言，格雷厄姆以有形资产的账面价值作为评估价值的基础，我们称之为静态价值评估。下面我们就先看一位叫"明宪"的评论家对格雷厄姆的价值投资方法的分析，接着提出我们认为的价值投资的三次重大进步。

在证券分析中，主要针对企业自身资产和资本的账面价值进行分析，做出买入或卖出决策的投资方法，一般被称为格雷厄姆—多德法。这一方法首先于 1932 年在格雷厄姆与多德合著的《证券分析》第一版中提出，并迅速被广泛采用。但是，仅仅两年之后，经济学家威廉姆斯提出了股息折现模型，这一模型此后又转化为自由现金流折现模型，成为今天一切证券**分析师最常用的模型**。

> 程定华先生非常推崇这一模型，其对股指走势的精妙分析很大程度上是基于这一模型。

早在 19 世纪 50 年代，对格雷厄姆—多德法的质疑之声就已经不绝于耳。许多基金经理或交易员认为，格雷厄姆已经无法理解当时的华尔街主流思想，即专注于公司的盈利成长能力，而非切实可见的资产。格雷厄姆自己也在《新型普通股投机》一文中指出，由于投资者仅仅关注于盈利和盈利的增长，"资产在许多情况下竟然成为了拖累股价的因素"。他认为，这种局面是荒谬的，只有投机者才会仅仅关注盈利增长，而**忽视资产**。

> 资产如果不能带来收益，也不能称为资产。资产重置法和收益贴现代表了两种不同的思路，但还是可以结合的，毕竟资产持续期结束后的残值变现其实也是某种程度上的资产重置。资产重置其实是以变卖资产本身换取一次性收益。

**但是到了 19 世纪 70 年代，即使格雷厄姆本人也把定价模型的重点放在了盈利上。**他提出，应该为当前盈利设定一个合理的（往往是很高的）资本化比率，即折现率，从而得出股票的合理价值。他仍然谈论资产的重要性，但舞台的核心已经被盈利占据。只有一条原则被保留了下来，即格雷厄姆一直对盈利的增长保有怀疑态度，不主张投资者**根据增长前景进行投资**。

> 盈利前景取决于商业模式的竞争优势和行业趋势，而非资产本身。

格雷厄姆—多德法的衰落有其必然原因。首先，格雷厄姆过于保守，即使在企业净资产的账面价值已经远远低于市值的情况下，他仍然索取 50% 以上的折扣。例如，一家每股净资产为 10 美元的企业，其清算价值可能远高于 10 美元（因为财务报表里的资产价值一般都被低估了），但格雷厄姆只肯为其付出 5 美元——这种极端保守的思想非常适合 1932 年之后处于历史性低谷的美国股市，却不适合**今天的绝大多数股票**。

> 格雷厄姆本人就在大萧条中近乎破产，因此他比巴菲特要保守得多。巴菲特处于美国经济高速稳健增长的阶段，美联储擅长利用放水来挽救资产市场，同时第三产业蓬勃发展，这些则是巴菲特投资思想产生和生长的历史大背景。巴菲特的风格与大的历史风口匹配，这是他能够从众多价值投资者当中脱颖而出的关键。

其次，会计政策过于偏重于消极保护投资者的权益，而非积极地为投资者争取权益。财务会计的稳健性（保守性）原则决定了它无法告知投资者最接近现实的东西，而只能提供一个不可逾越的底线——对资产来说，这个底线就是"账面价值"。编制财务报表已经成为一项过于浩大的技术性工作，完成符合法规的保守性报表已经非常不容易，不可能再去编制一套真正为投资者提供真相的"非保守性报表"。也就是说，资产负债表本身无法告诉我们资产的真正价值，而我们自己努力去寻找资产的价值又要花费太高的成本。

> 格雷厄姆理论的硬伤在于他没有完全看清楚资产价值的根本来源。资产的最大价值不在于像一般商品一样通过供求来决定，也就是说不是通过资产的重置价格来确定，而是取决于资产与特定商业模式结合后的收益流。格雷厄姆形成理论的时代恰好是一个破产盛行的时代，在那样的历史背景下价值往往取决于破产时可以变卖资产的市场价格。

最后，格雷厄姆本人始终没有解决一个根本问题，即无形资产有没有价值的问题。按照 1932 年的逻辑，不但无形资产没有价值，即使有形资产也至少要计入 50% 的折扣；在这种苛刻的标准下，所谓品牌价值、客户资源、供应商资源、人力资源或**企业文化价值都没有立足之地**。即使在 19 世纪 50 年代以后，格雷厄姆仍然过于保守，对技术类或营销类公司保持强烈的警惕性。他的学生沃伦·巴菲特善于评估无形资产的价值，但更多的是通过预测未来现金流的方法，即威廉姆斯法的改进形式。格雷厄姆—多德法实际上已经完全衰落。

今天，仅仅在对原材料企业、能源企业等资本密集型行

业的定价中，还存在着类似格雷厄姆—多德法的定价模型，即所谓资产**置成本法**。在任何财务报表分析教科书上，这种模型都被视为简单的、近似的模型，不值得深入讨论。很多专业人士的共同意见是，预测现金流已经成为当前一切定价模型的核心，资产只在很小的范围内发挥作用，其核心在于对所谓的硬资产进行定价。

假设一家金矿开采公司向一家同行提出收购要约，那么，分析师首先考虑的不是这家同行未来多年的自由现金流，而是它拥有多少可开采的金矿资源，以及开采这些资源所需耗费的成本。例如，"对每吨黄金储备开出 100 万美元的价码"，可能是在这种收购中经常听到的说法。分析师认为，对黄金、石油乃至森林等自然资源产业来说，真正有价值的是资源储备，所以适合**采用资产定价法**。假设 A 石油公司的股价可以折算为"每桶石油储备 25 美元"，B 石油公司的股价却是"每桶石油储备 40 美元"，而两家石油公司的储备又无太大不同，分析师就可以认为 B 公司的股价可能是被高估了。

当然，以上的资产定价法仍然存在严重的问题，即没有考虑到金矿开采公司还有黄金熔铸、黄金制品制造等业务，石油公司的价值则很大程度上来自运输能力（船队和输油管）。无论如何，分析师们认为自然资源是金矿或石油公司价值的最主要部分，确定了资源的价值就等于确定了公司的大部分价值。我们同样可以想到，高技术公司价值的主要部分在于拥有专利的或正在开发的技术，营销型公司价值的主要部分在于品牌和供应链，证券公司价值的主要部分在于人力和客户。这些都是无形资产，并且具备价值，投资者都公认这一点。

**资产重置成本法的精髓就在于最大限度地利用市场原理，求出公司拥有的核心资产的市场价值，然后把这些资产组合起来。**我们以宝洁公司为例，它的绝大部分价值首先来自它漫长的日用产品线，其中每一个品牌都是重要的无形资产。其次为品牌进行估价的技术现在已经比较成熟，我们可以耐

*但是，就我的经验而言，对于大宗商品和能源类企业，经济周期对于估值的影响更大。*

*自然资源企业的资源本身是由市场定价的，而未来的市场定价需要投资者去预判。*

*不同类型公司的未来收益流来自不同的资产，而对这些资产进行估值的方法是不同的，因此不同类型公司的估值方法是不同的。*

心地将这些品牌的价值集合起来，下一步就是求出宝洁目前拥有的供应链和生产设备的价值——如果品牌的价值能够确定，那么后两者的价值就更容易确定了。最后一个比较棘手的问题是确定人力资源的价值，即培养一个由数十万工程师、营销人员、销售人员、财务人员和行政人员组成的劳动力需要多少时间和金钱。

以上"资产重置成本法"应该站在什么样的角度进行，才能最大限度地做到公平客观？最好的方法莫过于假设你要成立一家与目标公司类似的公司，并且在尽可能短的时间内获得与目标公司相同的市场地位和盈利能力。宝洁公司这个目标或许过于复杂了，那么我们以星巴克这家相对简单的连锁咖啡店为例。需要花费多少资源才能建立起一个可以与星巴克匹敌的连锁咖啡店？它至少需要具备如下素质：第一，拥有与星巴克一样多的店面租赁合约（并且地段类似）；第二，拥有与星巴克一样多的咖啡豆供应合约（并且质量类似）；第三，拥有与星巴克知名度等同的品牌形象（这可以通过广告费折现的方式进行估算）；第四，拥有与星巴克类似的员工队伍，其中既包括一般的小时工，也包括经过培训的对咖啡研磨比较熟悉的所谓"咖啡大师"；第五，如果星巴克真的像它声称的一样拥有所谓"独家烘焙技术"，我们还应该估算自己开发或买下这个技术需要多少钱。

一切的原则其实是一样的，复制一个星巴克（假设它可以复制）。当然，你可以说这种估价方法本身的假设就荒诞不经，因为企业都是各自不同的，哪能复制呢？可是我们应该想到，现金流折现本身的假设也是站不住脚的，仅仅是预测十年以上现金流及未来无穷年的终值这一点就足以让人头疼，更不用说对资本成本的估计，恐怕永远是一笔糊涂账了。

我们的世界需要更多种不同的估价策略。现金流折现模型（以及股息折现模型）统治这个世界的时间太长了，它和乘数模型（主要是 P/E 或 EV/EBITDA）一起构成了当前证券分析领域的几乎全部方法。学术研究人员提出了一些华而不

现金流能否形成向上趋势，主要取决于公司是否具有持续的竞争优势，而且这些只能从商业的角度去分析，而非简单的财务数据建模和外推。

实的方法，例如剩余收益模型（Residual Earning Model）和异常收益增长模型（Abnormal Earning Growth Model），还有在科技股定价中常见的期权定价模型（Option Pricing Model）。但是，以上模型归根结底都是建立在盈利预期和波动性基础上的。在这些模型中增加一个以资产（包括无形资产）为基础的模型并不为过。

　　"明宪"先生本人尝试过预测未来多年的现金流，也尝试过直接估计一项资产的重置成本。对大部分投资者来说，这两者没有本质的优劣之分，**关键在于究竟哪种情况更合适。**我们讨论资本成本、盈利预期之类立足于未来的话题已经很多了，甚至已经忘记了讨论现在的话题——冰冷坚硬的有形资产，无法触摸却拥有价值的无形资产，以及一般不被看作资产的人力资产或管理层资产。遗憾的是，学术界和实务界在估计无形资产的重置成本方面，所做的工作还是不够的。通向正确的投资决策的道路不止一条，希望有一天，我们能够重新发现格雷厄姆—多德定价模型的合理之处，并依据格雷厄姆和多德当年的教诲，对我们采用的模型进行一些调整。这不是一场革命，只是一个合理的复兴而已。

　　上面就是"明宪"对格雷厄姆价值评估方法的分析。从中可以看到他试图用动态价值评估对静态价值评估做出超越，这无疑是菲利普·费雪和彼得·林奇已经在做的事情，当然这些人没有那么深奥复杂的数理模型，但是理念上他们确实已经超越了格雷厄姆，并且实践上他们也证明了其超越是真实的。

　　我们认为（下面是关键要点，务必多读几遍）：

　　● 格雷厄姆是第一代价值投资的典范，他以有形资产作为价值评估的基础，这是一种动态的价值评估。

　　● 巴菲特是第二代价值投资的典范，他更多地考虑的是**可以提供持续竞争优势的无形资产的价值，**而无形价值基本上可以算作是动态价值评估的基础，但却不是动态价值评估本身。

因地制流！

● 索罗斯虽然"自学成才"，但是他也使用了与格雷厄姆类似的投资理念，而且他主要是将价值投资的方法运用于更广泛的资产，由于他投资的期限较短，价值动态变化可以不考虑，所以他主要是利用当前价值和价格的差异进行投资，这也是一种静态价值，早期他运用于存在隐藏价值的欧洲公司，后来运用于价值高估和低估的"国别证券"——外汇，其实外汇就是国家发行的股票，他也算是**第二代价值投资的典范**。

● 彼得·林奇近乎菲利普·费雪的化身，他比巴菲特走得更远，他将闲聊技术和成长性技术纳入了价值投资的范畴，他根据成长性来投资，基本上他以收益和成长性作为价值评估的基础，这就是动态的价值评估了。所以，林奇是第三代价值投资的典范。

# 第四节 格雷厄姆智慧法则三：绝不轻信

尽管市场监管很严厉，公司仍旧可以利用新的会计方法操纵收益。

——本杰明·格雷厄姆

（1）小道消息与萨幅轮胎事件。

任何一个初入股市的人都会为小道消息所误导。早年的格雷厄姆作为证券分析师，因其对投资股票的准确判断而开始在华尔街有了一些名声，他决定在华尔街小试牛刀。他应一些亲戚和朋友之邀开始尝试为一些私人做投资。

在私人投资业务刚开始时，格雷厄姆的操作确实获得了良好的收益，但一年后发生的"萨幅轮胎事件"却给格雷厄姆带来一记重创。

当时在华尔街暗中盛行一种买入即将公开上市公司的股

任何一次失败都是上天为了你更加成功而给出的善意反馈。

票，待其上市后再从中套利的**操作手法**。格雷厄姆的一位朋友向他介绍说，萨幅轮胎公司的股票即将公开上市。格雷厄姆未及仔细分析，便联合一批同事、朋友分批购入萨幅轮胎公司的股票。但这些股票认购纯粹是一种市场操纵行为，幕后操纵者在将该股股价狂炒之后，突然抛售，致使包括格雷厄姆在内的大批投资者被无情**套牢，而该股票最终也无法上市**。

　　"萨幅轮胎事件"给格雷厄姆上了生动的一课，使格雷厄姆对华尔街的本质有了更深刻的认识，同时，也使格雷厄姆从中得出了两点经验：一是不能轻信所谓的"内部消息"，二是对人为操纵市场要保持高度的戒心。这些都促使**格雷厄姆逐渐走向成熟**。

　　1920 年，格雷厄姆又荣升为纽伯格—亨德森—劳伯公司的合伙人。他继续通过实践积累更多的经验。随着他的一个又一个辉煌的胜利，他的投资能力和投资理念日渐成熟。

　　在格雷厄姆看来，投机并不是一项好的投资，因为投机是建立在消息上面的，其风险非常高。当股价已升至高档的上端时，很难说哪一只股票没有下跌的风险，即便是绩优股也不例外。所以，从严格的意义上来讲，**基于事实本身的投资和基于消息的投机，两者所蕴含的风险是截然不同的**。如果一家公司真的营运良好，则其股票所含的投资风险便小，其未来的获利能力一定比较高。同时，格雷厄姆还认为，风险在股市上是永远存在的，没有风险就没有股市，任何一个投资者要想成功，均需依靠行之有效的技巧来规避风险并进而获利。格雷厄姆将期权买卖交易运用到规避投资风险上，为自己的投资组合设计了一整套系统保险方案，如当一证券看涨时，仅花少许金额买下它的看涨期权，待日后升值时再以约定价格低价买进；当某一证券看跌时，花少许金额买进其看跌期权，以便将来下跌后再以约定价格高价卖出。期权买卖利用其杠杆作用，可以以小搏大，使得无论市场走向如何，都具有投资获利的潜力。即使对证券价格走向判断失误，

类似的机会也大量出现在我国 20 世纪 90 年代。

其实，这是主力利用题材坐庄。

同样一件事情，如果放在 J.L. 身上，那么他一定总结出关于投机的新见解。

投机主要受到流动性和风险情绪变化的影响，而投资主要受到公司业绩走向的影响。

但是，趋势越是确定和明显时，则期权的费用也会显著上涨，因此就算期权的损失是有限的，但是如果不能先知先觉，那么也要承担更大的成本和更低的获利潜能。

其损失最多只限于购买期权时所投入的一小笔资金，而不至于一落千丈。

格雷厄姆规避风险的技术对于那些时刻担心自己的投资会因证券市场的变幻莫测而损失殆尽的投资者而言无疑算得上是一种稳妥之策。因为善于利用各种技巧和策略来限制和分散风险，因此格雷厄姆在华尔街树立起了自己的崇高信誉。

（2）财务欺骗和格雷厄姆的会计思想。

一家公司的股价在其未来业绩的带动下不断向上攀升，投资者切忌盲目追涨，而应以怀疑的态度去了解这家公司的真实状况。因为即使是采取最严格的会计准则，近期内的盈余也可能是会计师所伪造的。而且公司采用不同的会计政策核算出来的业绩也会造成很大差异。**投资者应注意仔细分析这些新产生的业绩增长是真正意义上的增长，还是由于所采用的会计政策带来的增长，特别是对会计报告的附注内容更要多加留意。**任何不正确的预期都会歪曲企业的面貌，投资者必须尽可能准确地做出评估，并且密切注意其后续发展。

格雷厄姆在 1937 年出版的《财务报表释义》中介绍了一种迅速掌握会计学原理的方法，包括这些原理如何在资产负债表和收益表中得到应用以及投资者应从会计账簿中获取何种信息的说明。他在哥伦比亚大学的课程就是以这样的原理为基础的。

如果一家公司在繁荣时期的流动性状况紧张，那么经济步入滞涨和衰退之后，这家公司的经营就会变得极其危险。

流动资本是当前资产超过当前负债的余额，是衡量公司实力的一个关键因素。它是公司日常运转的资金来源，通过检查流动资本及其在一定期间内的变动情况，投资者就可以了解管理者扩大资产和**应付经济变化的能力。**

现金这个术语包括严格意义上的现金、可交易的证券或任何可以暂时代替货币的资产。公司持有现金的额度应该是正常经营所需再加上合理的余额，以应付紧急事件——虽然紧急事件时有发生。格雷厄姆写道："如果现金持有量与证券的市场价格相比数目巨大，投资者就应该注意了。在这种情况下，股票的价值要高于其收入记录所表明的价值，因为现

金持有量代表了很大一部分价值，却对收入没有什么贡献。最终，股东将从这些现金资产中得到好处：要么把它**分配**，**要么使它在经营中得到有效利用。**"

在市场上善于掘金和狙击公司的人很明白这个道理。近年来，越来越多的"狙击者"把目光对准了现金丰富的公司，将现金席卷而逃。事实上，格雷厄姆自己也是利用了这一点。如果一个投资者对这种资金臃肿的现象发现得足够早，他甚至可以从接收合并的**纷争中获利。**

固定资产包括土地、房屋、设备和办公家具。时间能使有些资产增值，有些资产贬值。因此，它的真正价值很难判断。土地这类固定资产的价值相对而言比较容易核算，只要存在自由买卖的土地市场，那么土地的价格就容易核算。设备除了物质折旧之外还存在精神折旧，也就是说，随着技术的发展，设备的价值其实一直在下降。至于折旧后的设备能够以多少钱价格卖出去，除非存在发达的二手设备市场，否则估值上也需要偏于保守才行。

尽管格雷厄姆也和同时代的其他证券分析师一样对无形资产表示怀疑，他仍然意识到无形资产是具有一定程度实际价值的。从最低程度上讲，品牌和注册商标之类的商誉算得上是真正的资产。偏重于财务数字的分析对于无形资产无法很好地把握，因为无形资产主要是基于商业运营和竞争优势产生的。

倘若公司将所有资产出售，用来清偿了所有债务，这个时候通常就把账面价值视为它的价值。如果随着资产的转移，经营还能近乎平稳地进行下去，那么出售所得肯定高于有形资产的净值。格雷厄姆在大萧条的时代背景下，面对的是破产频繁的上市公司，他面对着大量这样的机会，所以他的投资理论必然扎根当时的时代背景，以破产清算时的收益能否抵补买入股票时的成本作为投资的首要原则。

他说，这是因为现有资产在清偿过程中的损失少于固定资产。格雷厄姆还注意到，**如果一个公司以低于其现有资产**

库克掌舵苹果公司的时候，有段时间账面上现金太多，以至于一些持股的对冲基金要求将这些现金的一部分作为红利派发。

太多的现金躺在账面上意味着有更好的利用方式，这是一笔被闲置的资本，通过动用这笔资本可以更好地提升估值。

市净率小于 1 表明市场在计入一些未来风险，比如虽然现在某家钢铁企业的股价低于其净资产，但是考虑到这家公司未来继续大额亏损的可能性很高，因此净资产以后还会大幅下降，所以这个时候市净率低于 1，并不代表真正的安全边界。

**净值的价格进行交易，仅凭这一点还不能证明它的股票价值被低估了。** 现有资产净值的计算方法是从现有资产中减去现有负债。

美国的股票与债券一样，存在一个票面金额，尽管"票面金额"这个词还在股票交易中使用，不过其意义却已经非常模糊了。票面金额曾经代表股票发售时的初始价格，用于计算股东的原始投资。后来，还被用来表示这项投资在多年中的增值情况。后来，上市公司随意确定票面价值，而且这也只是出于记账的需要。

对于 A 股投资者而言，这一准财务数据对于财务分析并无用处，大致了解有这么一回事即可。

（3）常见的财务陷阱。

现在会计制度已经比格雷厄姆当时更为严格了，但是操纵财务报表的情况还是不断发生，我们现在就结合现在的情况分析一下主要的财务陷阱，这样可以更好地理解格雷厄姆审慎的投资态度。上市公司的年度报告及财务报表是投资者分析其质素的重要材料。值得注意的是，财务报表在自然反映公司的行业、竞争及经营管理情况之外，公司的管理层出于维护公司形象，达到融资的条件，转移利润以及规避税收等考虑，还可对其进行有意安排，投资者可能据之做出错误的判断，因而可以认为这些财务安排是投资者进行上市**公司价值判断中的"陷阱"**。我们下面具体看看现在经常遇到的 14 类财务报表"陷阱"。

A 股也出现一些奇葩的财务造假手法，其实都非常拙劣。

● **不同控股程度子公司间的销售安排** 在同时拥有几家不同控股程度的子公司且均经营同一业务的情况下，上市公司可在不同控股程度的子公司之间分配订单以达到调节利润的目的。如果上市公司想增加利润，可将订单全部或大部分交由本部工厂或控股程度高的子公司生产，降低少数股东损益；反之，则是将订单大部分交由控股程度低的子公司生产，提高少数股东收益，如少数股东为上市公司的控股股东，则控股股东所获收益因此增加。该手段也常被上市公司用来规

避税收。

● **上市公司溢价采购控股子公司产品及劳务形成固定资产**　上市公司如采购控股子公司的产品用于再销售，则其溢价需合并抵消，因而对合并报表的盈利无贡献。但如果上市公司溢价采购控股子公司产品及劳务形成固定资产，一方面，该类交易无须披露；另一方面，上市公司采购后形成固定资产，则子公司的销售可确认实现。由此，子公司的收益可确认为当期合并报表利润，而上市公司的固定资产虽定价过高，但因其折旧分多年提取，因而当期利润增加因素远高于因折旧增加而导致的利润减少因素。

● **销售给控股股东和非控股子公司**　上市公司将产品销售给控股股东和非控股子公司，因无须合并报表，因而不必以对外销售作为最终的销售实现。对于上市公司而言，销售收入会因此增加，同时应收账款和利润也增加；而对于控股股东和非控股子公司来说，则是应付账款和存货的增加。总体而言，并未对外实现销售，但上市公司自身已合法地实现了销售。这种制造利润的手段很难持续，而且应收账款的潜在坏账损失风险较大。

● **销售收入确认方式的变更**　有一类上市公司，它们并非销售单一产品，而是销售整个系统，需要实施、安装与服务，销售过程持续时间长，因而收入并非一次实现。特别是对于跨年度实现的销售，需要在年度间分配利润。一般企业根据销售的不同阶段划分收入实现比率，而该类比率的变化，无疑会影响到当期盈利。如果当年接获的订单很多，而公司如提高开始阶段收入实现比率，**则当期利润增加**。

● **不同成本费用项目之间的分类变化**　虽然企业财务会计制度对成本以及各项费用有较为明确的划分，但有些项目的归类仍有一定的弹性。比如销售折扣，有的上市公司将其单列为一个项目，而有的上市公司将其归入销售费用，作为给分销或零售商的销售佣金。该种归类的变化会导致费用比率非经常性的波动。此外在销售费用和管理费用之间，也有

销售收入确认方式的变更可以通过现金流量表来揭穿。

一些归类上的差异，如对销售办事处的租金及折旧支出，有的上市公司将其归入管理费用，有的将其归入销售费用。如果上市公司的归类发生变化，则费用比率也会发生相应的变化。

● **广告费用与商标使用费**  对于拥有自有品牌的上市公司而言，其广告费用的政策变化主要是：将广告费用视为收益性支出计入当期销售费用或是将广告费用支出视为资本性支出分期摊销。该类政策的变化对广告费用支出较大的消费品类公司影响很大。对于使用控股股东品牌的上市公司而言，一种情况是控股股东支付当期广告费用，而上市公司按该品牌产品的销售额提取一定比率支付给控股股东作为商标使用费；另一种情况是上市公司除支付商标使用费外，还支付当期广告费用。前一种情况高估了当期利润，后一种情况则是低估了当期利润。

● **利息费用**  上市公司与控股股东以及非控股子公司之间存在大量的资金往来，一般而言，上市公司可通过资本市场筹集资金，资金较为充裕，因此控股股东占用上市公司资金的情况较为普遍。对于占用的资金，有的上市公司不收取资金占用费；对于收取资金占用费的上市公司，其收取的费用比率又有区别。如果上市公司与其关联方之间资金占用费用巨大，则收取的利息费用对当期利润影响巨大。此外，利息费用的资本化也常被用来作为降低费用和提高利润的手段。

● **所得税返还款的确认期间**  对于返还的所得税款，部分上市公司采用权责发生制来确认，部分上市公司则采用收付实现制来确认，也就是在实际收到所得税返还款时确认收益。如确认政策有变动，或是采用收付实现制来确认，则不同期间的所得税返还款确认金额存在较大弹性。

● **通过内部转移价格规避增值税**  对于实行垂直一体化的上市公司，如果上游环节免交增值税，但其免交的增值税额仍可作为下游环节的进项税额进行抵扣，则上市公司可通过提高上游环节的内部转移价格，提高进项税额，从而达到规避增值税的目的，而且对于免交增值税的企业，其被抵扣的进项税额将直接降低成本，提高利润。

● **资产溢价转让，提高当期收益**  资产转让是上市公司提高当期收益的最便捷手段，特别是对于控股股东实力雄厚的上市公司，控股股东对其支持的主要手段便是溢价收购上市公司的不良资产，包括应收账款、存货、投资以及固定资产等，这通常是资产重组的第一步。

● **以不良实物资产对外投资**  上市公司以不良实物资产与控股股东合资成立公司，由此来降低该不良资产给上市公司带来的损失。

● **调节股权投资比率**  根据企业会计准则的规定，上市公司对于持有股权比率

20%以下的子公司一般采用成本核算法；对于持有股权比率20%以上的子公司采用权益核算法。采用成本核算法的子公司的收益必须在分红时才能体现为母公司的收益，而同样子公司的亏损也不会反映在当期的母公司的报表中。而采用收益核算法的子公司的收益，一般在当期按母公司持有的股权比率确认为当期的损益。因此对于连年亏损的子公司，上市公司一般将其股权减持至19%，以暂时隐藏该项亏损；而对于盈利状况较好的子公司，如股权比率在20%以下的，上市公司一般会寻求提高股权比率至20%以上。

● **折旧和摊销年限的变化**　对于某些上市公司而言，固定资产折旧占销售收入的比重很大，因而固定资产折旧金额的变化对最终利润的影响也较大。上市公司一般通过将折旧比率确定为一个区间，从而在每年折旧金额确定上拥有较大弹性。上市公司在收购股权过程中会形成股权投资差额的借方余额或贷方余额，对于借方余额，一般是溢价收购所形成，会计准则要求在十年内摊销完；对于贷方余额，一般是折价收购所形成，要求在十年以上期间内摊销完。由此在确定摊销年限方面，上市公司拥有一定的调节余地。此外，溢价收购的资产可产生回报的时间可能仅在五年以内或是更短，而溢价的成本摊销则可长达十年，因而该项投资短期收益被人为提高，而长期收益会大幅下降，甚至亏损。

● **各类资产减值准备的提取和冲回**　目前要求提取减值准备的资产有应收款项（坏账准备）、存货（存货跌价损失准备）、长短期投资（长短期投资减值准备），另外，固定资产也渴望要求提取减值准备。以上各项准备的提取在实施当年因允许追溯调整，从而给上市公司机会将各类损失在以前各年度体现，因而只影响到当期股东权益的年初未分配利润，而对当期利润没有太大影响。此外在准备提取和冲回方面，上市公司有很大的自我调节余地。

现金流量表可以作为一个揭穿财务作假的重要工具，同时搞清楚上市公司的主要客户关系也能够帮助我们规避很多陷阱。

# 第五节　格雷厄姆智慧法则四：分散投资

投资者应该持有多种证券，并且每种证券的数量要尽可能地少。

——本杰明·格雷厄姆

对于交易者来说，多样化也许是最重要，也是最被低估的工具。

——理查德·魏斯曼

不要过分强调多样化

——菲利普·费雪

（1）组合投资的开创者。

格雷厄姆是组合投资的先驱之一，他认为投资者应合理规划手中的投资组合，一般手中应保持 25% 的债券或与债券等值的投资和 25% 的股票投资，另外 50% 的资金可视股票和债券的价格变化而灵活分配其比重。当股票的**盈利率**高于债券时，投资者可多购买一些股票；当股票的盈利率低于债券时，投资者则应多购买债券。当然，格雷厄姆也特别提醒投资者，使用上述规则只有在股市牛市时才有效。一旦股市陷入熊市时，投资者必须当机立断卖掉手中所持有的大部分股票和债券，而仅保持 25% 仓位的股票或债券，而这 25% 仓位的股票或债券是为了以后股市发生转向**时所预留的准备**。

> 盈利率可以看成是市盈率的倒数。

> 格雷厄姆深受大熊市之害，因此对他而言最为重要的一点是安全。

实行分散投资的意义就在于降低投资风险，保证投资者收益的稳定性。因为一旦一种证券不景气时另一种证券的收益可能会上升，这样各种证券的收益和风险在相互抵消后，仍然能获得较好的投资收益。

证券分散投资包括四个方面：对象分散法；时机分散法；地域分散法；期限分散法。

对象分散法就是投资者在证券投资时，应将其投资的资金广泛分布于各种不同种类的投资对象上。具体而言，在证券对象上，可用一部分资金购买政府债券，一部分资金购买公司债券，还有一部分资金购买股票。在行业对象上，应避免将资金集中投放在一个行业或板块上，而应分散投资在各种行业或板块上。即使是在同一个行业或板块也应分资金去购买不同的企业或公司的证券，而不应投资购买一家公司的证券。

时机分散是指由于证券市场瞬息万变，人们很难准确把握证券行市的变化，有时甚至会出现失误，为此在投资时机上可以分散进行。也就是说，投资者在购买证券时可以慢慢投入，经过几个月或更长时间完成投资。这样可避免由于投资时机过于集中或者把握不准时机而带来的风险。

地域分散法是指投资者不应仅持有某一地区的证券，而应购买国内各个地区乃至国际金融市场上发行的各国证券。这样做的好处是可以避免由于某一地区政治、经济的动荡而可能出现的投资损失。

期限分散是指由于不同时期市场利率的变化方向和变动幅度不同，从而导致不同期限的证券市场的变动方向和变动幅度也大不一样。实行期限分散化，购买不同期限的证券，就可以减少利率变动对投资者所持有证券行市的影响，**降低利率风险。**

（2）现代投资理论的产生与发展。

现代投资组合理论是在格雷厄姆的基础上发展起来的。现代投资组合理论主要由投资组合理论、资本资产定价模型、APT 模型、有效市场理论以及行为金融理论等部分组成。它们的发展极大地改变了过去主要依赖基本分析的传统投资管理实践，使现代投资管理日益朝着系统化、科学化及**组合化的方向发展。**

1952 年 3 月，美国经济学家哈里·马考威茨发表了《证券组合选择》的论文，作为现代证券组合管理理论的开端。马考威茨对风险和收益进行了量化，建立的是均值方差模型，提出了确定最佳资产组合的基本模型。由于这一方法要求计算所有资产的协方差矩阵，严重制约了其在实践中的应用。

1963 年，威廉·夏普提出了可以对协方差矩阵加以简化估计的单因素模型，极大地推动了投资组合理论的实际应用。

20 世纪 60 年代，夏普、林特和莫森分别于 1964 年、1965 年和 1966 年提出了资本资产定价模型（CAPM）。该模型不仅提供了评价收益—风险相互转换特征的可运作框架，

> 不确定性的存在导致了分散投资的必要性。随着相对确定性的提高，集中投资的必要性也会相应提升。

> 大型资本管理肯定离不开资产组合的问题。

资本资产定价模型的提出是资本管理理论界一个标志性事件。

也为投资组合分析、基金绩效评价提供了**重要的理论基础**。

1976 年，针对 CAPM 模型所存在的不可检验性的缺陷，罗斯提出了一种替代性的资本资产定价模型，即 APT 模型。该模型直接导致了多指数投资组合分析方法在投资实践上的广泛应用。

我们来比较一下格雷厄姆时代之前的投资组合理论和之后的投资组合理论。

● **传统投资组合的思想——多样化**。不要把所有的鸡蛋都放在一个篮子里面，否则"倾巢无完卵"；组合中资产数量越多，分散风险越大。

● **现代投资组合的思想——最优化**。最优投资比例讲的是组合的风险与组合中资产的收益之间的关系有关。在一定条件下，存在一组使得组合风险最小的投资比例。最优组合规模讲的是随着组合中资产种数增加，组合的风险下降，但是组合管理的成本提高。当组合中资产的种数达到一定数量后，风险无法继续下降。

（3）现代投资组合理论的应用和影响力。

投资组合理论为有效投资组合的构建和投资组合的分析提供了重要的思想基础和一整套分析体系，其对现代投资管理实践的影响主要表现在以下 4 个方面：

第一，马考威茨首次对风险和收益这两个投资管理中的基础性概念进行了准确的定义，从此，同时考虑风险和收益就作为描述合理投资目标缺一不可的两个要件（参数）。在马考威茨之前，投资顾问和基金经理尽管也会顾及风险因素，但由于不能对风险加以有效的衡量，也就只能将注意力放在投资的收益方面。马考威茨用投资回报的期望值（均值）表示投资收益（率），用方差（或标准差）表示收益的风险，解决了对资产的风险衡量问题，并认为典型的投资者是风险回避者，他们在追求高预期收益的同时会尽量回避风险。据此马考威茨提供了以均值—方差分析为基础的最大化效用的一整套组合投资理论。

第二，投资组合理论关于分散投资的合理性的阐述为基金管理业的存在提供了重要的理论依据。在马考威茨之前，尽管人们很早就对分散投资能够降低风险有一定的认识，但从未在理论上形成系统化的认识。投资组合的方差公式说明投资组合的方差并不是组合中各个证券方差的简单线性组合，而是在很大程度上取决于证券之间的相关关系。单个证券本身的收益和标准差指标对投资者可能并不具有吸引力，但如果它与投资组合中的证券相关性小甚至是负相关，它就会被纳入组合。当组合中的证券数量较多时，投资组合的方差的大小在很大程度上更多地取决于证券之间的协方差，单个证券的方差则会居于次要地位。因此投资组合的方差公式对分散投资的合理性不但提供了理论上的解释，而且提供了有效分散投资的实际指引。

第三，马考威茨提出的"有效投资组合"的概念，使基金经理从过去一直关注于对单个证券的分析转向了对构建有效投资组合的重视。自20世纪50年代初，马考威茨发表其著名的论文以来，投资管理已从过去专注于选股转为对分散投资和组合中资产之间的相互关系上来。事实上投资组合理论已将投资管理的概念扩展为组合管理。从而也就使投资管理的实践发生了革命性的变化。

第四，马考威茨的投资组合理论已被广泛应用到了投资组合中各主要资产类型的最优配置的活动中，并被实践证明是行之有效的。


# 第六节　格雷厄姆智慧法则五：要有耐心


*每个投资者应该为可能不妙的短期效果做好资金和精神上的准备。*

**——本杰明·格雷厄姆**

*宁静致远，淡泊明志。*

**——诸葛亮**

（1）长期投资的意义。

格雷厄姆有一句至理名言，被他众多弟子引用：**"从短期来看，股市是一个投票机；而从长期来看，股市是一个称重机。"**长期投资的之所以有意义，主要有三个原因。

第一，格雷厄姆发现价值比价格的变动更慢，而价格在长期内倾向于回归价值。变动慢的价值比变动快的价格更容易为人类的认知能所把握，而价值对价格的主导在

激烈竞争必然导致个体倾向于最理性的行为，持续竞争必然导致超额利润最终消失。

长期内才能发挥作用，所以从价格价值的二元变动规律出发，必须坚持长期投资。

第二，短期交易使得交易者离市场更近，容易受到价格和其他投资者情绪的影响，从而形成非理性的决策，而长期投资由于离市场更远，不容易受到价格和群体情绪的影响，所以长期投资可以使得投资者更为理性。

第三，长期投资可以利用复利原理，利滚利，财富增值远比短期投资快，更为重要的是长期投资可以节省交易费用。从累计收益和节省交易费用的角度来看，长期投资具有重要意义。

从以上三点，我们就知道格雷厄姆关于"要有耐心"的说法是正确的。

（2）长期投资存在的困难。

长期投资固然是必要的，但同时也存在很多困难。为什么实际操作中长期投资如此艰难呢？我们找到了如下理由，这些理由是由钟兆民先生总结出来的，其中具有深刻的洞见：

首先，能长期生存、基业长青的企业为数甚少，发现长青企业同样挑战智慧。据美国《财富》杂志报道，美国大约62%的企业寿命不超过5年，只有2%的企业寿命达到50年，中小企业平均寿命不到7年，大企业平均寿命不足40年；一般的跨国公司平均寿命为10~12年；世界500强企业平均寿命为40~42年，1000强企业平均寿命为30年。中国集团公司的平均寿命是7~8年；小企业的平均寿命是2.9年，中国企业的平均寿命约3.5年。百年企业，铸就辉煌，追求基业长青，几乎成为每个企业的目标。但根据上文数据可以看出真正做**到基业长青是企业家最大的挑战**。

很多企业管理类书籍将企业发展壮大的原因归结为一些管理者和企业的特质，其实并不中肯。任何企业繁荣的根本原因在于契合特定的大背景。

而作为投资者，由于受到每个人的知识经验的局限，发现基业长青的企业也充满挑战。正如查理·芒格所言：**对于一个投资者来说，一生中能发现一到两个真正杰出的长存的企业并坚持长期投资，就已经会十分富有**。

另外在长期投资过程中，**企业不断面临新的内部和外部**

**变化**。例如：企业内部会出现股东的变化、管理层的更替等。企业的外部环境同样日新月异，如万科面临宏观地产调控，股价持续下跌，如何处理投资时时面临不确定性。要在长达数十年甚至更长时期内坚定地对一个企业做长期投资，是对人性和智慧的挑战。发现一家杰出长存的企业很难，但像珍藏珠宝一样长期珍藏公司则难上加难！

其次，诱惑长期投资者的美丽女妖塞任——波段操作。

根据这位专业人士的十年从业观察，99%以上的投资者很难抗拒"波段操作"。而且这个比例并没有下降的趋势，假如将股市比喻成大海，投资者是希望达到彼岸的海员的话，那么"波段操作"极似希腊神话中的半岛半人的女妖塞任，常用美妙的歌声引诱航海者。"波段操作"本身并没有错误，而且是使投资者收益最大的理想化方法，像塞任的歌声那样美妙绝伦，问题是在于历史的长河中和实际操作中几乎没有人能持续成功。

钟兆民先生的话反映了绝大多数人对长期投资的担忧，而这些担忧是有着现实依据的，其实巴菲特很好地解决了这一问题，可能他也是那一代价值投资者中唯一解决了这一问题的一个。关于他的解决之道可以翻看本书第三章关于市场专利的那一节。

（3）格雷厄姆和巴菲特不同的长期投资手法。

在格雷厄姆看来投资就是价值投资，同时也是长期投资，三个词的内涵是一样的。其他价值投资者也认同这种看法，但是对于所谓的价值却存在很大的分歧，在投资手法上也大为不同。我们这里就来谈谈格雷厄姆和巴菲特两师徒在长期投资上存在的差异。

**格雷厄姆主要基于静态价值进行投资，具体而言就是有形资产，通过对有形资产为核心的价值进行评估，他得出了价值和价格之间的差值**，通常而言，由于是基于静态价值评估，所以他基本上不管公司长期的成长和盈利情况，只要账面上的价值在股价上得到了体现，他就会抽回投资，投到下

*任何方法都是有前提的，这个前提往往随着时代背景的变化而消失。*

一个具有隐藏价值的公司上。所以，他的价值投资一定没有巴菲特那么长，他的盈利状况也没有巴菲特那么好，**最为关键的是随着有形资产盈利能力的提高，随着证券分析技术的进步，格雷厄姆那种以有形资产为基础寻找隐藏价值的方法逐渐失去市场。**

巴菲特早期的证券投资完全遵循格雷厄姆的方法，后来随着实践出现了问题，巴菲特才开始反省。其实，格雷厄姆的价值投资基本上就类似于保险精算，通过分散投资来获取大概率情况下的收益，而巴菲特由于天性使然，所以一直持有较少的股票，这使得他无法获得像格雷厄姆一样稳定的收益，所以他陷入了理论和实践上的冲突。之后，他认识了查理·芒格和菲利普·费雪，他们让巴菲特明白了无形资产的价值，而彭博的著作更让巴菲特明白了持久竞争优势对于长期价值投资的重要性，由此巴菲特开始将集中投资法与无形资产价值评估有机结合起来。**巴菲特的方法也是寻找价值和价格之间的背离，但是他看的是包括无形资产在内的价值，而无形资产是公司成长性和收益的来源。巴菲特投资的不再是简单的资产，他投资的是公司。资产是静态的，而公司是动态的，公司的价值可以持续增加，而资产则未必。巴菲特以**收益为评估重点，而格雷厄姆以资产为评估重点。巴菲特专门寻找那种目前价值被低估，而且又能长期报酬高增长的公司；而格雷厄姆则只看目前价值是否被低估的股票。**巴菲特不光寻找价值被低估的，还寻找能够持续增值的，而格雷厄姆则只寻找价值被低估的。**这使得巴菲特的投资期限要远远长于其老师，因为他还要赚取增值的部分，而非仅仅是"安全空间"。

格雷厄姆只是简单地将公司资产作为估值的基础，而巴菲特则将公司经营产生的利润流作为估值的基础。

# 第七节 格雷厄姆智慧法则六：安全边际

格雷厄姆是我见过最聪明的人，我从他身上学到的最为重要的一点就是"安全边际"。

——沃伦·巴菲特

先立于不败之地，而后求胜。

——孙武子

（1）三种股票投资的方法与安全边际。

**安全边际，或者说安全空间是巴菲特最大的贡献。这一概念是在价格和价值的二元运动规律基础上提出的，是所有价值投资的基础。**索罗斯也无意中在按照这一规律行事。在《证券分析》一书中，格雷厄姆指出造成股市暴跌的原因有三种：

● 交易经纪行和投资机构对股票的操纵。为了控制某种股票的涨跌，每天经纪人都会放出一些消息，告诉客户购买或抛售某种股票将是多么明智的选择，使客户盲目地走进其**所设定的圈套**。

● 贷款给股票购买者的金融政策。20世纪20年代，股市上的投机者可以从银行取得贷款购买股票，从1921年到1929年，其用于购买股票的贷款由10亿美元上升到85亿美元。由于贷款是以股票市价来支撑的，一旦股市发生暴跌，所有的一切就像多米诺骨牌一样全部倒下。直至1932年美国颁布了《证券法》之后，有效地保护了个人投资者免于被经纪人欺诈，靠保证金购买证券的情形才开始逐渐减少。

● 过度的乐观。这一种原因是三种原因中最根本的，也是无法通过**立法所能控制的**。

1929年发生的股市大崩溃并非投机试图伪装成投资，而

> 庄家借力于题材来运作个股。

> 乐观并非凭空产生的，也并非无缘无故消失的，它与经济周期和信贷状况密切相关。

是投资变成了投机。格雷厄姆指出，历史性的乐观是难以抑制的，投资者往往容易受股市持续的牛市行情所鼓舞，继而开始期望一个持久繁荣的投资时代，从而逐渐失去了对股票价值的理性判断，一味跟风。在这种过度乐观的市场上，股票可以值任何价格，人们根本不考虑什么数学期望，也正是由于这种极度的不理智，使投资与投机的**界限变模糊了**。

当人们遭受到股市暴跌带来的巨大冲击时，购买股票再一次被认为是投机，人们憎恨甚至诅咒股票投资。只是随着经济的复苏，人们的投资哲学才又因其心理状态的变化而变化，重拾对股票**投资的信心**。格雷厄姆在 1949 年至1951 年撰写《证券分析》第三版时，认识到股票已经成为投资者投资组合中的重要组成部分。

在 1929 年股市暴跌后的二十几年里，许多学者和投资分析家对股票投资方法进行研究分析。格雷厄姆根据自己多年的研究分析，提出了股票投资的三种方法：横断法、预期法和安全边际法。

横断法相当于现代的指数投资法。格雷厄姆认为，应以多元化的投资组合替代个股投资。即投资者平均买下道琼斯工业指数所包括的 30 家公司的等额股份，则获利将和这 30 **家公司保持一致**。

预期法又分为短期投资法和成长股投资法两种。所谓短期投资法是指投资者在 6 个月到 1 年之内选择最有获利前景的公司进行投资，从中赚取利润。华尔街花费很多精力预测公司的经营业绩，包括销售额、成本、利润等，但格雷厄姆认为，这种方法的缺点在于公司的销售和收入是经常变化的，而且短期经营业绩预期很容易立即反映到股票价格上，造成股票价格的波动。而**一项投资的价值并不在于它这个月或下个月能挣多少，也不在于下个季度的销售额会发生怎样的增长，而是在于它长期内能给投资者带来什么样的回报**。很显然，基于短期资料的决策经常是肤浅和短暂的。但由于华尔街强调业绩变动情况与交易量，所以短期投资法成为华尔

投机泡沫的产生往往与一个诱人的故事有关，也与流动性过剩有关。

投资哲学是时代的产物，具有鲜明的时代特征，要正确理解一种投资哲学必须结合其产生的历史大背景来考虑。

指数基金会逐渐在基金业当中占据绝对优势地位。因为绝大多数投资基金的绩效从长期来看不如指数基金，考虑到管理费用之后更是如此。

比较占**优势的投资策略**。所谓成长股投资法是指投资者以长期的眼光选择销售额与利润增长率均高于一般企业平均水平的公司的股票作为投资对象，以期获得长期收益。每一个公司都有所谓的利润生命周期。在早期发展阶段，公司的销售额加速增长并开始实现利润；在快速扩张阶段，销售额持续增长，利润急剧增加；在稳定增长阶段，销售额和利润的增长速度开始下降；到了最后一个阶段——衰退下降阶段，销售额大幅下滑，利润持续明显地下降。格雷厄姆认为，运用成长股投资法的投资者会面临两个难题：一是如何判别一家公司处在其生命周期的某个阶段。因为公司利润生命周期的每个阶段都是一个时间段，但这些时间段并没有一个极为明显的长短界限，这就使投资者很难准确无误地进行判别。如果投资者选择一家处于快速扩张阶段的公司，他可能会发现该公司的成功只是短暂的，因为该公司经受考验的时间不长，利润无法长久维持；如果投资者选择一家处于稳定增长阶段的公司，也许他会发现该公司已处于稳定增长阶段的后期，很快就会进入衰退下降阶段；等等。**二是如何确定目前的股价是否反映出公司成长的潜能。**投资者选定一家成长型公司的股票准备进行投资，那么他该以什么样的价格购进最为合理？如果在他投资之前，该公司的股票已在大家的追捧下上涨到很高的价位，那么该公司股票是否还具有投资的价值？在格雷厄姆看来，答案是很难精确确定的。针对这种情况格雷厄姆进一步指出，如果分析家对于某公司未来的成长持乐观态度，并考虑将该公司的股票加入投资组合中去，那么，他有两种选择：一种是**在整个市场低迷时买入该公司股票**；另一种是**当该股票的市场价格低于其内在价值时买入**。选择这两种方式购买股票主要是考虑股票的安全边际。

　　但格雷厄姆也同时指出，采用第一种方式进行投资，投资者将会陷于某些困境。首先，在市场低迷时购买股票容易诱导投资者仅以模型或公式去预测股票价格的高低，而忽视了影响股票价格的其他重要因素，最终难以准确预测股票价

短期投资法与事件驱动策略密切相关。

整个股市的风险情绪以及金融市场流动性情况会对估值产生重大的影响。

格走势。其次，当股市处于平稳价格时期，投资者只能等待市场低迷时期的来临，而很可能错过许多投资良机。因此，格雷厄姆建议投资者最好采用第二种方式进行投资。投资者应抛开整个市场的价格水平，注重对个别股票内在价值的分析，寻找那些价格被市场低估的股票进行投资。而要使这个投资策略有效，投资者就需要掌握一定的方法或技术来判别股票的价值是否被低估了。这就引入一个"安全边际"的概念，而用来评估某些股票是否值得购买的**方法就是安全边际法**。

所谓安全边际法是指投资者通过公司的内在价值的估算，比较其内在价值与公司股票价格之间的差价，当两者之间的差价达到某一程度时（即安全边际）就可选择该公司股票进行投资。很明显，为了应用安全边际法进行投资，投资者需要掌握一定的对公司内在价值进行估算的技术。**价值投资者们认为公司的内在价值是由公司的资产、收入、利润以及任何未来预期收益等因素决定，其中最重要的因素是公司未来的获利能力。**因为这些因素都是可以进行某种程度量化的，因此，一个公司的内在价值可用一个模型加以计量，即用公司的未来预期收益乘以一个适当的资本化因子来估算。这个资本化因子受公司利润的稳定性、资产、股利政策以及财务状况稳定性等因素的影响。

格雷厄姆认为，由于内在价值受投资者为公司未来经济状况的不精确计算所限制，其结果很容易被一些潜在的未来因素所否定。而销售额、定价和费用预测的困难也使内在价值的计算更趋复杂。不过这些均不能完全否定安全边际法，经实证研究发现，安全边际法可以成功地运用于以下三个区域：一是安全边际法运用于稳定的证券，如债券和优先股等，效果良好；二是安全边际法可用来作比较分析；三是安全边际法可用来选择股票，特别是公司的股票价格远远低于其内在价值时。

不过，学术生涯后期的格雷厄姆强调内在价值不能被简

单地看作是公司资产总额减去负债总额，即公司的净资产。因为公司的内在价值除了它的净资产，还包括这些资产所能产生的未来收益。实际上，投资者也无须计算公司内在价值的精确值，只需估算一个大概值，对比公司股票的市场价值，判断该公司股票是否具有足够的安全边际，能否作为投资对象。

格雷厄姆虽然比较强调定量分析，但他并不否定定性分析的重要性。格雷厄姆认为，财务分析并非一门精确的学科。虽然对一些定量因素，包括资产、负债、利润及股利等进行的量化分析前估算公司内在价值是必须的，但有些不易分析的定性因素，如公司的经营能力和公司的性质也是估算公司内在价值所必不可少的。缺少了对这些定性因素的分析，往往会造成估算结果的巨大偏差，以致影响投资者做出正确的投资决策。但格雷厄姆也对过分强调定性因素分析表示担忧。格雷厄姆认为，当投资者过分强调那些难以捉摸的定性因素时，潜在的失望便会增加。对定性因素的过度乐观也使投资者在估算公司内在价值时采用一个更高的资本化因子，这会促使投资者去购买潜在**风险很高的证券**。

在格雷厄姆看来，公司的内在价值大部分来源于可量化的因素而非定性因素。定性因素在公司的内在价值中只占一小部分。如果公司的内在价值大部分来源于经营能力、企业性质和乐观的成长率，那么就几乎没有安全边际可言，只有公司的内在价值大部分来源于可量化的因素，投资人**的风险才能被限定**。

格雷厄姆认为，作为一个成功的投资者应遵循两个投资原则：一是严禁损失，二是不要忘记第一原则。根据这两个投资原则，格雷厄姆提出两种安全的选股方法。第一种方法是以低于公司 2/3 净资产价值的价格买入公司股票，第二种方法是购买市盈率低的公司股票。当然，这两种选股方法的前提是这些公司股票必须有一定的安全边际。格雷厄姆进一步解释说，以低于公司 2/3 净资产的价格买入公司股票，是以股

定量因素与定性因素是相互验证和筛选的，定量因素比较可靠，但是过于机械，定性因素利于前瞻，但是又容易带来偏见。

巴菲特则认为判断和评估竞争优势的状况才是限定风险的最佳举措。

票投资组合而非单一股票为考虑基础，这类股票在股市低迷时比较常见，而在行情上涨时很少见。由于第一种方法受到很大的条件限制，格雷厄姆将其研究重点放在了第二种选股方法上。不过，以低于公司 2/3 净资产的价格买入股票和买入市盈率低的股票这两种方法所挑选出的股票在很多情况下是相互重叠的。

**格雷厄姆的安全边际学说是建立在一些特定的假设基础上的。格雷厄姆认为，股票之所以出现不合理的价格在很大程度上是由于人类的惧怕和贪婪情绪。**极度乐观时，贪婪使股票价格高于其内在价值，从而形成一个高估的市场；极度悲观时，惧怕又使股票价格低于其内在价值，进而形成一个低估的市场。投资者正是在缺乏效率市场的修正中获利。投资者在面对股票市场时必须具有理性。格雷厄姆提请投资者们不要将注意力放在行情上，而要放在股票背后的企业身上，因为市场是一种理性和感性的掺杂物，它的表现时常是错误的，而**投资的秘诀就在于当价格远远低于内在价值时投资，等待市场对其错误的纠正。市场纠正错误之时，便是投资者获利之时。**

格雷厄姆在书中还批驳了一些投资者在股利分配政策上的错误认识。一些投资者认为发放股利只不过是将股票的现有价值进行稀释后所得到的一种幻象，但**格雷厄姆认为若公司拒绝发放股利而一味保留盈余，则这些盈余一旦被乱用，投资者将毫无利益可言。**公司应在保留供其未来发展的资金需求后，将其盈余以现金股利或以资本公积金转增资本的方式发放出去，以保证投资者的利益。如果投资者收到现金股利，他既可以自由运用这笔盈余，又可在他认为公司经营良好时买入该公司股票；如果投资者收到股票股利，他既可以保留股票等着赚取股利，也可选择售出股票立即兑现。无论哪一种股利政策，都将使投资者拥有更大的灵活度，也更能保证自己所得利益的安全。

群体情绪带来了显著低估或者高估的局面。

选择易于取胜的格局！

在这点上，巴菲特深受格雷厄姆的影响。

（2）内在价值与价格，安全边际。

**价格和价值的二元运动规律是格雷厄姆一切思想的核心，也是价值投资思想的前提，而安全边际则是价格和价值关系的一种反映，也是价值投资的入手处。** 格雷厄姆认为，既然是从事风险套利事业，就要求投资者必须具备快速而精确计算的大脑；还要有一双敏锐的眼睛，能识别出两种不同的信息：一种是市场价格，另一种是内在的价值。

格雷厄姆在哥伦比亚商学院讲授证券分析课程时，经常在课堂上阐述自己的观点。格雷厄姆的投资方式被称为价值投资法，也就是指投资者以相对于每股收益或票面价值的低价买入股票，同时也考虑其他标准。因为是低价购进，价值投资者买入股票的红利通常会比平均水平要高，从而价值投资者的综合收益比较高。同时，格雷厄姆还告诉学生们，**对于公司的财务报告，要格外注意账目中含混不清的地方。**

后来在他自己的投资实践中，格雷厄姆的主要业务集中在那些有可靠记录的冷门公司——用他的话讲，就是那些因为种种原因"对公众没有吸引力"的股票。尽管在熊市的时候这些便宜的股票带来的收益有限，但是其长期的战绩却格外骄人。本杰明·格雷厄姆自己很少有急功近利的时候，只有他看到会有 50% 的利润时才会谨慎地买入。

内在价值是价值投资方法中最核心的概念。巴菲特对这一概念给出了如下简单明确的定义：它是**一家企业在其余下的寿命中可以产生的现金流的折现值。**这一定义虽然简单明确，并且揭示了企业价值的真正含义，但是如果直接用来估算内在价值，则涉及非常复杂而且没有必要的计算（没有必要的原因见下文）。格雷厄姆发明了下面的经验公式用来简单地估算企业的内在价值。公式中 E 代表企业的每股收益，r 代表预期增长率，Y 代表目前 AAA 级公司债的收益率：

内在价值 = E（2r + 8.5）× 4.4 / Y

但是他的得意弟子巴菲特却对上述公式不以为然。他说："我从来没有用过这个公式，我不认为格雷厄姆在写这个公式

财务报表中模糊的项目往往掩盖了重要的真相，也就是管理者不想让投资者知道的事项。

彼得·林奇也喜欢从冷门股当中寻找超级牛股。价值投资大师都善于根据共识预期来选择个股和时机。

的时候是全力以赴的。"对于未来的预测，格雷厄姆其实是有所保留的："**过去趋势所显示的是一个事实，而'未来趋势'则是一个假设，再怎么样仔细地预测，过去也只能作为未来的'粗略指数'。**"这些 50 年前格雷厄姆说过的话，巴菲特至今仍奉行不渝："我没有使用什么预测的方法，预测创造了一个看似精确的假象。数字越精确，你就越应该当心。**我们很少看预测数字，但却非常看重企业过去的轨迹。**如果一家公司的过去不堪回首，而未来却一片光明，我们会放弃这家公司。"巴菲特的合伙人查理·芒格也认为，预测的坏处比好处多："这些数字是由一些对于特定结果有兴趣的人以其潜意识的偏见计算出来的，这些看似精确的数字容易使人混淆。这让我想起马克·吐温的一句话：'矿坑是说谎者所拥有的地洞。'在美国，财务预测通常都是谎言，虽然不是蓄意欺骗的那种，但却是最糟的一种，因为预测的人往往对自己深信不疑。"

根据商业模式与产业链背景比过去的数字更能对企业未来的业绩做出判断。

从以上这些价值投资大师的话里可以看出，价值投资的操作方法并不是使用复杂的公式做复杂的计算，而是格雷厄姆和巴菲特一直强调的"安全边际"。所谓"安全边际"指的是在作投资时，要以内在价值的显著折扣购入资产，以避免未来不可预知的风险。格雷厄姆说："未来能用两种方法达到，一个可称为预测，一个可称为保护。"价值投资者面对未来不可预知的风险时，使用的是"安全边际"的操作原则，让自己得到保护。

总之，价值投资方法的核心就是寻找内在价值，而寻找内在价值的方法不是作复杂的预测，而是建立"安全边际"。"在这个过程中，没有办法精确化——如果你认为可以，那一定是在开玩笑；"巴菲特说："你得建立安全边际，但不需要算到小数点后面三位数。"

（3）价值投资三原则：内在价值、安全边际和市场波动。

价值投资的前提是价格偏离价值后会发生回归，偏离是买入的机会，回归是获利的过程。要产生买入机会，就必须

发生价格对价值的偏离，而这个偏离是由于人群和市场的交互作用引起的。通过价值和价格的不一致获得了一个谋取财富的机会，人类学家告诉我们：人类最强的三个欲望分别是财富、地位和权力，而财富则排在三个欲望之首。

正在或者准备走价值投资之路的朋友或许都在思考这样一个问题：价值投资一定能让我们实现自己的财富梦想吗？对于这样一个问题，价值投资实践的集大成者巴菲特如是说："价值投资并不能充分保证我们投资盈利，因为**我们不仅要在合理的价格上买入，而且我们买入的公司的未来业绩还要与我们的估计相符。**"

换句话说，价值投资之路并非坦途，其未来其实充满了诸多变数和不确定性，从这一点说，价值投资与其他的投资（投机）路径没有太多的分别。然而，巴菲特最后话锋一转："但是**价值投资给我们提供了走向真正成功的唯一机会。**"大师毕竟是大师，话语简洁，掷地有声。这是一个成功者所下的断语，价值投资者在细节上的一切探讨都是以这句话为前提的。

> 路遥知马力，投机之王J.L.的一生是不是反证了这一点的正确性呢？

人类财富史上有文字记载的最早财富交换发生在古巴比伦和古埃及国王之间。交换的财富包括布匹、香料、家具、青铜器、珠宝和黄金。这样大规模的财富交换无疑蕴含着价值判断的逻辑在内。而对价值的判断恰恰是价值投资的前提、基础和核心。

价值投资，简而言之，就是在一家公司股票的市场价格相对于其内在价值有较大折扣时买入。内在价值在理论上的定义就是一家企业在其余下的寿命中可以产生的现金的折现值。但是问题来了，一家企业余下的寿命到底有多长？能产生多少现金？这本身就充满了悬念，以这个充满了悬念的现金流为基础而形成的判断有多大的可信度？再有，折现率该如何确定？在不同的时点，不同的投资人会有不同的选择，据以计算的价值必然是失之毫厘，谬以千里。如果不能做到精确的价值评估，又怎能知道应该在什么价位购买股票？如果说这是价值投资人最大的困惑所在，当不为过。

关于内在价值的计算，巴菲特最主要的合伙人查理·芒格曾说过一句耐人寻味的话：**巴菲特常常提到现金流量，但我却从未看到他做过什么计算。**

巴菲特本人对于内在价值的计算最为详细的叙述出现在1996年致伯克希尔公司股东的信中："内在价值是估计值，而不是精确值，而且它还是在利率变化或者对未来现金流的预测修正时必须相应改变的估计值。此外，两个人根据完全相同的事实进行估值，几乎总是不可避免地得出至少是略有不同的内在价值估计值，即使对于我和查理来说也是如此，这正是我们从不对外公布我们对内在价值估计值的一个原因。"

格雷厄姆传授了科学的部分，费雪传授了艺术的部分。这种说法其实并不准确，因为格雷厄姆的科学未必经得起考验，而费雪的艺术未必不能科学化。

此外，巴菲特还坦承："我们只是对于估计一小部分股票的内在价值还有点自信，但也只限于一个价值区间，而绝非那些貌似精确实为谬误的数字。**价值评估既是艺术，又是科学。**"

与一些市场人士的想法不同，笔者更倾向于认为巴菲特这番话是真的坦诚而非卖关子。因为我们常常看到，在证券市场上，过度追求精确量化往往不会带来好的后果。最典型的例子莫过于大名鼎鼎的美国 LTCM（长期资本管理公司），其高管包括 1997 年诺贝尔经济学奖得主、"期权定价模型之父"默顿和舒尔茨（美国前财政部副部长及联储副主席莫里斯等学术界及政经界要人，堪称梦幻组合。1990 年诺贝尔经济学奖获得者威廉·夏普称其为"也许是世界上学术水平最高的金融机构"，在华尔街与量子基金齐名。从运作方式上看，LTCM 是通过运用计算机建立数量模型分析金融工具价格，再利用不同证券的市场价格差异进行操作，是投资界精确量化的祖师，却也难逃失败命运。LTCM 曾经是如此成功——3 年盈利增长 2.84 倍，一度成为市场唯马首是瞻的旗舰。然而就是这样一家泰斗级的公司，也创造了另一项金融纪录——150天亏损超过 50 亿美元，亏损率超过 90%。正如同中国古代的项羽，百战百胜，一败而失天下。

或许，但凡介于科学和艺术层面之间的东西，都要用到中国古人说的一句话：运用之妙，存乎一心。巴菲特爱引用凯恩斯的一句话"宁要模糊的正确，不要精确的错误"，也是异曲同工。尽管我们相信在某一个特定的时空，某一公司的价值只有一个，我们也只能力求最大限度地逼近它。而赢家却总是相对的。

巴菲特曾在他的老师、现代证券分析创始人、人称华尔街教父的格雷厄姆那里学到两条投资规则：第一，永远不要亏损；第二，永远不要忘记第一条。那么，如何才能做到不亏损？格雷厄姆自己给出的答案是：**"我大胆地将成功投资的秘诀精炼成四个字的座右铭：安全边际。"**

作为价值投资的核心概念，如果说安全边际在整个价值投资领域中处于至高无上的地位，并不为过。它的定义非常简单而朴素：实质价值或内在价值与价格的顺差，换一种更通俗的说法，安全边际就是价值与价格相比被低估的程度或幅度。

根据定义，只有当价值被低估的时候才存在安全边际或安全边际为正，当价值与价格相当的时候安全边际为零，而当价值被高估的时候不存在安全边际或安全边际为负。价值投资者只对价值被低估特别是被严重低估的对象感兴趣。安全边际不保证能避免损失，但能保证获利的机会比损失的机会更多。

凡事喜欢精确的那些读者可能要再次失望了：原来与内在价值一样，所谓的安全边际也是一个模糊的概念，比如仅从定义我们不能确定实质价值或内在价值与价格的顺差达到什么程度才能说安全边际就已足够，并可以买入股票。

巴菲特指出："我们的股票投资策略持续有效的前提是，我们可以用具有吸引力的价格买到有吸引力的股票。对投资人来说，买入一家优秀公司的股票时支付过高的价格，将抵消这家绩优企业未来 10 年所创造的价值。"这就是说，忽视安全边际，即使买入优秀企业的股票，也会因买价过高而难

安全边际来自高超的估值技能，安全边际将价格与价值综合起来考虑。

以盈利。这一点，对于当今的中国股市，尤具警醒作用。

可以说，安全边际在理念上与传统的"富贵险中求"投资观念是截然相反的。它告诉你：如果想要谋发达你一定不要冒风险。在每次做投资决策或投资活动中，我们一定希望我们的风险降到最小，同时希望每次投资活动中都能取得收益的最大化。

如果想要的安全边际迟迟不来怎么办呢？那么只有两个字：**等待**。在我们一生的投资过程中，我们不希望也不需要每天都去做交易，很多时候我们会手持现金，耐心等待，**由于市场交易群体的无理性，在不确定的时间段内，比如 3~5 年的周期里，总会等到一个完美的高安全边际的时刻。** 换句话说，市场的无效性总会带来价值低估的机会，那么这个时候就是你出手的时候。就如非洲草原的狮子，它在没有猎物的时候更多的是在草丛中静静地等，很有耐心地观察周围情况，直到猎物进入伏击范围才迅疾出手。如果你的投资组合里累积了很多次这样的投资成果，从长期看，你一定会取得远远超出市场回报的机会。所以**安全边际的核心就在于把握风险和收益的关系。**

从防御角度说，对安全边际的掌握更多是一种生存的艺术。投资如行军打仗，首先确保不被敌人消灭掉是作战的第一要素，否则一切都将无从谈起。这一点在牛市氛围中，在泡沫化严重的市场里，显得尤为重要。

安全边际并不是孤立的，它是以"内在价值"为基础的，在"内在价值"的计算中，预期收益率是最有弹性的参数，预期收益率的上升和安全边际的扩大都趋向了一个结果，那就是相对低的买入价格。而就操作的层面而言，阶段性的仓位比例控制也可以视为运用安全边际的辅佐手段。

**格雷厄姆和巴菲特这两个大师级的人物之所以都非常强调安全边际原则，之所以都要求一定的安全边际，其根本原因就在于，影响股票市场价格和公司经营的因素非常庞杂。** 而相对来说，人的预测能力是非常有限的，很容易出现预测

等待什么？等待群体情绪极端乐观或者极端恐慌的时候，等待货币政策和流动性转向的时候。

股票的本质是企业经营，期货的本质是套期保值。戳穿价格波动的面纱，抓住本质，你就能够战胜绝大多数人。股票估值的基础是企业经营的评估，而期货估值的基础则是套期保值的评估。

认知能力的有限性是安全边际在价值投资中占据重要地位的主要原因之一。

失误。有了较大的安全边际，即使我们对公司价值的评估有一定误差、市场价格在较长时间内仍低于价值、公司发展受到暂时的挫折，都不会妨碍我们投资资本的安全性以及保证我们取得最低程度的满意报酬率。这就是安全边际原则的精髓所在。

市场波动是不可预测的加码买入机会。股票市场每天的波动都是惊人的，这既是诱惑又是陷阱。"市场从来不是一台根据证券的内在品质而精确地客观记录其价值的计量器，而是汇集了无数人部分出于理性（事实）部分出于感性（理念和观点）的选择的投票器。"这就是市场波动的由来。早知道波动总是难免的，又何必劳心伤神。

格雷厄姆在去世前几个月的时候说："如果说我在华尔街60多年的经验中发现过什么的话，那就是从来没有人能够成功地预测股市波动。"

话虽绝对，但却表明现实艰难！

对于市场的价格波动，格雷厄姆还有一个著名的"市场先生"的寓言：就是设想自己在与一个叫"市场先生"的人进行股票交易，"市场先生"的特点是情绪很不稳定。因此，在他高兴的日子里，他会报出较高的价格，相反在懊恼时，他就会报出很低的价格。按现在通行的话说，市场常常会犯错。而一个出色的价值投资者会充分利用这种错误。设想有一天交易的时候，"市场先生"突然情绪沮丧，报出了一个低得离谱的价格，那么在这种情况下，投机客常常会按照"鳄鱼原则"的要求止损离场，而价值投资者呢？恰恰相反，会继续加码买入！这就是两种不同的价值观主导下的两种截然相反的交易策略。这就是巴菲特告诫我们的：**要把市场波动看作你的朋友而不是敌人。**

市场波动带来了足够的安全边际。

事实上，仅以巴菲特旗下的伯克希尔公司来说，在1973年到1974年的经济衰退期间，它的股票价格从每股90美元跌至每股40美元。在1987年的股灾中，股票价格从每股大约4000美元跌至3000美元。在1990年到1991年的海湾战争期间，它再次遭到重创，股票价格从每股8900美元急剧跌至 5500 美元。1998~2000 年，伯克希尔公司宣布收购通用再保险公司（GeneralRe）之后，它的股价也从 1998 年中期的每股大约 80000 美元跌至 2000 年初的 40800 美元。可以想见，在这些时候，巴菲特在股票投资方面所受的沉重打击和巨大精神压力。如果按照"鳄鱼原则"，巴菲特应该不知道止损离场多少次了，但那样，我们也不会看到今天的**"股神"**。

*投机必须采用价格止损，投资必须注重安全边际。*

# 第八节　格雷厄姆选股方法总结

聪明的投资者不会错过任何阅读和掌握格雷厄姆著作的机会。

——约翰·伯格

格雷厄姆不使用拉丁语和希腊语，他使用英语和数字。

——亚当·斯密斯

（1）格雷厄姆式选股的适应对象。

格雷厄姆是一代宗师，自然要有所主张，他的立论完全建立在保守和谨慎的基础上，价值投资的根本观点是他予以明确的，那就是利用价格和价值的偏离产生的安全边际进行交易。而**价格之所以会偏离价值，主要是因为人类天性中走向极端的倾向，市场先生其实是价格走势和群体心理交互作用的结果**。至于"安全空间"或者说"安全边际"则是价格和价值之间的差值，格雷厄姆的时代是一个有形资产为主的时代，资产的增值速度远远慢于今日，所以他自然是以资产而非收益为主来判断价值，这种评估价值的方法我们认为是建立在静态基础上的。他也知道公司的价值不仅存在于现在，更取决于未来，但是由于对投机泡沫和人类天性的顾忌，他基本上拒绝了那些不能定量化的东西进入他的**研究视野中**。在他晚年的时候，也就是世界上第一颗芯片研发出来前后，他的思想也发生了变化。最为重要的推动因素有两个：第一，

*大股灾对于他的投资理论有很大的影响。*

无形资产比如商誉，知识产权等开始与有形资产分庭抗礼；第二，会计制度的完善，财务和证券分析方法的普及，从业者素质的提高以及大量专业金融机构的出现，使得那种利用账面资产价值与内在价值偏差获取的方法慢慢在竞争中丧失了当初的效力。特别是后面这类变化使得格雷厄姆在晚年认为自己当初创立的证券分析方法已经失去效力了。

格雷厄姆不光是精算化投资和组合投资的先驱，更是现代主流金融投资理论的开拓者。**格雷厄姆思想的当代发展必然导致市场有效理论的出现，格雷厄姆的思想最后演变成了各种资产定价理论，要知道格雷厄姆是第一个从实践上确定精确价值的人，但是却不是第一个提出价格和价值二元辩证关系的人，马克思的价值规律应该获得此殊荣。**从格雷厄姆那里，第二代大师们更多的是学到了这点，也就是价格围绕价值波动，波动的原因是群体心理和价格的交互作用，投资就是要利用这一点，其实索罗斯的"反身性理论"大致也是这个意思，只是换了些概念而已，并且更加强调心理和价格的交互作用。所以，**无论是马克思这样的经济学家，还是格雷厄姆这样的证券分析大师，以及索罗斯这样兼具哲学和金融头脑的大鳄都是在运用近乎相同的框架在观察这个世界，从中获取见解和利润。**

格雷厄姆代表了一种严谨的追求确定性的终极追求，向确定性靠拢是价值投资的沿袭风格，越是希望确定的人，越是厌恶风险，所以格雷厄姆的方法非常适合那些寻求低风险投资机会的投资者。对厌恶风险的投资者而言，预期是可怕而不可靠的，所以他们需要根据过去的历史来确定价值，在任何一场投机风暴的崩溃中都不可能出现格雷厄姆式投资者受损的情况。**格雷厄姆从 1929 年大股灾中学到最为重要的一课就是对于未来的东西和无形的东西不要太放在心上，这在他的投资方法上已经体现出来了。**所以，那些谨小慎微的投资者可以尝试着去发掘一些隐蔽资产或者市净率较低的资产，长期来看这种方法的收益还是非常客观的，纽约州立大学的

长期趋势、价值、实相，我认为三者在金融市场当中都是一个意思。

一位教授对格雷厄姆的方法进行了检验，他采用了从 1974 年到 1981 年的数据，他发现如果仅仅局限于那些大公司板块的话，格雷厄姆的方法并不见得有效，但是当将各种规模的公司都包括进来时，格雷厄姆的方法在每一年都很出色。从中我们可以得出两点初步的结论：首先，格雷厄姆的方法是有效的，是可以为投资者带来实际价值的方法；其次，**格雷厄姆的方式的有效性依赖于充足的分散**。从这点来看格雷厄姆的方法更像是保险精算，在格雷厄姆和当代价值投资大师以及资产定价理论家三者之间，可以看到格雷厄姆和资产定价理论家的关系最近，如果格雷厄姆活得足够久，他一定会反对费雪式的方法，一定会赞同市场有效论。

（2）格雷厄姆的关键投资理念和智慧法则。

**格雷厄姆的关键思想是价格围绕价值进行波动，由于人类心理和资金推动的供给和需求使得价格出现偏离价值的运动，价格必定会向价值中枢回归，但是由于人类认知的不完备性以及价格波动的不可预料性，人类是不能确定知道背离的极限和回归发生的准确时间的。**投资者能够做的就是在价格背离价值足够大的时候入场，然后耐心等到**价格回归价值**。

格雷厄姆的所有投资智慧都是从上面这个价格价值二元模型推导出来的。首先正是**因为价格的波动是不可预测的，而价值是相对固定的，所以格雷厄姆才会选择针对价值而非价格进行交易，这是格雷厄姆寻求确定性的一个表现**，对价值的交易就是投资，所以格雷厄姆得出了我们本章的第一个投资法则："投资为王"。在投资和投机的区分上，格雷厄姆走在了前面，他认为**投资针对的是价值，价值是相对稳定的，稳定的东西更能为人类的理性所把握，也不容易引发情绪干扰理性，而投机针对的则是价格，而价格是相对易变的，易变的东西使得人类的认知能力趋于极限，也即容易超过人类的"能力范围"**，无论是巴菲特还是彼得·林奇，以及索罗斯都认为人类的认知能力存在极限，所以**相对于价格而言价值更容易为投资者所把握，这就是投资优于投机的理由所在**。

市场整体被低估的程度越大，则格雷厄姆投资方法的收益率越高。

回归的必然性在于广义套利资本的存在，归根结底在于资本的逐利性。

如果人类能够找到或者证实一种方法可以很好地理解价格运动的概率，则四位大师的观点也就不正确了，但是目前财富实践的结果一直倾向于支持四位大师的结论。

　　格雷厄姆开创了针对价值建立起来的投资思想，这就是"投资为王"法则。但正如巴菲特曾经指出的那样，对于价值，格雷厄姆和多德的学生们存在各异的理解。就拿格雷厄姆本人而言也存在着矛盾，在最初创立价值投资体系时，格雷厄姆强调有形资产是价值评估的核心，他强调了静态的价值评估，那就是有形资产，这种思想使得格雷厄姆一直寻找账面资产价值与内在价值不符的公司，这些公司的实际资产重置价值远远高于账面价值，这就是格雷厄姆寻找"隐藏价值"为主的价值投资之道，到了晚年，一方面他认为隐藏价值已经越来越少了，因为证券分析方法早已广为流传，另一方面他认为有形资产和收益应该加入到价值评估的体系中来。晚年的他似乎远离了投资，而开始研究经济学一类的东西，他写了《储备与商品》等著作，所以后来并没有对价值投资体系做出必要的修改，他曾经想与巴菲特合作修改《证券分析》，最后因为分歧太大而作罢，这反映了巴菲特与他在价值投资发展上已经处于不同阶段了。**经过菲利普·费雪和查理·芒格的引导，巴菲特已经从评估静态价值走到了评估动态价值和静态价值的过渡阶段，巴菲特认为以有形资产评估价值存在很大的误导性，应该以收益来评估价值。比较而言，格雷厄姆是以资产作为价值评估基础的，而巴菲特则是以收益作为价值评估基础的。**不过，格雷厄姆的"隐蔽价值"投资理念至今仍有很大的用武之地，比如林奇的"资产隐蔽型投资"就是此种思想的延伸，要获取超过市场收益水平的阿尔法收益就必须具备洞悉"隐藏价值"的能力，现在的隐藏价值不再单单是那些重置成本高出账面价值的部分，而是资产产生收益的能力远远高于其股票的市值，"隐藏价值"应该向"安全边际"的内涵靠拢，应该去寻找价值和价格的背离，也就是价格严重低于价值的情形。

巴菲特比格雷厄姆更明白估值的基础，那就是商业经营。

在上述的价格和价值二元模型中，格雷厄姆认为价值需要靠理性来把握，而理性是独立和中立的，所以那些来自大众的传言是不可靠的，不能轻信市场癫狂下的信息，必须远离市场才能获得独立和中立进而把握价值。轻信的人将自己的理性和交易成败都寄托于外界和他人，这与价值投资认为价值是可以为个人所认识的理念相悖。为了把握人类力所能及的价值，格雷厄姆认为投资者要保持理性，"绝不轻信"。

格雷厄姆着眼于算出公司的内在价值，而这些价值是以有形资产的重置价值计算出来的，格雷厄姆曾经在保险业干过很长一段时间，他也是四位大师中唯一非经济学科班出身的投资大师，他对于数学相当热爱和擅长，这些都使得他倾向于像保险精算师一样对待投资。为了保证收益，他必须尽可能地买进足够多的投资对象，这样才可以获得像保险业一样的稳定客观收益，一言以蔽之，**格雷厄姆将投资当作保险来做了，他用确定论来把握价值然后用概率论来实施投资。**格雷厄姆眼中不会看到无形的差异，他所见的都是一样的资产，所以他对待投资就像是一个面对冰冷骰子的职业赌博高手的态度，从不去考虑骰子每面的不同特点，而是考虑如何用**概率去取胜**。对于格雷厄姆的策略而言，他需要的是"分散投资"的方法。作为证券分析之父，他首开了分散投资和组合投资的先河，当代的金融组合投资理论无不是以他当初的精算思想和分散思想建立起来的。

格雷厄姆认识到了价值和价格二元模型中，价格的随机性一面，这就是价格的波动幅度和回归价值的时间是不可以为人类所把握的，但是他又确信人类是可以把握价值的，而且价格一定会向价值回归，在此基础上他认为要利用价格回归价值获利就必须具有耐性，因为价格的回归时间是不能确定的。这就是格雷厄姆"要有耐性"投资法则的前提。

在后来的价值投资看来，**格雷厄姆的精华集中于两点，一是"投资为王"，二是"安全边际"或者说"安全空间"。**无论是"投资为王"还是"安全边际"都是价格价值二元模

> 格雷厄姆将投资当作保险来做了，他用确定论来把握价值然后用概率论来实施投资。

> 格雷厄姆的精华集中于两点，一是"投资为王"，二是"安全边际"或者说"安全空间"。

型的一个方面，"安全边际"可以说是巴菲特唯一照单全收的一个理念，正因为价格偏离价值，所以投资者才有机会获得阿尔法收益，这是价值投资得以有效的一个前提，之所以以"安全空间"命名是因为价格价值二元模型认定价格必定回归价值，所以远离的幅度越大回归时带来的收益也就越大，而且继续背离带来的风险也较小。

**对于各位大师而言，格雷厄姆是在"安全空间"的基础上提出了"投资为王"的主张，"安全空间"法则是他投资体系的核心，而后面将要提到的三位大师各自的核心思想分别为：巴菲特以"市场专利"法则为投资体系核心，彼得·林奇以"成长为王"法则为投资体系核心，乔治·索罗斯以"反身回归"法则为投资体系的核心。**

（3）格雷厄姆的选股要点。

格雷厄姆的选股集中体现于低市净率思想，也就是寻找那些股票价格相对于每股净**资产较低的公司**。他选股有十个标准，我们列在下面，其中以前两条最有效。

● 市盈率的倒数是 3A 级债券收益率的两倍以上，市盈率是股价除以每股收益或者说每股盈余得到，3A 债券是信用级别最高的债券，其利率可以在彭博等著名财经网站上查到。如果 3A 债券的收益率为 5%，则市盈率的倒数必须大于 10% 才合格，也就是说每股收益除以股价必须大于 10% 合格。

● 有形资产的账面价值大于总负债，净资产可能是为正的。

● 市盈率不低于最近 5 年最高市盈率的 2/5。

● 股息率不低于 3A 债券收益率的 2/3，不分红或者说没有股息的股票不予考虑。

● 股票价格应该低于每股有形资产账面价值净值的 2/3，后者计算方法是全部资产价值扣除商业信誉、专利权等无形资产后减去各类债务，再除以股份数。

● 股票价格不高于流动资产净值或者速动清算净值的 2/3。速冻清算价值等于流动资产减去总负债。

找到大众估值的盲点比估值本身更为重要，预期差是否存在是当代价值投资能否成功的关键。比较自己与大众在估值上的差异，探究谁更加准确，这样才能得出有效的估值。哪怕在市净率这一指标的计算上，关于净资产有不同的计算口径，哪种口径更能计算出恰当的市净率，更有利于准确估值，这些都是需要全面而具体地思考的，没有比较就没有更恰当的决策。

● 流动比率不小于 2，流动比率等于流动资产除以流动负债。

● 总负债不能高于速动清算净值。

● 最近十年的利润翻一番。

● 最近十年中，利润下降超过 5% 的年份不超过两年。

在选股中格雷厄姆主要两个要点，第一要有长期的历史可供分析，第二搞清楚有形净资产和价格的关系。这就是格雷厄姆思想的特点，专注于静态资产的评估。

# 第三章

# 无形资产价值投资（空间深度价值）
## ——沃伦·巴菲特

是的，沃伦干得很出色。

——本杰明·格雷厄姆

## 第一节　世界最伟大投资家：沃伦·巴菲特

2000 年他在《福布斯》杂志的全美富豪榜上排名第一。

——T.格雷斯曼

在所有的金融历史中，沃伦·巴菲特这个名字响彻云霄，通过股市投资，他将 10.5 万美元变成了 300 多亿美元，并且继续以不到四年时间就翻一番的速度增值，一个空前的神话在他身上演绎。

——D.克拉克

在所有的投资大师中，只有少数几位没有出过自己的著作，巴菲特就是其中一位，在我们这本书当中，他是唯一一个没有出过自己著作的投资大师。其他三位大师每人至少出过三本以上的著作，而巴菲特除了年报和一些评论之外，找不到一本他亲自写的书。但是关于这个大师的书可能有好几万本，并且还在不断增长，全世界每天就有一本关于他的书出版。

巴菲特曾经连续很多年雄踞美国富豪榜首位，如果不是捐出了大量的个人财产，

他今后将继续雄踞冠军位置，因为他的资产以每年 24.6%**的复利增长**。无论是比尔·盖茨还是后来那些偶尔登上冠军榜的人都无法以这样的速度持续增值自己的财富，而巴菲特却做到了，在其 25 岁开始投资事业的前十年中，他的年复合收益率一度高达 29.4%，逼近 30%，彼得·林奇任基金经理十多年中的收益水平还略高一点。其公司的账面价值在 30 年内由每股 19 美元变成了 4 万美元，股票的价格由 13 美元变成了 7 万美元。他的投资旗舰伯克希尔·哈撒韦公司的股价是美国证券市场上的一道奇观，因为没有单股价格如此高的股票，也没有股票像它一样是单股交易的。

*2008 年之后，其管理资产的复利增长率显著下降了。*

**巴菲特的所有行为都是与众不同的**，一个特立独行者不停地让投资界，甚至整个人类社会为其惊叹。有人算过，如果再让巴菲特多活 20 年，整个美国公司都会被他兼并，因为他一直以 24% 的复合增长率在增加其财富，似乎从来没有因为资金庞大而找不到投资对象。那些触角伸向全世界每个家庭的美国上市公司，很多都有巴菲特资金的影子，比如宝洁，比如可口可乐，比如吉列，比如耐克。可以说全世界的人都在通过某一产品与巴菲特的投资思想接触。

*反常者赢！*

曾经有一对夫妇在 20 世纪 60 年代向巴菲特投资了 5 万美元，到他们 1997 年先后去世时，5 万美元已经变成了 7.5 亿美元。这对夫妇的事件出现在了当时所有美国大报的头版头条。

这就是巴菲特的魅力。巴菲特的投资记录是著名的投资人当中最长的之一，更为重要的是他的投资业绩是无可匹敌的，即使彼得·林奇这样的后起之秀也难望其项背，因为所有的投资者都不能像巴菲特一样挣得**如此多的利润**。

*彼得·林奇后来因为过于劳累，不得不中断投资生涯，重新平衡生活与工作。*

巴菲特如此伟大，作为全世界最伟大的投资者，他无愧于这个称号。巴菲特受益于格雷厄姆和菲利普·费雪两位投资思想家和实践先驱，**他成熟后的投资总是寻找那些具有持续竞争优势的公司**，据称他是第一个这样做的投资大师；他远离市场，而热衷于分析和观察公司，不仅查看财务报表，更

为重要的是**分析一些公司特征和收益前景**；在买入股票上他恪守了格雷厄姆的"安全空间"理论。

巴菲特的神奇在于他不断进步的自我提升能力，在近80年的投资生涯中，他以3次飞跃证明了超人的进化能力。我们将用六大法则来解密巴菲特的智慧和巴菲特的成功投资。

> 如果说格雷厄姆是一位精算师，那么巴菲特就是一位企业家，而索罗斯则是一位银行家，彼得·林奇是一位社会学家。

# 第二节　巴菲特的智慧法则一：与时俱进

在生活中，如果你正确地选择了自己的英雄，你就是幸运的。

——沃伦·巴菲特

巴菲特将价值投资的传统熔于一炉并因此而登峰造极。

——劳伦斯·卡名汉姆

（1）价值投资的三大血脉传于沃伦。

很多人知道巴菲特，也知道巴菲特的老师是格雷厄姆，还有不少人也知道巴菲特曾经师从过菲利普·费雪，虽然时间短暂，而且基本是从费雪的著作中完成的学习，但不可否认的是**费雪给了巴菲特第二次投资的生命**。其实，价值投资的鼻祖除了上述两位，还有一位，此人名叫约翰·B.威廉姆斯。三个人共同搭建了一个价值投资的框架，但是直到巴菲特出现才完成了这个价值投资框架的初步整合，因此将巴菲特称为第二代价值**投资理念的代表并不为过**。

很多人将价值投资看作是股票的一种投资分析方式，其实**价值投资可以追溯到马克思的价值规律**，也就是价格围绕价值的运动，虽然对于价值的看法各有差异，不过价值投资始终认为价格具有自我调整回归的特点，期限**越长越是如此**。所以，索罗斯就将价值投资从股票玩到了外汇上，格雷厄姆局限于股票和债券，而巴菲特则在2007年也开始将价值投资

> 没有哪位投资大师不是学习狂，没有哪位投资大师不是实践达人。
>
> 马克思发现了价值是本质，价格是现象，格雷厄姆也有这样的发现。关于如何估值，马克思利用劳动含量来估值，而格雷厄姆利用有形资产来估值，马克思是对商品进行估值，格雷厄姆是对企业进行估值。估值是经济学和金融学的基础吗？大家可以试着来回答这个问题。

的理念扩展到了股票和债券之外，比如白银和外汇。林奇和费雪则几乎专心于股票，而不顾其他，所以这两个人在股票和公司上的理论成就都超过了同时代的人。费雪弥补了格雷厄姆对公司的机械有形看法，而林奇则将价值投资发展到第三代水平，这也要归功于费雪提出的成长性课题。虽然巴菲特在投资理念上没有林奇走得那么前沿，但是他却是利用价值投资获得最多财富的人。同时，他也受到过费雪的影响，虽然没有林奇受到的影响深。巴菲特更喜欢那些具有稳定可观收益的公司，而林奇更喜欢那些具有高速成长性的公司，两者都来自费雪的影响。**林奇可以说是融会派的第二代，而巴菲特则是价值投资贯通的第一人。**我们下面就从价值投资的第一代巨擘说起，巴菲特正是在此三人的基础上成为了价值投资的第一高手，世界最伟大的投资家。

格雷厄姆是证券分析之父，我们的第一位大师就是他，从价值投资的传统出发，他的影响最大。他提出了安全空间原则，这个原则为巴菲特和林奇所继承，这个原则要求购买股票的时候必须以低于公司价值的市价购买，而且价值和价格之间的空间越大越好。**安全空间的提出主要有两方面的意义，一是强调估值存在不确定性，这点索罗斯也从其师傅卡尔·波普的著述中有所了解，那就是人的认知能力是天生不完全的，在进行投资估值的时候也是这样的；二是股价偏离公司价值的运动是必然，而其回归则取决于时间的长短，期限越长则回归可能性越大。**索罗斯的另外一个老师哈耶克提出了经济盛衰周期，其中也蕴含了大众心理的周期，结合卡尔·波普提出的不完备性理论，索罗斯认为这是价格偏离价值运动的原因。所以价值投资的哲学有一部分来自哲学大师卡尔·波普和经济学大师哈耶克，但是限于篇幅我们只就大家普遍认同的投资大师**进行评析**。接着说格雷厄姆，他除了提出安全空间之外，也提到了能力范围的问题，不过没有那么明确，费雪也提到了这个问题，最后还是巴菲特把"能力范围"法则明确了。

索罗斯擅长信贷周期的评估，其反身性理论建立在流动性和预期两个要素基础之上。

　　格雷厄姆有两本书非常出名，一本是《证券分析》，另外一本是《聪明投资者》。前一本书相当于后面一本书的全本。现在的投资者一直在争论这些经典是否过时了，其中一个关键问题在于格雷厄姆那个时代的经济以有形资产为特征，但是随着新经济和某些具有商誉公司的出现，格雷厄姆的分析框架没有很好地容纳这些变化。严格来讲，这两本书的内容确实有些过时，而且内容过于精细化了，以至于给人感觉非常费劲。不过仍旧有很多格雷厄姆的坚定拥护者认为第一版的《证券分析》是最好的。虽然，格雷厄姆以有形资产作为估值的方法在今天已经失去了意义，但是这种估值方法有两种积极意义，这些都被巴菲特继承下来了：第一，**有形资产比无形资产更容易评估，**可以避免投资者对于公司价值估计过高，在千禧年的网络股泡沫中就是因为高估了无形资产，所以才造成这样严重的技术泡沫；第二，评估有形资产更能建立安全空间，因为不把无形资产纳入正式评估的范围，可以获得额外的安全空间。前面我们已经提到了格雷厄姆首次定义了投资，将投资严格限制在价值投资的范围内，而巴菲特更是认为价值投资的"价值"两个字完全是多余的。从格雷厄姆身上，巴菲特学会了通过财务报表来把握企业的静态价值。巴菲特接触格雷厄姆是在大二的时候。巴菲特中学毕业后，进入内布拉斯加州大学学习投资管理方面的课程，这时候他对投资知识的兴趣有增无减，据说阅读了几百本投资方面的著作，其中还有很多技术分析的书籍，但是在他大二接触到格雷厄姆的《聪明的投资者》一书之后，如获至宝，这本书开启了巴菲特成为价值投资者的思想和实践之路。为了能够亲耳聆听格雷厄姆的投资教诲，巴菲特来到了哥伦比亚商学院，虽然巴菲特的第一志愿并非这所学校，不过老天还是洞悉了巴菲特内心的真实想法，将他送到了**第一位老师的身边。**此时，巴菲特刚满 20 岁，而格雷厄姆同时是政府雇员保险公司的主席。巴菲特除了从书本和纸面材料上了解格雷厄姆的学说精髓外，还设法与格雷厄姆本人接触和交流，他为

*人生最大的财富是倾囊相授的顶尖导师。*

了了解格雷厄姆的投资方法，还亲自拜访了政府雇员保险公司，这为他日后涉足保险业投资打下了一些基础。

在哥伦比亚大学读书期间，巴菲特不仅醉心于理论学习，同时也利用自己积累下来的资金开始价值投资的实践，这时候他投资了政府雇员保险公司，并且获得一笔非常可观的收入。在哥伦比亚大学期间，巴菲特没有像其他同学那样沉迷于消遣和娱乐，他是一个拼命三郎，成天在金融书籍阅读和投资实践之间忙碌。后来，巴菲特毕业后辗转回到格雷厄姆的公司工作，再次受到格雷厄姆的熏陶，再后来他回到故乡奥马哈开始了自己的**独立投资之路**。

巴菲特从格雷厄姆身上学到了投资理性的一面，格雷厄姆的六大智慧在巴菲特身上都有很好的体现，这就是前面我们讲到的"投资为王"，发掘"隐藏价值"，"绝不轻信"，"要有耐心"，以及最为重要的"安全边际"。但是，格雷厄姆的"分散投资"法则，巴菲特却没有那么热衷，他甚至表示反对，而林奇则发扬了这一法则，将其进一步阐发为"组合投资"，组合投资就是在相对集中的前提下运用组合来规避风险，林奇是在六分法的基础上完成这点的，而格雷厄姆的分散投资则相对抽象一些，可操作**性差些**。为什么巴菲特没有继承格雷厄姆"分散投资"的衣钵呢？这主要是巴菲特受到了另外一个价值投资大师的影响，他就是菲利普·费雪。

要想全面了解巴菲特超越第一代价值投资大师的道路就必须了解格雷厄姆和费雪。巴菲特坦诚地说自己85%像格雷厄姆，剩下的15%像费雪。从中也可以看到费雪对于巴菲特的影响要远远小于格雷厄姆，这也是巴菲特不那么重视成长性的一个因素，至少没有费雪本人那么重视。很多投资大师研究人士都认为**相对于巴菲特而言，林奇更像费雪的传人**。

从这点看来，费雪影响了巴菲特和林奇两个人，而巴菲特对林奇也有一些影响，作为晚辈，林奇不仅沐浴了费雪的恩泽，巴菲特的精髓也被他吸收。费雪被称为关注成长的先驱，其实是费雪开启了动态价值的大门。格雷厄姆主要是用

*投资大师邓普顿也是选择了一个拉丁美洲小国进行自己的投资业务。*

*彼得·林奇一方面要进行商业分析，另一方面又大量分散投资，最终不堪重负。*

定量的方式分析了静态价值，而费雪则主要是用定性的方式分析了动态价值。正因为巴菲特受到格雷厄姆的影响更大，所以巴菲特更为注重静态价值，但是我们知道动态价值，也就是价值的时间维度蕴含着更大的投资机会，因为**时间价值较空间价值更难以为投资者所确认**，简单而言，过去和今天的价值比明天的价值更容易认识和评估，所以静态的价值不太容易被低估。这也是林奇的投资业绩能够超越巴菲特的原因，从两个人在同一段时期的回报率可以明显看出，林奇是领先的。林奇之所以能够做大这点，大概是因为他受到费雪的影响比巴菲特受到的影响大。

　　费雪相对于格雷厄姆而言，更注重公司管理层素质的考察，费雪的分析通常是定性化的，他认识到管理团队的重要性，他看重商业模式和策略对公司价值的重要性，这些后来被巴菲特发展成为**"市场性专利"法则**。林奇认为价格低于账面价值的投资也极有可能是糟糕的投资，因为这些公司的增长是停滞的，甚至是负增长，而且其资产价值很可能低于账面上的数字。费雪非常重视销售额，这在其子肯尼斯·费雪**身上得到了延续**，这两父子都是投资界的翘楚，两人都是成长性投资的坚决拥护者。巴菲特受到费雪的影响据说很大程度上是因为巴菲特的黄金搭档查理·芒格，在巴菲特读了费雪的《普通股的不普通利润》时，他开启了投资生涯的新历程。巴菲特回忆了此后不久见到费雪的情形："当我见到费雪本人时，他的思想如此深邃，恰好解答了我的疑问，尽管他和格雷厄姆的投资方法存在差异，但是他们都是投资界不可或缺的理论奠基人。"

　　威廉姆斯是价值投资第一代宗师里面的第三人，知道此君的人远远少于知道格雷厄姆和费雪的人。他将现金流分析引入了价值投资，这是今天最为流行的估值方法。但是，这种思想却使得很多投资者将价值投资和费雪的思想分割开来形成了价值投资和增长投资两个类型。其实，无论是格雷厄姆还是费雪，都强调了价值投资的一个方面，**格雷厄姆强调**

> 通俗来讲其实就是商业竞争优势。

> 肯尼斯·费雪笔耕不辍，写了不少投资方面的好书，特别是金融史和投资心理学方面的著作。

**083**

就目前的价值投资框架而言，重视资产负债的思想来自格雷厄姆，重视销售额和利润增长率的思想来自费雪，重视现金流的思想来自威廉姆斯。其实，会计上的三张表恰好能够与他们的思想对应，格雷厄姆的投资思想重视资产负债表，费雪的投资思想重视损益表，威廉姆斯的投资思想重视现金流量表。

了静态的价值，而费雪强调了动态的价值。**格雷厄姆着重给出了价值投资的风险控制策略，而费雪则着重给出了价值投资的收益提高策略。**所以，今天现金流贴现估值虽然如此流行，但是却并没有给价值投资带来多大的进步，所有实用的技术都来自格雷厄姆和费雪。

我们对价值投资的三位宗师**做一个总结**。格雷厄姆被称为价值投资之父，证券分析之父，其主要代表著作是《证券分析》和《聪明的投资者》，其**核心观点是安全空间和隐藏价值的发掘**；费雪被称为增长投资之父，其主要著作是《普通股的不普通利润》，其核心观点是专注公司特质和销售与利润的增长，其观点在其子肯尼斯·费雪和著名基金经理彼得·林奇身上得到了较好的体现；威廉姆斯提出了现金流的折现的分析方法，其主要著作是《价值投资理论》。**就目前的价值投资框架而言，重视资产负债的思想来自格雷厄姆，重视销售额和利润增长率的思想来自费雪，重视现金流的思想来自威廉姆斯。**

巴菲特超越了第一代价值投资的大师，他将这些方法融于一炉。在投资领域，巴菲特成了格雷厄姆投资思想的公认代表人物，巴菲特的名字等同于价值投资这四个字。巴菲特是格雷厄姆一生中最为杰出的弟子，格雷厄姆给予了巴菲特A+的评价，而巴菲特也承认格雷厄姆是对其投资思想影响最大的人。**从 1964 年开始巴菲特借助于费雪的力量开始超越格雷厄姆的投资思想。**1964 年投资美国运通公司，1973 年投资华盛顿邮报，1986 年投资美国广播公司，1988 年投资可口可乐公司，1990 年投资威尔斯法高公司，这些投资没有遵循格雷厄姆的财务定量选股规则，甚至无法通过格雷厄姆投资法的筛选，但是巴菲特却大举参与了这些投资活动。这些投资带来的收益远远超越了格雷厄姆方法带来的收益，巴菲特成为后来居上的价值投资者，第二代价值投资思路诞生了。

格雷厄姆和费雪的投资思路差异比较大，是价值投资的两个方面，静态和动态。但是巴菲特却很好地将两者结合起来，他成为价值投资领域第一个集大成者。格雷厄姆强调定

量分析，几乎围绕着财务报表来进行研究，而费雪则喜欢拜访顾客、竞争者和管理者。费雪重视公司特质的定性分析，他强调通过分析销售额和利润确定那些具有成长性的公司，而格雷厄姆则喜欢买便宜的公司，通常是账面价值和股价相比更低的那些公司。为了分散风险，格雷厄姆采用分散投资的方式，而费雪则认为应该集中投资。巴菲特在后来的投资风格中实际上已经转变到偏重费雪的路径，当 20 世纪 60 年代，巴菲特投资风格雏形显露时，他已经不是 85% 像格雷厄姆了，此时应该是 50% 像格雷厄姆。他放弃了格雷厄姆投资智慧的几个关键信条，一是专注于有形资产和账面估值，二是分散投资。为什么价值投资的两位第一代宗师拥有一些完全对立的观点呢？其实，这只是个人风格而已，无所谓对错，只有业绩差异而已，**跟环境也有关系**。格雷厄姆奉行以账面价值作为估值基础，他已经意识到可能出现账面价值不可靠的情况，所以希望通过分散投资避免这种情况影响整体投资收益，现在的统计也表明市净率低的股票总体回报要高于市场，也就是说，那些股价与每股净资产比率更低的股票的长期表现也好于此比率**更高的股票**。为什么格雷厄姆还要恪守以有形资产为基础的投资思路呢？主要是那个时候大多数企业仍旧以有形资产作为主要资本，另外格雷厄姆经历过 1929 年的大股灾，这使得他对那种以未来收益为估值基础的方法极为恐惧。所以，格雷厄姆通过分散投资解决了依靠账面价值估值的弊端。而费雪则是投资于当时那些高增长的企业，这些企业通常与格雷厄姆投资对象存在区别，这些企业具有更多的无形资产，数量上也少于格雷厄姆投资的那类企业，因为这类企业还不是经济的主体，为了投资这类企业必须要对企业的未来成长有更深入的把握，而这是靠财务报表无法做到的，必须通过实地访问，查看一些定性的因素，这些调查更为花费时间和精力，所以费雪的投资方法是不能大规模使用的，这就要求集中投资，否则很难搞清楚一家公司的前景。这就是价值投资两大宗师在是否分散投资上的对立看法

风险厌恶情绪高涨加上美国处于重工业化阶段，格雷厄姆自然偏向低市净率股票。

产生的主要原因。

严格来说，**今日的机构投资者更倾向于格雷厄姆这类办公室内完成分析工作的方法，而林奇似乎认为只使用这种方法是有害的，所以林奇偏向于费雪式的调查法。**在重视调查上巴菲特比林奇早了许多年，毕竟巴菲特在年龄上大林奇很多，入行也就早，能够直接受惠于格雷厄姆和费雪的教诲，林奇则是自学成才的典范。巴菲特求教于格雷厄姆和费雪两位大师，他的成功也是建立在两者的基础上的，他兼收并蓄了两者投资思想，企业特质上他学习了费雪并最终超越了格雷厄姆的纯粹数量分析。在后文"烟蒂投资的成功转型"中，我们再详细讲讲巴菲特是如何超越格雷厄姆的，本节主要是介绍影响巴菲特的大师们以及其他价值投资与巴菲特思想的关系，从中可以看到巴菲特是第一个融合了价值投资两大流派要素的实践者。这点极大地体现了他不断学习进取的精神。**穷则变，变则通，通则久是巴菲特精神的实质，这正好符合辩证法的思想。**

巴菲特从小就立志做一个金融交易者，先从自学入手，接触了大量的金融交易文献，但是都不得其门而入，格雷厄姆给予了巴菲特第一次升华，由一个没有章法的交易者上升为定量分析专家，巴菲特取得了一次进步，之后巴菲特从事多年的投资实践，从同事身上学到不少经验，从事独立投资使得巴菲特开始学会企业经营之道，后来经过查理·芒格和费雪的引导，获得**第二次飞跃**。巴菲特在这两次的飞跃中充分显示了"与时俱进"的品格，这对于一个 20 岁过后的人来说是难能可贵的，因为很多人一旦成年不复变化，要经历重大的飞跃和突破几乎不可能。从上面我们知道价值投资的第一代宗师的心血浇灌了巴菲特，而他也名正言顺地成为了第二代价值投资的宗师人物，与邓普顿等大家并列为第二代价值投资人物。当然，索罗斯与巴菲特同年出生，并且稍晚进入投资界，他也是第二代价值投资大师，不过他却是一个门派外无师自通的高人，他的风格离邓普顿更近，因为他将价值

巴菲特的两次飞跃都是巧遇名师指点，加上自己刻苦钻研和坚持实践反思，终于成了一代宗师。

投资从证券引向了更广阔的领域，不再局限于美国证券市场，不再局限于证券本身。在本书最后一部分我们就来谈索罗斯这个无门无派的价值投资大师。所谓功夫在诗外，索罗斯是从股票之外学会投资的，这就是早年的求生经历和后来的哲学学习。巴菲特也喜欢哲学，但是绝对没有索罗斯那么深入，顶多是躺在地板上与西岸的某个哲学家聊上一会儿。巴菲特是个"好孩子"，沿着老师们的教诲走下来了，而索罗斯则是大家认为的"坏孩子"，自己弄出来个投资风格。巴菲特改正了自己的错误，不断前进，而索罗斯则好像是一开始就这个水平，没有太大的改变。所以，"与时俱进"绝对是巴菲特智慧的一大特点，看看现在巴菲特也投资国外证券，也投资白银和外汇，就知道巴菲特又在进步了，这些可是索罗斯和邓普顿的专长啊。

（2）查理·芒格的光辉。

谈到巴菲特，不能不说到查理·芒格，此人对于巴菲特的影响非常深远，所以很多人将芒格看作**无冕之王**，甚至对其投资才能有远超巴菲特的猜测，但是此人没有巴菲特那么多言谈，所以让外界了解不多。美国盛产双头领导型基金，巴菲特和芒格，索罗斯和罗杰斯是最为有名的两对。查理·芒格促成了巴菲特的不断进步，毕竟**除了老师之外，对自己影响最大的莫过于搭档**。研究巴菲特的投资智慧如果必须要提到三个人的话，那就是格雷厄姆，菲利普·费雪和查理·芒格，非常碰巧的是，研究索罗斯的投资智慧也要提到三个人，哈耶克，卡尔·波普和吉姆·罗杰斯。芒格是巴菲特投资旗舰伯克希尔·哈撒韦公司的副总裁，也是巴菲特最为信赖的投资伙伴。

芒格也是奥马哈人，但是他接受的是法律教育，芒格毕业于哈佛法学院，之后到洛杉矶开了一家法律事务所。1960年芒格返回奥马哈的时候遇见了巴菲特，双方的投资话题自然转移到了投资上面，受到巴菲特的鼓动，不久后芒格就开始了自己的投资事业。从1962年到1975年，芒格成功地经

为什么索罗斯与巴菲特这两位投资大师同年出生，大家可以参考《异类》提出的一些原理。

有一本芒格的箴言录，大家可以买了看看，其中不少精辟透彻之论。

对一个人影响最深的无非是父母、伴侣、老师和搭档。

营了一家类似于巴菲特的投资机构。尽管 1973 年到 1974 年股市最低迷的时候，芒格仍旧获得了 19.8% 的年平均复利报酬率，而同期的道琼斯工业指数只有 5% 的回报率。但是，查理的投资比巴菲特更为集中，而且更倾向于寻找那些高成长性的股票，不过他与巴菲特一样都选择股价**较低的时候介入**。

*选股看成长性，买股看低估值。*

从 1960 年到 1970 年，芒格与巴菲特一直保持着紧密的联系，1978 年经过一些并购之后，巴菲特和芒格走到了一起，从此成为一对令所有美国投资人羡慕的搭档，其三十几年的友谊永远称颂投资界，而索罗斯和罗杰斯这对明星搭档最终却分道扬镳，令人遗憾。而伯克希尔·哈撒韦则受惠于巴菲特和芒格的长期友谊，不断成长，这使得巴菲特成为真正的世界最伟大的投资者，这位投资者站立在格雷厄姆和费雪的肩头上，与芒格手挽着手，向前走。

我们来看看芒格的投资历程和哲学，要知道这些与巴菲特如饥似渴的进取情结正好合拍。巴菲特是这样评价查理·芒格对自己的影响的：**"查理告诉我不要把注意力集中于那些便宜的股票上，也就是那些价格很低的股票上，这给我一条新的成长之路，正如格雷厄姆对我的教导一般。查理改变了我的投资思想，使得我背离和超越了格雷厄姆的一些投资理念，这就是查理在我进步当中起到的非凡作用。"** 投资界一直盛传巴菲特思维中的"芒格因素"，其实这并不为过，毕竟巴菲特本人的经历和言论也支持这一说法，巴菲特是一个"好孩子"在老师的教导下成长起来，然后在工作中继续学习，这符合巴菲特的成长特点，不像林奇和索罗斯那么浑然天成。巴菲特热衷于自我反省，这是他能够不断进步的主要原因，他总是怀着学习的热情，寻找新的成长源头，从格雷厄姆到费雪，而芒格则是巴菲特投资生涯中最有**导师作用的搭档**。

*从静态价值评估上升到动态价值评估。*

*借助于新的变量和因素，不断变异和进化！*

芒格比巴菲特大 8 岁，芒格非常自信，以至于周围的人认为他过于自负，而且固执己见，但是这样说的人又不得不承认芒格经常是对的。芒格的广博知识和深邃的目光，加上毫不谦让的架势使得巴菲特开始接受成长性投资的良药，在

此之前巴菲特已经经历过惨痛的教训，他因为买进了廉价股票而备受折磨，其实这**主要是因为他没有完全按照格雷厄姆分散投资的要求去执行，他仅持有数量有限的股票**，这使得他运用格雷厄姆的投资方法出现问题。为此，巴菲特开始寻求良药，此时芒格恰好出现。**芒格的睿智征服了巴菲特，使得巴菲特获得第二次飞跃。**芒格对于格雷厄姆的理论并无兴趣，他似乎钟情于费雪那种成长性投资，将资金放在前景良好的领域中。巴菲特早年的时候严格按照格雷厄姆的方法操作，只是没有那么分散而已，连格雷厄姆本人都没有做到充足的分散。随着证券市场的投资人士的专业化程度增加，连格雷厄姆本人都认为证券分析将变得无用武之地，因为大量的人掌握这种方法之后，就会使得那些隐藏价值不复存在，利用账面评估得到的收益因为分析师们相互之间的竞争而消失殆尽。巴菲特本人的实践也使得他觉得寻找廉价股的投资经常遭遇到"烟蒂"，也就是买进那些根本没有前途可言，账面价值不断折旧的企业，在伯克希尔纺织公司上的投资让巴菲特痛苦万分，被套牢了很多年。巴菲特在此过程中开始逐渐接受芒格的观点和方法，他不止在一个方面受到了芒格的影响，**我们越是研究巴菲特的生平，就越是发现他受到芒格的直接影响甚至超过了格雷厄姆和费雪，要知道最近 30 年鼎盛时期的巴菲特完全是按照芒格式的思路在进行投资的。**

　　虽然芒格非常固执，让人觉得过于自负，但是在看待问题的时候，他却是一个求证者，也就是他习惯于求证怎样才是错误的，而不是怎样才是正确的，他总是寻找可能存在错误的推理和看法。芒格的这一思维方式也影响到了巴菲特，两人都认为应该**假定投资意见存在问题，然后去寻找这些问题，这样可以促进投资分析更加完善**。通过找到错误，认识错误，并将这些错误与投资遇到的挑战联系起来，巴菲特获得了一次又**一次的进步**。

　　在最近 30 多年的进步中，巴菲特始终无法离开芒格因素。那么又是什么力量使得芒格如此具有心智上的力量呢？

静态估值需要与分散持股结合。

查理·芒格倾向于研究历史上那些失败的案例，然后从中归纳出失败清单，作为自己的戒律。

答案是芒格的思维方式，很多巴菲特的传记作家认为芒格具有一种"栅格理论"指导下的联系思维，他可以通过纵横交错的理论，**从不同维度观察同一问题**。芒格是一个点子非常多的人，在转瞬之间很多想法就会涌上心头，同时他又是一个知道**从各个角度相互验证**的谨慎之人。芒格通过不同的学科和理论去看同一个问题，这样可以得到更为全面和准确的看法，同时他还会假定结论存在错误，然后去完善结论。**交叉验证和假定错误**，这两种思维习惯让芒格在第一次与巴菲特会面时，就让巴菲特折服了。巴菲特认为芒格虽然没有受到过投资的系统训练，但是却是一个天生的好手。从这里来看，芒格与索罗斯特别相似，与罗杰斯也有类似的地方，这三个人都是系统思维和统合分析的行家里手，惯于在不同角度和维度观察同一事物，用通俗的话来讲是"跨学科"观察者。

芒格与巴菲特一样对知识有着天生的饥渴综合征，但是芒格的学习范围远远超过了巴菲特，巴菲特集中精力于投资学问，甚至在早年局限于证券投资。而芒格则横跨多个学科，他认为只要有用的知识他都会如饥似渴地掌握。在知识掌握的宽度上巴菲特远远逊于芒格，但是两人在知识积累上确有惊人的一致的目的，那就是运用，带来收益。芒格的阅读范围横跨金融、经济一直到心理学、历史学等诸多人文学科，甚至自然学科。他在阅读的过程中逐渐找到相互之间的联系，然后以此建立起他的观察和思考框架，一些毫不相关的知识和理论被他整合起来以备运用，这就好像横竖**交错的栅格一样**。芒格通过数学、生物学、经济学、心理学等的有机结合构成了他的栅格理论。这个理论成为他观察周遭一切的框架，也是他据此制定决策的准绳。从这里可以看到芒格已经成了巴菲特源源不断的知识来源，可以解答巴菲特面临的诸多挑战，巴菲特负责提出问题，而芒格则负责解答问题，然后两人再去实践，验证这个答案是否正确。虽然巴菲特也有独立思考的能力，但是在面临新问题时，芒格成了地图提供者。

中医里面强调"四诊合参"，也是这个意思。

如果从九型人格心理学的角度来解读查理·芒格，可以发现他属于七号。

巴菲特毫不吝啬地说："查理是地球上思维最敏捷的人。"

**芒格认为在栅格理论中，心理学占据了首要地位。**芒格认为人的思维天生存在缺陷，这一点与卡尔·波普非常相似，所以芒格与索罗斯的相似又多了一点。通过芒格的影响，巴菲特认识到了自己认知能力的局限，这使得他非常重视能力范围的问题，最终成为他归纳出的一条智慧法则。通过芒格的影响，巴菲特意识到"市场性专利"，意识到"能力范围"，重新找到了适合自己集中投资习惯的投资风格，这就是费雪所传授的投资风格。巴菲特通过查理·芒格完成了人生无数次飞跃和进步。下面我们将看到巴菲特在投资操作方面的具体转变，这是巴菲特坚持"与时俱进"法则的一个最具体案例。

（3）烟蒂投资的成功转型。

在遇到查理·芒格并接受费雪的教诲之前，巴菲特严格按照格雷厄姆的投资理论进行操作，在实践中他开始发觉格雷厄姆理论带来的消极结果。巴菲特认为格雷厄姆的方法是买进那些价格低于账面价值的公司，但是随着分析师水平提高这样的机会越来越少，那些经营糟糕的公司却经常通过筛选，使得巴菲特被这些有问题公司所缠绕。这些问题公司的账面价值往往不能完全兑现，这使得巴菲特受到很大的打击，于是他将按照格雷厄姆的方法进行投资的败笔称为"烟蒂投资"。**经过查理·芒格的帮助，巴菲特开始注意一些关于公司经营的特征，而不是仅仅关注财务报表。**巴菲特认为："**困难并不于在如何接受新的思想，而在于自己不能跳出旧思想。**"巴菲特直到晚年都认为格雷厄姆对他影响最大，所以他对于成长性的偏重仍旧低于费雪看重的程度，只是到了林奇这一代价值投资者才加大了对成长性的重视程度。巴菲特在 1984 年的《证券分析》出版 50 周年纪念大会上重申了对格雷厄姆的敬仰，并表示格雷厄姆的最大贡献在于提出了"安全空间"法则，这使得价值投资者有了自己流派的核心理念，巴菲特认为**每个格雷厄姆的学生都发展出了差异化的估值方法，但是就以低于价值的价格买入股票这一理念而言，每个人都受**

*股票投资的本质是商业经营，期货投资的本质是套期保值。*

**到格雷厄姆"安全空间"投资理论的恩泽**。但是，巴菲特已经超越了"安全边际"，或者说"安全空间"的最初用法，主要是对估值发生了改变，不再坚守静态估值，转而使用费雪的特质分析法评估动态价值，不过他承认自己仍旧受制于格雷厄姆数量化的思维，因此在评估动态价值时仍旧持有谨慎的态度，甚至还热衷于静态估值下的安全空间优势。

能够让巴菲特从烟蒂投资转向兼顾静态和动态价值的因素有两个：一个是芒格的出现，另一个是纺织企业投资的败笔。在格雷厄姆投资思维限制下，巴菲特认为人的认知能力不存在局限，可以通过数字来洞悉一切，但是经过多年投资实践后，巴菲特开始由账面转移到企业的实际经营层面，这其中体现了巴菲特对定量分析**不足的深刻反思**。

巴菲特现在掌管的投资旗舰名叫伯克希尔·哈撒韦，这最初是一家纺织企业，从巴菲特购入伯克希尔·哈撒韦开始，他就陷入了麻烦，而这些麻烦主要是严格执行格雷厄姆固守账面价值的理念引起的。更为重要的是，他并没有执行恩师要求分散的投资信条，在集中投资的个人习惯驱使下照搬格雷厄姆利用市净率作为投资的准绳，这样的做法让巴菲特在投资伯克希尔·哈撒韦纺织公司时吃尽了苦头，巴菲特曾经不无感慨地说："我知道纺织业非常难以经营，我们已经有过许多的经验和教训，我们确实应该吸取这些东西。"从巴菲特介入伯克希尔·哈撒韦开始，他就一直在为该公司的运作耗费心力，公司的管理者一直将资本和利润配置在纺织业中，巴菲特当时并不反对这样做。后来，公司的管理者，也就是以前的所有者想要回购公司股票时，巴菲特也没有答应，**他仍旧陷在一个低成长的行业和公司中**。他之所以这样做主要是因为恪守格雷厄姆的投资信条，寻找那些市净率降低的企业。在介入伯克希尔·哈撒韦 20 年之后，巴菲特开始考虑停止纺织业务。这一时期，巴菲特因为纺织品业务搞得心力交瘁，但是他仍旧忍不住向这个行业投入了更多的资金，此时纺织业在美国的利润水平已经出乎寻常地低了。巴菲特内心开始

价值投资的根在企业经营，判断和分析企业经营的要点在于业务分析和财务分析交互使用，综合参考。

出现矛盾，一方面现实的实践告诉他应该放弃这类"烟蒂"投资，另一方面格雷厄姆的理念和他已经支出的金钱使得他想要继续持有伯克希尔·哈撒韦的纺织业务。在两项矛盾下，巴菲特还是选择了向过去妥协，他到处寻找理由支持买进和继续持有纺织业务的理由，大致而言，他认为良性多元化是介入纺织业的一个很好理由。那时候他仍旧辩称道："虽然介入伯克希尔·哈撒韦这家纺织公司是一个错误，但是并不是一场灾难，时间将会证明这次**并购还是具有某些价值**。"

> 不要为失败找借口，要为成功找方法！

很多传记作家都将巴菲特描述为一个完人，至少认为他不存在普通投资者具有的那些弱点，比如为自己错误的投资寻找借口，在失败的投资上继续加码等。其实巴菲特在纺织行业上的介入就是一个极大的错误，而长年的坚持更是将这个错误放得很大。巴菲特的主要问题在于纠结于之前的投资决定，先前的支出也使得他不能够**爽快地认赔出场**。他无法做到在纺织业上及时收手，甚至停止投资都非常困难。到了1985年，巴菲特旗下的纺织品业务积累了无数问题，前景一团糟糕，经营下去几乎无利可图，这时候巴菲特已经很难为自己找到理由了。此时查理·芒格的影响继续扩大，巴菲特认识到必须从过去走出来，**从格雷厄姆的教条下走出来**。

> 沉没成本会干扰理性判断。

> 穷则思变，变则通！

巴菲特从这件事情上认识到了人总是会犯错，也就是说，人的认识总是会存在缺陷，同时格雷厄姆那种拣便宜货的做法也存在局限性。况且格雷厄姆在某种程度上还认为价值是可以定量化的，这对于巴菲特的操作理念产生了消极影响。因为数字的运用使得投资者出现了"认识完备性"的幻觉。

巴菲特认为他在此之前并没有很好地意识到认识存在缺陷的问题，充满幻想和骄傲自满是巴菲特陷入困境的主要原因，之所以他会存在这类心态主要是由于他认为数字是可靠的，格雷厄姆的证券分析技术使**得他产生了某种幻觉**。格雷厄姆对于一家公司在未来盈利的能力充满了怀疑，这使得他更多依赖于通过财务报表来评估企业的价值。巴菲特在格雷厄姆的教导下认为，所谓的价值投资就是买入那些有形资产

> 数字让人产生安全的幻觉，进而忽略了背后的逻辑。而真正决定成败的是对逻辑的洞察和掌握。

价值高于股价的公司，但是他忽略了这些有形资产的创造价值的能力，也就是忽略了这些资产未来能够产生的现金流，**对于破产清算价值，他也过于乐观了**。巴菲特后来带着自嘲的口气称那些只关心账面价值和股价相比较高的投资应该被称作"烟蒂投资"。巴菲特早年的投资就是在静态基础上评估价值，他在价格大幅下跌的时候吸纳进账面价值较高的股票，然后当价值和价格一致的时候抛出股票，当时巴菲特还一直局限于静态价值的投资，对于价值的认识也仅仅是价格和静态价值的关系，对于市场性专利带来的价值，他几乎没有什么概念，直到芒格和费雪走入他的投资世界。

芒格让巴菲特认识到了三个方面的问题，这些带来了巴菲特的飞跃：首先，芒格让巴菲特知道了投资的心理层面面临的挑战，格雷厄姆在教会巴菲特的时候提到过"市场先生"，但是格雷厄姆认为基于有形资产的价值评估可以规避市场情绪的影响，这实际上是认为基于有形资产的价值评估可以避免偏见和心理陷阱。**芒格以自己最为重视的心理学知识告诉巴菲特，认识都存在偏差，而这使得巴菲特开始重视费雪提出的某些关于投资者认识能力的命题，这就是巴菲特后来发展成"能力范围"的投资法则**。其次，芒格让巴菲特注意到有形资产之外的无形资产价值，这就是公司的商誉，特许经营权，过桥收费特征，管理层素质等，这些理念后来被巴菲特发展成为"市场专利"投资法则。最后，芒格让巴菲特认识到了价值除了静态层面，还有动态层面，也就是说价值除了空间维度还有时间维度，从而让巴菲特开始注意公司的成长性。通常而言，无形资产，也就是空间深度方面的价值是时间价值的一个保障，拥有市场性专利等无形资产的公司在未来更容易取得较高的收益水平，其时间价值也就相对较高。虽然巴菲特对芒格介绍的东西能够很好地消化，但是他却并没有很好地运用时间价值投资，而这点后来在林奇身上却得到了很好的实行。芒格带给巴菲特继续成长所需要的养料，而这些养料的生产者就是菲利普·费雪。

当整个经济出现问题的时候，所有资产的价格基本上都会重估，这个时候的清算价值将远远低于经济正常时候的账面价值。

巴菲特从格雷厄姆身上学到了"安全空间"和"投资为王"，从费雪身上学到了"能力范围"和"市场专利"，而"集中投资"和"远离市场"则是他自己与生俱来的习惯。凭着一颗好学上进，与时俱进的心，巴菲特成了世界最伟大的投资者。与此同时，我们不得不向造就伟人的三位巨人致敬，他们就是：**证券分析之父格雷厄姆**，增长投资先驱菲利普·费雪和栅格投资先驱查理·芒格。

（4）股王之路。

巴菲特的这种不断进取的精神在所有伟大投资者身上都非常少见，即使是那些伟大的投资者，过了30岁也不太可能接受根本性的新理念。你可以翻阅大量的文献，几乎看不到第二个投资大师在30岁之后改变自己的重大投资理念的。这就是巴菲特的伟大之处。股王之称当之无愧，我们就来具体看看巴菲特是怎样利用自己的奋进和不断革新的精神去迎接一个又一个伟大的飞跃的。

**成为股王，巴菲特只遵循了一个法则："与时俱进"。这个法则包含了四个方面的内容：第一，向自己敬仰的人学习；第二，广纳百家精华；第三，从事自己热爱和习惯的投资类型，不断钻研以便有所成就；第四，勇于承认错误，永远不会太晚。**

现在我们来看看第一条，向自己敬仰的人学习。1998年5月，当时67岁的巴菲特在华盛顿商学院发表演讲："**成功就是获得你想要的，而所谓的幸福则是一个过程，也就是追求你所想要的，当你们走出大学校园的时候，建议你们去为自己敬仰的人工作一段时间，这对你们的成功和幸福都有极大的帮助。**"这段话无疑概括了巴菲特早年师从格雷厄姆所获的益处。巴菲特大学时读到了格雷厄姆的《聪明的投资者》一书，他认为自己见到了上帝，投资界的上帝，当时巴菲特决定有机会的话一定要向格雷厄姆亲自讨教。大学毕业后幸运眷顾了巴菲特，虽然当时他没有进入自己心仪的名校，但是却来到了自己一直仰慕的格雷厄姆身边，此时格雷厄姆在哥

为什么称格雷厄姆是证券分析之父，而非公司分析之父呢？

对新事物如饥似渴，这样才能不断变异，在一个系统当中，最灵活的人影响力最大。

伦比亚大学商学院任教，巴菲特成了门生，按照此后的发展来看应该是最得意的门生，连格雷厄姆的妻子在后来的日子里都连连称赞这位徒弟，甚至还主动帮徒弟介绍客户。格雷厄姆保护本金的思想深深地影响了巴菲特，他要巴菲特记住投资第一条原则是保护本金，第二条原则就是记住第一条原则。**格雷厄姆的本金保护原则是通过"安全空间"和"分散投资"来达成的。**巴菲特牢记了格雷厄姆的教诲，在以后的投资中，巴菲特精彩地演绎了"安全空间"原则，严格而言，**价值投资的核心就是"安全空间"，与此相对的则是技术投资的核心："顺势而为。"**

*安全空间的核心在于估值，估值的基础是商业竞争优势，顺势而为的核心在于趋势，趋势的基础是什么呢？*

巴菲特自称有两位师傅，除了格雷厄姆，还有菲利普·费雪。格雷厄姆的分析以对财务的数字分析见长，他着重于静态的价值分析，而费雪的分析以对公司的定性分析见长，他着重于动态的价值分析。费雪主张关注投资于那些成长性高于平均水平的公司，为了找到这样的公司应该着重从公司的管理和销售，以及无形资产出发进行考察，有形资产是无法看出成长性的。**不要只坐在办公室对着数字琢磨，要去做实地调查，与公司管理层交谈。**这些费雪的精华让巴菲特如沐春风，他在实地调查方面确实超越了格雷厄姆，而林奇在这点上走得更远，甚至提出了生活中做投资的理念，认为业余投资者具有战胜专业投资者的"信息优势"，因为专业投资者大多是在办公室中做投资分析，远离了真正的企业经营和销售状况，而普通投资者则可以利用生活和工作的便利接触直观信息。

两位大师的教诲对巴菲特形成自己的投资原则产生了极大的影响，但是巴菲特的最伟大之处在于他能够化而通之，化而用之，不仅仅停留在理论的层面，能够学以致用。要进行成功的投资，就必须对理论灵活地加以使用，要将纸面上的东西结合实践进行糅合而后变通。他认为股票市场是那些理性、自助、好学勤劳的人施展抱负的天地。巴菲特仰慕格雷厄姆，师从了格雷厄姆很长一段时间，毕业后经过数次坦

诚的恳求终于来到老师的公司工作，在这里他继续受到格雷厄姆的教诲，不过这些教诲离实践更近了。之后巴菲特接触了费雪的著作，他废寝忘食地阅读了费雪关于无形资产和成长性的论述，并且想法方法得到费雪的**亲自指点**。

　　现在很多投资者将价值投资与成长投资截然分开，巴菲特一直被归为价值投资者。**所谓的价值投资就是那些以静态价值为主进行评估的投资方法，而所谓的成长性投资则是那些以动态价值为主进行评估的投资方法。其实，两者都是针对价值进行抉择，都是真正意义上的价值投资方法的一个分支。**无论是保守的价值投资还是成长性投资，都需要兼顾另外一个方面。传统的价值投资者不能只顾经营历史和现状，不能只看那些有形资产，而成长性投资者也不能只看预期，只注意那些无形资产能够带来的未来现金流。巴菲特作为第二代价值投资的集大成者，很好地将格雷厄姆的有形资产与费雪的无形资产结合起来进行价值投资，但是他还没有跨出关键的一步，那就是在无形资产的基础上进行成长性投资，虽然他也做了不少成长性投资，但是都是以无形资产投资，也就是市场性专利为核心进行的。直到林奇出道，价值投资的第三代宗师才出现，林奇以三本著作详细地论述了有形资产、无形资产和成长性三个维度的价值投资。绝大多数投资界人士都认为如果林奇做得更久，他的总利润一定超过巴菲特很多，毕竟巴菲特的年复合回报率是 24.7%，林奇是 29%，而索罗斯的则是 28.6%。三个人当中，以巴菲特投资年限最长，索罗斯其次，林奇最短，但是也超过了 10 年，而且期间有好几次股市大调整。不过，就现实成就和投资期限而言，巴菲特无愧于"世界最伟大投资家"的称号。对于林奇之后的投资者而言，**我们应该在坚守安全空间的基础上注重成长性投资，在现实和未来之间找到均衡，不要将成长性与毫无基础的梦幻概念相混淆，费雪已经给出了关于成长性的现实判断法。**

　　"与时俱进"法则的第二个内容就是"容纳百家之长"。

得到费雪真传的应该是费雪的儿子，也是一位大名鼎鼎的理论与实践俱佳的投资大师。

巴菲特和林奇都是经济学出身，这无疑体现了两人对投资事业的缘分和热爱，似乎冥冥之中，命运已经安排股王和股圣的登台表演。巴菲特是一个对于知识永不倦怠的好学者，他20岁时，由于具有一定投资经验便将积蓄用于投资实践，从中更好地获得格雷厄姆式的投资功夫。从哥伦比亚大学毕业后，巴菲特没有如愿地进入恩师的公司，但是他并没有放弃学习，他争分夺秒地阅读更加广泛的书籍和文献，每天都沉浸于投资学习和投资实践。他一有空就赶往林肯市图书馆，查阅各类投资书籍和统计材料。勤学不倦的巴菲特此时以格雷厄姆的思想为指导，广泛阅读了各类投资思想，特别是与财务和行业有关的书籍，结合实践，他将格雷厄姆的体系运用自如。巴菲特的好学精神和容纳百家的气魄是他从来不曾停止前进的步伐，很多师从格雷厄姆的投资者要么固守格雷厄姆的方法，要么完全抛弃这一方法，而巴菲特则超越了格雷厄姆，他从费雪那里获得了力量。**沃伦·巴菲特能够成为21世纪最出名的投资者与他的博采众家之长的好学精神密切相关。**

> 股票投资是一种博弈，而博弈取胜要求不断寻找思维方式和信息渠道上的优势。

巴菲特的儿媳在一本书中将巴菲特描述为诸多大师的集合体：部分的格雷厄姆，将价值作为投资唯一对象，通过安全空间来规避投资风险；部分的菲利普·费雪，将企业的成长性和无形资产作为投资研发的重点，关注公司管理等定性因素；部分的劳伦斯·彭博，将市场性专利，也就是某种排他性的竞争优势作为选择投资对象的法则；部分的约翰·威廉姆斯，将现金流贴现技术引入了价值评估，从而可以在动态方面评估公司的价值，根据未来的收益流而不是现在的资产状况评估公司价值；部分的罗德·肯尼斯，提供了组合概念，认真研究某一领域同时兼顾整体；部分的艾格·斯密斯，完善了长期投资的理念。这些人都为价值投资的某个方面做出了自己的独特贡献，代表了价值投资近百年来的不断发展，巴菲特对价值投资的掌握也不是一蹴而就的，他对这些价值投资杰出理论的学习并非在一夜之间完成，能够广纳百家的气魄

使得巴菲特能够成为王中之王，其复合回报率虽然没有林奇和索罗斯高，但是其投资年限却是三者之中最长的。

从事自己热爱和习惯的投资类型，不断钻研以便有所成就是"与时俱进"法则的第三个要求。巴菲特对于投资的热忱从小就开始展露无遗，而能够师从名师，然后自己独立开创投资事业更是巴菲特一生的梦想。巴菲特很小的时候就跟周围的人说自己在 35 岁之前会成为一个百万富翁，那时候一个身价百万的人是一般人望尘莫及的。不过有人追问巴菲特是不是对钱很感兴趣时，巴菲特严肃地说自己对于金钱本身并没有太大的渴望，只是喜欢看见财富增长，数字不停飞滚的样子。巴菲特喜欢让钱袋子迅速膨胀，但是对自己的生活却要求不高，他曾经因为爱妻花了一万多美元更换家具而感叹，其平时做的最奢侈的一件事情就是购买了一架私人飞机，而这还被比他更注重成本的查理·芒格所诟病，以至于他表示自己如果去世，查理就会立即将飞机卖掉。巴菲特在数年前已经表态要将个人 85% 的财富捐给全球首善基金，这表明了巴菲特对财富本身的淡漠，以及对慈善事业的支持，一个身价很快可以达到千亿美元的富翁，将个人财富的 85% 捐给世界上最庞大的个人慈善基金：盖茨—美莲达基金，这样的壮举让全世界很多富豪汗颜。无论是巴菲特还是索罗斯，都不以金钱本身为荣，巴菲特喜欢挑战世界的赚钱纪录，对于他而言钱真的只是一个比赛成绩而已。而索罗斯则将金钱看作自己完成哲学理想和社会理想的工具。两人都以自己喜欢从事的投资事业来**达成个人梦想**。

巴菲特曾经说："我最愿意与充满激情的人一起工作，挑战极限，做那些自己想做的事情。**如果连自己想做的事情都不能去做，人生还有何意义**。我从事证券投资事业主要是因为它可以让我过上我想要的生活，我没有必要为了社交成功而掩饰自己，投资可以给我自由和**自然的乐趣**。"这些话深刻地反映了巴菲特对于投资是多么热爱。巴菲特的朋友都认为他是一个生活随意的人，而这正是巴菲特从事投资的主要原

> 人生就是功课，投资也是功课，上天让我们投身于此，从事这样的事业并非是为了让我们享受美好，而是为了让我们有所进步。

> 根据 MBTI 判断，巴菲特应该有较大的概率是 INTJ 类型。大家可以上网查下 INTJ 的含义和特点。

因之一。从巴菲特早年的经历当中，我们可以发现为了从事自己想要的投资事业，巴菲特可以不远万里去寻师访友，可以舍弃消费和休闲去研究公司，将投资化作生活，不只是巴菲特，还有彼得·林奇和乔治·索罗斯、吉姆·罗杰斯。美国一位商业界的翘楚曾经这样评价巴菲特对投资事业的热忱："巴菲特是我们这个时代的骄傲，他的辉煌从 20 世纪下半叶延续到 21 世纪。其财富积累速度如此之快，以至于比尔·盖茨在未来数年也会被巴菲特远远抛在后面，想想看每年 25% 的增长速度，这可以让巴菲特的财富 3 到 4 年就翻一番，无论哪个实业界的巨擘都无法做到这一点。为什么巴菲特能够创造奇迹，我想最为重要的一点就是他比这个世界上所有的人都热爱股票投资，从其出生到其入学，再到建立基业，每每想到这里我就感叹**造物主的神奇**。"凡是接触过巴菲特的人，凡是研读过巴菲特年报的人，凡是看过巴菲特传记的人，没有一个不为其执着所叹服，其执着的根源在于"做自己想做的事情"。为什么巴菲特能够在 30 岁之后还有不断的飞跃，其投资智慧甚至在 21 世纪初也出现过重大的飞跃，一个在 70 岁以前一直从事股证券投资的专家可以在贵金属和外汇领域建立新的领地，这需要多么大的思想和精神准备啊。

**巴菲特的过人之处有很多，但是能够听见自己内心深处的渴望，找到自己的声音，这恐怕是他成功的主要动力。**这个世界上太多人不知道自己为什么而活，不知道活着是为了什么，不知道生命的意义，不知道自己的追求，不知道现在在做什么，而巴菲特仅仅是明白了自己真正想要的东西，明白了可以毕生为之奋斗的事业，这就是其伟大所在，这就是他的过人之处。**巴菲特认为知道自己想要什么是很幸运的，而能够为自己想要的东西努力则是幸福的，一个人既幸福又幸运，那么他的人生便是成功的。**那些不值得去做的事情，必然是自己不喜欢的事情，这样的事情就不应该勉强去做。巴菲特是一个现实主义者，一个坚持外在世界应该为内心世界腾出空间的特立独行者，融汇美国东西部的大师精华，在

会其者，不如好其者，好其者不如乐其者！

据说很多名人都是在阅读了《薄伽梵歌》之后发现了内心深处的声音，进而放手去做自己想做的事情。

中部僻壤开立自己的百年基业，这就是一个明白自己应该是投资者而不是棒球选手的巴菲特成功的秘诀。

**人都会犯错，人的成功经常是一个不断尝试、试错的过程，顿悟只能建立在不断实践和犯错的基础上，没有伟人能够生而伟大，传奇在童年的时候埋下种子，但是只有在经过苦难和失败的浇灌后才能开出最美丽的花朵。**巴菲特因为"烟蒂"投资而深陷纺织业，他曾经一度因为固守格雷厄姆的理论而忽略了事实，对于芒格的建议，他认为是正确的，但是却因为内心的情感而不能理性处理，他学过经济学，但是却没有及时而恰当地处理那些算作沉没成本的投资。不过，伟人的伟大之处在于能够在事情没有变得不可收拾之前改正错误，最终巴菲特认错出局，从实践上彻底超越了格雷厄姆，开始真正领略到**费雪精神的实质**。巴菲特的失败并不能抹杀其作为世界最伟大投资家的资格，反而增加了其荣耀，也使得他离普通投资者更近了，这是一种亲切的感觉，因为沃伦也有人性的种种复杂之处，这跟那些自以为没有沃伦天赋的人以很好的反驳，**每个人都具有人性，关键是是否能够恰当地处理和运用自己人性的一面。**

巴菲特最喜欢的体育活动是桥牌运动，对于桥牌他最喜欢的一本书是《输掉桥牌的原因》，这本书告诉了人们哪些错误会导致桥牌选手输掉比赛。巴菲特明白**错误本身并不可怕，可怕的是不明白错误所在，忽略了错误的存在，甚至根本不承认自己会犯错。**在巴菲特看来错误的定义有两点，一是不遵循自己的投资哲学和投资系统，这主要表现在违背来自格雷厄姆和费雪等第一代价值投资者的思想，当然这些思想是经过思考和实践而沉积下来的，并非教条化地恪守一切；二是不顾实践的反馈，一味坚持错误的做法，一直得到错误的结果。**人总是希望采用同一做法而得到不同的结果**，这点巴菲特认为非常好笑。对于投资巴菲特认为最为重要的就是在坚持一套投资方法的基础上定期回顾，然后革新，经历一个"遵守—反馈—调整—遵守—反馈"的**良性循环过程。**

*种树的最佳时间有两个，第一个是十年前，第二个是现在！*

*只有反馈，没有失败。没有反馈，没有进步！*

巴菲特在 1961 年购买了米尔制造公司，其运用的投资方法完全恪守格雷厄姆的静态价值评估，这是一家生产风车和农用机械的工厂，其成长性相当差，但是巴菲特却按照格雷厄姆的有形资产评估法得出这是一桩划算的买卖。后来他发现这家公司不仅成长性差，而且其管理层对于股东并不诚实，在成本管理上阳奉阴违，这时候巴菲特已经认识了查理·芒格，巴菲特很快意识到自己的投资错误，他不久卖出了这家公司的股份。巴菲特对于自己的错误相当坦诚，他经常在伯克希尔·哈撒韦的年报中向股东直陈自己的过失之处，这既符合巴菲特的投资哲学，也符合巴菲特的**处事风格**。在认识到自己的错误之后，巴菲特毫不手软地改变这一切，唯一一次拖得比较久的败笔是对纺织业的投资，但后来巴菲特还是坚决地纠正了这一错误，亡羊补牢，犹未晚矣。

*Ray Dalio 也强调了直面真相和事实的重要性！*

无论是巴菲特还是索罗斯都认定人可能犯错，人的心智天然存在缺陷，在认知能力上更是如此，**情绪也会妨害人的投资能力正常发挥**。巴菲特的这种认识来自芒格和费雪，而索罗斯的这种认识来自卡尔·波普和哈耶克。看来大师的哲学都有某些共同性，这就是承认人具有犯错的普遍性，所以要运用一些风险规避手段和纠错机制。

*身体状况对情绪有很大的影响。*

# 第三节　巴菲特的智慧法则二：能力范围

我确实只做了我理解的事情。

——沃伦·巴菲特

知己知彼，百战不殆；知天知地，胜乃不穷。

——孙武子

（1）只在能力范围之内投资。

巴菲特的性格与投资手法都别具一格。在这一点上，巴

菲特深受其父亲和格雷厄姆的影响。因此，他只做有把握的投资。巴菲特的父亲爱德华曾经是一个股票经纪人，也做过国会议员。这位成功的父亲教导自己的儿子要稳健做事，不要做任何可能成为头条新闻的事情，霍华德先生稳健的处事作风对巴菲特的投资风格产生了深远**的影响**。巴菲特在股票投资中始终审慎对待自己的分析结论，并且将自己的投资范围局限于那些自己可以很好地分析的公司上面。

　　世纪之交的时候投资国外股在美国证券界蔚然成风。由于对国外的股票并不了解，所以巴菲特并没有将自己的投资转向国外。随着自己对国外股票市场的了解逐渐加深，并且能够很好理解那些股票所属公司的运营情况，巴菲特开始涉足像中石油这样的股份。只做自己了解的生意和投资，这就是在自己能力范围内投资。下面我们就来深入研习巴菲特的智慧之二：能力范围。

　　**进行价值投资，最为重要的是进行公司分析，而有效的公司分析有赖于充分了解公司的业务运营和经营背景。所以，价值投资的成功的唯一路径在于关注那些我们能够充分了解的公司。**一个价值投资者能够充分了解和掌握的公司的总和就是他的能力范围，而巴菲特倡导的投资方法就是在此能力范围内进行投资。

　　巴菲特的能力范围法则包含了两层意思：第一是要识别出自己的能力范围；第二是要在自己的能力范围之内进行投资。在巴菲特的能力范围之内，他十分清楚进行投资所遵循的法则，他拥有抓住这些能力范围之内机会的资质。对于自己的能力范围，巴菲特曾经在一次股东大会上这样直言不讳地说道："我已经对自己的能力范围的具体大小了若指掌，如果你说出任何一家美国大公司的名字的话，我就能够在 5 秒钟之内告诉你这家公司是不是在我能力范围之内和我是否很可能采取某种手段来摆平这家公司。"

　　正如巴菲特自己所声明的那样，他会在自己的能力范围之内很好地行事，而不会去关注那些根本无法掌握的事情。

*中国的福布斯排行榜往往成为"杀猪榜"，为什么会这样呢？*

*最大的风险源于无知！*

巴菲特和其搭档查理·芒格在进行股票投资时，并不会对诸如宏观经济走势这样的问题大加分析和评论，因为这些预测根本无法**有效地做到**。即使一个顶尖的经济学家也无法预测宏观经济的走势，所以巴菲特很明智地选择了在自己的能力范围之内，多做些关于公司本身的分析，而不是关于美国利率走势的分析。

**但是，不可否认，查理·芒格非常注重利率和通胀。**

巴菲特认为就现在的理论效力而言，经济本身并不能被准确地预测，甚至连大致准确的预测都不现实。经济是一个复杂的系统，经济内部的相关关系错综复杂，一个小小的变化就可能引起蝴蝶效应，导致一个巨大变化的出现，而这一巨大变化在我们现在的经济学**看来是无法预测的**。这类预测就是能力范围之外的事情了，所以巴菲特从来不去做这类超乎能力范围的事情。

**奥地利学派可以预测吗？**

虽然巴菲特承认自己不能预测这些宏观经济方面的走向，但是这并不妨碍他进行投资。他进行投资的一个前提就是**认识到某些事物是可知的，而另外一些事物却是不可知的，同时一些事物是重要的，而另外一些事物是不重要的**。对于成功的投资者而言，重要的是把握那些可知而又重要的东西，不要在那些不可知和不重要的东西上花时间。

**确定性和重要性二维矩阵。**

巴菲特宁愿在重要的和可知的交集上进行投资分析和决策。巴菲特说："我们的任务确实集中在我们能够知道的很重要的事情方面，如果某件事情不很重要，或者我们不可能了解它的话，我们将这件事情一笔勾销。"**在投资的世界中，巴菲特能够通过区分可知与不可知，重要与不重要来客观地评估提供给他的机会。**经过过滤后，巴菲特做出决定时所要考虑的变量是如此的显而易见，这使得巴菲特对于自己的判断更加自信，从而投资期限也就更加的持久，这毕竟需要来自坚定判断下的耐性。

（2）如何运用能力范围法则。

通常而言，巴菲特在投资中运用能力范围原理时，会经过下面三个步骤。

- 第一步：确定自己知道什么，不知道什么。
- 第二步：保证自己知道什么。
- 第三步：检查自己所知道的事情。

下面我们就来看看这三个步骤的具体内容。巴菲特认为自己只是公司分析的专家，而不是宏观经济学家、营销专家和产业专家。当他进入投资界的时候，他分析了当时上市的每一家公司，真的是将所有的美国上市公司都挨个分析了一通。从这段经历中，巴菲特发现总有某些关键而且可以掌握的东西存在，只要抓住了这些要素，投资分析也就变得有效率了。他认为所有的公司都会不断发生变化，不过其中确实存在普遍的原则，这些原则是恒久不变的，是自己可以知道的，是在自己的能力**范围之内**的。这些东西就是他认为一家企业能够持续保持其增长态势，而免受残酷竞争之苦的特质。

他在各种不同行业和成长阶段的企业中发现了这些可以了解的关键因素，这些就是股票市场为巴菲特提供的投资机会的可知特征。巴菲特说："其实，大众充满了贪婪、恐惧和盲从，这些都是可以预料的，但是股市中这些群体行为发生的先后顺序却很难准确预测。"所以，尽管他并不知道股票的价格会在什么时候上涨，什么时候下跌，但是根据他寻找到的那些普遍原则和特征，他确实能够找到那些能够带来机会的投资对象。

巴菲特的能力范围包含这样一类公司，这些公司具有他认为可以预知的某些关键因素。他认为**简单地坚持容易和明显的做法要比更为复杂和困难的做法更有利可图**。虽然巴菲特对于公司分析的具体看法在不停地改变，但是他对于那些可知和重要的特征的看法从来没有发生过根本的动摇。

没有什么是永恒不变的，为了保证以前正确的认识现在仍旧正确，我们必须对这些东西进行检验，以确保我们的能力范围仍旧包含了这些东西。为了达到这样的目的就必须进行逆向思考，也就是**将那些一直正确的观点拿来找漏洞**。

不断怀疑你原本以为正确的观念只是巴菲特进行能力范

*所谓"实相"就是恒定的本质，巴菲特依止于实相，从某种意义上讲他也是一位修行者！*

*寻找失败的原因可以让我们成长更快！*

围检验的第二步，最为重要的是第三步，也就是对自己决策的结果进行分析，通过分析，他可以检验自己所知道的事情是否仍旧在自己掌握之中。巴菲特将自己的投资决策和表现非常诚实地保持在公司记录上，在这个记录中，他让自己的思维和决策，以及此前的能力范围无处遁形。但是，对于许多普通散户投资者而言，他们要么嫌记录交易决策和表现麻烦，要么就是极力逃避自己的糟糕表现。但是，**巴菲特却将自己的错误全部都记录了下来，并且开诚布公地告诉公司的股东**。在股东大会上，巴菲特是这样表达接受错误的重要性的："我希望能够解释我的错误，也就是弄清楚我们是为什么亏损了，这样的话我们就可以在第二年改正这些错误。"

巴菲特大致就是如上所述地遵循了能力范围这一法则。首先，确定自己力所能及的掌控范围；接着，尝试对这些范围进行思想上的反驳和验证；最后，通过实际交易进行最终的验证和总结，从而确认或者修改此前确立的能力范围。

下面我们就来看看巴菲特在其几次重大投资活动中运用能力范围法则的例子。在其一生的投资生涯中，巴菲特涉及过领域广泛的行业板块：广播公司，加油站，烟草公司，食品饮料公司，石油和矿产开采公司，银行，保险，广告公司，纺织品厂，农具厂等。这些企业中，有些是由他控股，另外一些则是少数股东。但是，不管占股的比例多寡，巴菲特对于这些企业的经营流程都是非常了解的。他之所以能够保持对所投资的企业有高度的掌握，主要是因为他有意识地运用了能力范围法则，将自己的投资对象限制在自己理解和分析能力的范围之内。巴菲特为此专门给出了一条忠告："**务必在你自己能力允许的范围之内进行投资决策和实践，你的能力有多强并不重要，关键在于你能够正确地了解和评价自己的能力。**"

我们这里看四个例子：对华盛顿邮报的投资，对政府雇员保险公司的投资，对大都会/美国广播公司的投资以及对可口可乐公司的投资。

在互联网时代，巴菲特仍旧看重地方媒体。

首先谈谈对华盛顿邮报的投资。巴菲特的祖父曾经拥有过一家报社并自任该报的编辑，巴菲特的父亲在大学期间曾经担任过报纸的编辑，而巴菲特自己也曾经当过《林肯日报》的推销员。1969 年，巴菲特已经通过购买《奥马哈太阳报》进入了报纸行业，通过经营这一报纸，巴菲特积累了丰富的报纸运作经验，所以在其入主华盛顿邮报之前已经有 4 年多**的报纸经营实践**。这表明了入主华盛顿邮报基本上在巴菲特的能力范围之内，也是他运用能力范围法则的一次具体表现。

对于政府雇员保险公司的投资也完全在巴菲特的能力范围之内。早在 1950 年，巴菲特在哥伦比亚大学读书时，巴菲特专程到华盛顿特区拜访该公司的经理，在此次交流中，巴菲特询问了很多问题，而该经理也花费了 5 个多小时的时间向巴菲特解释政府雇用保险公司的特点。后来，巴菲特就向自己父亲的经纪公司的客户推荐了这只股票，自己也在该公司的股票上投资了 1 万美元，此次投资使得巴菲特获得了 50% 的收益。接着，他又买入堪萨斯人寿保险公司的股票，并获取了 300% 的收益。积累了多年经验之后，巴菲特对保险行业非常熟悉和有把握，这使得他于 1976 年再次买入政府雇员保险公司的股票。

巴菲特在华盛顿邮报董事会任职期间积累了关于媒体的大量营运知识，所以这对十年后入股大都会和美国广播公司有非常大的帮助。而巴菲特最为出名的一次投资还是买入可口可乐的股票。可口可乐的生产工艺非常简单，易于了解：买入原料，制成浓缩液卖给瓶装商，瓶装商再把浓缩液与其他成分混合在一起做成最终制成品卖给零售商。该公司的著名品牌包括可口可乐、雪碧、芬达等。这类业务非常简单的企业，完全在巴菲特的能力范围之内。

我们通过上述简单的例子，了解了能力范围法则的运用之道。下面我们给出一个易于操作的框架。

对基本面的评估可以解决两个问题，首先决定一项投资是否在自己的能力圈范围之内，接着决定这项投资是否值得。

我们需要通过评估自己对一个公司的业务、产品、市场的了解程度来决定这个公司是否在自己的能力范围之内。价值投资者的个人特点会影响其能力范围。

第一个影响能力范围的因素是投资者自身所处的行业；第二个影响能力范围的因素是个人消费习惯；第三个影响能力范围的因素是公司地域的距离。

通常而言，投资者自己肯定会处于某些行业中，即使是专业的投资者也是这样的。价值投资不需要花费很多时间来盯住股价的变动，所以我们就有大量的时间来研究我们周围的行业，这样我们实际上就是扩大了自己的能力范围。比如一个 IT 工程师，可能只是对于信息技术领域的某个小领域有深入的了解，但是随着工作经验的积累，这类经验可以扩展开来，这样就扩大了其能力范围，也就是他可以进行投资的潜在对象扩大了，这是立足本职工作的能力圈扩大。除了这个方法，还可以根据自己的业余爱好进行扩展，比如你一直非常向往钓鱼，而你的本职工作却是平面设计，这时候你可以通过你的爱好来扩展对于渔具、鱼饵乃至跟钓鱼有关的其他行业的了解。这样你的能力圈又扩大了。价值投资的要点在于，不求多，在于你要能掌握几个拥有**持久经营特征的行业**。

第二个影响能力范围的因素是个人消费习惯。巴菲特个人喜欢喝可乐，所以他对于可乐是比较熟悉的，同样他对于报纸行业的熟悉也部分源于其阅读习惯。与巴菲特齐名的投资大师彼得·林奇就非常看重个人消费习惯带来的对产品的熟悉程度。个人消费习惯经常涉及那些业务简单，但是拥有某种市场优势地位的企业的产品。但是，仅仅单凭直观的感受就做出投资决定却是过于鲁莽的，所以我们还需要在消费习惯的基础上多点深入的分析和调研。

第三个影响能力范围的因素是个人所处的位置与特定公司所处位置的距离。通常，我们对于某些公司和行业的熟悉程度跟我们与其的距离远近有密切关系。居住在特定区域的投资者总是对该地区的公司更为熟悉，但是随着交通通信技术的发展，人可以扩大其活动范围，这样能力范围也就随之扩大了，所以在新时代下的投资应该多多利用交通和通信工具带来的便利。

最后还要强调一点的是会计在价值投资中非常重要，能力范围法则也包括投资者对于这一手段的有效掌握。

（3）促使我们超乎能力范围的心理错觉。

直到现在为止，正统的投资理论都认为人天生具备理性的思考能力，而且可以获得充分的信息以便进行全局和长期最优化的投资决策。其实，这显然误读了人的能力范围，无论是巴菲特还是索罗斯，他们都认为人的投资能力无论是从

*持续竞争优势是否存在是能否持续经营的关键。*

认知能力的角度还是信息处理的角度来看都存在明显的局限性。巴菲特用"能力范围"将自己从查理·芒格那里获取的心理学知识概括起来，而索罗斯则用"预定错误"预先就告诫自己任何判断可能存在的问题，然后在此基础上预先为投资失败留下退路，索罗斯的这些思想源自其父亲和卡尔·波普，前者认为人应该随时预见可能的灾难，而后者认为人的认识能力天生就存在缺陷。

　　行为金融学和行为经济学试图将人性和人的认知能力限制纳入经济学和金融学的研究范畴，但是主流的经济学和金融学为此发生的改变很少，或者他们认为自己的责任是给出理想状态下的规律，至于投资实践中面临的此类问题应该投资者自己结合主流投资理论的框架和心理学的**框架进行理解和运用**。过去几十年，金融学以及包含其中的投资学都建立在两个假定之上，格雷厄姆的理论基本也是如此，这也是早年巴菲特存在较大失误的原因之一：

　　● 人的判断决策是理性的，会追求全局和长期的最优；

　　● 人的预期是准确合理的，不会存在偏差；

　　稍微有点常识的人都知道**人通常追求局部和眼前的最优，同时对于未来的看法都是直线的**，往往根据现在推断未来，要么过于乐观，要么过于悲观。在此前提下定量分析被建立起来，正是由于精确计算的出现，使得投资者更增加了"能力幻觉"，在潜意识里总是认为数字意味着准确和科学，能够带来更好的收益。但是这恰恰是滋生"能力幻觉"的沃土。这些正统的投资学说，从格雷厄姆时代发展到现在，创造出了越来越复杂的估值定价理论，比如资本资产定价模型、套利定价模型、期权定价模型等，利用这些工具对证券甚至所有资产进行价值评估，并分析其中具有的风险收益特征。**复杂的公式和严密的推理让投资者陷入了"完备认识"的幻觉**，无论是成熟后的巴菲特，还是接触卡尔·波普后的索罗斯都不会为这套**东西所动**。格雷厄姆是估值理论的奠基人，从格雷厄姆出发，一些人继续格雷厄姆定量化分析路径，形成了当

> 人类的行为其实是在不断趋向于理性的，从脑干到边缘系统，再到新皮层，这是人类大脑演化的轨迹。

> 数字需要与逻辑和事实相互佐证，否则就会南辕北辙。

投资巨擘的圭臬：价值投资的谱系与四大圣手之道

代占据投资理论主流的估值投资学，而巴菲特由于接触费雪和查理·芒格没有走到这个极端，他深刻认识到格雷厄姆哲学中蕴含的"能力幻觉"，并借用定性分析和实地调查摆脱了这一陷阱，林奇也是如此。以巴菲特为代表的价值投资实践派和以金融学为代表的定价估值理论派决裂。**现代经济学也面临类似的情况，以马克思主义和奥地利学派为主的生产流程分析经济学与凯恩斯学派和芝加哥学派为主的数据截面分析经济学决裂。无论是巴菲特和林奇，还是马克思学派和奥地利学派都非常注重真实生产的过程，因为两者对于企业和经济周期都能很好地把握，这点已经为近百年的历史所证明，而定价模型金融学和凯恩斯主义以及芝加哥学派都沉迷于截面数据的分析，忽略了生产经营的流程和环节，将经济过程摊平为一些数据，将消费、生产和资本支出作为一个水平面上的东西研究。**巴菲特接受了芒格关于心理学的知识，同时也认识到了企业经营的动态过程，扬弃了格雷厄姆的静态研究法，将投资由水平截面转移到了流程分析。

　　**主流投资学似乎还是醉心于模型和定量研究，忽视了人的心理和经济活动的动态化和流程化，希望用数学手段把动态化的收益流贴现到静态的水平面上。**不过，行为金融学已经开始改变主流投资学的根基，这个变化还没有体现在运用主流投资理论进行操作的投资活动中，长期资本公司的没落反映了"能力幻觉"带来的恶果，这些是一个诺贝尔经济学奖得主与美联储副主席以及华尔街天才共同打造的团队，其运作基础就是现代金融学理论，在这一理论的美丽光环下，所有人，无论是资产管理者还是资金提供者都陷入了"能力幻觉"，最后的结果就是50亿美元的资金迅速消失，最后剩下几亿美元。巴菲特和芒格，以及林奇对于那些复杂的定价理论和模型根本不"感冒"，他们认定先接触公司的实际流程和经营，然后再在财务上洞悉公司的价值更为可靠，即使确定价值也不需要太多的数学知识和太高深的定价技巧。巴菲特等价值投资大师的惊人业绩一直是主流金融理论的讽刺，从有效市场论到定价理论都没有逃过被批评的困境，因为这些理论几乎不能用于真实的操作，即使使用了更多集中于计算风险收益组合，其运用往往集中于金融衍生品设计等。近年来，金融理论界开始回应实践人士的指责了，2002年的诺贝尔奖颁给了行为经济学家丹尼尔·可尼曼和威农·斯密斯。这表明理论派开始进一步向实践靠拢。金融学家们承认人的认识和决策过程存在不完善的因素，同时也开始认识到投资是一个动态的过程。那些掌握了现代投资理论和工具的人如果不了解自己理性的有限性仍然不会取得投资的成功。人存在很多影响其认识"能力范围"的特性，正是因为这些心理偏差才会使得投资者陷入"能力幻觉"

中，从而做出有损自己**投资利益的事情**。

了解投资幻觉的存在可以帮助价值投资者更好地生存和赚取利润，积累财富。知道哪些事情处于能力范围之外，哪些事情处于能力范围之内，可以成为一个真正的价值投资者，可以避免对价值的虚妄评估，而这正是网络泡沫在千年之初破灭的原因。

**人的思维系统并没有像计算机一样机械地工作，它通过情绪和感官阀门来过滤信息，删减、绝对化和扭曲是大脑过滤信息最常用的方式。过滤使得人的心理可以保持完整和平衡，同时也能够减轻信息处理负担和决策效率，但是这却带来了心理偏差。**查理·芒格精于心理学，他很早就认识到了心理偏差对投资决策的影响，在与巴菲特接触的过程中，他将这些知识传递给了未来的世界股王。

芒格告诉巴菲特，做正确的决策并非是主观意愿所能决定的，因为人的心理往往会扭曲信息，并且忽视显而易见的事实，从而无法甚至不愿意做出正确的决定。投资者只能根据不充分和不准确的信息做出投资决策，但是定量手段的采用却使得投资者陷入了"能力幻觉"，以为精确的手段可以精确地把握投资对象，从而忽略了投资对象的动态化和复杂性。早年的巴菲特确实如此，娴熟地运用财务定量分析，醉心于资产负债状况成为巴菲特的典型投资特征，在经历几次失败的"烟蒂投资"之后，巴菲特接受了芒格的论调，那就是世界是动态化的，而且是复杂的，必须承认人认识的缺陷。**格雷厄姆通过安全空间来规避风险和获取投资收益，但是巴菲特则将安全空间与人的认识偏差结合了起来。**

巴菲特在纺织业的投资上也犯了过于自信的错误，轻信了自己的能力范围可以覆盖这一领域，在很长的一段时间内，巴菲特一直认为先前的买入决策是正确的。证券投资是一项非常复杂而艰难的工作，但是投资者却往往表现出过度的自信，所有人都有此特点，只不过成功的投资者能够正视这一缺点，并通过有效手段予以规避。

*能力幻觉是非理性的来源，而非理性是投资亏损和收益的来源。自己的非理性导致亏损，对手的非理性提供盈利机会。*

*有形资产的数字看上去可以避免心理因素的干扰，但同时也误导了投资者对价值本质的认识。价值的本质在于商业运营。*

111

证券投资涉及了信息收集、处理和决策等环节，其成败与人是否具有自知之明非常密切。过分自信往往会导致投资者过高地估计信息的准确性和自己的判断的准确性。过分自信的典型症状有坚持错误和一直亏损的头寸，频繁地进行交易，偏好那些短线战术，重视收益而忽略风险。所有这些症状都源于人的一种天性，那就是过于自信，这是人类在进化过程中为了自保和减少压力而学得的一种能力，但是这一天性在金融市场上被放大了，其结果是毁灭性的。

那些过于自负的交易者总是倾向于过多地买卖，幸好巴菲特早年遇到了格雷厄姆，后者坚决反对那些预测市场情绪和短期波动的做法，因为格雷厄姆认为相对于公司的基本面而言，股价的走势变化无常，其运动的速度是人的认识能力和工具无法把握的，所以**格雷厄姆将投资建立在那些不容易变化的特征之上**，而不是那些变化过于迅速的因素上。根据公司这类具有惰性的因素进行投资，比根据股票价格这类具有活性的因素进行投资更能为人类的认知能力所把握。巴菲特后来进一步发挥了格雷厄姆的哲学，他将分析惰性因素作为投资框架的思维延伸到了"市场性专利"领域，巴菲特认为那些具有某种商誉和无形资产的公司，更具有惰性的特征，而这更能为人的认识能力所把握。**资产和财务比起股价而言，变动要慢得多，而商誉和其他一些可以带来利基的因素则比资产和财务变化更慢，而且"市场专利"可以带来更为持久的收益，而这为判断公司未来的成长提供了可靠性。**从这里来看，巴菲特的"能力范围"法则与"市场专利"法则是紧密联系的，通过找到那些具有市场专利的公司，我们可以更好地判断其未来的收益状况，这与那些不具有市场性专利的高科技公司具有显著区别，这些公司的收益状况非常难以预测，其关键就在于这类公司无法抵御竞争者侵蚀利润率的行为，所以其收益状况很难为投资者所把握，也就是说那些具有市场性专利的企业的收益走向更容易为投资者所掌握。

芒格将心理学带入了巴菲特投资哲学的疆域，巴菲特在

任何确定性和可靠性都是相对的。

日后的投资实践中，总是处处确保自己处在"能力范围"之内，不对那些不能预测和了解的事情做出承诺与判断。巴菲特认为如果投资者拥有一种力量，则只有当投资者认识到其力量的边界时才能更好地运用这一力量。早年的时候，格雷厄姆曾经教会巴菲特认识到"市场先生"的变化无常，通过利用市场情绪导致的价值低估，价值投资者可以更好地盈利，但是格雷厄姆却有意无意地假设价值投资者是理性的，是独立于市场情绪之外的一种力量，正是这种暗含的前提让巴菲特犯下了一些错误。不过，芒格让巴菲特成为一个彻底的"能力范围"论者，不光是非价值投资者具有"能力范围"，价值投资者也同样具有各自的"能力范围"。意识到了自己的"能力范围"才是真正获得了投资上的自由，否则一个投资者势必为自己的盲目和自大付出代价。

从必然王国走向自由王国。

　　投资者会本能地采用周遭重复的观点，而且经常会孤立而非整体地看待投资对象，格雷厄姆通过定量的精确分析避免了市场情绪的影响，但是却陷入了局部性思维的误区。巴菲特从格雷厄姆那里学会了要"远离市场"，甚至为此选择了一个中西部城市开展投资业务，但是巴菲特早年仍旧受到格雷厄姆局部性思维的影响，格雷厄姆因为遭受了1929年的股灾，变得日益怀疑公司的未来价值，这使得他总是局限于静态价值和现状，发展的思维和全局的思维在格雷厄姆那里遭到了抑制。巴菲特在纽约工作的时候，经常受到喧闹市场的影响，他常常感到各类的刺激因素袭来，而这些刺激肾上腺不断分泌的因素将会导致投资者的疯狂行为，为此，巴菲特在创立自己的合伙投资企业时选择了一个中西部的僻静之处，他在自己的家乡奥马哈开始了独立的投资事业，这年他25岁。他将办公地点选在离居处不远的简易写字楼里，只有两间房子，除了两个助手和年报之外，几乎找不到其他可以刺激一个投资者情绪的因素。巴菲特远离了市场，这只是战胜市场和心理偏差的第一步，更为重要的因素则是芒格和费雪带来的，从他们身上，巴菲特总结出了"能力范围"法则。

任何人的观点和思想都难免打上时代的烙印，都无法跳出时代的局限性。

我们将在后面的章节相继提到巴菲特的其他几个智慧法则，比如"市场专利"、"远离市场"和"集中投资"，这些都是为了增加确定性和减少不确定性，而不确定性往往来自投资者的心理偏差。前面已经提到，**"市场专利"可以使得一个企业的未来收益状况更加容易确定，而"远离市场"则保证了投资者不为"市场先生"等外部因素所干扰，而"能力范围"则使投资者清楚内在的心理偏差和认知局限，至于"集中投资"则是为了更好地把握投资对象的收益特征，减少因为分散投资带来的精力贫乏。**巴菲特之所以说自己像格雷厄姆，可能是因为他在很大程度上都在通过不断界定各种边际，从而获得更多的确定性。

巴菲特界定的方法就是利用一个二维的矩阵，重要性和确定性是两个维度，通过这两个维度，投资事务和对象分为四个范畴：重要且确定的、重要且不确定的、不重要且确定的、不重要且不确定的。所谓处在"能力范围"的事务就是那些重要且确定的，当然这里的确定并非完全不变，而是相对而言，比如**商誉比起季节财务状况而言更为确定，价值分析比技术分析研究的对象更为确定。**那些处于"重要且不确定"的事务经常造成人们的"能力幻觉"，比如股价是非常重要的，因为如果能够把握股价的波动，则可以带来远超过任何中长期投资方法的收益水平，这使得很多人认为短期股价的波动处在确定性的范围内，但实际上短期股价却处于不确定的范畴，即使混沌数学也无法很好地处理短期价格波动。预测性的技术分析，比如江恩理论和艾略特波浪理论，使得投资者陷入了"虚幻的能力范围"中。很少看见有投资者可以长期凭借这类预测性技术取得稳定的收益，任何精确预测波动的行为都是因为"能力幻觉"。人类目前的已经实现的能力无法处理混沌和涡流，而金融市场恰好是这两者的集合，这使得预测金融市场短期波动的做法毫无实际意义。

诸如艾略特波浪理论和江恩理论等预测性技术分析存在一个事后证明的特性。很多完美的波浪结构总是在价格运动

巴菲特在这几大原则的指导下将股票投资做得风生水起，登峰造极。观念决定成就的最高水平，巴菲特的这几个原则就是他的观念。

完成后才统计出来，这使得这项技术的预测价值大打折扣，很多人认为应该将艾略特波浪理论和江恩时间周期理论用于提供交易提示，而不是价格预测。对于预测，巴菲特和索罗斯都非常谨慎，也不太相信金融市场是**可以预测的**。澳大利亚的 NLP 执行师马克·泰尔醉心于金融交易，而 NLP 作为一种追求卓越的心理学提供很好的复制成功的工具，笔者早在1997 年就开始研习 NLP，其中文全名为神经语言程式学，在中国台湾翻译为身心语法学。马克·泰尔早年从事投资咨询工作，但其本人的投资业绩非常之差，后来痛下决心，采用了NLP 里面的模仿技术将投资大师的信念、习惯、技能和行为进行分解，得出了若干要素，然后自己加以模仿，好比对自己的思维程序进行了重新编程，此后其投资绩效一日千里，不可同日而语。除了研究投资大师的成功信念，他还研究了失败投资者所共有的一些信念和行为。他列举了失败投资者和成功投资者的一些关键信念差异，其中最为重要的一点是失败投资者都认为能够而且努力预测市场走向，而大师们则持相反的意见，索罗斯声称自己在金融投资上的成功与其预测市场的能力并不相称，甚至认为自己的预测能力实在让大师头衔蒙羞。巴菲特也持有同样的观点，他一直对市场下一步的走势不关心，对于任何预测都不感兴趣，也许他唯一感兴趣的预测就是那些价格偏离价值的股票早晚会恢复正常。马克·泰尔最后总结道："成功的投资者都具有的一个共同特点是不依赖于对市场方向的预测，预测对于那些兜售服务的投资咨询机构非常有用，对于真正投资**实践却是有害的。**"

　　除了相信自己能够预测这种"能力幻觉"之外，还有更多的投资者则认为存在一些拥有天赋异禀的金融市场权威可以预测市场。这类思维只不过是将"能力幻觉"由自己身上扩大到了整个人类群体上。技术分析是预测信念经常寄生的地方，但是基本分析现在也经常招来预测人士。我们这里要澄清的是无论是技术投资的大师，还是基本面投资的大师，都不会采用预测式的思维，他们会给出市场发展的一个可能，

*股市长期是称重机，这点表明价值投资者认为股价的长期趋势还是可以预判的。*

*这里的预测应该是专指中短期预测。*

"预测"是幼稚地相信唯一性，违背了概率思维和情景规划的原则。

仅仅是可能而已，然后对概率较高、风险报酬比理想的机会进行操作，在操作之前已经做好了风险防范，也就是做好了止损措施，而预测者通常认为未来是确定的，不需要预留后路和提前**采取防范措施**。索罗斯貌似一个预测短期波动的交易者，但实际情况恰恰相反，他从不相信预测，即使对那些自己分析出来确定无疑的事情，也会保持怀疑态度，他认为任何判断都存在犯错的可能，在此基础上进行金融交易，乃至投资才是正确的。**如果你利用"预测"制定交易计划，并没有错，但是如果你认为"预测"铁定会发生，并因此而采取毫无风险防范的交易方法，那么你就犯错了。**

认为能够预测市场的短期波动，这是"能力幻觉"最为普遍而有害的形式之一。从格雷厄姆，到巴菲特，再到林奇，以及自成一派的索罗斯都认为预测价格短期波动是荒诞不经的。即使格雷厄姆对人的理性认识能力存在过高的评价，但是他对人类预测短期市场波动的能力仍然持有很深的怀疑。

除了过于自负地认为自己能够预测市场，投资者还有一些其他重要的心理幻觉。我们来重点看看"倾向性幻觉"、"赌场钱心理"、"蛇咬心理"、"返本心理"、"赠予心理"以及其他种类的心理偏差行为，这些心理偏差使得投资者错误地估计了自己的能力范围，甚至根本不顾自己的能力范围，任情绪主宰投资行为。芒格对于投资心理学的研究不亚于今天的行为经济学和行为金融学家，甚至比后者更为贴近投资需要。

我们这里结合巴菲特本人的言论以及查理·芒格的思想，用行为金融学的最新发展来详细描述一下上述心理偏差对投资者的影响，并在本节最后给出一个避免"能力幻觉"和投资心理偏差的框架。

"倾向性幻觉"来自人类避免遗憾，追求自豪的倾向。人类在长期的进化过程中出现了一些特定的情绪用于抑制一些无用的既往行为再度出现，并鼓励一些有效的既往行为反复出现，**社会生物学的研究表明了人类所有情绪在进化中的意义**。但是任何事情都有两面性，人类的这些情绪也不例外，

遗憾和自豪鼓励了人类的有效行为，但是在金融交易中容易使得投资者做出非理性的行为。投资者如果发现一项先前的决策被事实证明为错误时，就将产生遗憾情绪，而投资者如果发现事实证明先前的一项决策正确时，就会产生自豪情绪。这两种情绪导致了"倾向性幻觉"的出现。什么是"倾向性幻觉"呢？以买彩票为例，如果你连续坚持买了好几期同一个号码的福利彩票，但是你一直没有中过大奖，突然有一天你决定换成另外一组数字来买彩票，结果该期开出来的大奖恰好是以前你一直买的那个号码，这下你就马上责怪自己没有坚持买这个号码，内心充满了后悔和遗憾。人类为了获得进化的动力，逐渐掌握了利用遗憾情绪来丢掉那些无用的行为，这种情绪也极大地影响了投资者的决策行为。避免遗憾和后悔的心理使得投资者总是过早卖出那些盈利的证券头寸，而追求自豪的情绪使得投资者一直持有那些亏损的头寸，以便维护自己的自尊心和自豪感。如果一个投资者持有一个证券投资组合，其中一些股票处于亏损状态，而另外的一些股票则处于盈利状态，几乎绝大部分投资者都会先卖出那些盈利的头寸，以便锁定盈利，同时留着那些亏损的头寸，寄希望于亏损自动抹平，他们总是认为实际亏损和浮动亏损完全是两回事情，通过延迟平仓行为可以避免**实际亏损的发生。投资者倾向于卖出盈利头寸，保留那些亏损头寸，以便避免遗憾和获得自豪感，这就是倾向性行为**，也就是人们不会中立和理性地对待证券头寸，对于头寸的处理更多是依据心理需求而不是交易法则。"倾向性幻觉"使得人们认为盈利头寸如果不赶快兑现就会被市场蚕食，最后竹篮打水一场空，同时使得人们认识亏损头寸如果立即平仓，就会使得浮动亏损变成真实的亏损，他们的头脑中往往出现一幅图画，认为浮动的亏损在不久后将变成盈亏相抵，**甚至还有盈利。**

行为金融学家观察了很多交易个案，也跟交易者进行了面对面的访谈，同时他们还统计了成交量变化，他们发现上涨的股票有较高的成交量，而下跌的股票具有较低的成交量，

*截短利润，让亏损奔腾，结果就是盈亏比显著恶化。*

*头脑里面的图像影响了我们的理性决策，通过改变这幅图像我们可以做得更好。*

上涨的股票是大多数人盈利的头寸所在，而下跌的股票则是大多数人亏损的头寸所在。同时他们还发现持有期限较短的股票通常是盈利的头寸所在，而持有期限较长的股票则是亏损的头寸所在。同时，这些行为金融学家还发现如果一周前市场出现过大涨，则投资者卖出股票的可能性在增加，无论专业投资者还是业余投资者，无论是机构投资者还是个人投资者都具有这样的倾向。无论根据价值投资的长期持有法则，还是根据技术投资的"让利润奔腾"法则，**"倾向性幻觉"都是错误的**。价值投资认为股价的涨跌并不会威胁到自己的真实利益，因为公司经营仍旧正常，收益水平仍旧令人满意，而且价值投资者通常在市盈率较低的水平介入，而技术分析派则认为股价的运动具有趋势性，上涨的股票继续上涨的可能性要大于下跌的可能性，而下跌股票继续下跌的可能性要大于上涨的可能性。"截短亏损，让利润奔腾"是技术交易者的最高理念，顺势而为是技术投资的最高真理，而"倾向性幻觉"则完全违背了这一思想，这一心理偏差使得投资者"截短利润，让亏损奔腾"。而价值投资者则认为受到"倾向性幻觉"影响的投资者是那些被"市场先生"弄迷糊的投机分子，这些人卖出盈利头寸的做法往往违背了价值投资"长期持有"和"复利原理"的法则，而这些深受"倾向性幻觉"影响的投机分子还违背了价值投资者的基础信条：买进公司，而非股票，根据公司变化卖出股票。巴菲特这类价值投资者，甚至在知道股价出现短期泡沫的时候，也不会抛出那些决定长期持有的股票，因为他们认为过于频繁的交易会使得投资者沉浸在**"倾向性幻觉"的影响下**。

无论是采用技术分析还是基本面分析的交易者都会受到"倾向性幻觉"的影响，可以说这是人的第一本能，而学习正确交易方法和思维习惯则是在培养人的第二本能。通过更长时间地持有那些盈利的资产，缩短持有亏损资产的时间，投资者可以抵御有害的第一本能。"倾向性幻觉"使得投资者的行为违背了利润最大化的投资策略。错误的心态，决定了错

价值投资和趋势跟踪两种交易策略都要克服"倾向性幻觉"。

新兴市场上的操作则没有这么死板，市场过度兴奋，估值过高的时候，价值投资者也是可以减仓的。

误的行为，而错误的行为决定了糟糕的结果，投资很多时候都是心与市场在交流，就像混沌交易大师比尔·威廉姆说的那样，我们是在交易着自己的信念。

　　技术派投资要求及时止损，也就是停掉那些亏损的头寸，而价值投资则认为应该持有那些公司基本面正常的股票，同时卖出那些基本面出现问题的股票，但是人天性中的"倾向性幻觉"则使得人不愿意平掉亏损的仓位。当头寸出现浮动亏损时，投资者经常寄希望于价格能够回来，平掉亏损的头寸让投资陷入到遗憾的境地，投资者会认为是自己先前的错误造成的。**很多投资者从小出生在一个鼓励少犯错的环境中，他们总是认为错误会代表一个人的能力等方面存在问题。**而且很多推销交易系统和提供交易咨询的个人和机构总是宣传他们的不败战绩和令人羡慕的胜率，使得**投资大众认为交易高手都是那些极少亏损的人，极少犯错误的人，所以很多交易者不愿意承认错误，退出那些被证明为错误的交易，平掉亏损的投资，这些行为都是由于内心的自尊在作怪。**如果他们能够明白，交易是一项概率游戏，交易的成败不取决于胜率，而是取决于报酬率，特别是风险报酬比，这样他们就会去掉那些虚假的自尊，将遵守交易规则作为自己的自尊，那些随意更改交易规则，违背市场趋势和公司收益趋势的做法才是打击自尊的做法，因为这是一个人前后不一致的表现。**如果交易者能够认识到错误是人类对金融市场和公司经营的不完全认知引起的，而这种不完全认识是人类先天的特征，那么就不会那么固执于亏损的头寸了。**

　　我们已经知道了股票投资者倾向于卖出那些盈利的头寸，固守那些亏损的头寸，这使得投资者的操作与利润最大化原则恰好相反。但是也应该明白盈亏的变化是促进人类不断进化的原因，那么盈亏的变化是以什么作为参考点的呢？也就是说投资者是以什么作为盈亏的判断的呢？这与人类的天性也有关系，**如果选择恰当的参考点，则投资者可以更为理性地处理头寸，**从而符合利润最大化原则。通常而言，交易者

认识到错误不能完全避免，才能甘心及时认错。

都是选择进场位置作为盈亏参考点。当现价高于进场价格时，投资者的头寸处于盈利状态，此时自豪占了主导，为了保住自豪，同时避免后悔，投资者倾向于立即结束头寸；现价低于进场价格时，投资者的头寸处于亏损状态，此时投资者处于痛苦状态，但是如果立即兑现亏损则投资者的自尊遭到打击，如果投资者固守亏损头寸，则这时自尊得以暂时保全。另外，投资者经常担心结束亏损头寸后价格反弹，为了避免后悔投资者也会固守亏损投资。如果投资者能够重新选择参考点，那么他会更为理智地处理现在的问题，更为清晰地判断形势，从而做出最有利于利润最大化的决策。有一种方法叫作归零法，也就是投资者不要去关注浮动亏损和盈利的情况，将现价作为参考点，以现价作为盈亏的参考点，当投资者以现价作为参考点时，他就摆脱了之前决策的影响。通常而言，**投资者可以想象另外一个还未入场的投资者，没有建立头寸交易者的参考点就是现价，然后以这位交易者的角度审视形势**，如果这位想象中的交易者决定买进，则投资者可以继续持有头寸，如果这位想象中的交易者决定不买入这只股票，则投资者应该立即卖出，了解头寸。这类决策的要点在于不要关心先前的盈亏，那些都是过去的决策，现在的决策应该独立于先前的决策，将每次买卖当作新的买卖，这样才能进行**理智的决策**。具体而言，一个价值投资者在决定如何处理已有头寸时，应该根据价值投资的原则进行判断，如果公司已经不符合投资的原则了，则应该立即卖出股票，而不应该管头寸目前是盈利还是亏损的，如果公司仍旧符合投资的原则，则应该继续持有这只股票，而不管该头寸目前是亏损还是盈利的。技术派投资也是相同的道理，当价格过了临界线表明趋势发生转变时，不管头寸目前是否盈利都应该立即结束头寸，当价格没有过临界线，趋势继续持续时，就应该坚定地持有头寸。如果能够做到这样，则一个投资者可以很好地击败"倾向性幻觉"的影响。我们认识很多杰出的交易者，也认识很多不那么杰出的交易者，更认识很多整体

也可以站在对手盘的角度来思考问题，这样就可以避免自己的片面分析。

上一直亏钱的交易者，其最为关键的区别在于**越是优秀的交易者，其决策之间越是相互独立的，不会影响此前的决策，也不会影响此后的决策，决策在过程中坚守同样的原则，但是进场决策不会影响出场决策，买入决策不会影响卖出决策，卖出决策不会影响买进决策，决策之间是平等而独立的，一个决策不能凌驾于另外一个决策之上，决策只受到同样交易原则的节制。**

　　活在当下，是我十年前在接受心智培训时听到最多的一句话，作为一个交易者只能**活在当下**，以当下的价格作为参考点，以同一的交易哲学和投资原则作为准绳。这好比修道，宇宙大道是始终不变的，但是每天我们都需要活在现在，遵循不变的宇宙大道，不能让前天的情绪和决策影响了今天的情绪和决策，大家都知晓的戴尔·卡耐基和拿破仑·希尔，以及安东尼·罗宾和斯蒂芬·科维都提倡一种活在当下的哲学。作为一个交易者更是如此，每时每刻都将当下的交易作为一项新的交易，以当下的价格作为参考点，根据始终如一的交易法则进行权衡，此前的盈亏不能影响当下的决策。这就好比武侠小说里面的刀剑合一，瞻前顾后总是影响自己的发挥。交易员，无论是价值投资者，还是技术投资者都需要专心于当下的交易，不要活在过去，也不要活在未来。**活在过去的交易者，始终在为先前的交易做决策，抱着扳回本金的希望，活在未来的交易者，始终在为未来的交易做决策，做着不切实际的美梦。**巴菲特在纺织业上犯了前一个错误，而千禧年支出的 IT 股投资则犯了后面一个错误。但是，大师就是大师，最后能够亡羊补牢，而部分 IT 股投资者们恐怕永远没有机会**来改正错误了。**

　　"赌场钱心理"是另外一种影响交易者决策的心理偏差，在价值投资者身上没有技术交易者身上那么容易出现，但是所有类型的交易者都有这类心理偏差存在，只是如何认识和处理而已。在交易者获得了一大笔利润之后，他以后的决策将变得喜欢风险，而追求更高的回报，这就好比一个赌徒，

*什么是活在当下，一个具体可操作的做法就是将注意力放在此刻的身体感受上。*

*大师和普通人的最大区别在于前者更善于利用反馈取得进步。*

在赢了一大笔钱之后总是会认为这是意外之财，所以会很快输掉或者大手花掉。交易者在大大赚了一笔之后，总是认为自己处在盈利状态，所以对风险认识不足，同时对自己的能力估计过高，这时候也乐于追求那些风险很高的机会。此时先前的交易影响了当下的交易决策，交易者再次活在了过去的交易中，那些不能凝神于当下的交易者很快就失去了"武功"。要对付这类心理偏差，还是那个方法："活在当下。"

而"蛇咬心理"大家可能并不陌生，因为"一朝被蛇咬，十年怕井绳"这个谚语大家都知道。在连续亏损后或者大亏后，交易者往往会失去理性决策的能力，变得犹豫，失去几次机会后，下定决心进场，往往又会吃一次亏，长此以往，交易者的自信心完全崩溃。对于这种心理偏差，有三种预防和处理办法：第一，要通过找到更大的安全空间进场来避免重大亏损的出现，对于技术分析而言就是一个好的进场位置加上一个恰当偏严格的止损；第二，要认识到交易并非看胜算率高不高，而是看谁亏的时候亏得少，赚得时候赚得多；第三，建立条款清晰，最好定量化的投资标准，每次都按照投资标准决策，"活在当下"不受前次决策和其盈亏**结果的影响**；第四，最好学学巴菲特和邓普顿以及肯尼斯·费雪，"**远离市场**"才能战胜市场。

人为了维护虚伪的自尊通常会等待亏损的头寸自动持平，甚至盈利。套牢不是市场把你套牢，而是你自己把自己给套牢了。所以，"解套"本来就是一个笑话，这个套是你自己给自己套上的，你却去外面找套来解。**解套是个操作手法和投资原则的问题，是个内部问题，而不是股市和股票的问题。信念决定了价值观，价值观决定了态度，态度决定了行为，行为决定了结果。**你认为浮动亏损的头寸会自动抹平，这个信念使得你认为等待是正确而明智的选择，使得你坐等市场来解决问题，这就是一个消极的态度，消极的态度使得你乐于不采取行动结束错误的头寸，让亏损继续扩大，这就是结果。查理·芒格早就知道了心理学对投资者的决定性影响，而

*自动化交易的最大优势之一在于排除了人类情绪的影响和干扰。*

巴菲特在格雷厄姆那里顶多知道了"市场先生"的危害，所以采取了"远离市场"的策略和定量化分析的精算投资法。"返本心理"是所有投资者都具备的，无论像巴菲特这样的巨擘还是刚入金融市场的菜鸟。覆水难收，没有几个人能够对过去发生的事情坦然忘怀，旧情复燃，破镜重圆，这些都反映了人性中的"返本心理"，就是把遗憾抹去。我们看见很多从事投资人在亏损后只说了一句话："只要不亏本，我就出了。"其实，这些人并没有那么坚决，当价格开始反弹的时候，他们就会认为是不是趋势又向上了，所以他们通常不会出，当价格再次下跌的时候，他们会后悔上次反弹没有卖出，同时再说一句类似的话，结果只能是越套越深。如果要想这些人能够真正解套，那只有等市场发动往上的趋势才行，而被套者的价位一般在前次上涨的高位，所以要解套一般都得七八年，甚至永远无法解套。即使真能出来，其货币的时间价值已经消耗不少，而且更为重要的是丧失了获取其他投资收益的机会，这就是机会成本问题了。

　　人性还存在"赠予心理"这类偏差，所谓"赠予心理"就是人们对于同样的一件商品，在卖出时比买入时要求更高的价格。从行为金融学的实验中发现了这一现象背后的心理实质：人类会因为失去某样已经拥有的东西而痛苦。那些因为没有兑现浮动盈利而失去利润的投资者经常会处在后悔中，因为他们觉得失去了某样东西。这通常会使得投资者在此后的交易中出现过早兑现盈利的情况，"倾向性幻觉"交织出现。

　　查理·芒格早在行为金融学出现之前就已经明确提出了很多类似的观点，并且让巴菲特成为了最大的受益者，巴菲特不相信预测，同时远离市场，并且建立了"能力范围"法则，这些都应该归功于格雷厄姆对于市场情绪的刻画和芒格对于个人心理偏差的理解。要战胜心理偏差，首先要认识到偏差的存在和具体形式，不用多说，凡是一个人都有过受到偏差消极影响的经历，而心理偏差或者说虚幻的能力范围笔者也在上文提到了。接着，需要明确投资风格和投资的原则，要将投资原则细化，像格雷厄姆就将自己的选股原则定量化了，而林奇也是如此，最后就是按照这一细化的选股原则单独对待每次决策，记住**交易的决策分为四种类型，"加减进出"，也就是进场、加仓、减仓和出场**。无论上次决策是进场还是出场，也无论浮动盈亏或者兑现盈亏如何，交易者都必须根据喜欢的投资原则来对待当下的决策。**"活在当下"是任何交易决策的最高法则，根据笔者对交易的体悟认为价值投资的最高秘诀在于"安全空间"，也就是价值和价格之间的差值；而技术交易的最高秘诀在于"顺势而为"，也就是价格和价格之间的才差值；交易的心法则是"活在当下"，无论价值投资者，还是技术投资者都需要**

如水一般的状态就是活在当下的最好代表。

**恪守此原则才能做好交易**。格雷厄姆、巴菲特和林奇，以及索罗斯都是利用价格和价值之间的偏差决定是否进场和出场，每次决策都是使用该原则的一次新决策。"活在当下"除了利用上述三个步骤获得之外，还可以利用外部环境来促进，这就是营造一个可以摆脱前后决策影响的环境，同时这个环境也能避免决策个体之间的影响，也就是决策在时间和空间维度上的相互影响都是价值投资者的大忌，其他类型的交易者也概莫能外。巴菲特和邓普顿，还有肯尼斯·费雪都是采用僻静居住来避免这类情况的发生，但是这对于前后决策的影响效果不大，要抵消这类影响可以用假想另外一个投资者正在做决策，或者想象自己飘浮在空中看见坐在下面的自己正在做决策，而空中的自己可以坦然地做出决策，这是一种与自我分离的心理技术，可以帮助自己更加客观地做出投资决策。

（4）会计在能力范围中的运用。

提到能力范围，不能不说到会计，因为价值投资的一个重要手段就是利用财务分析。在格雷厄姆那里，财务分析是价值投资唯一的分析手段，只是后来费雪的出现才改变了单一的分析手段，将管理层和无形资产分析以及实际调查纳入价值投资的手段范畴。

会计在价值投资中扮演着至关重要的角色，能力范围的大小与此有着密切的关系，通过一些必要的训练可以提高财务分析能力，从而扩大能力范围。**会计是资本最优化分配的关键，通过会计可以了解企业资金在各个部门和项目的收益情况，从而引导后续资金更加高效的配置**。会计容易为管理层所操纵，但是总会留下蛛丝马迹，而对会计手法的准确理解和对财务分析的准确运用都要依赖于投资者对于企业所处行业特点的清晰掌握。价值投资需要将自己的投资对象局限于那些熟悉的产业中，只有这样才能很好地理解会计报表所蕴含的信息。**如果仅仅理解会计账目，而对业务和产业特点无所了解，则必然很难成为一个良好的价值投资者，因为会计能力的真正获得与投资者对行业的掌握密切相关**。所以，

只懂财务，不懂业务，其实也无法真正懂得财务。

财务报表的分析能力是建立在对产业和公司业务的了解之上的，只有这样才能通过提高会计能力进而扩大自己的能力范围。

很多公司都将会计手法作为影响股东的工具，而不是用于收集信息。前者将会计作为糊弄投资者的工具，后者将会计作为商业决策的工具。作为一个价值投资者既需要辨明财务报表是否存在第一种意图，又需要基于会计的第二种功能做出投资决策。千禧年的安然和世通丑闻就是管理者运用会计作为糊弄投资者工具的典型例子。通过会计手段，我们可以增加对公司的理解，对于投资对象的定量化研究基本来自对财务报表的分析。对于何时账款入账，坏账准备应该计提多少，是否应该将一个项目算作资本支出，这些存在弹性空间的财务项目都是管理层可以操纵会计利润的地方。价值投资者的任务就是能够找出欺骗，做出自己的判断。会计帮助价值投资者巩固和扩大了能力范围，因为看穿欺骗和了解公司的状况都需要会计的帮助。

**正如病毒具有某些共有的特征一样，财务作假也有某些共有特征。投资者只需要掌握少数几个关键的会计知识就能保证足够的"能力范围"。** 价值投资者不用成为财会专家，他们只需要掌握一些常用的会计欺诈手法就可以应付分析需要了。

价值投资者需要明白会计上常用的三张表，资产负债表、损益表和现金流量表。这些找一本简单的会计书籍就明白，最为重要的是掌握一些关键的地方和会计项目。各国会计准则并不完全一样，不过至少应该对公认会计准则的主要利弊有所了解，这样就能提醒投资者注意每个会计项目反映信息的两面性。公认会计准则与人们的思维习惯存在出入，所以需要大家自己下去找本简单的会计书大致看看，对于每个会计账目有个直观的理解。

下面我们谈谈财务分析中，那些能够很快提升价值投资者**分析能力的小诀窍。**

● **应收账款大量累计表明公司的未来坏账准备很可能将**

同行业的财务对比也可以发现一些财务作假行为。

上升，是一个消极的信号。

● 过多的长期负债会影响一个企业的财务稳健度，利息的支出将成为悬挂在该企业头上的利剑。在企业经营艰难时，负债过度的企业将面临破产危险。巴菲特对于那些需要大量资本支出而负债过多的企业表现出很高的警惕性。

● 现金流量表是一个企业是否正常运作的最有效衡量指标，特别是自由现金流，利润可以造假，销售可以通过信贷和赊账提高，但是现金流很难人为操纵。

● 公司报告中经常出现的一次性费用要特别注意，最好查看注释。

● 利润的增长是否和销售额同步上升，销售额的上升是否伴随着现金流的同步上升，应收账款的增长是否超过销售额的增长，应收账款的增长是否超过了坏账准备的增长。

# 第四节　巴菲特的智慧法则三：市场专利

生意分为两种：过度竞争的生意和拥有市场性专利的生意，巴菲特就擅长寻找那些具有市场性专利的公司，择机买入，然后长期持有。

——林森池

在通货膨胀时期，市场专利或者说经济商誉是不断施惠的礼物。

——沃伦·巴菲特

识别企业的竞争优势是投资准备工作的最关键之处。

——帕特·多尔希

（1）市场性专利的类型和测试。

市场性专利就是企业具备可以建立持续竞争优势的因素，比如区域内垄断，或者具有某些独有的技术或者商誉，这些

东西在很长时间内都不太可能被竞争者获得，甚至根本不可能出现竞争者。拥有市场性专利的企业都拥有一个利基市场，也就是在此市场上，该企业具有某种统治力和排他性。市场性专利一词是由香港投资大师林森池先生根据 Franchise 意译过来的，有人翻译为特许经营权，但是这与其真正意义不那么贴切，甚至容易让人产生误解。其实，市场性专利就是一种经济商誉，也就是那些股权回报率长期超过平均水平的公司所具有的一种因素，巴菲特本人也对这一东西定义不那么准确，但是根据其年报和传记作家的解释，林森池先生用"市场性专利"一词来概括应该更加准确和容易掌握。

市场性专利分为两类，此前没有人这样细分，但是我们觉得要用好"市场专利"法则选股就必须细化其类型。一家公司拥有法定之外的长期"垄断性"，一是**拥有某些配方**，比如可口可乐和中国的著名白酒，比如五粮液；或者**是拥有某些地域垄断性**，比如地方性报纸和旅游景点。我们在本章第三节和第四节讲述的巴菲特的两个精彩投资就分别代表了上述两种类型的市场专利。

大致了解了市场性专利的类型后，我们这里利用晨星公司的方法来测试一家公司是否具备市场性专利。通常而言，市场性专利的测试需要通过三个步骤，在第四章里面，我们会大致重复一下这些步骤，但是在第四章主要是为了对收益的成长性进行分析。毕竟**市场性专利是稳定成长性公司长期保持高于平均水平利润的保障，同时也是高速成长公司维持高成长性避免引入竞争者的防御体系**。总之，市场性专利使得公司避免了惨烈的竞争，从而保证了较高的利润率和较高的成长速度。巴菲特主要利用了前者，而彼得·林奇则主要利用了后者，所以一般人认为巴菲特是狭义价值投资的代表，因为他主要投资于那些稳定成长的高利润率公司，比如可口可乐公司和吉列公司；而林奇则是成长性投资的代表，因为他热衷于投资于那些高速成长的高利润公司，比如一些刚起步的旅馆和服饰店等。

从财务数据入手看是否可能有市场性专利存在，再查看来源，进而推测其持续性。

市场性专利是否在一家公司存在，也就是说一家公司是否具有市场性专利，通常需要经过如下三个步骤**测试才能**确定：

第一，**市场性专利存在的证据**，主要从财务数据来分析。

第二，**市场性专利的来源**，主要根据业务特点和市场性专利的既有两种类型来判断。

第三，**市场性专利的持续性**，不同的市场性专利具有不同的有效期限，通常而言，价值投资应该选择那些具有二三十年以上市场性专利的企业，如果一个企业的竞争优势持续期限不能达到 10 年以上，那么这通常不能称为市场性专利，顶多看作一个暂时的竞争优势而已。

下面，我们依次来看看这三个步骤的具体内容。

第一步，寻找市场性专利存在的证据。通常而言，一个拥有市场性专利的企业一定在收益上存在明显的优势，这可以从财务数据中得到，如果一家企业在好几年的时间内都没有出色的回报率水平，那么这样的企业拥有市场性专利的可能性几乎为零。**很多时候，投资者会随意地认定某家企业具有某种持续的竞争优势，但是这家公司的财务状况一直没有卓越的表现，投资者直观的认识和财务的定量出现了矛盾，这样的情况一般是投资者判断出现了错误。**对于市场性专利是否在某家企业存在，需要从**两方面进行**考察，一是产业和企业运营的层面，可以根据直观感受和理论推理来判断一家公司是否拥有市场性专利，二是从企业的财务报表上判断一家公司是否具有市场性专利。第一种途径是直接去找，而第二种途径则是根据一些表征来推断。两者要结合起来才能准确推断一家公司是否具有市场性专利。比如一家零售公司，其在某地区具有垄断性，但是其各类回报率并不看好，这时候虽然从直观上看这家公司具有市场性专利，但是财务分析却并不支持这类看法，这时候很可能是这家公司并不具有某种可以保障长期超额利润的因素，也就是根本不具有市场性专利。另外，如果一家公司在最近几年财务回报率不佳，但

从业务和财务两个方面去寻找市场性专利存在的证据。

是却具有某种受人欢迎的饮料配方专利，通过深入研究发现该公司之所以最近几年回报率不佳主要是介入其他行业所导致的，目前该公司已经在回归主业了，那么这家公司应该是具有市场性专利的。直接判定法只需要根据市场性专利的定义操作即可，我们这里主要**讲解财务分析法**。

具有竞争优势的企业长期来看一定能够维持超过平均水平的回报率，所以我们主要从收益的角度来寻找那些可能具有市场性专利的企业。通常而言，通过单个指标来达到这一目的存在相当大的困难，甚至可以说是不可能的，所以，我们就结合四个指标来查看一家公司的收益水平是否长期超平均水平，这个平均水平是类似企业或者整个行业的，比较范围可以根据需要缩放。

首先我们应该查看自由现金流这一财务指标，巴菲特最喜欢那些可以产生大量现金流的公司，他认为**公司能产生大量现金流代表公司的机体是健康的**，也代表利润是真实的。自由现金流等于经营性现金流扣除资本支出，这个指标表明企业再投资后还剩余的资金。自由现金流表明了公司在正常运营之外还剩余的资金。另外，还可以用自由现金流除以销售收入，如果这个比率超过5%则是一个非常好的兆头。**强大的自由现金流是一个企业强盛的标志**。

第二个指标是股东权益回报率。净利润除以所有者权益就得到了股东权益回报率，一般英文简写为ROE，在股票投资分析中经常可以在表格栏中看到这一**缩写**。股东权益报酬率可以利用财务杠杆加以提高，也就是企业可以通过举债来提高其股权收益率，而资产收益率很可能维持不变。虽然股东权益回报率存在这些弊端，但是如果一家企业股权回报率能够5年以上维持在超过15%的水平，则这家公司很可能具有市场性专利。

我们可以将上述两个指标综合起来在一个框架内考察一家公司是否可能具有市场性专利，这就是利用晨星公司发明的**"股权回报率—自由现金流"**矩阵。那些同时具有持续较

具有竞争优势的企业长期来看一定能够维持超过平均水平的回报率，所以我们主要从收益的角度来寻找那些可能具有市场性专利的企业。

用自由现金流除以销售收入，如果这个比率超过5%则是一个非常好的兆头。

如果一家企业股权回报率能够5年以上维持在超过15%的水平，则这家公司很可能具有市场性专利。

高股权回报率和自由现金流的公司很可能具有某种市场性专利。

第三个指标是净利润，净利润和现金流分别从两个不同的角度去衡量公司的经营状况，净利润好比一个人产生的能量的多少，而现金流则代表一个人的呼吸水平。一个呼吸正常，而且体温正常的人应该说基本是健康的。净利润是销售额，或者说销售收入的某个百分比，这个财务指标告诉了投资者该公司在每一美元的销售额上产生了多少钱的利润。自由现金流需要查看现金流量表，而净利润水平则需要查看损益表，通常而言，一家公司的正常净利润率应该在15%以上。在考察一家公司是否具有市场性专利的时候，自由现金流和股权回报率以及利润率分别代表了一个不同的角度，这对投资者而言，好比通过不同的手段验证同一特征。

寻找市场性专利的第四个指标是**资产回报率**，这是用净利润除以公司拥有的整个资产，在这个指标中公司的实际盈利水平是以所有资产作为基础来考量的，这就避免了因为采用过多负债，或者说过高财务杠杆制造出过高股权回报率引起的过高评价。资产回报率反映了一家企业将资产增值的能力，通常而言7%以上的资产回报率可以看作企业经营良好的象征。

中医讲求"望、闻、问、切"，我们在上面给出了四个财务指标用于甄别那些具有市场性专利的优质公司。利用这些财务指标进行考察的时候一定要坚持所有价值投资大师的考察原则，那就是至少采用5年以上的时间框架来考察年度数据。**无论是格雷厄姆，还是巴菲特，或者彼得·林奇，所有这些人都是以5年以上作为考察期限的，如果仅仅是考察一两年的数据就断定一家公司具有市场性专利那是非常可笑的，毕竟市场性专利是建立在长期性的基础上的，一个仅仅一两年超过平均收益水平的公司是不具备市场性专利所要求的最主要特征的，那就是持续的竞争优势。**

除了考察期限要在5年以上，还要注意企业在考察期内

一家有市场性专利的公司的正常净利润率应该在15%以上。

资产回报率反映了一家企业将资产增值的能力，通常而言7%以上的资产回报率可以看作企业经营良好的象征。

的表现是否稳定，也就是说那些起伏太大的公司很让人怀疑。**除了与同行业和同板块进行比较，更为重要的是与自己的历史比较**。在价值分析中，一个很重要的手段是纵向比较，但是这却经常为人所忽视，另外横向比较的范围应该适当，不要过大，或者将一个公司与另外一个不相关的行业进行比较。通过自由现金流、股权回报率、净利润水平和资产回报率，你可以大致看出一个公司是否具有市场性专利，费雪父子非常重视销售额，所以你也可以加入这一指标或者相关的指标进行判断，要知道无论是菲利普·费雪还是肯尼斯·费雪都具有寻找成长股的爱好，菲利普·费雪著有的《寻找成长股》一书以销售额和利润，以及企业经营为主要考察对象，而其子肯尼斯·费雪则著有《超级强势股》一书，以市销率和研发比率作为主要的考察对象，而林奇则非常注重直观和定量方面的销售状况，三个人都比巴菲特更偏向成长性，那么我们也应该在晨星公司的基础上加入销售额相关的指标。

　　第二步，寻找市场性专利的来源，主要根据业务特点和市场性专利的两种既有类型来判断。**市场性专利的来源主要有两大类，一是由于地域垄断带来的，二是由于具有某种配方专利**。我们已经找到了那些持续领先于其他企业利润水平的公司，现在我们需要进一步求证，看看这样的企业是否真正具有可以持久的竞争优势，通常而言，这需要我们进行定性化的分析。巴菲特从费雪和其他几个研究市场性专利的投资大师那里学到了相应的分析技巧。**林奇认为那些热门的行业通常很难诞生持续竞争优势的企业，因为这类行业由于吸引了过多的实业投资者，所以其竞争会越来越激烈，而热门行业通常缺乏持续的竞争壁垒，所以那些曾经辉煌的领袖企业免不了遭受没落的命运**。相比之下，很多持续高成长的企业都扎根于那些并非热门的行业，比如零售业等。著名的股市历史学家西格尔统计了美国60多年来的企业盈利状况，他发现只有卫生保健业、日常消费品行业和能源行业一直给股东带来了超越市场平均水平的回报，这些行业一般不是高科

没有比较就无法发现真相。

市场性专利的来源主要两大类，一是由于地域垄断带来的，二是由于具有某种配方专利。

131

西格尔统计的这60年恰好是美国第三产业繁荣发展的时期。

神舟电脑以"价格屠夫"称霸一时，但是最终却走向没落。

不过，在2010年左右，巴菲特开始介入一些科技型企业，据说是他的助手操刀的。

在寻找市场性专利的来源的时候最为重要的是询问**为什么这家企业可以保持长期高于平均水平的收益状况**，通过提问模式，我们往往可以找到关键所在。迈克尔·波特认为竞争优势来自低成本和差异化，其实事情远远没有那么简单，低成本的优势很多时候是不可持续的，这样的企业很难具备所谓的市场性专利，因为降低成本的行为通常会被同行业的人士所追随，最后企业会在某个成本水平下放慢**速度**。同样，市场性专利也不可能依赖于科技水平，因为技术很容易就成为了明日黄花，通常而言，价值投资者大师是不碰那些高科技企业的，格雷厄姆如此，巴菲特更是如此，连彼得·林奇和索罗斯也对高科技企业不感兴趣，要知道后面两位大师的投资范围和投资数目都远远超过**格雷厄姆和巴菲特**。

通常而言，那些拥有市场性专利的企业都具有某种产品差异，特别是那些具有配方型市场专利的企业，比如可口可乐，吉列剃须刀等。通常而言，恰当的定位是这类优势的基础，但是仅仅凭借与众不同的产品和服务并不能保证企业拥有持久的竞争优势。如果一个特征不能保证一家企业拥有持久的生命力，则这家企业就不是一个拥有市场性专利的企业。如果一种产品差异很容易为对手所模仿，那么这样的优势是很脆弱的，大多昙花一现。很多信息技术主导下的产品可以带来更好的性能，也可以制造出其他设备没有的特色，比如MP3和MP4的发明，比如可以摄像的手机，但是这些特色很快就在整个行业扩散开来。所以，具有显著的特色，实行差异化战略并不能保证企业拥有持久的竞争优势，**既然竞争优势不能持久，那么这就不应该算作具有市场性专利。**

**迈克尔·波特只注意到了那些具有竞争优势的企业所实现的战略，但是他却忽视了竞争优势的持久性，如果一项竞争优势是短暂的，那么对于企业的长期生存和发展没有太大意义，技术类的企业不能给企业股东带来持久的良好回报**，虽然它们一直在不断进行创新，提高产品性能和增加新的功能，

但是仍旧面临竞争对手的你追我赶，其竞争优势表现出极其脆弱**的一面**。想想 IBM 的回报率和可口可乐的回报率，IBM 曾经是热门企业的领头羊，但是现在却不断面临利润下降和创新瓶颈的问题，即使像苹果这样起死回生的企业，也一定会面临新的激烈竞争。苹果创始人乔布斯重回苹果公司后，利用 iPod 和 iPhone 重新打开了市场，这两项产品极具差异化，但是不可否认的是在一两年内很快就会有竞争者跟上来。

所以产品差异化本身并不能保证持续的竞争优势，也就无从谈起市场性专利的存在。

除了那些实物形态的差异化，还有一种品牌差异化，这更是与定位理论相关，大量的日常消费类企业利用了此项战略，那些服饰品牌，比如耐克、阿迪达斯和 LV 这些品牌就利用了品牌差异化战略，当然也可以认为可口可乐和百事可乐运用了这一战略，不过后面两者却具有外人无法复制的配方专利，这就好比中国的东阿阿胶和云南白药，以及五粮液和茅台这些品牌一样。西格尔统计出那些日常消费品企业通常拥有超乎平均利润的收益状况看来还是有一定原因的，这类企业的定位优势通常不是依靠低成本优势，也不是依靠实物形态的显著差异，而是依靠巴菲特称为"经济商誉"的东西。很多服装品牌、饮料品牌以及其他并非依靠技术和低成本优势的品牌都具有很高的商誉。我们以蒂凡尼公司和索尼公司为例进行说明，前者是经营珠宝的公司，而索尼则是以电器生产为主的公司。两个公司似乎都有良好的定位和品牌，但是蒂凡尼公司的品牌并非基于技术和成本，这使得它具有较好的持续竞争优势，而索尼公司则几乎依赖于技术和成本优势，这使得它与松下以及其他同类公司的竞争非常激烈。判断那些具有品牌的公司是否具有持久的竞争性优势，应该看品牌本身是否能够让消费者支付一个溢价，也就是品牌产品卖出了远远高于同类**产品的价格**。

还有一类优势就是低成本，这也是迈克尔波特提出的竞争优势，这类优势通常更难持久，不过如果这类优势是建立

*迈克尔·波特只注意到了那些具有竞争优势的企业所实现的战略，但是他却忽视了竞争优势的持久性。*

*作为一个价值投资者，如果你对投资期限长度没有太高的要求，那么参与那些具有几年强劲竞争优势的投资未尝不可，比如小米手机等。市场性专利需要多长的竞争优势持续时间，这个没有严格的界限。*

在组织形式或者盈利模式之上的，则可以维持较长的一段时间。比如美国西南航空公司的点对点飞行模式，使得该公司的利润水平大大超过了其他航空公司，这种优势持续的时间也很难预料，所以通常很难称作商誉，毕竟航空业还是涉及技术和大量资本支出的行业，技术和大量资本支出都是巴菲特最为讨厌的特征。低成本的企业通常没有配方型专利，像西南航空公司这类企业可能具有某些地域性垄断专利，但是由于其优势建立在技术和大量资本支出之上，所以很难想象其未来的竞争能力。像联邦快递之类的大物流公司，似乎也具有某些地域性优势，但是这些都是建立在技术和大量资本支出之上，所以也很难令人信服地将它们归纳为市场性专利类公司。

规模经济效益，也就是规模越大带来越低的成本水平，这可能造就一个显著的竞争优势，但是当规模达到一定水平时，规模效益就停滞了，甚至开始下降了。像沃尔玛这类企业，当它的扩展达到边界时，其收益将稳定在某一水平。这时候它成为一个在位厂商，**新的破坏性创新厂商可能会通过另外的组织形式颠覆沃尔玛的地位，这就像沃尔玛以前通过小镇战略颠覆了西尔斯等巨头一样。**这类竞争优势通常都是不稳定和短暂的，很难达到巴菲特所要求的年限，通常需要能在 15 年，甚至 30 年以上的预见范围内保持竞争优势才能**满足巴菲特的要求。**

还有一类厂商是通过某种形式的转换成本来锁定消费者，举个简单的例子，一家宽带介入服务商在新修的楼层在预先安装好了宽带接入插口，其他服务商再介入的话则面临双输局面，这时候居民将因为很高的转换成本而不能不接受预装了宽带接入插口的服务商。如果转为其他宽带接入商，则居民将花费很大的精力和更多的金钱。

高转换成本是厂商具有的某种竞争优势，但是这类优势是否能够持久也取决于高转换成本是否能够持续。在中国内地，20 世纪 90 年代的时候，除了接入电信的固定电话服务，

当然，具有较强的持续竞争优势的公司是巴菲特的首选，除此之外他也会参与其他期限较短的投资。

一般家庭很难选择其他的通话服务商，那时候使用移动通信将面临很高的转换成本，不过从 2001 年开始，大量的人群由固定电话转向移动电话，特别是在 2007 年，中国电信和中国网通每月要损失很多客户，而中国移动和中国联通则不断有大量的新客户涌入。往日的高转换成本不复存在，这使得中国电信的独家垄断优势一去不复返。所以，高转换成本通常可以经由技术进步和管制变迁而发生改变，由于技术进步是非常迅速的，所以高转换成本**通常也是不能持续的**。不论是规模效应还是高转换成本，以及前面提到的低成本和有形差异化都与技术有密切关系，只要与技术进步有密切关系的行业和企业都不可能具有持续的竞争优势，当然也无从谈起具有市场性专利。

　　还有一类的竞争优势来自法律上的专利，比如制药厂获得的专利，某一技术公司获得的专利，或者政府给予的专利和专营权，比如烟草等。这类专利基于管制而存在，所以法律和政府行为对这类专利有很大的影响。那些医疗保健类的企业，比如辉瑞制药等，通常享有这类竞争优势，西格尔的统计也表明了这类企业具有持续竞争优势，所以制药类企业可以重点关注。

　　还有一种竞争优势来自网络效应，比如 B2B 网站，以阿里巴巴为例子，又或者是 C2C 以易趣和淘宝为例子。当时很多的投资分析家，包括晨星公司在内都认为这类企业具有持续竞争优势，因为这类公司的网络外部性使得用户增多带来更多的用户，这样形成了良性自加速循环。但是，想想以前的邮政系统和电报以及固定电话系统就知道，这类企业的成长性也在很大程度上取决于技术和与之相关的成本。具有网络效应的企业百年前就已经出现，但是其竞争优势并不持久，所以它们很难具备巴菲特所要求的市场性专利。

　　第三步，市场性专利的持续性，不同的市场性专利具有不同的有效期限，通常而言，价值投资应该选择那些具有二三十年以上市场性专利的企业，如果一个企业的竞争优势持

*技术作为重要变量，往往会改变产业竞争的格局。*

续期限不能达到 10 年以上，那么这通常不能称为市场性专利，顶多看作一个暂时的竞争优势而已。**在巴菲特看来，市场性专利应该在 15 年以上才算勉强合格，那些不能保证 10 年后还能维持超额利润的企业，根本不在巴菲特市场性专利的范畴之内。**市场性专利的程度与利润率有关，一个企业的产品溢价越高，则其市场性专利的程度越深。同时，市场性专利的持续程度也很重要，那些日用消费和医疗保健类企业通常具有很长时间的竞争优势，而那些技术和大量资本支出的企业则非常短命，即使活下来也在一个令人觉得勉强的收益水平上挣扎。

根据巴菲特的市场性专利原则，再结合我们自己的操作实践，我们发现药品、旅游景点、饮料、服饰以及报纸是很多市场性专利公司的滋生地。**那些依赖大量资本的企业通常也是依赖于技术的，因为资本就是技术的物质化载体，技术本身是不断变化的，所以依赖大量资本的企业本身也是不断变化的，这导致了不确定性增强的风险。**从格雷厄姆利用财务定量技术分析公司，到费雪通过定性因素分析公司，**所有价值投资的核心都是寻找那些确定性的因素，只有确定性的因素才能在"能力范围"之内，才可以设定"安全边际"或者说"安全空间"。**具有市场性专利的公司就比其他类型的公司具备更多的确定性，所以这是巴菲特对价值投资的进一步发展，**价值投资的每一步发展都是为了扩大确定性范围，同时界定确定性的边界。**

现在我们再来温习一下确定市场性专利的三个步骤：

第一，确定一家企业是否可能存在市场性专利。

第二，确定市场性专利的来源。

第三，确认市场性专利的可持续时间长度。

总体而言，不依靠技术、低成本、大量资本支出而具有竞争优势的企业应该重点关注，它们很可能具有市场性专利。

（2）经济商誉和通货膨胀。

很多国内投资者看了不少巴菲特传记之后，抓住巴菲特

> 所有价值投资的核心都是寻找那些确定性的因素，只有确定性的因素才能在"能力范围"之内，才可以设定"安全边际"或者说"安全空间"。

的只言片语，认定巴菲特是一个不关心宏观经济和国际收支的人，其实巴菲特对于美国的经常项目赤字和贵金属走势发表过不少看法，而且他本人也曾经在外汇市场上连续几年做空美元，同时在银价位于历史低点附近大肆买进。参与国际化的投资使得巴菲特与索罗斯的投资风格存在越来越多的相似之处，同时也使得我们认识到巴菲特最近十几年也产生了一次不小的飞跃，这应该算**他的第三次飞跃**。这次飞跃的主要特征是他开始扩大其投资地域和范围，从美国扩大到其他国家，甚至包括中国这样的新兴市场国家，这似乎与邓普顿走得很近了，而他介入外汇和贵金属市场的行为则有点索罗斯的风格。也许这是一个正统价值投资者不断进步的表现，**从格雷厄姆的静态价值投资，到费雪的动态价值投资，再到索罗斯宽范围的价值投资，这就是巴菲特的三大飞跃**。外汇和贵金属都有金融属性，其价值最终取决于经济体的发展和世界经济的稳定性，所以外汇好比国家发行的股票，其中也包含了风险因素，外汇的价格则是由资金追逐，也就是供给决定的，投机就是根据供给的变化而操作，而价格的变化导致了价格与价值的偏差，这就为价值**投资者创造了机会**。1992年英镑的高估，1997年泰铢的高估都是外汇价格远远高于其价值的表现，作为价值投资者，索罗斯做空了当时的英镑和泰铢，而巴菲特则做空了美元。价值投资的核心都是一样的，无论具体品种和**形式是什么**。**收益是价值的基础，而资金或者说供求是价格的基础，价值是投资的基础，价格是投机的基础**，也许第四代价值投资技术就是以此为基础建立的，第四代价值投资技术将打通一切资产，而不仅仅局限于证券和其他金融工具。

巴菲特的第三次飞跃使得原本人们头脑中固化的巴菲特形象再次被击碎，一个80多岁高龄的投资大师还能够再次突破自我，与时俱进，这是非常不容易的，千里马真的是志在千里啊。我们在这里就是要看看巴菲特对宏观经济重视的一个细小方面，从中我们即可以纠正对这位大师的狭隘观念，

巴菲特对科技股的看法似乎也在发生改变。

货币如何估值？主权信用，经济周期和货币政策是货币估值的关键要素。

外汇的价值不仅在于其收益率高低，还与其风险规避能力高低有关。

137

也可以领略到市场性专利抵御宏观经济问题的强大力量，**正是因为有用市场性专利的公司可以成功度过最艰难的宏观经济环境，才使得巴菲特敢于长期持有这些公司**，在艰难过去之后，其超额的回报再次令人赞叹。如果一家公司能够长久地正常经营，单单这样就可以制造出令人羡慕的复利效应。

巴菲特觉得股票和利率走向都是很难预测的，但是这并不意味着不能做概率上的判断和长期的推测，他的意思是不要将确定性幻觉引入那些"能力范围"之外的范畴。他曾经说："即使美联储主席将未来两年的货币政策告诉我，我也不会改变我的操作计划。"很多人只是从巴菲特只注重企业，不注重宏观经济政策的角度出发来理解这句话，其实更为重要的**是巴菲特并非忽视宏观走向本身，而是因为他的投资类型不可能受到宏观走向的影响**。很多人没有理会到这句话背后的深层含义在于巴菲特选择的公司本身就具备抵御宏观风险的能力。其实，很多企业都会受到宏观景气度的影响，特别是周期性行业，就是那些所谓的日用消费品企业也会受到一定程度的影响，这类企业一般被称为防御性企业。巴菲特说出这句话有两层意思：第一层意思是虽然他也知道宏观经济动向非常重要，但是他并不能对此做出预测，也就是说宏观动向是那些重要程度高，但确定性低的事项，这些事项处在"能力范围"之外；第二层意思是既然不能对如此重要的因素做出确定性的判断，那么只能在"能力范围"内找出那些不受宏观动向影响，或者受到影响相对较小的行业或者企业。从这里看来，巴菲特以"市场性专利"作为甄别这类公司的法则是非常有道理的，他一定是这样想的：**"既然我不能预测宏观经济走向，那么我就选择那些受到宏观经济影响较小的企业，这类企业就是具有市场性专利的企业**，它们通常位于日常消费品行业，医疗保健品行业等。"我们臆造了一段巴菲特的申明，不过从其论述和行为来看应该**八九不离十**。

那么宏观经济动向对企业的影响主要体现在哪些方面呢？

*巴菲特也在不断反省和进步，以前说的话放在今天，他未必还会认为是正确的。*

*既然我不能预测宏观经济走向，那么我就选择那些受到宏观经济影响较小的企业，这类企业就是具有市场性专利的企业。*

主要是经济周期，也就是收入、就业和物价水平，那些具有市场性专利的公司通常都是那些消费量稳定或者稳步增长的公司，比如饮料和报纸，同时这类公司还要能够抵御物价上涨带来的不利因素。巴菲特发现那些具有市场性专利的公司，也就是他认为具有经济商誉的公司通常都能很好地对付通货膨胀。我们在这里真的需要再次对巴菲特的投资才智表示佩服：他清楚地知道什么是确定的和重要的，什么是重要但不确定的，通过选择那些确定和重要的东西，他规避了那些重要但不确定因素的影响。**市场性专利是重要而确定的东西，而宏观经济走势和通货膨胀则不在人的把握之中，也就是属于重要但不确定的东西，巴菲特的高明之处就在于通过市场性专利规避了通货膨胀和经济周期的消极影响。**

准确来讲是不在他的把握范围之内。

　　巴菲特非常关注物价水平，因为这会影响企业的回报率，与传统的货币主义学派认识不同，巴菲特认为通货膨胀不是一个经济现象，而是一个政治问题。这样看来巴菲特倒更像是一个奥地利学派或者马克思主义者的论调了。要知道**在经济周期性危机的判断上奥地利学派是做得最好的，至少比凯恩斯主义和芝加哥学派做得好**。巴菲特认为通货膨胀通常都是政府花费没有节制造成的，不断印刷的钞票就是政府过度消费的明证。巴菲特对于通胀的活动时间和程度并无准确的把握，他承认这处在他的能力范围之外，但是他认为大量财政赤字和经常项目赤字结果只能是不断上涨的物价水平和不断贬值的美元汇率。对于双赤字的担忧使得巴菲特在国内寻找那些具有市场性专利的公司进行投资，在国际上做空美元，买进贵金属。巴菲特对于美国的经常项目赤字进行过长篇累牍的分析，当中闪现了他对宏观经济学和国际经济学的真知灼见，加上他在 2005 年前后买进贵金属，做空美元，这些都使得一个新巴菲特再次出现在世人的面前，但是国内的绝大多数投资者头脑中仍旧放置着那个旧巴菲特的形象。

　　巴菲特认为美国人大量消费甚至超过了自己的生产能力，这就形成了经常项目的赤字，通常也可以近似地认定为贸易赤字。早在二十年前他就开始发出警告了，也是从那时候开始他更加注重寻找那些具有市场性专利的公司，以便抵御通胀上升对企业利润的侵蚀。"我们不仅消费了自己生产出来的产品和服务，我们还消费了大量的国外产品和服务，我们通过在资本项目下面融资来支付货款，我们一手借钱，一手花钱，但是这些债务最终会要求偿还，可能是用我们的财产和生产设施，或者是我们的产品和服务。但是，现在我还看不到美国人勒紧肚子，努力工作的迹象。"巴菲特在次贷危机之前的几年内更是不断发出这类警告，他认为美国可能通过美元贬值来让债务贬值，因为美国的债务都是以美元计算的，这样虽然减轻了美国的还债压力，但是却使得美国的进口商品价格上涨，最后引发国内的**通胀水平上升**。无论如何，美国国内物价上涨对于美国的企业都是一个威胁。巴菲特还在伯克希尔·哈撒韦公司的股东大会上语重心长地告诫大家："通货膨胀将会成为你们在本公司的投资是否具有真实收益的最重要因素。"物价上涨使得公司必须同时提高其名义收益率才能保证真实收益率没有下降，也就说公司的利润率要与通货膨胀率同时上升才能保证同样的真实资产收益率。同时，通胀使得企业的税收增加，那些具有大量资本支出和原材料需要的企业通常面临更高的成本。

> 巴菲特还在伯克希尔·哈撒韦公司的股东大会上语重心长地告诫大家："通货膨胀将会成为你们在本公司的投资是否具有真实收益的最重要因素。"

通胀的危害主要集中在两个方面：第一增加了企业额外的成本，第二降低了企业的**收益**。通常只有那些能源类和具有市场性专利的公司可以逃过通货膨胀的危害。

> 准确而言，还需要看企业转嫁成本的能力。

很多受到金融学和经济学教条的投资者认为所有股票都可以抵御通货膨胀，但是巴菲特却不这么认为，他认为物价水平上涨并不能保证股东获得更高的回报率。**股权回报率的提高存在五种途径：**

● 增加资产周转率，通过存货周转率，应收账款周转率等可以做到这点，资产周转率是销售额与总资产的比值。

● 提高利润水平。

● 降低税收。

● 提高财务杠杆，也就是增加负债，通过借债提高股权回报率。

● 降低负债利息。

第一种方法，巴菲特是这样分析的，他认为通货膨胀可以暂时增加资产周转率，因为销售收入增加比资产折旧更快，但是如果资产被置换，则资产周转率将下降，直到通胀水平的上升与销售额以及固定资产价值上升一致。虽然这些解释看起来过于专业，不过他的大概意思是要想依靠提高资产周转率来长期对付通货膨胀水平是不现实的。

第二种方法，巴菲特认为物价水平上涨对企业控制成本的积极作用是微乎其微的，更为重要的是原材料、劳动力和能源等支出是随着通胀而上升的，巴菲特还根据政府的统计得出随着通胀率的上升，利润率水平是下降的。看来这种方法也是不能在通胀中**提高股权回报率的**。

在通货膨胀中，税收不太可能减少，如果是累进所得税，则公司的实际赋税还会加重。这使得第三种方法在通胀中变得不太可能有效。

至于通过借款和降低负债利息来提高股权回报率则变得更加不可能，在通胀中，债权人通常会要求增加利息，这使得借债提高收益率的想法变得不切实际。

经过巴菲特的这番分析，大家应该知道通胀并不能提高股权收益率，相反会增加一般企业的经营负担，因为股东要求更好的名义回报率。巴菲特认为需要大量固定资产来维持经营的企业往往容易受到通货膨胀的消极影响，而那些需要较少固定资产，同时具有某种市场性专利的公司则不太容易受到通胀的危害，巴菲特将这些市场专利称作经济商誉，因为它们可以为企业带来持续的竞争优势和溢价，但是却不需要大量的有形资产支持。

巴菲特对商誉的重视已经反映出他与格雷厄姆那种有形资产精算投资的重大区别。

巴菲特在年报中专门区分了"会计商誉"和"经济商

> 巴菲特认为需要大量固定资产来维持经营的企业往往容易受到通货膨胀的消极影响，而那些需要较少固定资产，同时具有某种市场性专利的公司则不太容易受到通胀的危害。

誉"，很多人也翻译为"特许经营权"，但是我觉得还是用"市场专利"一词更为恰当。会计商誉是资产负债表中的一个财务项目，属于资产的账面价值范畴；而经济商誉则是一个没有人精确过的东西，巴菲特认为经济商誉的最关键特征是股权回报率超过平均水平的企业的实际资产价值超过其账面价值。一家公司可以为自己的产品定一个高于同质产品的价格，这是经济商誉的具体表现，也就是说那些拥有经济商誉的公司通常具有良好自主定价能力。**经济商誉通常是在稳定增长的，而会计商誉是在逐渐减少的，因为公认会计准则规定那些入账的会计商誉需要在一定期限内摊销。**一家公司的会计商誉会随着时间而减少，但是其经济商誉至少维持不变，一般还会增加。巴菲特认为经济商誉随着时间会保持稳定上涨，同时还会随着通货膨胀而**逐渐上升**。经济商誉，或者说市场性专利的这一特征是巴菲特成熟投资策略的基础，连巴菲特的妻子都在书中宣称巴菲特的投资战略是建立在那些排他性的经济商誉优势上的。巴菲特还曾经在年报中专门列举了一个例子来说明：有两家糖果公司，一家叫西斯，一家叫比斯。西斯公司以 800 万美元的账面资产每年盈利 200 万美元，而比斯公司则是以 1800 万美元的账面价值每年盈利 200 万美元，如果两家公司没有利用财务杠杆，也就是没有负债，则比斯公司股权回报率就是 200 万美元除以 1800 万美元，得到 11%，而西斯公司的股权回报率则高得多，这表明比斯公司没有经济商誉或者相当少。

现在看看物价水平上涨对两家公司盈利状况的影响。通胀使得两家公司的资产价值出现了上涨，假定都上涨了一倍也就是西斯公司的账面价值变为 1600 万美元，而比斯公司的账面价值变为 3600 万美元，为了保持股权回报率不变，则两家公司利润水平要上升到 400 万美元，这可以通过提高售价来完成，那些具有市场性专利的企业更容易提高价格，所以它们可以很好地维持原有的股权回报率，而那些经济商誉较少的公司则很难提高其定价，这通常会降低其股权回报率。

巴菲特的时间观与绝大多数人不同，按照 NLP 的理论来看，他的时间线异于常人，所以其思维方式异于常人。

没有经济商誉的公司为了支撑其股权回报率，更多地是采用增加销售量的办法，这就需要扩大生产和增加存货，也就意味着需要大量的资产支出，这会消耗大量的现金，要产生相同的销售额，不具备市场性专利的公司需要更多的资本支出，在通常环境中，同样规模的生产能力需要更多的资产支出。所以，**面对通货膨胀，股权回报率要求得到提高，提高的方式有两种，一是提高产品售价，二是增加生产规模。没有市场性专利的公司很难提高产品价格，同时增加同样利润所需要的资本支出也远远大于有市场性专利的公司。**

巴菲特认为在物价水平上涨期间那些具有较高商誉的企业才能维持其股权报酬率，在通货膨胀的消极影响下只有少量企业具有能力提高其定价能力，这些企业可以将市场性专利与最小的资本支出结合起来提高其股权回报率。巴菲特认为经济商誉是规避通胀风险的最好手段，虽然投资者不能预期通胀什么时候会到来，也不知道通胀的程度，但是却可以买入那些可以识别的具有经济商誉的公司，这样无论宏观经济发生了什么变动，这类企业都可以获得相对较高的股权回报率。巴菲特从费雪身上学到了重视企业特质的重要性，同时他也从劳伦斯·彭博那里学到了市场性专利公司的初步概念，这些都使得他可以无视通胀本身，更不需要去预测通胀何时何地会发生，程度如何。

**市场性专利是巴菲特所有投资的精华所在**，就这点而言巴菲特已经与格雷厄姆截然不同了，虽然巴菲特的理性投资思路来自格雷厄姆，而且很多传记作者和巴菲特迷都认为巴菲特还是很大程度上遵循了格雷厄姆的方法，其实巴菲特已经发生了很大的变化。格雷厄姆式的投资基本上就是找那些实际有形资产高于账面资产的企业，也就是林奇说的隐蔽资产类企业，巴菲特早期的投资基本上都是按照这个思路，这类的价值就是有形资产的价值，通过比较有形资产价格和股票的价格，格雷厄姆得出了安全空间这个价值投资根本法则。后来巴菲特认识了费雪的动态价值投资，这时候成长性的重

投机客需要考虑与对手相比自己的优势所在。投资者也需要考虑与对手相比自己的优势所在，而最大的优势源于能够识别出那些被忽略了的具有最大竞争优势的企业。

要性进入了巴菲特的思考范围，巴菲特意识到价值是动态的，而不是静态的，**价值来源于收益而不是资产**，所以巴菲特将价值评估集中于公司长期收益的评估。这时候他发现那些**面临竞争加剧的高收益企业其未来的收益具有非常大的不确定性，而那些具有竞争壁垒的企业则能够维持一个较为确定的高收益水平**。巴菲特通过市场性专利这个因素找出了那些收益确定的良好企业，再加上费雪的其他考察方法可以很好地将成长性纳入"能力范围"之内进行分析。

巴菲特通过市场性专利将企业分为两类，一类是具有确定性收益的，另一类是未来收益不确定的；对于那些未来收益不确定的企业，巴菲特认为这些企业不在自己的能力范围之内，所以重点把握那些未来收益确定的企业，也就是具有市场性专利的企业，这些企业要么像可口可乐一样具有配方型市场专利，要么像华盛顿邮报和地方丧葬公司一样具有地域垄断型专利。**正是由于具有市场性专利的公司可以长期保持高于平均水平的股权回报率，这使得巴菲特可以利用长期投资的"复利原理"将资金魔术化增值。巴菲特的整个投资流程就是以"市场化专利"为核心的，通过"市场化专利"找出那些在"能力范围"之内的企业，然后通过长期投资的"复利原理"来增值资本，同时"市场性专利"也是高复利率的保障。**下面我们就用巴菲特长期投资中的两个著名例子来阐释其"市场专利"法则的具体运用。

（3）巴菲特的精彩手笔之一：买入可口可乐公司和配方型专利。

可口可乐的投资可以为国内投资者寻找那些具有配方型专利的投资对象提供示范。可口可乐是世界最大的软饮料和经销商，其历史可以追溯到1886年，现在可口可乐可以在全世界几乎任何地方买到。巴菲特从5岁的时候就开始接触可口可乐，童年的他倒卖了一些可口可乐给伙伴们，这可以说是他第一次通过可口可乐赚钱。可口可乐的配方一直是保密的，所以这类产品具有对手永远无法复制的壁垒，虽然你可

以制造出近似口味的可乐，但是却永远无法制造出一模一样
口味的可乐。中国大陆的白酒，就具有这样的特征，酒窖经
过百年以上的生态演化，任何一处名酒的特色都不可复制，
所以内地的投资者可以重点关注这类投资对象，而且中国白
酒不会受到国外产品**竞争的太大影响**。1935 年到 1988 年，整
整 53 年之后，巴菲特才介入可口可乐的股票，此前因为股价
过高，巴菲特一直没有**机会介入**。

这段话我是在 2006 年
说的。

好公司要在恰当的时机介
入才行。

同大多数具有市场性专利的企业一样，可口可乐的主营
业务非常简单，生产流程非常简单易懂，公司买入原料，制
造浓缩液，卖给全世界各地瓶装商，然后由瓶装商灌装成各
种成品后卖给消费者。超市、食堂、自动售货机、旅馆等是
可口可乐销售的主要场所。这家公司旗下的品牌包括了：可
口可乐、雪碧、芬达、醒目等。可口可乐公司的全球销售系
统非常强大，但是其基础仍旧发迹于不可复制**的配方**。

20 世纪 70 年代，可口可乐遇到了很多麻烦，它的分销系
统出现了问题，有机构起诉它违反了反垄断法，阿拉伯国家
联合抵制其产品，而且公司此刻进行了多元化经营，涉足一
些与饮料无关的行业，比如水利公司等，此时可口可乐的股
权回报率一直维持在 20%以上。到了 20 世纪 80 年代，可口
可乐的表现使得董事会财务委员会主席 R.伍德拉夫起用了可
口可乐历史上第一位外籍总裁 R.格易祖塔，格易祖塔收缩了
业务，重新回到主业经营。

据说加多宝集团就是按照
可口可乐的分销体系来运作王
老吉的。《2012 年前 3 季度中
国饮料行业运行状况分析报
告》中指出碳酸饮料的市场份
额已经下降到 21.9%，落后于
饮用水的 25.7%以及果汁品类
的 22.2%。而昔日风光无限的
饮料界大佬可口可乐公司也在
罐装饮料市场上让出头把交
椅，以 10.3%的份额排于加多
宝凉茶之后。在国内罐装饮料
行业单品销量中，2014 年加
多宝超过了可口可乐和百事
可乐。

1988 年 6 月到 1989 年 4 月，巴菲特分批买入了可口可乐
的股票，此时股价为 10 美元，总共买入 9340 万股，花费了
10.23 亿美元。巴菲特当时持有的可口可乐股票已经占用其
35%的资金。格雷厄姆完全不会这样做，林奇倒是有可能，不
过如此集中投资的恐怕只有两人能够做到，而且做对，那就
是巴菲特和索罗斯。在"集中投资"智慧法则中，我们将会
深入讨论这一巴菲特投资特色。

巴菲特介入可口可乐收获非常之大，以至于今天每每提
到巴菲特的投资，都会以可口可乐作为首选案例。巴菲特认

为应该持有那些能够产生长期高回报的企业，这些企业一定具有某种持续的竞争优势，技术类企业是不可能做到的，在日常消费品企业中经常出现这类投资对象，比如宝洁、路易斯·威登、耐克、中国白酒等。可口可乐从 1886 年以来一直围绕可口可乐这个竞争优势持续不断创造利润，其成长性也引人瞩目。很多投资者将品牌等同于市场性专利，或者说经济商誉，其实品牌本身不能保障高于平均水平的回报率，只有那些排他性的消费品才有此特点。我们在内地一直寻找这类投资对象，通常是在三种类型的企业中找：医疗保健类、日用消费品类和能源类。希望内地的投资者多多尝试寻找新的市场性专利类型和企业，我们认为巴菲特之所以能够成为世界股王，主要不是格雷厄姆的方法，格雷厄姆的方法只是为他提供一个很好的进场时机，在选择股票上费雪和彭博的影响是最大的，通过选择那些具有市场性专利的公司，并且这家公司拥有一个好的领导层，这就保障了这家公司可以获得长期高于平均水平的股权回报率，通过自然提供的"复利法则"，巴菲特就成了世界第一股王。巴菲特的投资年复合收益率大约为 24.6%，按照 25% 来近似估算，如果你当初投资 1000 美元，则 40 年后可以变成 750 万美元，如果把零全部写出来就是 7500000 美元。从 1000 美元增长到 7500000 美元，增长了 7500 倍。如果你能结合"市场性专利"选择股票和公司，然后利用"安全空间"入市，并通过"复利原理"长期持有，最后你将成为新一代的投资大师。

（4）巴菲特的精彩手笔之二：买入华盛顿邮报和地域垄断型专利。

巴菲特所介入的行业基本上都集中于日常消费品，医疗保健品，保险和能源等领域。报纸是日常消费品的一种，对于媒体，特别是具有地域性特征报纸的偏爱是巴菲特投资特色之一，这一点是基于他的"市场专利"法则。巴菲特介入过华盛顿邮报和其他许多报纸和有线电视网，其中最为出名的当然应该是华盛顿邮报公司。这是一家经营报纸、电视广

*互联网媒体兴起之后，巴菲特大手笔收购地方报纸，大家想想是为什么呢？网上有评论称"尽管巴菲特在报纸发行领域进行抢购，但他一直避免收购全国性的大型日报。2013 年初，巴菲特曾表示他对收购 Tribune 旗下的报纸业务并不感兴趣。Tribune 旗下包括了《芝加哥论坛报》以及《洛杉矶时报》。巴菲特认为，擅长于本地新闻、与社区有着紧密联系的报纸存有价值。"*

播网络和杂志的媒介集团。该集团的报纸部门出版《华盛顿邮报》和其他一些地方性报纸，电视广播网络部门则拥有 6 家地方性电视台，其有线电视网部门则负责为 15 个州的用户提供服务。该集团的杂志部门出版《新闻周刊》，是著名的新闻类杂志。该集团还下属一个连锁学校，主要提供大学入学考试辅导。除此之外，该集团还拥有《国际先驱论坛报》50% 的股份，还参股了其他一些著名报纸和杂志。该集团在 70 年之前只有一份报纸，现在则成为一家拥有各类地区和全国性媒体的综合性媒介集团。

　　1931 年，也就是巴菲特出生的第二年，华盛顿邮报公司是当时美国五家主要的日报社之一。两年后的 1933 年，华盛顿邮报公司由于无力支付纸张费用而陷入困境。当年夏天，该公司以不到一百万美元的价格卖给了金融大亨麦约尔，从 1933 年到 1953 年，麦约尔将该报扭亏为盈，后来他的女婿 F.格雷厄姆接过了管理权，不久后华盛顿邮报公司收购其竞争对手《时代先驱报》，不久后又收购了《新闻周刊》和两家电视台。在 F·格雷厄姆的经营下，华盛顿邮报公司成为一家实力卓著和声名显赫的媒体集团。1963 年，华盛顿邮报集团的一代领袖 F·格雷厄姆去世了，其妻子继任最高管理者，这位女性非常果敢，凭借其对华盛顿邮报的热爱成功地处理了诸多难题。每当遇到极大的困难时，她总会想起父亲和丈夫曾经付出的努力和心血，为了家族的荣耀她奋力而战。**对于报纸的经营，她认为一个领导者比一个管理者重要，因为领导者总是处在变革的最前沿，而管理者则是一个守成的角色。**华盛顿邮报集团正处在时代巨变和行业革新的十字路口，需要的是一个具有远见卓识的领袖而非管理者。

　　同时，这位坚强果敢的女士还聘请了 B·布莱德雷作为总编辑，后来此人主导了水门事件的追踪调查，使得华盛顿邮报声名远扬。

　　1971 年，巴菲特第一次见到了这位身负家族荣耀使命的**凯瑟琳·格雷厄姆**女士。当时，巴菲特建议凯瑟琳·格雷厄姆

　　媒体需要站在时代的前沿。湖南卫视的兴衰就是这一规律的体现。

　　凯瑟琳·格雷厄姆，美国传媒界的头面人物，"美国报业第一夫人"，《华盛顿邮报》前发行人、董事会主席。1917 年 6 月 16 日出生于纽约。2001 年 7 月 17 日逝世于美国爱达荷州首府博伊西医院，享年 84 岁。美国总统布什在发表的声明中高度评论并哀悼格雷厄姆。

买入《纽约客》杂志的股票，不过这笔交易并没有成交，但是巴菲特从此开始了与华盛顿邮报集团的长期合作关系。此时的凯瑟琳·格雷厄姆准备让华盛顿邮报集团上市，以便让股票可以公开交易，缓解场外流通的负担。1971年6月，该公司的B种股票上市交易，两天后凯瑟琳·格雷厄姆大胆支持B.布莱德雷公开五角大楼文件。半年之后，华盛顿邮报集团的股价由24.75美元上升到了38美元。1973年初美国股市阴云密布，大盘下跌，华盛顿邮报的股价也由先前的高位下探至23美元。同月，黄金价格突破100美元一盎司，同时美联储提供贴现率，此后道琼斯指数继续大幅度下跌，创下三年来最大跌幅。到了6月道琼斯指数再次大跌，但是巴菲特却在不断买入华盛顿邮报的股票。

巴菲特买入股票的举动引起华盛顿邮报高层的担忧。此时，华盛顿邮报集团的总裁和董事长是**唐纳德·格雷厄姆**，他是凯瑟琳·格雷厄姆的儿子，1966年从哈佛大学毕业后服完兵役，然后当了一年多华盛顿警察，之后成为华盛顿邮报的记者。1974年成为公司董事。巴菲特当时非常清楚凯瑟琳·格雷厄姆的担心，于是他让人告诉凯瑟琳·格雷厄姆自己买入华盛顿邮报的股份是为了长期持有，其投票权可以由唐纳德·格雷厄姆代为行使。1974年，凯瑟琳·格雷厄姆邀请巴菲特加入董事会，并任命巴菲特为董事会财务委员会主席。巴菲特在20世纪70年代帮助华盛顿邮报度过了最艰难的时刻。

巴菲特为什么敢买入华盛顿邮报的股票，首先这家公司的业务非常简单，主要是以报纸、杂志和电视台为主，而且巴菲特13岁的时候就已经开始接触华盛顿邮报了。巴菲特非常了解华盛顿邮报公司的成长经历，而且他对该公司旗下的《新闻周刊》和电视台非常了解和看好，长达几十年的了解，使得这家公司完全处在巴菲特的"能力范围"之内。

**华盛顿邮报公司的股东权益回报率为36.5%左右，其年复利非常吓人，比报纸行业的平均水平高出一半，比标准普尔指数高出两倍。1988年，其利润率为31.8%，而行业平均水**

唐纳德·格雷厄姆曾经说道："前任总裁凯瑟琳·格雷厄姆所做的第一件事就是聘用本·布莱德雷担任报社编辑，这也是她做出的最英明的商业决策之一；另外一个英明决定是把沃伦·巴菲特请进公司董事会。"唐纳德·格雷厄姆与亚马逊创始人贝佐斯彼此认识已有15年。在此期间，他经常向贝佐斯征询有关新闻与科技的建议与观点。唐纳德·格雷厄姆与巴菲特沟通后在2013年将《华盛顿邮报》出售给贝佐斯，他认为"贝佐斯是非常值得尊敬的、深思熟虑的人。他博览群书，曾写过许多与商业有关的文章。虽然他的个人品质并不是此次交易的决定因素，但却让交易更加简单"。

平为 16.9%，标准普尔工业指数平均水平为 8.6%。

更为重要的是巴菲特认为华盛顿邮报具有市场性专利，或者说经济商誉。在美国的报纸中有 90% 以上的没有直接竞争对手，这是一个地域垄断型专利。很多报纸的股东认为报章业的丰厚利润来自报纸经营，但是**巴菲特却认为报纸行业能够取得高于行业平均水平的经营绩效主要是由于报纸的地域垄断特征，报纸公司因此为建立了一个利基市场**。巴菲特认为即使一个质量不高的地方性报章，只有获得地方垄断性的优势，也可以创造丰厚的利润，而且其高于市场平均水平的回报率可以长期维持，加上复利的威力，可以为股东创造出令人满意的业绩。一家质量很高的报纸，可以取得更大的市场覆盖空间，但是一家质量不高的报纸却也具有区域内的广告垄断权。一个城市中的招聘者，求职者，广告发布者，房屋出售者都需要借助地方性报纸的广告栏。**巴菲特专门在年报中强调报纸是经济商誉的最典型代表，因为报纸只需要很少的有形资本和开支，但是提价能力却很强，随着计算机等出版设备的价格越来越便宜，报纸类企业的收益水平还将提高**。这样报纸可以通过提价来应对通过膨胀，可以提高报纸的售价或者广告的价格。巴菲特甚至认为像《今日美国》这类报纸即使涨价一倍，也不会失去什么读者。

不过，后来巴菲特对报纸的认识发生了一些变化，从中我们也可以发现市场性专利也是相对的，**一个企业竞争的优势都存在一定的时限，只不过那些拥有市场性专利的公司拥有更长时间的竞争优势而已**。巴菲特认为虽然报业在总体上仍旧保持了高于平均水平的盈利能力，但是由于更多的媒体出现，报纸的主导地位遭到了一定程度的削弱，现在报纸的定价能力已经没有以前强了，也就是说经济商誉或者说市场性专利遭到了一定程度的侵蚀。1991 年，巴菲特开始认识到报纸企业股权回报率的下降表明了一种长期的趋势，也就是报纸的地域性垄断专利已经变弱，报纸企业的经济商誉开始下降，不过巴菲特还是看好华盛顿邮报，一是该公司的负债

《今日美国》是美国唯一的彩色全国性英文对开日报，1982 年 9 月创刊，属美国最大的甘尼特报团。总部设在弗吉尼亚州的罗斯林。以彩色版面、消息集中、多用图表、重视体育报道、便于读者迅速获得所需信息吸引读者。有国内版和国际版。

很少，而且其管理层比较出色，同时报业作为一个整体仍旧维持了高于其他行业的收益水平。

2013 年 8 月 6 日被股神巴菲特誉为"美国最有能力CEO"的亚马逊创始人杰夫·贝佐斯同意以 2.5 亿美元的价格收购华盛顿邮报公司旗下《华盛顿邮报》等报纸资产。这让华盛顿邮报公司元老股东、拥有 28%股权的巴菲特伯克希尔·哈撒韦公司赚得盆满钵满。巴菲特在 1973 年开始持有《华盛顿邮报》股份。根据当年的财报显示，伯克希尔·哈撒韦持有 170 万股华盛顿邮报公司的股份，持股 28%，这些股票成本为 1100 万美元。当日，该股市价为 599 美元，巴菲特 170 万股价值高达 10.2 亿美元。假设巴菲特投资成本真的是 1100 万美元，那这笔投资的回报率高达 9170%。

巴菲特投资华盛顿邮报主要是冲着报业的市场性专利以及华盛顿邮报的管理层能力去的。在这里我们重点强调前者，也就是说报纸本身所具有的市场性专利，这种专利具有某种空间或者渠道上的垄断性。

最后，我们来看看华盛顿邮报给巴菲特**带来的丰厚回报吧**。从 1973 年到 1992 年，华盛顿邮报公司为股东带来了 17.55 亿美元的利润，公司留存了 14.56 亿美元用于再投资。1973 年华盛顿邮报公司总市值为 8000 万美元，市值开始上升到 27.1 亿美元。从 1973 年到 1992 年，华盛顿邮报公司的市值整整增加了 26.1 亿美元。在这二十年中，当初一块钱的收益留存为股东创造了 1.81 美元的市值。巴菲特在华盛顿邮报公司上的投资为他狠狠地赚了一笔。

# 第五节　巴菲特的智慧法则四：复利原理

就算股票市场关闭十年对我的投资也没有影响。

——沃伦·巴菲特

复利具有无限的魅力。

——玛丽·巴菲特

（1）长期投资和复利原理。

价值投资在短期内通常不能够制造令人感到震撼的收益，而人的注意力往往容易受到目前状况的影响。一般而言，**当前的收益往往比长期的收益更能引起交易者的兴趣和注意**。这也就是短线投资吸引如此多交易者加入的最大原因。对于价值投资者，如果不能进行中长期的持有是很难产生令人满意的投资效果的，**巴菲特的伟大之处就在于能够找到那些收**

人类的预期通常是按照直线运行的，所以总是无法直观地看到指数化增长的无穷力量。

益持久高于平均水平的公司长期持有。通过"市场专利"法则可以找到那些收益持久高于市场平均水平的公司，但是长期持有一家这样的公司为什么可以带来如此丰厚的收益呢？秘密就在于"复利原理"。**长期持有之所以具有丰厚的回报，是因为复利原理的存在。**如果没有复利的存在，则利润的增长将是算术化的，而非指数化的。**人类的预期通常是按照直线运行的，所以总是无法直观地看到指数化增长的无穷力量。**笔者就是要让复利的威力直观地展现在读者面前，从而让大家看到长期投资能够赚大钱的证据。人类的直线思维使得复利这类曲线化的增长很难被体悟到，人们在看到了复利增长的计算结果后都会惊呼原来每年 20% 的复利在 40 年后可以产生这么大的利润，投资者的常识思维总是让他们低估了长期投资的收益，长期投资的预期收益一般比实际收益低几十倍以上。

　　股票之所以要坚持长期投资，主要有三个原因：第一个原因是心理层面上的，买卖股票是一个非常重大的决策行为，如果抱着长期投资的目的，则可以更为认真地对待这项决策。很多人在购买耐用消费品，甚至几块钱的小工具时都会斟酌再三，而在进行股票投资的时候则相当轻率，**如果买卖股票的间隔时间越短则用于分析决策的时间越少。**同时，**短期交易会使得交易者与市场接触过于频繁，从而被"市场先生"催眠，做出非常不理智的决策。**第二个原因是从盈利角度来说的，复利原理要求交易者尽可能久地持有那些收益率较高的资产，只有持有的期限越长才能赚到更多的钱，持有一年增长率为 100% 的资产还不如持有一年增长率 25% 的资产四年产生的收益高，如果老是在不同的资产上轮换，很容易失去高收益的机会，因为交易的对象往往会超出"能力范围"。第三个原因是交易费用，**交易次数频繁将产生大量的交易费用，如果你仔细计算费用总额和它们产生的复利则非常吓人。**

　　很多人天性比较适合价值投资，这类人通常更为有耐性，甚至在别人看来有点懒，对于事物的变化非常迟钝，也许是

　　股票短线交易的累计手续费是相当吓人的，除非跟经纪商达成某种协议，帮助他们提高交易量排名。

舜发于畎亩之中，傅说举于版筑之间，胶鬲举于鱼盐之中，管夷吾举于士，孙叔敖举于海，百里奚举于市。故天将降大任于斯人也，必先苦其心志，劳其筋骨，饿其体肤，空乏其身，行拂乱其所为，所以动心忍性，曾益其所不能。

不拘小节，但是这并不意味他们注定可以成为一个成功的价值投资者，不过倒是一个很好的价值投资胚子。**无论是天性急躁还是天性安静，所有的交易者都必须经历思想上的洗礼和行为上的磨炼才能成为一个真正的价值投资者。**价值投资是没有终极形式的，巴菲特在其80多年的人生里面经历了三次重大的投资洗礼，从格雷厄姆式投资者到费雪式的投资者，再到跨品种的价值投资者，没有耐性和不断上进的勇气是做不到的。价值投资者最喜欢的座右铭应该是：**"不谋全局者，不足以谋一域；不谋万世者，不足以谋一时。"**

股票买卖在行家眼里跟打仗一样重要，"生死之地，存亡之道，不可不察也"，证券投资是一项重要的买卖行为，短期套利的交易本来没有错误，但是却容易让人失去追求全局最优和长期最优的心智。如果证券交易者频繁地买卖，随着时间的推移，将支付相当高的手续费，同时暴露在更多的风险之下。我们来看两个交易者，一个长期持有者，持有期限为30年，另外一个投资者则是在30年内每半年交易一次，假定两者的起始资金都是1万美元，年复利为9%，前者的资本利得税为15%，后者的资本利得税为35%，两者都不需要支付佣金，30年后长期持有者的资金变为11.4万美元，短期持有者的资金则为5.4万美元。如果两者要扣除佣金则后者的资金将下降到3万美元左右，前者基本还是11.4万美元。这就是长期投资和短期投资的差别，更为重要的是，短期投资使得投资者更不容易找到高收益的投资对象，频繁的交易打乱了投资者的理性交易能力，而这会影响到累计收益水平。如果把这个心理的因素加入，则上述那个短期交易者30年后资金可能连3万美元都没有。**频繁交易会产生三种成本：金钱成本，源自手续费；心理成本，源自情绪波动和折磨；精力成本，来自盯盘和决策。**

频繁交易也有赚钱的，比如少数高频交易者。但是，赚大钱的很少是高频交易者。资金量大了之后，高频交易要赚大钱更难。

现在我们已经谈了长期交易的好处和短期交易的坏处，是时候引出本章的主角了："复利原理。"**没有了复利原理，价值投资就是中看不中用的东西，**因为价值投资本来就没有

短期交易那样花哨好看，如果还不能带来令人惊喜的长期获利，则不光是不中看，连实际用处都没有了。

巴菲特等价值投资者之所以坚持长期投资，最为主要的一点是因为大自然创造了奖励耐心人的法则："复利原理。"**无论是价值投资者还是其他类型的长期投资者，包括技术分析中的趋势跟随投资者都认识到了复利的威力，不过各个流派采用的方法不同，但是都要经过"复利原理"才能修成正果。**巴菲特类型的价值投资通过寻找市场性专利公司，找到那些具有持久超额利润水平的公司，然后通过长期持有的"复利原理"获得巨大的收益。以趋势跟随为主的长期技术交易者则通过长期均线系统抓住大的价格运动趋势而获得客观的收益，并通过长期持有让利润奔腾，"复利原理"则让**利润奔腾得更凶**。我们来看看下面几组数据，假定本金为 1000 美元，而复利水平分别为 20% 和 25%，后面一个收益水平跟巴菲特的长期回报率差不多。我们分别对比一下从 1 年到 40 年的各种期限中上述两种复利水平产生的资金变化。

● 在 1 年期中，20% 的复利水平将本金变成了 1200 美元，25% 的复利水平则将本金变成了 1250 美元。

● 在 5 年期中，20% 的复利水平将本金变成了 2500 美元，25% 的复利水平则将本金变成了 3050 美元。

● 在 10 年期中，20% 的复利水平将本金变成了 6200 美元，25% 的复利水平则将本金变成了 9300 美元。

● 在 20 年期中，20% 的复利水平将本金变成了 38300 美元，25% 的复利水平则将本金变成了 86700 美元。

● 在 40 年期中，20% 的复利水平将本金变成了 150 万美元，25% 的复利水平则将本金变成了 750 万美元。

巴菲特从 25 岁开始独立投资，到其 65 岁，年复利水平为 24.6%，早期十年曾经一度达到 29.6%，如果按照 25% 来计算，巴菲特 25 岁投入的 1000 美元，今天变成了 750 万美元。投资的期限非常重要，在复利原理中年数让利润成指数增长，而不同的复利水平也非常重要，相差 5%，25% 的复利水平在

*无论是价值投资者还是其他类型的长期投资者，包括技术分析中的趋势跟随投资者都认识到了复利的威力，不过各个流派采用的方法不同，但是都要经过"复利原理"才能修成正果。*

40 年后就与 20% 的复利水平产生如此大的差异，一个 150 万美元，另外一个 750 万美元。**时间长度和复利水平决定了一次投资的最终收益，这就是"复利原理"，巴菲特通过长期投资来增加时间长度，通过寻找市场性专利公司来提高复利水平。**可以说，巴菲特的所有精华都蕴藏在市场性专利与复利原理中。复利原理并非巴菲特发现的，市场专利也并非巴菲特首创的，但是在巴菲特手中这项法则得到了最充分的利用。**如果本书要对每个大师的智慧进行总结的话，那么格雷厄姆的所有智慧可以归结为"安全空间"，巴菲特的所有智慧可以归结为"市场专利"，而彼得·林奇的所有智慧可以归纳为"成长为王"，索罗斯的所有智慧可以归纳为"反身回归"。**

"复利原理"中还隐藏中一条 72 法则：当复利水平与时间长度相乘等于 72 时，则资本恰好增长一倍。如果复利水平为 9%，则翻一番需要 8 年，也就是 8×9＝72，如果复利水平为 7.2%，则翻一番需要 10 年。这只是一个经验法则，并不是一个完全正确的规律。

复利原理显示了时间的价值，这从复利计算中的年限长度可以看出来。货币之所以具有时间价值在于大自然万物繁殖的特性，农业社会的农作物生产与时间密切相关，任何产品和服务的生产都需要经由时间完成。

**如果你懂得了复利原理的神奇威力，你就不会对长期投资失去兴趣了，同时如果你掌握了复利原理中的两个关键要素，你就掌握了巴菲特投资的不传之秘，那就是市场专利和长期投资。**

现在我们要谈谈长期投资与巴菲特其他主要智慧法则的关系所在。首先，"能力范围"法则与长期投资，长期投资避免了交易者的情绪波动，从而可以使得投资在分析中更加客观，从而巩固了既有的"能力范围"，同时长期投资使得交易者可以在少数几个投资对象上进行充分的分析和观察，这与"集中投资"也是密切相关的。人类的天性使得投资者从事长期投资比短期投资更为合适，也就是说人类更胜任于长期投

*每个大师都有自己的哲学，都有自己的得意技能。*

资，从人类的"能力范围"出发，投资者应该选择长期投资。

其次，我们看看"远离市场"与长期投资的关系。远离市场是格雷厄姆交给巴菲特最为重要的遗产，通过远离市场，投资者可以避免"市场先生"对自己理性判断的干扰，这与长期投资是相辅相成的，因为只有长期投资者才能做到"远离市场"。试想一个短线交易者需要时刻盯着盘面，这样的交易风格根本无法"远离市场"。

最后，我们看看"集中投资"与长期投资的关系，集中投资使得投资者可以研究更少的投资对象，从而支出的精力在"能力范围"之内。同时，集中投资使得交易者不必为各类繁多的机会所引诱，从而能够促进长期持股。如果持有名目繁多的股票，则投资者很难做到长期投资，看看林奇的持股数目就知道他的持股期限一定短于巴菲特。

**巴菲特的"与时俱进"法则的目的是保证自己不断努力寻找那些可以带来高复利水平的投资方法**，这与"复利原理"密切相关。通过三次飞跃，巴菲特掌握了带来更高复利水平的投资方法，与长期投资相结合，从而获得了更大的复利威力。

（2）巴菲特，一个长期投资者。

巴菲特是一个长期投资者，这是对巴菲特的第二种提得最多的定义，而第一种提得最多的定义是巴菲特是一个价值投资者。**巴菲特是以一个价值投资者的身份完成了其长期投资的角色，其实巴菲特更多的是一个价值投资者**，他也进行了几年的投资，甚至在外汇市场上也进行以一年为时间跨度的短期交易，无论如何他都是遵循价值投资的法则进行各类期限的交易。但是，他也明白要想挣大钱，必须以长期投资为主，所以他的绝大部分资金都分配于长期投资上，他的长期投资既是长期的又是集中的。巴菲特习惯通过与管理人员交谈和阅读财务报表来进行投资决策，而不是盯着股价变动来进行决策，他还是坚信市场会绕着价值中枢进行运动，这是格雷厄姆留给他的最大遗产之一。索罗斯的反身回归理论

长期是相对的，如何算长期，简单而言就是让复利原理能否发挥最大作用的期限，让心态最平静的期限，你能发挥最佳心智状态的期限。

也认为情绪和资金推动下的价格波动最终会回归一个中枢。**巴菲特在这一回归理论的前提下，总是努力用各类方法找出价格波动所环绕的趋势轴心，他试过格雷厄姆的有形资产评估法，实践过费雪的成长性评估，也利用消费独占理论得出了市场性专利，或者是经济商誉法则，无论巴菲特做什么，**他总是在寻找一个可以理性看待市场的方法。格雷厄姆的教诲一直萦绕耳边："股票市场在短期内是一部投票的机器，在长期内则是一部称重器。"巴菲特认为短期内，人类很难掌握市场的波动，这时候的投资处在人类的"能力范围"之外，但是在长期内，由于价格会回归价值中枢，而价值中枢是可以通过理性大致计算出来的，所以长期内的投资处在人类的"能力范围"之内。巴菲特通过林奇的成长性投资发掘了提高回报率的更好办法，毕竟格雷厄姆几乎是在买资产，而不是产生钞票的机器，而费雪的方法则可以为投资者带来利润的源泉。**格雷厄姆的方法是在用木桶提水，一次提得再多也是有限的，而费雪的方法则是建立管道，可以源源不断地提供水资源。**通过市场专利，巴菲特找到了能够持久提供充足水资源的管道。只要耐心地等待管道输水，就会得到非常大的一缸水。

巴菲特认为只要公司具有市场专利，而且管理层能干，并且股票市场并没有过高地估计公司的股票，则可以长期持有这家公司的股票。尽管有时候，股价会高得离谱，巴菲特还是不会轻易抛弃那些长期投资的股票，比如 1987 年的华盛顿邮报，政府雇员保险公司和大都会/美国广播公司就是这样的情况。虽然当时这三只股票都被严重地高估，但是巴菲特仍旧持有并没有卖出。因为这三家公司进入了巴菲特长期持股的名单。**巴菲特将股票分为长期持有和根据情况持有两种主要类型。长期持有的股票是巴菲特认为的战略性投资，通常是收益的主要来源，也是投资组合的最重要部分。**只有那些经过考察的公司才能从根据情况持有上升到长期持有。这些长期持有的公司被巴菲特称为"生命的部分"，比如华盛顿

长期持有类型着重看商业特征，根据情况持有类型着重看估值变化。

邮报公司、政府雇员保险公司、大都会/美国广播公司以及可口可乐公司，这四家公司成为巴菲特的制胜法宝，通过长期持有这四家公司巴菲特得以成为世界股王，如果不是近年来捐出了个人85%的财产，巴菲特很可能成为世界有史以来第一个资产过千亿的富翁，当然前提是自由市场经济下的第一个千亿富翁。

巴菲特坚持长期投资主要是受到两个人的影响，一是格雷厄姆，他让巴菲特明白"市场先生"在短期内是变化无常的，为了使得价格回归价值中枢，投资者必须等待一段时间，格雷厄姆的利润来自静态价值和价格之间的"安全空间"，另外一个影响巴菲特的人则是费雪，费雪认为投资要长期持有股票，是因为那些处在高速成长的企业可以通过复利原理很好地回报长期投资者，费雪的利润来自动态的价值增值。相比较而言，**巴菲特持有的那些考察公司具有更多的格雷厄姆式特征，而巴菲特持有的那些长期投资公司则具有更多的费雪特征**。巴菲特对中石油的交易更多地是看到了其静态价值和价格之间的巨大差值，但是对于像可口可乐这样的公司，巴菲特则是看到其巨大的增值潜力。所以巴菲特的长期持股更多地受到了费雪的影响。

因地制流，具体问题具体处理。

长期持股一直被认为是价值投资者的专利，甚至有很多人认为长期持股就等于价值投资，这其实都是对价值投资的误会。首先，**价值投资者可能采取格雷厄姆式的投资策略，也就是寻找静态价值与价格之间的利润空间，在价格低于静态价值时买入，在价格高于静态价值时卖出，这时候的交易很可能非常短，特别是在有并购者介入立即抬升了股价的情形下，巴菲特的短线交易也经常在一两年内完成**。其次，技术流派中也有很多长期持股者，他们认为短线波动很难把握，同时利润微薄，手续费太高，而且人的情绪在短期内更容易受到影响，进而干预决策，所以技术分析中不乏长期持股者。长期持股是赚取稳定和高额利润的正确阀门，对于那些资金量较大的投资者而言持有期限相对较长。另外，**投资者都追**

求一个确定性，价值投资的确定性来自价格回归价值中枢，而这一确定性在中长期才完全成立，所以不能够在短期内运用这一定律。

无论任何投资方式都有其合理性和局限性，我们只有明晰了其前提，才能做好交易，才能正确地运用这一方法。巴菲特将集中持股、长期投资和市场性专利结合起来通过复利原理获得了成功，格雷厄姆则通过安全空间和分散投资取得了成功，后者的方法类似于会计精算，通过分散投资来捕捉大概率事件的收益，规避小概率事件的风险。像海龟交易者则通过突破交易系统把握了市场价格的趋势运动，在国际期货交易中占据一席之地。每个流派的投资者中都有少数成功的和大量失败的，价值投资者必须严守"安全空间"的法则才能成功，而技术投资者必须恪守"顺势而为"的法则才能成功，无论哪一派的交易大师都是以"生存第一"和本金安全为根本前提的，然后通过各自的方法捕捉大概率事件规避小概率风险，长期累积下来通过"复利原理"获得大量的利润。巴菲特看到了市场情绪对交易者的影响，同时认为短期内的市场获得不能人为在概率上进行把握，所以他采取了长期式的价值增值投资，他的方法是建立在他对金融市场的认识上的。**人确实有情绪，短期内交易会极大地引发人的情绪波动，同时影响人的决策，不过技术交易者通过机械交易系统和严格纪律来约束人的这一缺陷。**对于短期波动的不可把握主要在于人们用预测和确定性的思维来寻找短期波动的规律，这使得短期交易走入了死胡同，但是如果将技术分析仅仅看作概率工具，同时将心理学与技术分析结合起来，不是恰好能够利用"市场先生"的坏脾气吗？即使是一个反复无常的人，在明白其性格特点之后也可以很好地理解其大多数行为。其实，无论是格雷厄姆还是巴菲特都还是利用了市场情绪波动造成的机会，正是由于市场情绪波动使得价格偏离了价值，这才为格雷厄姆式的投资创造了机会。随着行为金融学和技术分析的发展，我们应该可以看到对市场情绪的更

胜于易胜者！

明白方法的短板所在，提前一步封堵！

加深入的把握，但是无论如何巴菲特反对预测思维的主张是正确的。如果投资者相信他能预测市场，无论是价值投资者还是技术交易者都已经开始违背了市场的规律，其自信心使得对错误的防范意识下降，将安全空间和顺势而为的概念抛到脑后。

最后，回到正题做一个总结：长期投资的神奇结果来自"复利原理"的作用。

（3）如何使用复利原理。

在这里笔者要谈谈如何使用复利原理，成为一个成功的长期投资者。要获得巴菲特的成功秘诀需要从市场专利和长期投资角度出发，而复利原理则是巴菲特成功的公式。**复利原理告诉我们可以通过两种方式来累积财富，一是提高复利水平，二是通过延长持有年限。**

要提高复利水平，格雷厄姆、费雪和彭博给出了不同的思路，而巴菲特的伟大之处在于将所有这些方法融会贯通起来。现在来分别看看格雷厄姆、费雪和彭博三位大师给了巴菲特什么样的复利魔方。格雷厄姆认为要提高复利水平主要办法是三个：第一要遵循"安全边际"或者说"安全空间"法则，在价格低于价值时买入，在价格高于价值时卖出，这种策略使得投资者可以打败市场，而之所以能够打败市场又在于第二个办法，那就是不要受到"市场先生"的影响，不要轻信传言，"市场先生"的变化无常为格雷厄姆式的投资者创造了安全空间，进而可以获利；第三个办法则是分散投资，由于格雷厄姆式的方法建立在保险精算的基础上，他本人就任职于一家保险公司，这对他的思维一定产生了重要的影响，所以通过分散投资他可以避免小概率时间的风险，获得大概率下的利润，格雷厄姆这样做一是避免了估值错误，二是防止价格对价值在特殊情况下一直呈现背离而不回归，三是避免静态价值发生变化从而**影响价格的回归。费雪提高复利水平的方法主要是通过研究公司特质和管理状况，以及销售和利润水平来把握公司的动态价值，通过集中于少数公司的研**

格雷厄姆提高复利水平的三个方法：第一要遵循"安全边际"或者说"安全空间"法则，在价格低于价值时买入，在价格高于价值时卖出；第二不要受到"市场先生"的影响，不要轻信传言，"市场先生"的变化无常为格雷厄姆式的投资者创造了安全空间，进而可以获利；第三要分散投资。

究提高成功概率，规避风险，通过把握那些动态价值过程，费雪可以利用公司的成长来获得较高的复利水平。而彭博提出的"市场性专利"原则则是巴菲特最擅长使用的方法，通过寻找那些具有持续竞争壁垒和优势的企业，彭博式的投资者可以一直保持高于平均水平的复利回报。**巴菲特将格雷厄姆、费雪和彭博三人的方法结合起来进行使用，他抽取了格雷厄姆关于"安全空间"的观念，费雪关于"集中投资"和关注公司经营的观念，以及彭博关于"市场专利"的看法。**通过安全空间、集中投资以及找出那些具有市场性专利的公司，巴菲特极大地提升了其年复利回报水平。这就是巴菲特提高复利水平的方法，每个人都可以找出适合自己的方法，不一定要完全照搬巴菲特的方法，就如巴菲特本人一样，他并没有照搬格雷厄姆和费雪的方法，而是从他们的方法中抽取适合**自己的那一部分。**

根据"复利原理"，一个投资者除了提高自己的复利水平，还可以通过延长持有年限来做到这一点，简而言之就是坚持长期投资。那么如何坚持长期投资呢？巴菲特从格雷厄姆那里知道了"市场先生"的反复无常，并遵从了格雷厄姆强调耐性的教诲，更为重要的是他采用了"远离市场"的法则，**通过减少与市场的接触时间，巴菲特避免了被"市场先生"催眠，通过隔离自己与市场，巴菲特避免了买进和卖出的冲动，在美国中部一个金融业不发达的城市开立自己的投资合伙事业，这就是巴菲特的英明之处。**"远离毒品，珍惜生命"，这反映了人类的明智，**与其过高地估计自己抵御诱惑和冲动的能力，不如远离诱惑所在。**"远离市场，珍惜本金"，这句话应该形象地描述了巴菲特在奥马哈开创基业的原因。

运用"复利原理"主要从两个因素出发，你可以根据自己的特点开发出自己的复利运用心理程序。"以无法为有法，以无限为有限"，李小龙以哲学武士的口吻告诫一切渴望成功的年轻人应该不拘一格，找到适合自己的方法，对于前人的方法一定要知其所以然，搞清楚每一种做法背后的原因，只

任何成功的方法都是符合客观规律的，同时也是符合主观特点的。

与其过高地估计自己抵御诱惑和冲动的能力，不如远离诱惑所在。

有这样才能破除一切无用的框架，**找到核心所在**。巴菲特的一切招式都要研究，琢磨透背后的理由，只有知道巴菲特为什么这样做才能真正成为一个巴菲特式的投资者，甚至是超越巴菲特的投资者。伟大的投资者总是为更伟大的投资者建立基础，提供资粮。格雷厄姆造就了巴菲特，费雪造就了彼得·林奇，**所有伟大者之后必有更伟大者**，否则宇宙就不是螺旋式上升的了，造物主也就枉费心机了。

（4）知道何时卖出。

长期投资法最为关键的一步是知道如何卖出，因为什么时候卖出最终决定一项投资是否成功，是不是持有了足够的期限。**长期投资的原则是尽可能地长，延长投资期限是为了获得较高的复利水平收益，是为了赚足，而不是没有原则地固守一笔头寸，不管当初投资的条件是否已经发生根本性的变化**。每一个伟大的投资者都会有明确的卖出法则，巴菲特也不例外，他是根据自己的价值投资原则来做到这一切的。完整的交易一定是由买进和卖出组成的，不过很多交易新手和那些交易多年但仍旧整体亏损的交易者通常只知道花大量精力寻找入场点，却忽视了退出位置如何确定，这也是他们无法"赚足"的原因，很多交易者长期徘徊在短线交易的矛盾心态中，其中一个重要的原因是他们缺乏一个持仓的明确标准和条件，从而无法长期持有一个赚钱的头寸。**无论是价值投资者，还是技术派交易人士，对于出场点的判断都是最为关键的，没有好的出场点一个价值投资者不能成为真正的价值投资者，因为他无法运用长期投资的优势，没有好的出场点一个技术交易者也不能成为一个真正的技术交易者，因为他无法让利润奔腾**。"会买的是高手，会卖的才是师傅"，我们翻看国内的股票交易书籍，最为重要的一个特征就是只讲什么情况买入，却不讲买入后什么时候卖出。不管一个投资者在进入一项交易时花了多少心血进行研究，如果他无法确定一个可以最大化利润的出场标准，那么他很可能从一个预想中的长期投资者变成一个实践中的短期胡乱交易者。**如果**

实现自我是一件非常重要的事情，我的个人建议是希望人们去实现自我，而非实现自我形象。我希望他们去向内在观照自身，以诚实表达自己。
——李小龙

招式是死板的，行为是机械的，原理才是放之四海皆准的。

关于进场，我们花了最多的时间，对于出场我们却很少去系统地思考。

**161**

**不确定一个良好的进出法则，则一切先前的分析都不足以保证你成为一个长期投资者。**

在持有头寸的过程中，交易者会面临千奇百怪的情况，每种情况对于交易者是否继续持仓都是一个考验，那些没有明确卖出标准的交易者很快就放弃了抵抗，屈从于市场的诱惑，很快就卖出一个原本打算长期持有的头寸。一次长期投资一下子就变成了短期交易。相反，那些成功的交易者，无论是哪个流派的，对于何时卖出都有明确的标准，该卖时绝不拖延，该持仓时绝不动摇。通过坚定地持有那些盈利的头寸，价值投资者让长期投资的威力发挥效应，而技术交易者让利润奔腾了起来。巴菲特的卖出条件与成功的技术分析人士的条件肯定不同，但是这并不妨碍两者同样有效。

通常而言，**一个根据价值投资原则进行操作的投资者会因为下面的四个原因卖出某只股票：**

● 公司的基本面出现了根本性的恶性变化。

● 股价高于其价值太多，即使公司保持乐观的发展态势也无法在合理期限内追上股价的高涨。

● 买入这只股票的理由已经不存在，或者当初买入这家公司时忽略了某些关键性的因素。

● 有更高回报的投资机会急需资金。

巴菲特不断通过其进行价值投资时采用的法则来衡量其持仓对象，他经常根据自己的几个买卖条件来进行决策。2000 年左右，巴菲特卖出了迪士尼的股票，主要是因为迪士尼大举地浪费企业的利润，用来投资一些网络项目，巴菲特对管理者的理性和独立思考能力产生了怀疑，同时对公司的多元化战略保持谨慎，所以巴菲特卖出了迪士尼的股票。巴菲特的选股标准我们在这里有必要提出来，因为巴菲特是根据选股标准来决定买进或者卖出一只股票的。在巴菲特看来那些不值得持有的股票就是需要卖出的股票，如果持有一只不符合选股标准的股票，就需要卖出，如果还没有持有这样一只不符合要求的股票，就不要介入了。

当前提被证伪后，我们应该立即采取行动认错。

巴菲特根据四大类准则来决定股票的买进，同时也决定股票的卖出。第一项准则是**商业准则**，包括三个关键的项目：

● 公司的业务是否简单明了，这一法则保证了投资对象处在投资者的"能力范围"之内。

● 公司是否具有持续的经营历史，这保证了公司的竞争优势是持久的，其业绩并非昙花一现。

● 公司的前景是否良好，这主要是根据费雪的成长性要求提出的。

第二项准则是管理准则，也包括三个关键的项目。

● 高级管理人员是否对股东坦诚，这关系到公司的信息是否能够准确传递到股东那里，如果管理者对于股东并不坦诚，则股东就需要自己从那些带有欺骗性的财务报表中找出真实的信息，投资者的风险增加了不少，也为此消耗了不少精力。

● 高级管理人员是否能够抵御住群众性的癫狂，能够理性地处理公司的利润。

● 高级管理人员是否独立进行业务定位，不屈从于行业的普遍做法和潮流。

第三项准则是财务准则，包括四个关键项目：

● 不要仅仅关注每股收益，因为这只是一个绝对值，一个较大的每股收益如果是用了更多的资本才取得的，那就表明这家公司其实并不怎么样，考虑股权收益率更为有用。

● 计算"股东收益"，看看其水平与同板块的公司相比较如何。

● 公司的利润率要足够高才行。

● 确保每一美元的留存收益创造了更高的市场价值。

第四项准则是市场准则，包括两个关键的项目：

● 公司的内在价值是多少。

● 目前的价格是否已经高出公司的内在价值很多，此时则应该避免介入这只股票或者是考虑卖出这只股票；如果目前的价格低于公司的内资价值很多，则可以考虑买进或者继

> 股票的本质是商业，这是投资者的根本观点。股票的本质是筹码，这是投机者的根本观点。

续持有。

我们来具体解释一下这四项准则的子项目。

业务简单明了是费雪传授给巴菲特的东西，在巴菲特早年的时候分析那些财务报表复杂的公司，从而找出隐藏价值，是其一大兴趣，随着几次投资的失误，巴菲特开始对那些从复杂报表中找出公司的办法产生了怀疑，随后遇到了费雪。费雪早年的时候也无视是否熟悉一项公司的业务，介入了太多的公司，此后他痛改前非，坚持只投资于少数企业，这样可以保证对这些公司的了解。巴菲特从费雪那里学到了"能力范围"法则，要求投资对象业务简单明了，恰好使得投资者能够很好地胜任于对其的分析。如果你是一位基本面投资者，却对于一家公司如何经营不甚了解，那么你就不应该投资这家公司，因为这家公司处在你的"能力范围"之外。如果你持有一家公司的股票，但是它却将业务发展得越来越复杂，进行了多元化，此时你感到无法把握这家公司的业务，其业务变得复杂而难懂，这样你就最好考虑卖出这家公司的股票。

公司具有持续的经营历史，至少在 5 年以上，巴菲特则要求更久，他长期持有的那些公司都有几十年以上的经营历史。**格雷厄姆认为要对尽可能长的财务报表进行研究，而费雪则告诫投资者一定要研究公司足够长的经营历史。**无论是格雷厄姆还是费雪都坚持从长期的视角来考察公司，这种辩证思维方式在一切成功的投资大师身上都有明确的体现，甚至包括那些成功的技术分析大师，他们总是强调要回顾过去的价格变化，要通过更高的时间框架洞悉全局，判断趋势。通过考察较长时期的经营历史，可以避免对那些暂时深陷麻烦的公司估计过于悲观，对于那些暂时兴旺的公司估计过于乐观。巴菲特最常用的方法就是利用那些长期保持较高股权回报率公司的低谷时期买入，这有点近似于彼得·林奇的起死回生型投资，不过后者的情况要更加严重。

公司具有良好的前景，这条法则绝对不是格雷厄姆交给

拉长历史的视线可以让我们更加明智。

巴菲特的。格雷厄姆在早期投资中还要兼顾一下公司的前景，但在经历了 1929 年的股市崩盘之后，对于预期分析法抱有非常大的怀疑，这使得他的价值投资体系基本上是基于静态价值，也就是有形资产。为了避免买到那些前景糟糕的企业而带来损失，格雷厄姆采用了分散式的投资方法，这种方法利用了保险精算的思想，现代的正统投资理论就是延续了格雷厄姆当初的思想。但是，巴菲特却采用少数投资的方法来使用格雷厄姆的方法，这使得巴菲特的投资绩效非常不稳定，处于困境中的巴菲特遇到了查理·芒格和费雪，费雪强调"集中投资"这恰好符合了巴菲特的个性，同时**费雪提供了两种方法保证集中投资下的盈利，一是"能力范围"法则，这使得投资者通过更多的公司经营而避免集中投资的风险；二是注重成长性，通过企业增值，发掘无形资产的价值而获利，这与格雷厄姆的有形资产投资法存在很大差异，不过巴菲特既没有费雪那么激进，也没有格雷厄姆那么保守，在西部学者和东部学者之间，巴菲特这个中部的学生找到了均衡点。**正因为巴菲特没有费雪那么强调成长性和前景，所以传记作家普遍认为巴菲特更像格雷厄姆，而林奇则更像费雪。

高级管理人员的品格和态度部分决定了公司的成长性，这基本是费雪教给巴菲特的东西。格雷厄姆很像现代的那些投资理论派，沉迷于资产分散和财务分析，而费雪则告诫投资者要去做调查，很多人认为费雪的方法是打听小道消息，其实这完全是对费雪的误解，费雪的调查绝非盲从那些毫不相关人士口传的消息，这些消息通常都是不可查证来源的。**费雪交谈的对象都是与要分析的公司直接相关的人士，比如竞争对手，公司的高级管理人员，公司的雇员和客户等，而非某个股票交易者和小报。**不管是巴菲特还是林奇都把费雪的这一教诲铭记在心，并身体力行。但是相比较而言，林奇将费雪的调查投资法发挥到了极致，看看他的三本著作就知道了，我们在第四章会详细地分析林奇的"信息优势"法则。对于管理人员，巴菲特有三个要求：第一，管理人员必须理

*中庸之道是长治久安的王道！中华文明几千年来能够屹立不倒根源在于我们的哲学思想更胜一筹！*

*没有调查就没有发言权，这其实算得上是费雪的座右铭。*

性地分配资本，不要浪费股东的资金；第二，管理人员要坦诚地对待股东，对于自己的管理失误要勇于承认；第三，管理人员不能屈从于大众的观点和行业的潮流，注意是潮流而不是趋势。巴菲特在管理伯克希尔·哈撒韦公司的时候就身体力行了这些法则，在选择华盛顿邮报和政府雇员保险公司时，巴菲特也正是看中了其高级**管理者的这些特质**。

> 巴菲特也是看人高手，价值投资不只是看商业模式，还要看人！

　　巴菲特所使用的财务准则对于那些没有接触过会计基础知识的人而言理解起来比较困难。股权回报率，又称净资产回报率和股东权益报酬率，它是净利润除以股东权益或者说净资产。但是，很多投资者是采用每股收益来衡量公司的绩效的，如果每股收益持续提高则投资者认为这家公司的经营有了很大的进步，业绩有了很大的提高，但是每股收益是一个绝对值，通过更多的资本投入也可以创造较高的每股收益。无论是巴菲特还是追随巴菲特的晨星公司都提倡采用股权回报率来考察公司的财务和经营绩效。巴菲特知道很多公司的管理者都惯于用每股收益来误导投资者，比如宣传每股收益创下了新高，其实很可能公司每一块钱资本的盈利能力是在下降的，但是由于绝大多数投资者只看重收益的绝对值，所以容易被这类数据所误导。巴菲特认为股权回报率较每股收益更能衡量企业的经营绩效，这一指标将追加资本和留存收益再投资考虑进去了。

　　巴菲特非常注重现金流，晨星公司也特意将自由现金流和股权回报率结合起来使用。巴菲特喜欢那些现金流流入多于流出的公司，也就是那些拥有充足自由现金流的公司。巴菲特使用"股东收益"来衡量现金流的变化，所谓股东收益就是净收入加上折旧和摊销，然后减去资本支出，这有点类似于自由现金流的计算。

　　另外，巴菲特还特别注重利润率，那些具有较高利润率的公司通常能够引起巴菲特的注意，巴菲特会深入研究这类公司的利润水平能否长期保持，则又会涉及长期竞争优势和市场专利方面的问题。利润率与成本密切相关，巴菲特对于

成本非常重视，那些能够很好节约开支和控制成本的公司都能得到巴菲特的赞赏。

对于留存收益，巴菲特认为这是检验管理者是否明智和再投资是否恰当的一个较好指标。从公司的净收入当中减去红利，剩下的就是留存收益。**公司能否恰当高效地使用留存收益是巴菲特非常关注的一个问题，那些大手大脚花钱的管理者，巴菲特是极其厌恶的。**如果一个公司的每一美元留存收益没有创造出更高的价值，则表明管理者在资金运用上存在严重的问题。**对于多元化经营，巴菲特一般不看好，特别是一些管理者缩减红利，留存大量的收益于多元化，这是巴菲特最不想看到的。**

上述商业准则、管理准则和财务准则主要从选择公司的角度考虑，而市场准则则直接涉及是否买入或者卖出的决定。

公司的估值对于巴菲特的买卖决定非常关键，特别是买入决策。巴菲特通常将公司的预计现金流除以美国 30 年国债利率得到一个估值。这就是公司大致的内在价值。他这一方法主要来自约翰·威廉姆斯的现金流贴现法。

在估算出公司的内在价值之后，巴菲特就要根据公司价值与股票价格的差值来决定是否买入或者是卖出某只股票。如果股票价格远远低于公司的价值，而且公司的管理和财务都比较看好，那么这就是一个买入的时机；如果股票价格远远高于公司的价值，而且公司的管理和财务没有看上去那么好，则这可能是一个考虑卖出的时机。

巴菲特的长期持有是建立在明确的卖出法则之上的，而他的卖出法则与买入法则是一致的，主要包括四个方面的内容：商业准则，管理准则，财务准则和市场准则。巴菲特买进还是避免介入，继续持有还是卖出都是依据一个统一的规则，上面的四大准则就是对巴菲特规则的一个概括。

巴菲特会怎么看"乐视"的多元化呢？

# 第六节　巴菲特的智慧法则五：远离市场

平凡的人使自己屈从于外在世界，特立独行的人则坚持外在世界应该为自己所改变，因此人类的所有进步都是由那些特立独行的人做出的。

——萧伯纳

股票是个情绪波动很大的家伙。

——本杰明·格雷厄姆

（1）"市场先生"和旅鼠。

世界上那些能够享誉天下的投资大师都有特立独行的一面，巴菲特也不例外。一个 25 岁的有为青年却回到一个美国中部的小城开始自己的投资生涯，这简直难以想象。对于那些梦想在金融事业上有所建树的投资者而言，纽约和华尔街是最好的立足点。巴菲特放弃了老师格雷厄姆的挽留，执意回到一个金融业落后的中部城镇开创基业。20 世纪下半叶的美国，有两个人是如此个性鲜明，连那些本来就足够独特的成功者也相形见绌，一个是巴菲特，另一个是沃姆·山顿。这两人都是从偏僻之处建立了傲人的商业帝国，沃尔玛和伯克希尔·哈撒韦公司可以说特立独行者在商业世界树立的凯旋门。**沃姆·山顿的小镇战略是基于一种动机不对称，那些实力强盛的零售商根本看不上农村和郊区的市场，同时他也具有一种实力不对称，因为那些毫无实力可言的本地杂货铺根本无法与自己的小卖场竞争，沃尔玛就在一种极具破坏性创新的基础上建立起来了。**那么，巴菲特又是如何在美国中部这个金融落后之地建立起了伯克希尔·哈撒韦帝国呢？**巴菲特其实知道他自己的最大优势就是可以避免大众情绪和市场价格的干扰，"远离市场"使得巴菲特可以更好地遵循格雷厄姆的**

*亚主流才是未来的主流。*

**理性分析路径，**也可以使得巴菲特处在费雪所谓的"能力范围"之内，毕竟一个人的分析能力往往会受到周遭事务的影响，情绪波动会影响一个人本来的能力范围，使得其疆界模糊和变小。

买卖股票涉及心智功能，而情绪会影响心智的正常运作，这些是格雷厄姆教给巴菲特的经验之谈，同时格雷厄姆还让巴菲特学会通过紧密计算来控制自己的情绪。不过巴菲特走得更远，他通过在一个偏远之城进行业务运行来避免华尔街的干扰。巴菲特从25岁之后，一直刻意处于华尔街引发的情绪之外，因为能够很好地控制自己的情绪，进而做出理性的分析。

恐惧和贪婪，每个做金融交易的人都对这些用词耳熟能详。在金融市场上，情绪发挥的影响往往在短期中占据主导，情绪波动导致资金的流入流出，导致对股票供求的急剧变化，这些使得价格不断呈现出脱离价值中枢的运动，而这些运动则给像巴菲特这样的价值投资者带来了机会。无论基本面投资还是技术类投资，所有交易人士都一致赞同市场在短期内为情绪所主导，围绕价值的运动也呈现出矫枉过正的特点。当交易者不顾公司的价值中枢而追逐某些股票时，经常使得这些股票市盈率过高，这时候贪婪占据了这些投资者的心智；当交易者因为恐惧而卖出那些基本面良好的股票时，消极的情绪完全压过了投资者的理性。但是，巴菲特同格雷厄姆一样，相信价格在中长期内一定会向价值中枢回归。不光是巴菲特具有这样的看法，索罗斯同样有类似的思想，两人一直并称于全球金融界。索罗斯认为人的情绪和决策会影响金融资产的价格，而资产价格反过来又会强化先前的情绪和决策，从而形成一个自我强化的过程，但是到了某一临界点，这类自强化运动会突然崩溃，从而做反向运动，索罗斯将心理与资产价格的相互左右称为"反身性"，我们在本书的最后一章将会谈到，这里是结合巴菲特的共同点进行一个横向的融贯，使得大家对各位大师的联系有所了解，只有把握大师之间的异同才能更好地理解大师的思想特色和成功之处。

巴菲特之所以要远离市场，最为主要的是投机思维和情绪主导着证券投资者，巴菲特远离市场最为主要的是远离那些投机倾向的干扰。格雷厄姆曾经向巴菲特强调过投机和投资的区别，他说投机者和投资者的最大区别在于投机者企图预测证券价格的动向，然后从中获利，而投资者在低于价值的价格买入资产，在价格高于价值时卖出资产。格雷厄姆认为成功的投资者是那些从容淡定，具有耐性的投资者，一个投资者要战胜的是自己的情绪和冲动，而市场往往是引诱投资者犯错的主要因素，那些投机者之所以失败主要是因为他们离市场太近，从而无法做出理性的决策，盯着价格的波动，使得他们被市场催眠，从而做出有违投资法则的决策。

格雷厄姆认为一个投资者需要具备两个条件才能抵御情绪的影响：**第一个条件是采用定量化的理性手段来分析股票，比如会计和财务分析方法；第二个条件是远离市场和投资人群。**格雷厄姆告诫巴菲特，即使他掌握了定量化的分析手段仍然不能保障内心的平衡和理性，因为情绪很容易受到市场波动的影响，这时候定量分析反而可能助纣为虐。在掌握了理性分析方法之后，投资者仍然需要战胜自己的情绪。

要战胜自己的情绪，最好的办法是远离市场。格雷厄姆以"市场先生"来比喻证券市场的极端无常。巴菲特曾经专门在年报中将"市场先生"一词和盘托出，从此这一格雷厄姆的遗产在全世界投资界变得家喻户晓。巴菲特的原文很长，但是我们即使不看其原文的解释，也能大致掌握"市场先生"的含义：**那就是证券市场是一个为情绪主导的地方，在短期内根本看不到理性的反应和运动，如果能够避免市场的消极影响做出理性决策，则市场的周期性歇斯底里反应反而成为了价值投资者最好的买卖时机。**巴菲特在年报中不断提醒股东，要想做出合乎理性的投资决策就必须使自己免受"市场先生"的袭扰。巴菲特采用的方法就是远离市场。

格雷厄姆和巴菲特各自举了一个例子用以说明金融市场上的情绪是如何传染的，而其中的**群体行为是多么的不理智**。格雷厄姆讲了一个石油勘探者的寓言。一个石油勘探者死后来到了天堂的大门之外，却发现很多人已经挤在了里面，一看全部都是石油业的从业者，他有些心灰意冷，这时候圣彼得出现了："你虽然应该进入天堂，但是这里实在装不下了。"但是，这位石油勘探者并没有完全死心，他恳求圣彼得给他一次机会，他希望能够对那些挤在天堂中的石油从业者们说一句话。圣彼得点了点头表示允许，于是这个石油勘探者大声喊道："地狱发现了石油！"听到这一声大喊，所有的石油从业者都一窝蜂地从天堂挤了出来。这时候圣彼得让这位石油勘探者进到天堂里来，他想了想回答道："谢谢，我觉得还是跟着那群人走比较好，说不定地狱真的有石油。"中国有个

*人的精力有限，因此在判断的时候会走捷径，而跟随众人就是其中的一条捷径。*

寓言提到过虚假传言听上三遍就会让人信以为真的现象，这个石油勘探者的寓言则告诉我们群体行为和思绪的传染性是非常大的。

巴菲特则在股东大会上讲了一个关于旅鼠的故事。旅鼠是纬度较高地区的一种鼠类，之所以称为旅鼠，是因为它们有集体迁徙的天性。通常情况下，旅鼠在春季进行迁徙以便寻找新的栖息地，但是每隔三年左右，就会发生一些异常的迁徙现象。这时通常是由于大量繁殖的旅鼠使得它们大规模地移动，不管途中遇到什么障碍，这些小动物都会想办法穿越，甚至会向那些天敌挑战，这些迁徙者最后会集体跳入海中，直到筋疲力尽而死。动物学家们认为，这是由于大量繁殖产生了生态压力，使得旅鼠的内分泌出现异常，从而形成了群体自杀现象，这也是旅鼠长期进化中对生态压力**演化出的自动反应机制。**

巴菲特认为那些在大机构工作的专业投资人士和基金经理的行为也与旅鼠差不多，存在一种集体性的自毁倾向。这些平日里极其聪明和理性的高智商人士，往往会屈从于金融市场的消极影响和群体行为。著名的群体心理学鼻祖之一**勒庞**发现，高智商的人处在一群人当中，其决策能力和理想思考能力也会出现明显的下降，群体的智商往往会拉低到群体中智商最低那人的水平。

巴菲特认为要利用复利原理的威力，就要坚持长期投资，而要坚持长期投资及就必须远离市场。巴菲特的长期持有策略与绝大多数投资者的做法背道而驰。每当市场出现了一些传言和异常波动，大量的投资者无论是机构投资者还是普通投资者都会迅速买卖股票，他们这样的操作往往不是依据公司的内在价值。他们的行动就像旅鼠一样，出现一种群体自毁的倾向。短线交易必定是一个亏的人比赚的人多的市场，因为在短期内，交易者的盈亏都是来自另外一方，同时经纪人和政府还要征收各种佣金和赋税，但场内的资金是有限的，即使价格不发生波动，交易者也会因为税费而出现亏损，所

很多社会现象其实都可以从基因和进化论的角度得到有效的解释。

古斯塔夫·勒庞（1841年5月7日~1931年12月13日），法国社会心理学家、社会学家，群体心理学的创始人，有"群体社会的马基雅维里"之称。勒庞最著名的著作《乌合之众：大众心理研究》出版于1895年。他认为人群集时的行为本质上不同于人的个体行为。群集时有一种思想上的互相统一，勒庞称之为"群体精神统一性的心理学定律"，这种统一可以表现为不可容忍、不可抵抗的力量或不负责任。在群集情况下，个体放弃独立批判的思考能力，而让群体的精神代替自己的精神，进而，放弃了责任意识乃至各种约束，最有理性的人也会像动物一样行动。群集时还会产生一种思想的感染，使得偏者和群众的无意识思想通过一种神秘物作用要理互相渗透。勒庞总结说，当它成为集体时，任何一种虚弱的个人信念都有可能被强化。勒庞的思想对分析社会心理学产生了较大影响，同时也成为现代意识形态研究中不可或缺的内容。

以必然是亏钱的人多于赚钱的人。但在长期内，由于投资者的收益主要来自公司收益的增长。短期内市场必然是输家多于赢家才能维持那么多中介机构和服务机构的运作，因为这些机构的收入都来自交易者的佣金支出。就像旅鼠要群体自毁以规避生态压力一样，短期投资者们也有群体自毁倾向，只有这样那些券商和交易所才能生存下来，如果一个短线市场上赚钱的多于亏钱的，而且能够兑现盈亏，则交易所和券商的收入肯定是负的，那么证券市场将不存在。

巴菲特认为大多数专业投资者的业绩乏善可陈主要是因为他们身处在市场中，受到了市场波动和群体思绪的干扰，从而做出了群体非理性的投资决策。我们引用巴菲特年报中的一句话："绝大多数机构投资者和专业投资者根本没有努力思考，他们存在一种懒惰的倾向，他们像傻子一样进行决策，往往这类决策只算得上是盲从别人的模仿而已。这些人的个人得失心太重了，总是瞻前顾后的。如果他们选择了一个特立独行的行为，他们就需要背离群体的选择和行为。如果这次行为的结果不错，则他们得到的奖赏不会太多，但是如果这次行为失败，后果就会非常严重。在华尔街职场中能够长期生存下来的人，都学会了选择那些标准的大众做法，这样即使做错了也不会受到指责。旅鼠的行为非常不理性，但是没有一只旅鼠认为它们是不理性的。"

（2）费雪两父子。

格雷厄姆开创的定量分析和分散投资法现在已经占据了投资理论和投资实践的主导地位。不管公司的经营实际，不愿花大量时间进行实地调查，坐在办公室中分析财务报表，然后利用资产组合来分散投资，格雷厄姆当年创立的方法已经被现在的投资学完全极端化了，而且走入了一个死胡同。幸好巴菲特后来遇到了菲利普·费雪和查理·芒格，就此与那种办公室式的投资分道扬镳，将格雷厄姆的精华保留下来。**现在的主流投资理论和机构投资者虽然学到了格雷厄姆的外在招式，就是定量财务分析，但是却遗忘甚至抛弃了格雷厄姆的"心法"：远离"市场先生"，保持独立思考。**华尔街的人将定量分析的遗产照单全收，对于市场情绪和群体盲从的论述却搁置一旁，那些机构投资者中的卓越不凡之人毕竟是少数，而林奇正是这样的人。无论是林奇还是巴菲特，都因为受到了菲利普·费雪的教诲而避免了踏上主流机构投资者们的死路。菲利普·费雪认为投资者们经常由于离市场太近而注重价格和纸面上的东西，又由于离实际太远，不愿调查而忽略了公司质量和管理层的素质。格雷厄姆教诲巴菲特要远离市场，而费雪则教诲巴菲特要亲近公司。但是现在的主流投资者由于接受费雪的教诲不多，所以连远离市场都很**难做到**。

费雪提出了能力范围相关的理论，这一理论告诫投资者要亲身去研究一家公司的

方方面面，正因为要花时间去研究公司运营，而不是只关注市场价格和公司财务，这才使得巴菲特不得不远离市场。试想一个成天关注财务报表和股价运动的人能有多少时间去做实地调查，去访问公司的管理者、竞争者、员工及客户。每当股市开盘的时候，交易者就需要盯住价格运行，为价格的上下起伏而心潮迭起，这样一个投资者能够远离市场吗？能够亲自去实地花费大量时间和精力全心研究一家公司的方方面面吗？当然不能。

格雷厄姆的远离股市与费雪的亲近公司是两种不同程度的投资过程。仅仅远离股市，只能保持投资者的心态平和而已，未必能找到能够值得投资的对象，同时仅仅是形式上远离市场未必能保证投资者不"身在曹营心在汉"，而费雪则成功地解决了这一问题，通过将空出来的注意力集中于公司经营，则一个费雪式的投资者可以比格雷厄姆式的投资者更能远离市场。

菲利普·费雪提供了一条比格雷厄姆更为彻底的远离市场之路，这就是亲近公司，无论是巴菲特还是彼得·林奇甚至费雪之子都很好地走上了这条道路，并且取得了不俗的成绩。沃伦·巴菲特、彼得·林奇和肯尼斯·费雪在 2000 年跻身于美国最伟大的 8 位在世投资者之列。格雷厄姆远离市场的方法还不够坚决，他最主要的手段是数量分析，正是因为这样证券之父的现代后裔们都陷入了倒退的境地，因为他们已经习惯了格雷厄姆式的办公室投资法，而且由于办公室中，办公室之间你往我来使得这些人早就把格雷厄姆关于"市场先生"的言论弃之脑后了。正是由于菲利普·费雪更为坚决地远离市场，这才使得今天的巴菲特、林奇没有遗忘格雷厄姆的"市场先生"论调。

肯尼斯·费雪是菲利普·费雪的三个儿子之一，也是父亲衣钵的唯一传人，其父亲 65 岁时，肯尼斯·费雪才进入证券投资界。肯尼斯·费雪是一个与父亲一样特立独行的投资者，他以公司实际运营为主要研究对象，对于市场的波动高度免疫。

菲利普·费雪认为，投资者们经常由于离市场太近而注重价格和纸面上的东西，又由于离实际太远，不愿调查而忽略了公司质量和管理层的素质。格雷厄姆教诲巴菲特要远离市场，而费雪则教诲巴菲特要亲近公司！

1973 年肯尼斯·费雪开始了自己的独立投资生涯，他开办了费雪投资公司，这家公司处在加利福尼亚州的伍德塞得，这里有一大片森林保护区，这样就满足了他研究森林的个人爱好。通过森林，肯尼斯·费雪将自己与金融世界隔离开。肯尼斯·费雪习惯于将办公和居住地点选在森林附近，那是他年轻时候学习和热爱的事物。肯尼斯·费雪专门开了一个伐木收藏馆。从费雪将自己的投资事业帝国建在一个与世隔绝的地方，我们可以看见他身上有着与巴菲特一样的因子，毕竟肯尼斯·费雪是菲利普·费雪的唯一家族传人，他的所做所言都在一定程度上反映了菲利普·费雪的灌输。

我们就用肯尼斯·费雪的一段名言来总结菲利普·费雪对巴菲特的影响吧，毕竟从肯尼斯·费雪的肺腑之言中，我们可以看出巴菲特同样的心声："**在投资界中，无论是个人投资者还是机构投资者都有一种令我感到恐惧的倾向，那就是每个人的思考对象完全相同，而由此得出的结论也相差不远。要在大城市和金融中心建立其独特的投资文化是非常困难的。因此，通过将费雪投资公司建立在僻静之处，我们更容易建立起独特而自主的投资文化和行为。**"

（3）特立独行者才能战胜市场。

从学术上而言，投资心理是非常重要的，从实践出发，投资心态是非常重要的。现在很多股民和股票书籍都在大谈"一个好的投资心态"，甚至还有书专门打出"炒股就是炒心态"这类惹人眼球的名字。但在实际的证券投资中，真正做到平心静气决策的投资者简直是凤毛麟角。巴菲特是其中的一位特立独行者，只有特立独行的投资者才能战胜市场。**特立独行者战胜了群体行为，同时战胜了内心的情绪波动。**

很多个人投资者都想找到一个保持好心态的秘诀，其实很多人之所以做不到一个平和的投资心态，做不到"活在当下"最为主要的原因还是自己不能战胜自己，胜己者，胜天下。一个战胜自己的人，**才能战胜市场。**

普通人之所以不能战胜自己，最为关键的是不够独立，

没有养成独立思维和行为的习惯。同时，那些不能战胜自己的投资者还习惯于站在行情屏幕前盯着看，习惯于与大伙一起谈论行情，习惯于往投资者最多**的地方挤**。

　　基于著名的弗洛伊德主义和马克思主义，**佛洛姆**认为人具有天生的惰性，不想承担责任，所以具有"逃避自由"的倾向。从众可以使得投资者减少精力支出，同时可以避免承担亏损后对自尊的伤害。听从他人的投资意见，可以使得投资者在亏损时将责任推向外界，在盈利时则将功劳归结于自己。**在日常生活中，盲目从众不会造成太大的伤害，甚至还有好处，毕竟一个遵守社会习俗和大众行为模式的人面临的社会压力要小得多。但是在金融市场上，盲目从众则会带来致命的危害。**这类投资者往往不根据自己的独立思考来选择投资对象，金融市场可以将人类行为的结果瞬间反映出来，这使得投资者害怕马上看到如此直接的后果，所以很多投资者采取了盲从群体的决策和行为方式。无可否认的是，无论是旅鼠还是人类，**我们在群体中都会觉得安全。**股票市场将人类的天性放大了，无论是你恐惧还是贪婪，股价都会与你交流，并欺骗你的判断。著名的混沌交易大师比尔·威廉姆认为交易是人心的放大器，同时也是治疗心理异常的最好良药。不过他只说对了一半，因为很多人虽然从市场中看出了自己的心理异常，却并没有因此治好。**要想治好交易中的各类心理异常，需要从环境、行为、习惯、心态、价值观和信念一起入手。**只有在所有这些层面上取得了胜利，才能将盲从和心理异常赶出交易过程。只有在上述层面进行了彻底的改变才能得到一个令人满意的交易成绩。

　　巴菲特没有学过神经语言程式学，但是他下意识地运用了其中的知识，通过在各个层面上实行格雷厄姆和费雪的主张，他成功地建立起来了健全的投资模式。我们就使用神经语言程式学的理论来模仿巴菲特的成功模式吧。

　　在环境层面，巴菲特采用了在空间上远离金融市场的措施，居住在美国中部的一个小城市，在办公地点中看不见关

人多的地方竞争激烈，利润微薄！

佛洛姆（Erich Fromm，1900—1980年）原籍德国法兰克福，1932年佛洛姆赴美，随后定居美国，并且改入美国籍。他既是弗洛伊德的学生，又是马克思的信徒。佛洛姆十分重视对人与社会的关系的研究。他承认人的生物性，但更强调人的社会性，认为人的本质是由文化的或社会的因素而不是生物的因素决定的。他的思想融合了弗洛伊德的精神分析说和马克思的人本主义学说。

乎短期价格波动的任何材料和设备。

行为层面，巴菲特不参与那些热闹的投资论坛和各类与当下投资决策相关的聚会活动。

习惯层面，巴菲特坚持关注公司，而不是股票价格，定期查看公司的基本面情况，而不是随时盯着股价的变化。

心态层面，从容淡定，对于大众的不理解保持淡然的态度。

价值观层面，听小道消息，在意市场传闻和大众看法是没有价值的，投资的成功取决于对公司价值的把握，所以财务分析和实地调查具有非常重要的意义。

信念层面，投资而不是投机，长期持有那些具有市场专利的公司。

我们建议本书的读者有空可以找些 **NLP** 方面的书来看看，从中学会如何掌控自己的投资模式，这种模式关乎身心各个层面。我想巴菲特已经从查理·芒格那里得到了类似的建议。

（4）远离市场与巴菲特投资步骤。

出版了《沃伦·巴菲特之路》一书的 R.G.海格史度姆对于巴菲特的投资法则有过很详细的归纳。我们这里根据他的描述将巴菲特的投资步骤与"远离市场"法则结合起来看。

巴菲特的投资步骤分为四步，这是 R.G.海格史度姆总结出来的，从巴菲特的年报和言论，以及过往的可查历史来看巴菲特实际采取的步骤与此没有非常大的差异。

第一步，远离股票市场。格雷厄姆告诫投资者要远离歇斯底里的"市场先生"，这促使了巴菲特从理念上认识到证券市场的非理性。股票市场是一个躁狂的年轻人，总是徘徊在极度乐观和极度悲观之间，无论如何这是一个处在青春期的青少年，保持着非黑即白的认知模式和行为模式。**巴菲特远离市场，这是为了避免被市场利用，同时也是为了利用市场。**市场希望所有交易者都交出更多的学费，而交易者们都希望从市场中分一杯羹。市场的癫狂经常为巴菲特提供低价买进优质公司的机会。要识别这些机会，就必须与市场保持一定

---

NLP 是神经语言程序学（Neuro –Linguistic Programming）的英文缩写。NLP 主要的发现者是约翰·格林德和理查德·班德勒。格林德是世界最负盛名的语言学家之一，班德勒是一位数学家、完形心理学家和电脑专家。他们决定集两人之力去进行一桩模仿他人的研究，对象是那些在多方面都甚有成就之人。两人分析了一些成功的商人、医师和其他行业中的佼佼者，试图能从他们多年尝试错误后的成功中，归结出一些成功的模式。

《孙子兵法·虚实》："故善战者，致人而不致于人。"

的距离。"旁观者清，当局者迷"，在证券投资中又何尝不是这样的情况？为了不被市场影响，同时也为了识别出那些市场提供的机会，投资者必须远离市场。这是巴菲特投资的第一个步骤，其他的步骤都是建立在此基础上的。

巴菲特在奥马哈这个小城市进行投资业务，他的办公室里面没有及时行情可以查看，这使得他可以避免陷入市场的催眠之中，要知道癫狂的股价和癫狂的群众都是让投资者陷入恶性催眠中的关键因素。通过回避那些能够引发短线交易冲动和非理性决策的因素，巴菲特可以长期持有良好的公司，而不会被市场引诱卖出。巴菲特在年报中给出了这样一段话："没有必要天天查看我们手头持有的西斯和布朗鞋业公司的股价变化，股市的变动无法影响我们手头持有这些好公司的价值。"远离市场是巴菲特投资步骤的开始，从这里巴菲特就隔绝了外部的影响因素，他已经在环境层面上为自己创造了一个良好的因素。

第二步，不为宏观经济状况所困扰。除了金融市场本身的价格变动会影响投资者决策之外，媒体和交谈中的经济信息也会影响投资者。巴菲特知道很多企业会受到经济周期和通胀水平的影响，但是他知道自己和他人都无法对这些问题做出有效的判断，也就是说，不仅短期股价变化处在他的"能力范围"之外，宏观经济状况也处在他的"能力范围"之外。为了避免自己的投资对象受到不确定性因素的摆布，巴菲特坚持投资那些具有"市场专利"的公司，这些公司因为拥有经济商誉而具有持续的竞争优势，可以抵御通胀，并且能够在大环境出现问题时度过艰难时期。正是因为巴菲特寻找那些具有持久竞争优势的企业，所以他不必去在乎那些不可掌握的宏观经济变化。

第三步，买入公司，而非股票。无论是格雷厄姆还是费雪都强调投资的对象是公司，而非股票。而且**费雪比格雷厄姆走得更远，因为他强调投资是对处于动态中的公司进行立体式的研究，而非对静态中的公司进行平面式的研究。**所以，

*费雪是一个商业大师，而格雷厄姆则是一位资产评估师。*

费雪比格雷厄姆更加强调投资是买入公司，而非股票。同时，费雪的方法要求巴菲特"亲近公司"，这就必然使得巴菲特没有太多时间和精力去关注股价。

第四步，管理投资组合。在这一步骤当中，巴菲特坚持"集中投资"原则，从中又可以看到费雪的影子，可以说巴菲特早年所谓的"85%的格雷厄姆，15%的费雪"早已经变成了"15%的格雷厄姆，85%的费雪"。**很多描写巴菲特的书都是采纳几十年前的材料，对于巴菲特思想的变化没有及时归纳，要知道巴菲特是一个不断"与时俱进"的投资者，这点与肯尼斯·费雪差不多，**后者认为投资方法处在变动之中。正因为巴菲特从菲利普·费雪那里获得了公司定性分析方法，所以将"集中投资"用得如此顺手，而"集中投资"又要求巴菲特做好公司的立体式调研，这就必须花费大量的时间和精力用于商业分析和调查，这些都使得巴菲特远离了证券市场，而亲近了商业运作。所以，巴菲特认为自己更像是一个商业分析家，而非证券交易者。

巴菲特是一个特立独行的人，这是 R.G.海格史度姆下的定义。**"远离市场，亲近公司"这就是巴菲特投资步骤的核心，**我们就用这八个字来对巴菲特的投资步骤进行概括。巴菲特是一个特立独行的人，因为他远离市场，亲近公司，而那些平庸投资者则亲近市场，远离公司。

*《荀子·劝学》："蓬生麻中，不扶而直，白沙在涅，与之俱黑。"环境决定态度。*

# 第七节　巴菲特的智慧法则六：集中投资

分散投资是无知者规避市场风险的手段，对于那些知道自己在做什么的投资者而言分散投资毫无积极意义。

——沃伦·巴菲特

集中兵力是军事学的第一定律。

——拿破仑

（1）巴菲特的证券投资组合。

大师就是大师，总是走人较少的那条路。格雷厄姆开创了证券分析这个职业，他一直推动证券分析的职业化进程，今天很多分析师都是采用的格雷厄姆式的财务分析办法，并且将其分散投资的思想精细化为投资组合分析法。格雷厄姆的真正遗产是"安全空间"法则和关于"市场先生"的论述，但是现在的主流证券分析师似乎忘却了这些财富，至少很少有证券分析人士和机构投资者对"市场先生"进行**精细化的发展**。巴菲特发扬的东西被现在的主流证券投资者所丢弃，而巴菲特丢弃的东西却被主流证券投资者当作宝贝一样对待。

巴菲特扬弃了格雷厄姆的教诲，格雷厄姆晚年甚至认为自己以前那套方法已经不管用了，因为很多投资者都已经掌握了发掘"隐藏价值"的方法。但是，巴菲特认为格雷厄姆关于投资和投机的区分是非常有价值的，投资针对的是价值，投机针对的是价格，**价值基于收益，价格基于供求**。巴菲特放弃了格雷厄姆的分散投资理论，也就是现在所谓的证券投资组合优化。巴菲特认为那些不知道自己在做什么的投资者才需要持有大量的股票，并且保证在每一只股票上不投入过多的份额。巴菲特认为分散投资者的绩效肯定要比投机者的绩效好，特别是指数化投资者，也就是按照大盘成分股组成持股的投资方式，有专门的指数投资基金。但是，巴菲特又认为对于那些专业投资者而言，集中投资要好于分散投资。如果一个投资者对某几家公司非常了解，而且这些公司具有长期竞争优势，价格又比较合理，那么投资者可以将所有资金买进这几只股票，并作长期持有，定期审查即可。巴菲特认为如果能够找到那些超越平均水平的好公司就没有必要进行分散投资了。**就巴菲特的言论看来，他认为分散化投资比投机好，而集中投资比分散化投资好，但前提是交易者能够找到那些具有持续竞争优势的公司。**由此看来，能否采用集中投资与投资者是否能找到具有市场专利的公司密切相关，所以"集中投资"是与确认"市场专利"的能力密切相关的。

*如何跟踪市场情绪？封面指数，小笔成交占比，期权比率等都是一些分析市场情绪的工具。*

　　在实际操作中，巴菲特也是言行一致的，他并没有采用一般意义上的证券投资组合策略。现在的证券组合策略的雏形是以证券分析之父格雷厄姆的分散投资理论为核心构建起来的。证券投资组合理论要求投资人对组合中每只股票的份额，所属行业和股票之间的相关程度都有精确的掌握，为了避免出现资产的较大波动，通常要求每只股票只能占整个组合的一个较小比例，也就是说要尽量分散投资。巴菲特则采取了一种与此相反的证券管理策略，他不会先固定单只股票的份额，也不会要求一定要持有多少只股票，同时更不会在意是否持有同行业的股票过多。他选择股票是从公司入手，首先分析公司是否具有长期竞争优势，然后看看公司的管理水平，最后选择在适当的价格买入。对于除此之外的因素，他基本上不会过于在意。想想看，巴菲特长期持有的股票，也就那么四五只，对于一个资产规模不小的投资公司而言，其投资肯定是不够分散的，但是巴菲特却不以为然，反而嘲笑那些什么**都买点的基金**。

　　巴菲特在投资上总是保持着独立的思维，甚至很多时候是逆向思维。1971年，很多基金都卖出债券而大量买进股票，巴菲特认为此时好公司虽然非常多，但是价格合理的好公司却十分难找。1974年情况发生了逆转，股票跌得一塌糊涂，这时候很多基金经理不想去碰股票，巴菲特却发现好公司变得太便宜了，于是大量买入股票。巴菲特旗下的伯克希尔·哈撒韦公司持有的普通股市值从1971年的1170万美元上升到了1975年的3900万美元，到了1978年更是达到了22000万美元。从1975年到1978年，股市尽管出现了下跌，巴菲特还是保持了较高水平的盈利状态。巴菲特认为这得益于两个因素，第一是自己坚持集中投资那些具有长期竞争优势的公司，第二是在一个较低的价位买入这些公司的股票。伯克希尔·哈撒韦公司绝大多数的资金投入到了媒体和保险类股票中，这再次违反了现代投资组合理论关于投资行业分散的原则。虽然违反了某些理论和主流论调，但是巴菲特的长期绩

我专而敌分！

效却表明他做得很好。

巴菲特投资生涯中持股股票数目最多的时期是 1980 年，当时伯克希尔·哈撒韦公司一共持有 18 只市值超过 500 万美元的股票，除了传媒和金融保险行业，还持有三家矿业公司，一家零售公司，以及一家烟草公司，一家食品公司。除了矿业和保险金融公司之外，其他公司都属于日用消费品企业，这反映了巴菲特的投资组合相当集中于某些板块，这显然违反了现代资产组合理论。

1986 年，巴菲特通过伯克希尔·哈撒韦公司持有了 5 只股票，其中一家公司仅占 2.4% 的份额，持有这家公司的股份是一个套利交易，此时巴菲特的投资主要集中于三家公司：华盛顿邮报、大都会/美国广播公司和政府雇员保险公司，这三家企业的投资占用了伯克希尔普通股票投资份额的 90% 多，而整个普通股投资的资金量为 19 亿美元。这在当时也算得上是很大的资金了，却只投了三家企业。

巴菲特认为好的公司很容易使得自己做出买入或者持有的决定，但是那些情况不乐观的公司却很难让投资者下定决心，为了不碰这些烫手山芋，巴菲特坚决不买入那些可有可无的股票。坚持"宁缺毋滥"原则，是巴菲特集中持股的一个**原因**。

由于坚持持有最优质的股票，而且坚持在价格合理时才买入，这使得巴菲特买入股票的机会并不多，由于缺乏可以把握的投资机会，巴菲特很长时期持有少数几只股票，集中投资既是巴菲特投资方法的基础，也是投资方法的结果。费雪式的投资理念使得巴菲特无法对大量股票进行考察，同时，费雪认为在一家公司上多加研究可以得到更多的信息，**人的精力在一定程度上决定了其"能力范围"，有限的能力范围使得投资者必须集中于少数股票的研究**，而研究后值得投资的股票自然更少了。

巴菲特年轻时在纽约这个喧嚣之都工作过很长一段时间，他发现绝大部分投资者都在不断地试图找到更好的股票，"这

《左传·襄公二十六年》："善为国者，赏不僭而刑不滥……若不幸而过，宁僭不滥"。

山望着那山高"，到处急切地寻找下一只好股票，不断买进股票，生怕踏空一只牛股，这些都使得绝大部分投资者持有过多数目的股票。巴菲特认为天天到处搜罗新的投资对象，买进无数股票，不如耐心地等待一家具有长期竞争优势的公司出现。选择一家优质的公司长期持有，比那些成天买进卖出无数股票的做法强上百倍。同时关注多只股票让巴菲特无所适从，因为股票过多会使得他无法达到费雪要求的掌握程度，分析过多的公司和持有过多的股票只会使得巴菲特无法驾驭其"能力范围"。

**巴菲特建议投资者集中于特定公司的考察和投资，这些公司一是具有持久的竞争优势，第二要处在投资者的"能力范围"之内。**很少有公司能够同时满足上述两个条件，因此集中投资自然成为一种必然的结果。

巴菲特有一句名言为众多传记作家所传颂："一个投资者必须假定自己一生只能决策 20 次，每当做出一个持股决策时，他就少了一次决策机会了。只有这样才能保持选股的质量。我一生的成就不过是十几次成功的决策的自然结果。"

**集中投资必然导致长期投资，因为集中投资的主要原因是可以挑选的股票太少，既然可供选择的股票太少，那就只有长期持有了。**巴菲特要求公司具备"市场专利"，同时该公司又处在自己的"能力范围"之内，符合这两个条件的公司当然少了。所以"市场专利"法则和"能力范围"法则自然决定了长期持股和"集中投资"法则。而"市场专利"法则和长期持股法则又是"复利原理"决定的，所以"复利原理"和"能力范围"法则决定了"集中投资"法则。至于"复利原理"为什么会决定长期投资和"市场专利"法则。前文已有所交代，在此不再赘述。

巴菲特的"集中持股"法则与费雪有很大关系，费雪和宏观经济学之父**凯恩斯**一样认为持有过多的股票种类会增加投资组合的风险，而且分散投资降低了那些能产生最高收益机会所占的份额，这违背了利润最大化的要求。同时由于巴

约翰·梅纳德·凯恩斯（John Maynard Keynes, 1883—1946 年），现代经济学最有影响的经济学家之一。1936 年其代表作《就业、利息和货币通论》出版，立即在大危机后惊魂未定的西方世界引起轰动。西方学者对此评论道："凯恩斯是在致命危机威胁资本主义世界时挽救和巩固了这个社会。"客观来说他的理论更多是官方的政策指南，而非高效的预测工具，而奥地利学派更胜一筹。

菲特并不关注持股后股价的短期波动，所以他能够忽视股票组合市值的暂时波动，从而坚定集中持股的决心。

凯恩斯是一个宏观经济学家，是凯恩斯主义的奠基人，巴菲特毕业于经济学专业，自然对这位巨擘非常熟悉，他在年报中经常引用凯恩斯的名言，我们下面就摘录一段1991年伯克希尔·哈撒韦公司年报中的巴菲特引自凯恩斯的语录："我日益相信所谓正确投资的方法就是大量买入那些你认为了解其管理水平和运营情况，并让你信任的公司。过度分散的投资必然使得投资者无法做到这一点，因为一个人的经验和精力都是有限的。以我为例，我能把握的公司一般不超过两到三家。"

（2）巴菲特集中投资的行业板块。

欧洲四大名将亚历山大、汉尼拔、恺撒和拿破仑都强调兵力集中的重要性，拿破仑甚至认为兵力集中是军事学上的第一定律。巴菲特的投资之道也是如此，作为一个经济学的学生，他在大学就应该熟悉利润最大化的资源分配原则，那就是将资本优先配置给那些能够带来最大收益的项目，而不是平均分配。作为一个资本管理者，巴菲特自己也身体力行此原则，同时他对那些投资对象的筛选也会用到这条规则，那些善于留存收益的管理者为巴菲特所青睐，巴菲特坚持每一美元的投资必须用到收益最大的地方，如果企业管理者不能找到更好的再投资项目就应该把资本以红利的形式返还给股东。

在股票投资中，巴菲特始终按照所要投资公司的长期收益状况来分配投资资金，首先将资本分配到几个投资对象之中收益最高的一个，如果还剩下资金则分配给收益第二高的一个，按照收益的高低排定资本分配的优先顺序，只有坚持这样的资本分配方案才能实现利润最大化。巴菲特在大学学习了多年的经济学，对于微观经济学的效用最大化原则和利润最大化原则应该是掌握得滚瓜烂熟，而且其经常提到的梅纳德·凯恩斯也是一位经济学家，此人曾经参与了第二次世界

*物竞天择，适者生存。*

大战后的国际经济体系重建，在股票投资上也认为应该集中投资才能利润最大化。**平均化分配资本违背了经济学上的竞争定律，也就是通过竞争使得整体收益最大化。**巴菲特的方法是通过让各个潜在的投资对象凭借其自身的长期收益率来竞争巴菲特的货币选票，谁的收益率高，就先把资金分配给它，将稀缺资金按照效益和机会成本**进行配置。**

我们已经知道了巴菲特集中投资的第二步，那就是将资金按照收益率高低依次分配给潜在的投资对象。那么如何确定潜在的投资对象呢？这就涉及巴菲特集中投资的行业板块了。

前面我们已经讲到了"市场专利"与长期竞争优势是相关的，而长期竞争优势又是与企业的收益率高低相关的。巴菲特的投资对象主要集中在那些高于平均水平收益率的公司，这些公司基本都是具有较强"市场专利"的企业，如果一家公司的"市场专利"较弱，那么必须拥有一个能力卓越并且坦诚的管理层才行。

具有市场性专利的企业通常具有如下特征中的一条或者更多，而具有这些特征的企业一般就是巴菲特潜在的准集中投资对象，但是要成为真正的潜在集中投资对象则该企业还需要在巴菲特的"能力范围"之内。

第一，企业提供的是具有品牌的快速消费品，这类快速消费品具有重复消费的特征。

第二，企业需要借助广告来维护其产品的品牌价值和销售，同时利用广告的大额支出制造了进入壁垒，比如宝洁和可口可乐。

第三，具有渠道或者地域垄断性质的公司，比如发布广告的媒体和大的零售商。

至少符合这三个条件之一的行业板块就是巴菲特集中投资的行业板块。我们来看看都有哪些具体行业：

● 具有专利的制药厂，比如百时美、默克、辉瑞等具有专利的制药厂商。由于药品的需求价格弹性很小，所以专利用药在恰当的范围内可以保证一个较高的定价，除去当初高昂的研发成本和较低的制药成本，拥有专利的制药商可以在较长时期内保持一个较高的收益水平，而这正是巴菲特想要看到的情况。那些具有专利的制药厂通常都具有我们前面所说的配方型市场专利。

● 具有品牌的食品公司，比如箭牌口香糖公司等。这类公司的竞争优势在于它们的品牌已经深入人心，而且它们也具有某种程度的配方型市场专利。比如箭牌口香糖，箭牌几乎成了口香糖的代名词，中国的年轻人都知道箭牌口香糖，这就是箭牌公司的品牌效应所在。而且这类产品的消费量也特别大，至少是重复消费类产品，不像耐用

消费品，比如汽车，重复消费量很小。

● 快速消费食品公司里面，还有一类比较特殊的，就是饮料和烟草类公司，比如百事可乐、可口可乐和一些著名的啤酒公司、葡萄酒公司，以及菲利普·莫里斯公司。这些公司的业务也非常简单，而且其竞争优势也多是配方型市场专利。

● 品牌日化产品公司。比如化妆用品、洗发护发用品、洗涤用品等，比如联合利华、宝洁和吉列公司。这些公司有着丰厚的利润率和较高的股权回报率，其品牌价值和市场销量都令人乐观。

● 品牌快餐连锁公司，比如麦当劳、肯德基和必胜客等，后面两家公司都隶属于百盛集团。快餐的消费量是巨大的，其密集的网络具有地域垄断性市场专利。

● 品牌服装公司，巴菲特持有耐克公司的股份，像一些著名的服饰公司都属于此范畴，比如阿迪达斯，路易斯·威登等。

● 广告代理商公司，电视、报纸、杂志等。这些公司具有地域垄断性专利，巴菲特非常热衷于媒体投资，他持有华盛顿邮报集团的股份和大都会/美国广播公司的股份，这两家公司占了总资金的很大比例。

巴菲特的投资集中于上述这些行业板块，前面我们已经提到了西格尔对长期以来美国经济中具有高股权回报率公司的统计，他发现日用消费品、医疗保健产品和服务以及能源三个行业板块具有最高的持久股权回报率，这与巴菲特集中持股的板块非常吻合。

（3）费雪的教诲。

谈到巴菲特的集中投资策略，就一定要谈到菲利普·费雪。费雪不仅坚定了巴菲特集中投资的方向，而且给予了巴菲特具体操作集中投资的可行方法。我们下面就结合费雪的名著《普通股的不普通利润》（又翻译为《怎样选择成长股》）来看看费雪集中投资的原始含义。

费雪在其传世名著中有两章是告诫投资者需要避免的投资习惯，其中专门提到了分散化投资问题。在费雪写作这本书的时候，分散化投资，或者说多样化投资已经在证券交易界占据了主导地位，支持这一做法的理论依据大致来源于证券分析之父格雷厄姆的主张，而最简单的论据通常是"把所有鸡蛋放进一个篮子非常危险"，所以投资也要讲求多样化和分散化。

费雪是这样反驳这一论调的，他认为**把鸡蛋放在需求不同的篮子，就会使得很多鸡蛋没有放到真正安全的篮子里**。套用到证券投资而言，就是说分散化投资会使得部分资金投到了收益率较低的证券上。另外，费雪还提到了"能力范围"问题，他认为一笔 30 万美元左右的资金如果投到 30 只股票上是危险的，因为一个投资者根本不可能对 30 只股票有深入的研究。分散投资使得投资者对每只股票都了解不够，无形中将资产暴露在了无知的风险中。投资者将资金分散到过多的股票上，这就使得很多资金进入了他根本不了解的公司，买入不了解的公司对于价值投资者而言完全是灾难。所以，分散投资是一个会带来灾难的做法。

但是费雪并没有完全否认分散投资，他认为分散是否合理关键看程度是否合适，必须在投资者"能力范围"之内的分散才是合理的分散。对于如何确定合理的分散程度，费雪根据具体的三种投资环境给出了**各自的参考分散标准：**

第一种情况，对于所有投资都局限于那些经营稳固的大公司的成长性投资，投资的最低分散标准是买入 5 只这一类型的股票，也就是说每只股票占用的总资金不能超过 20%。同时费雪补充道，这只是买入股票时的参考份额标准，如果在持股过程中，某些股票的增值快于其他股票，结果出现了份额的改变，比如某只股票的份额上升到了 35%，则并不意味着需要重新**买卖调整份额**。投资这类公司时，必须要求五家公司之间的业务没有太多的重叠。不过费雪也认为如果了解充分，也不必拘泥于此条标准。巴菲特买入的很多公司都存在部分业务重叠的现象，但是这并没有妨碍巴菲特的获利能力。

第二种情况，投资者的部分投资，甚至全部投资都位于规模适中、成长性适中的企业中，在这种情况下，投资者对于每只该类型的股票不能投资超过 10% 的份额，一般是 8%~10%。而且费雪认为这类企业比那些稳健经营的大企业更难以识别。

第三种情况，投资者投资高风险和高收益的小公司。费雪认为这类公司的投资金额应该根据投资者自己的目标和投资的大环境去决定，但是要大致遵循两条原则：第一，千万不要把无法承担损失的资金用于这类高风险的投资。第二，

费雪将成长性投资根据企业规模和风险收益特征分成了三个档次，然后给出大致的投资集中度参数。

费雪认为没有必要实施资产再平衡。

资金规模较大的投资者在初次投资缺乏相应实际经验时，应该将单家公司的投资金额控制在总金额的 5% 以内。

从上面我们可以看出，费雪将成长性投资根据企业规模和风险收益特征分成了三个档次，然后给出了大致的投资集中度参考意见。他的建议就是**企业规模越大应该给予越多的投资资金比例，风险越高则应该给予越少的投资资金比例。**费雪这种大致的规则后来被林奇进一步发展了，林奇将企业分成了六大类型，在此基础上进行投资组合，在本书第四章当中，我们将谈到这一问题。

最后我们引用菲利普·费雪的一句话："证券投资的数目过多通常不是明智投资者的做法，这往往反映了投资者对于投资对象的不确定性程度很高，也就是说投资对象很可能并没有处在投资者的认知和掌握之中，至少表明投资者对于投资对象缺乏更深入的了解，这也是分散化投资的一个原因。**投资者应该认识到分散化必然以集中化为前提，只有首先找到了少数适合投资的对象再进行分散化投资才是正确的选择。如果为了逃避选股的劳累而过度地分散化投资，无疑会伤害到自己。**"

（4）巴菲特的集中投资策略。

巴菲特在投资之初就下意识地认识到了集中投资的好处，但是直到碰到费雪和查理·芒格后才坚定了这一看法，并且找到了与集中投资配套的选股方法。这些方法受到了费雪和彭博的影响，主要集中于两点：第一，寻找那些具有"市场专利"的公司；第二，寻找那些处在自己"能力范围"内的公司。通过运用"市场专利"法则和"能力范围"法则，部分成功地建立了其与集中投资策略匹配的选股方法。本章的第三节和第四节分别讲述了"能力范围"和"市场专利"投资法则，如果看到目前你还不甚明了的话，建议你在复习一下前面的这两个部分。毕竟巴菲特的"集中投资"法则与此密切相关。

有人将巴菲特的集中投资策略分为四个子项目，可以将

> 如果为了逃避选股的劳累而过度地分散化投资，无疑会伤害到自己。在这个问题上笔者是吃了不少亏的。

其列出来，与上述阐释做一个比较。笔者认为**集中投资策略主要是依靠寻找那些既有"市场专利"内又处在"能力范围"的公司，然后将资本按照其具有的竞争优势程度进行优先分配，以此达到利润最大化的投资目的。**集中本身不是目的，而是手段，有时候甚至是结果。

将巴菲特的集中投资策略划分为四个子项目，其中有一些是我们已经直接和间接提到过了的。

第一，在能力范围内对公司进行深入的了解，也就是对公司进行较为周全的立体分析，从财务到公司运营、管理层水平以及实地调研等。要进行集中的投资，就需要对公司有较为全面和深入的了解，这是格雷厄姆式的投资方法所不具备的。在聆听了费雪和其他极为著名的商业专家的教诲之后，巴菲特已经形成了自己独特的投资选股标准。但是，他的思想核心还是围绕着费雪的理论展开的。同时，巴菲特还是第一个根据持续竞争优势进行投资的著名投资家，这是其儿媳妇指出的。这一点是巴菲特从商业分析家彭博那里学到的，费雪对此的论述并不充分。通过投资那些具有持续竞争优势的公司，巴菲特可以获得长期高于平均水平的回报率。由于具有持续竞争优势的行业和企业非常少，大部分的企业都是没有长期竞争壁垒的公司，所以通过这样一筛选，能够投资的对象自然就减少了。

巴菲特分析公司经常使用我们前面提到的商业准则、财务准则、管理准则和市场准则。通过这一套方法，巴菲特可以对企业进行深入的了解，通常要完成上述四个准则的测试必须进行很多财务以外的工作，这些工作需要通过各种渠道去完成，而这些渠道都是需要离开枯燥的报表的。

能够通过巴菲特四个筛选准则的公司非常少，虽然好公司一直都有，但是很多公司的股票却无法通过市场准则。正是因为这样，巴菲特的集中投资就变成了长期投资，两者合二为一了。

第二，在大概率事件上下注。格雷厄姆从事过长期的保险业务，应该对精算有深入的了解，所以他知道市净率过低的企业，也就是那些股价相对于每股净资产很低的企业大多数都会在一段合理的时间内出现价格回归资产价值的运动。但是，格雷厄姆很难确定某一只股票是否一定会出现回归运动，所以他利用了分散投资。通过分散他可以把握住价格回归资产价值的这类运动，因为这是一个大概率事件。只要投资足够多的这类企业，并将投资资金平均化，一定可以得到一个正值的预期收益。虽然巴菲特早年对保险公司也有过深入了解，后来也努力介入保险业，但是他却没有通过分散化来利用大概率事件。他采用的办法是大概率事件上下大注，中等概率事件上下小注，

小概率事件上不下注的方式来运作投资的。另外，他还要考虑收益问题，收益越高则下注越大，这样通过考虑概率和收益的预期收益，巴菲特可以进行合适资金比率的投资。根据预期收益值，也就是概率乘以收益来分配资金早在职业赌徒那里就已经形成了体系，这成为了概率论和数理统计的基础。**巴菲特在大学念的是经济学，彼得·林奇和索罗斯念的也是经济学，而经济学都要学概率论这门课程，所以想必这些大师都是精通概率思维的人。**而格雷厄姆则更不用说了，因为在大学他的兴趣几乎集中于数学之上，这也难怪他以后建立了以定量为基础的证券分析方法。

第三，降低交易频率。巴菲特生性似乎有些"懒惰"，他自己也曾打趣地承认这一点，不过懒惰也给了他不少好处，那就是降低了交易的频率。集中投资者都是那种欲望较少的人，或者是意志坚定能够经得起市场诱惑的人。巴菲特承认"市场先生"和群体行为的巨大干扰，所以他选择了远离华尔街，远离喧嚣的人群。通过独处他降低了本身的欲望。**有时候为了赚更多钱，反而要放下赚钱的强烈愿望，这真是高手们经常遇到的瓶颈和难题。**巴菲特也明白，为了提高收益水平，就要避免被"市场先生"的乐观精神诱骗。无论巴菲特采取了什么措施来降低频率，我们都首先问问为什么自己的交易频率这么高。交易频率高的原因通常只有一个，但是交易频率低的原因却有很多个。交易者的交易频率高是因为他们经常面对不确定的损失和不确定的收益，当不确定感很强的时候他们就会转换投资，只有当一个人对头寸十分了解，进而有把握的时候他才会有坚定持股的信心，也才能集中持股。想象一个没有婚姻责任感，或者经不起诱惑的男子，他要么有了婚外情，要么就会经历好几次婚姻。前一种情况叫作过度分散投资，后一种情况叫作交易频繁。

第四，忽略短期的价格波动。如果一个交易者对短期价格波动非常敏感和在乎，则他很难坚持持股，如果不能坚持持股，通常也会分散投资。短线交易者的账户里面会出现一

《论语·公冶长第五》：子曰："吾未见刚者。"或对曰："申枨。"子曰："枨也欲，焉得刚？"

种周期性的现象，当盈利增加时，投资者会加入其他品种的头寸，因为他们觉得有利润可以作为"赌资"了；当亏损增加时，投资者也会买入其他品种的头寸，因为他们觉得需要在其他地方找回损失。短期价格的急剧变化一定会引起账户的盈亏，而那些关心短期盈亏的人一定会因此而坐立不安，心烦气躁，最后十有八九会忍不住而增加其他品种的投资，这样分散化**投资就形成了**。

长年从事人工的短线交易伤血耗气，难得长寿。

这种将集中投资归纳为四个子项目的提法其实有很多重叠的地方，因为"远离市场"可以起到忽略短期价格波动的作用，而忽略了短期价格波动则可以降低交易频率。只要把握了那些具有"市场性专利"企业，则预期收益值较高的大概率事件也就找到了，同时那些处在"能力范围"之内的企业则具备进一步选择的资格。所以，我们认为本章归纳出来的巴菲特六大智慧法则可以合理和有逻辑地囊括巴菲特的关键投资精华思想，而且这六大智慧也具有具体的指导意义，不像有些论调那样模糊和不具可行性。

# 第八节　巴菲特选股方法总结

沃伦·巴菲特认为，如果股价下跌不是公司本身的原因造成的，那么这一个原因就足以促成投资者买进一家公司。

——玛丽·巴菲特

他的基本投资策略就是在较低的价格买入那些具有持续竞争优势的公司。

——D.克拉克

（1）巴菲特式选股的适应对象。

巴菲特继承了格雷厄姆的安全边际，或者说安全空间理念，对于风险，巴菲特是非常厌恶的，他创造出来的投资方

法也是以低风险为主。所以巴菲特的方法适合那些风险厌恶性的投资者。另外，巴菲特的投资方法不需要短期内的频繁交易，巴菲特甚至认为一生当中进行二十几次较长期的交易就够了。**巴菲特认为投资者的主要精力应该放在研究公司上，而不是关注股票市场的起落。股票市场只是为投资者提供一个买卖好公司的平台，并在"市场先生"糊涂的时候捞一把。**对于那些投资时间不是很充裕的投资者而言，巴菲特的方法确实具有很大的可操作性。但是巴菲特要求投资者必须对公司非常熟悉以便通过集中少数几家公司就能够取得风险较低，而收益较高的投资绩效。巴菲特的投资期限一般在 10 年以上，当然他也做资金规模相对较小的其他类型交易，不过他的主要财富都是通过长期持有那些具有持续竞争优势的公司得到的。

> 什么时候对手盘会非理性地交出好的公司？情绪主导他们的时候！

巴菲特的方法与格雷厄姆存在很大的区别，可以说是根本性的差异，成熟后的巴菲特应该说更像费雪，而不是格雷厄姆，所以那些希望成长性和研究商业运作的投资者可以学习巴菲特的方法。**巴菲特认为自己是一个商业分析家，而不是证券交易者**，这并非巴菲特故作高深，而是肺腑之言。巴菲特进行股票投资的时候离市场很远，但是对公司经营的各个方面却非常有兴趣，他得出的研究结果与很多商业分析专家的结论相同，同时可以看出他对商业模式和竞争优势的分析深深打上了商业分析家的印记。**具备产业知识和竞争战略理论以及实践经验的人可以好好学习巴菲特的投资方法。**

总体而言，巴菲特的方法适合那些喜欢商业研究的长期投资者，对于偏爱竞争优势理论和投资心理研究的投资者也非常适合。

（2）巴菲特的关键投资理念和智慧法则。

巴菲特的关键投资理念有：买入公司，而不是股票；对一家公司的经营和管理应该有深入的了解；持有那些具有竞争优势的公司的股票；明确自己知道什么，不知道什么；等等。这些总结你经常会在有关巴菲特的传记类作品中看到，

我们在本章的第二节到第七节进行了更为系统化的归纳。

首先，巴菲特的成功得益于其不断学习的精神，从小受到其父的商业和投资行为熏陶，这些都是有利的先天影响，暂且不论，不过后来他进入大学后发奋攻读了上百本投资类书籍，其中还包括技术类投资专著，这些都没有满足其要求。后来，他幸运地读到了格雷厄姆的《聪明投资者》一书，从此找到了自己的方向，之后到哥伦比亚商学院直接受教于格雷厄姆本人，毕业后有过一段与格雷厄姆共同工作的经历。这些求教于格雷厄姆的经历，使得巴菲特由一个没有任何章法的投资者逐渐成为一个思维严谨，具有风险意识和控制能力的价值投资者。这是巴菲特的第一次飞跃。但是巴菲特在具体实践中发现格雷厄姆的有形资产评估法与自己的集中投资风格并不符合，因而陷入实践和理论两方面的困境，此时遇到查理·芒格和菲利普·费雪，从这两人身上巴菲特找到了解药，通过进行公司经营和管理方面的分析，巴菲特成功地将集中投资方法与费雪的动态价值投资法结合起来了。这是巴菲特的第二次飞跃。2000年前后，巴菲特的投资开始扩展到了证券之外，在银价最低时买入白银，不断卖空美元，这表明巴菲特开始将价值投资的范畴扩大到了股票和债券之外，这是巴菲特的第三次飞跃。巴菲特通过不断进步，取得了前所未有的投资成就，这些最终都归功于巴菲特的**"与时俱进"法则**。在"与时俱进"法则的推动下，巴菲特先后学会了"远离市场"法则，"集中投资"法则，"市场专利"法则等。

"远离市场"是为了更好地进行价值投资，避免了市场的干扰，同时可以更好地观察市场，从而利用市场的周期性癫狂进行买卖，这就是巴菲特"远离市场"法则的实质。"远离市场"同时也促进了"集中投资"和长期投资，后者又是"复利原理"发挥作用的一个因素。

"复利原理"是巴菲特能够积累如此多财富的一个关键法则，财富的指数化增长取决于两个因素：一是投资的期限；二是投资的收益水平。前者由长期投资达成，通过"远离市

巴菲特的第四次飞跃是大举介入 IBM，他为什么会对科技股感兴趣呢？

大家可以独立思考一番，各抒己见。

场"来避免交易冲动，从而排除那些"能力范围"之外的交易对象，缩小投资选择，通过"集中投资"避免了过多持股的冲动，也在一定程度上促进了长期投资。提高收益水平，主要依靠持有那些具有"市场专利"的公司，这些公司具有持久的竞争优势，通常处于日常消费部门和医疗保健部门。

我们可以看到，巴菲特的方法以"复利原理"法则为统辖，以"市场专利"法则为核心建立起来。他的投资哲学大致是这样延伸开来的：为了积累大量财富，就必须利用"复利原理"，因为指数化增长快于算术增长。"复利原理"法则的具体运用要从两个方面入手，一方面，一是延长投资期限，增大复利的指数部分，要做到这点一要"远离市场"，二是"集中投资"。运用复利原理的另一个方面是提高复利水平，这增大了复利的幂部分，要做到这点最为关键的是要"集中投资"于拥有"市场专利"，而且在"能力范围"之内的企业。其实，通过了"市场专利"筛选又处在"能力范围"之内的企业毕竟是少数，这又反过来促进了"集中投资"和长期投资。

巴菲特投资法则有六个，"与时俱进"是个动力系统，是个前提，然后以"复利原理"作为主体，从中衍生出其他几项法则。巴菲特的投资体系是一个圆融的整体，这反映了巴菲特圆融贯通的个性风格。

（3）巴菲特投资法则的两个版本。

对于巴菲特的具体投资步骤和选股方法存在两个比较权威的版本，这两个版本都是基于巴菲特此前的投资历史和年报得出的，而且这两个选股方法的定量化和定性化都做得比较好。第一个版本是 R.G.海格史度姆总结出来的，他的这个版本得到了彼得·林奇和肯尼斯·费雪的推荐，而且他对巴菲特为伯克希尔·哈撒韦公司写的年报研究非常透彻，对于巴菲特的操作账目了如指掌。第二个版本是巴菲特的前儿媳和一友人提供的，这一版本覆盖了巴菲特在新千年前后的一些重要交易。两个版本相差 10 年左右。对于巴菲特本人是否采用了相同的投资步骤和法则，我们不作评价，但是我们认为这些版本确实包含了巴菲特某一段成长和投资历程的影像。下面我们就来分别谈谈这两个版本的巴菲特投资法则。

第一个版本是 R.G.海格史度姆归纳出来的，大约是在 20 世纪 90 年代中期，期间巴菲特投资了白银，投资了外汇，还经历了互联网**泡沫的破裂**。R.G.海格史度姆将巴菲特的投资法则分为四步，前面我们已经提到过了，这里简要回顾一下，详细的内容请结合本章第六节的相关段落学习。

R.G.海格史度姆版本的巴菲特投资法则包括四个步骤，关键是第三个步骤。四个步骤分别是：

● 第一步，远离股票市场。

● 第二步，忽略经济变化。

● 第三步，买入公司，而不是股票。

● 第四步：关注持有股份的相应公司的变化，进行头寸管理。

其中第三步具体包括了四项选股准则：

第一，商业准则。

1）公司的业务是否简单明了。

2）公司的经营历史是否连贯。

3）公司的前景如何，成长性如何。

第二，管理准则。

1）高级管理者是否对股东诚实，敢于承认自己的失误。

2）高级管理者是否理智，善于留存收益。

3）高级管理者是否能够抵御群体行为。

第三，财务准则。

1）公司的股权回报率如何。

2）公司的利润率如何。

3）公司的自由现金流或者是"股东收益"如何。

4）留存收益的增值情况如何，是否得到了有效的使用。

第四，市场准则。

1）公司的内在价值如何，也就是公司的未来现金流贴现后的水平如何。

2）股价是否低于公司的内在价值。

接着我们来看第二个版本，这版本是由玛丽·巴菲特同巴菲特家族的一个友人一起总结出来的，时间大致在千禧年后一两年。这个版本的巴菲特投资法则涵盖了新经济时期巴菲特所做的投资，其版本赖以生成的样本更加广泛，具有更好的代表性，**最为重要的一点是这个版本首次强调了"市场专利"在巴菲特投资体系中的关键地位**，这在上一个版本是看不到的。下面我们就来看看玛丽·巴菲特版本的巴菲特投资法则。这一版本共包含了两大步骤，一共14条子项目。

**第一部分，考察公司质量。**

**1）公司是否具有持久竞争优势。**

2）投资者是否清楚该公司产品的用处。

3）20年后该产品过时的概率有多大？

**4）该公司的资金是分配给具有持久性竞争优势的业务吗？**

5）公司过去10年的每股盈余和其增长率是否较高（横向比较）？

6）公司过去10年的股权回报率是否较高（以15%作为门槛）？

7）公司过去10年的资本回报率是否较高（横向比较）？

8）公司的偿债能力如何，需要多少年才能偿还清目前账目上的长期债务？

9）公司是否正在积极回购股票？

10）公司具有定价能力吗？能否抵御通胀的侵蚀？

11）公司需要大量的资本支出来更新固定资产吗？

**第二部分，考察股票价格。**

**12）股票价格处于市场性恐慌下跌吗？是否出现暂时性的糟糕情况导致股价下跌？**

**13）市盈率的倒数与国债长期收益率比较起来是否具有吸引力？** 如果市盈率较高，则其倒数较小，这种情况下，股票就缺乏吸引力。市盈率又称本益比，是每股收益除以股价得到的一个比率，价值投资者经常使用这一比率判断股价是否存在过高的可能。

14）根据10年每股收益的年增长率推算年复合回报率是否可观？

第二本版本的方法与晨星公司使用的价值投资策略非常相似，据说晨星公司最初是根据巴菲特的理念建立起来的。另外，香港价值投资大师林森池也常用类似的策略，**这三个版本的投资策略，都有一个共同点：重视企业的持久竞争优势。用我们的话来说，就是巴菲特的投资体系很可能是以"市场专利"为核心建立起来的。**

第一部分是商业分析。

第二部分是估值。

逐利是资本的本性，比较不同资产收益率的差异可以得出资金的流向。巴菲特虽然不关注资金的流向，但是估值水平高低却能对资金的流向产生客观的影响，而资金流向必然影响价格。

195

FOUR GURUS
BOUND VOLUME

第二版

# 投资巨擘的圭臬

## 价值投资的谱系与四大圣手之道（下册）

魏强斌/著

经济管理出版社
ECONOMY & MANAGEMENT PUBLISHING HOUSE

**图书在版编目（CIP）数据**

投资巨擘的圭臬：价值投资的谱系与四大圣手之道/魏强斌著. —2版. —北京：经济管理出版社，
2016.11
ISBN 978-7-5096-4543-7

Ⅰ.①投… Ⅱ.①魏… Ⅲ.①股票投资 Ⅳ.①F830.91

中国版本图书馆 CIP 数据核字（2016）第 188965 号

策划编辑：勇　生
责任编辑：勇　生　王　聪
责任印制：黄章平
责任校对：王　淼

出版发行：经济管理出版社
　　　　　（北京市海淀区北蜂窝 8 号中雅大厦 A 座 11 层　100038）
网　　　址：www. E-mp. com. cn
电　　　话：(010) 51915602
印　　　刷：三河市延风印装有限公司
经　　　销：新华书店
开　　　本：787mm×1092mm/16
印　　　张：30.75
字　　　数：595 千字
版　　　次：2016 年 11 月第 2 版　2016 年 11 月第 1 次印刷
书　　　号：ISBN 978-7-5096-4543-7
定　　　价：108.00 元（上、下册）

# 目 录

# 上 册

本杰明·格雷厄姆作为一代宗师，他的金融分析学说和思想在投资领域产生了极为巨大的震动，影响了几乎三代重要的投资者，如今活跃在华尔街的数十位拥有上亿美元资产的投资管理人都自称为格雷厄姆的信徒，他享有"华尔街教父"的美誉。格雷厄姆生前可能没有想到，他的名声居然会由一个比自己低两个辈分的年轻人，即沃伦·巴菲特来传承。

以40美分的价格买进一美元的钞票，人若不能够立即接受这项概念，就永远不会接受它。它就像注射药剂。如果它无法立即抓住这个人，则我认为即使你长期地说服他，并且展示各种记录，你也无法让他接受。这是很单纯的概念，但他们就是无法领悟。类似瑞克这样的人，他完全没有正式商学教育的背景，却可以立即领会价值投资法，并且在五分钟之后便加以利用。我从来不曾见过任何人，会在10年之后才逐渐地皈依这种方法。它似乎和智商或学术训练无关。它是顿悟，否则就是拒绝。

格雷厄姆认为，动机比外在表现更能确定购买证券是投资还是投机。借款去买证券并希望在短期内获利的决策不管它买的是债券还是股票都是投机。在《证券分析》一书中，他提出了自己的定义："投资是一种通过认真分析研究，有指望保本并能获得满意收益的行为。不满足这些条件的行为就被称为投机。"

格雷厄姆决定拿隐瞒大量资产的公司作为入手处。他开始从上市公司本身、政府管理单位、新闻报道、内部人士等多种渠道收集资料，通过对这些收集到的资料进行研究分析，搜寻那些拥有大量隐匿性资产的公司。

在格雷厄姆看来，投机并不是一项好的投资，因为投机是建立在消息上面的，其风险非常高。当股价已升至高档的上端时，很难说哪一只股票没有下跌的风险，即便是绩优股也不例外。所以，从严格的意义上来讲，基于事实本身的投资和基于消息的投机，两者所蕴含的风险是截然不同的。如果一家公司真的营运良好，则其股票所含的投资风险便小，其未来的获利能力一定比较高。同时，格雷厄姆还认为，风险在股市上是永远存在的，没有风险就没有股市，任何一个投资者要想成功，均需依靠行之有效的技巧来规避风险并进而获利。

格雷厄姆是组合投资的先驱之一，他认为投资者应合理规划手中的投资组合，一般手中应保持25%的债券或与债券等值的投资和25%的股票投资，另外50%的资金可视股票和债券的价格变化而灵活分配其比重。当股票的盈利率高于债券时，投资者可多购买一些股票；当股票的盈利率低于债券时，投资者则应多购买债券。

格雷厄姆主要基于静态价值进行投资，具体而言就是有形资产，通过对有形资产

为核心的价值进行评估,他得出了价值和价格之间的差值,通常而言,由于是基于静态价值评估,所以他基本上不管公司长期的成长和盈利情况,只要账面上的价值在股价上得到了体现,他就会抽回投资,投到下一个具有隐藏价值的公司上。所以,他的价值投资一定没有巴菲特那么长,他的盈利状况也没有巴菲特那么好,最为关键的是随着有形资产盈利能力的提高,随着证券分析技术的进步,格雷厄姆那种以有形资产为基础寻找隐藏价值的方法逐渐失去市场。

价值投资的操作方法并不是使用复杂的公式做复杂的计算,而是格雷厄姆和巴菲特一直强调的"安全边际"。所谓"安全边际"指的是在作投资时,要以内在价值的显著折扣购入资产,以避免未来不可预知的风险。格雷厄姆说:"未来能用两种方法达到,一个可称为预测,一个可称为保护。"价值投资者面对未来不可预知的风险时,使用的是"安全边际"的操作原则,让自己得到保护。

格雷厄姆的时代是一个有形资产为主的时代,资产的增值速度远远慢于今日,所以他自然是以资产而非收益为主来判断价值,这种评估价值的方法我们认为是建立在静态基础上的。他也知道公司的价值不仅存在于现在,更取决于未来,但是由于对投机泡沫和人类天性的顾忌,他基本上拒绝了那些不能定量化的东西进入他的研究视野中。在他晚年的时候,也就是世界上第一颗芯片研发出来前后,他的思想也发生了变化。最为重要的推动因素有两个:第一,无形资产比如商誉,知识产权等开始与有形资产分庭抗礼;第二,会计制度的完善,财务和证券分析方法的普及,从业者素质的提高以及大量专业金融机构的出现,使得那种利用账面资产价值与内在价值偏差获取所以的方法慢慢在竞争中丧失了当初的效力。

有人算过,如果再让巴菲特多活20年,整个美国的公司都会被他兼并,因为他一直以24%的复合增长率在增加其财富,似乎从来没有因为资金庞大而找不到投资对象。那些触角伸向全世界每个家庭的美国上市公司,很多都有巴菲特资金的影子,比如宝洁,比如可口可乐,比如吉列,比如耐克。可以说全世界的人都在通过某一产品与巴菲特的投资思想接触。

巴菲特如此伟大,作为全世界最伟大的投资者,他无愧于这个称号。巴菲特受益于格雷厄姆和菲利普·费雪两位投资思想家和实践先驱,他成熟后的投资总是寻找那些具有持续竞争优势的公司,据称他是第一个这样做的投资大师;他远离市场,而热衷于分析和观察公司,不仅查看财务报表,更为重要的是分析一些公司特征和收益前景;在买入股票上他恪守了格雷厄姆的"安全空间"理论。

巴菲特从小就立志做一个金融交易者,先从自学入手,接触了大量的金融交易文献,但是都不得其门而入,格雷厄姆给予了巴菲特第一次升华,由一个没有章法的交

易者上升为定量分析专家，巴菲特取得了一次进步，之后巴菲特从事多年的投资实践，从同事身上学到不少经验，从事独立投资使得巴菲特开始学会企业经营之道，后来经过查理·芒格和费雪的引导，获得第二次飞跃。

直到现在为止，正统的投资理论都认为人天生具备理性的思考能力，而且可以获得充分的信息以便进行全局和长期最优化的投资决策。其实，这显然误读了人的能力范围，无论是巴菲特还是索罗斯，他们都认为人的投资能力无论是从认知能力的角度还是信息处理的角度来看都存在明显的局限性。巴菲特用"能力范围"将自己从查理·芒格那里获取的心理学知识概括起来，而索罗斯则用"预定错误"预先就告诫自己任何判断可能存在的问题，然后在此基础上预先为投资失败留下退路，索罗斯的这些思想源自其父亲和卡尔·波普，前者认为人应该随时预见可能的灾难，而后者认为人的认识能力天生就存在缺陷。

市场性专利是否在一家公司存在，也就是说一家公司是否具有市场性专利，通常需要经过如下三个步骤测试才能确定：第一，市场性专利存在的证据，主要从财务数据来分析；第二，市场性专利的来源，主要根据业务特点和市场性专利的既有两种类型来判断；第三，市场性专利的持续性，不同的市场性专利具有不同的有效期限，通常而言，价值投资应该选择那些具有二三十年以上市场性专利的企业。

巴菲特的伟大之处就在于能够找到那些收益持久高于平均水平的公司长期持有。通过"市场专利"法则可以找到那些收益持久高于市场平均水平的公司，但是长期持有一家这样的公司为什么可以带来如此丰厚的收益呢？秘密就在于"复利原理"。长期持有之所以具有丰厚的回报，是因为复利原理的存在。如果没有复利的存在，则利润的增长将是算术化的，而非指数化的。人类的预期通常是按照直线运行的，所以总是无法直观地看到指数化增长的无穷力量。

格雷厄姆认为一个投资者需要具备两个条件才能抵御情绪的影响：第一个条件是采用定量化的理性手段来分析股票，比如会计和财务分析方法；第二个条件是远离市场和投资人群。格雷厄姆告诫巴菲特，即使他掌握了定量化的分析手段仍然不能保障内心的平衡和理性，因为情绪很容易受到市场波动的影响，这时候定量分析反而可能助纣为虐。在掌握了理性分析方法之后，投资者仍然需要战胜自己的情绪。要战胜自己的情绪，最好的办法是远离市场。格雷厄姆以"市场先生"来比喻证券市场的极端无常。

欧洲四大名将亚历山大、汉尼拔、恺撒和拿破仑都强调兵力集中的重要性，拿破仑甚至认为兵力集中是军事学上的第一定律。巴菲特的投资之道也是如此，作为一个经济学学生，他在大学就应该熟悉利润最大化的资源分配原则，那就是将资本优先配置给那些能够带来最大收益的项目，而不是平均分配。作为一个资本管理者，巴菲特

自己也身体力行此原则，同时他对那些投资对象的筛选也会用到这条规则，那些善于留存收益的管理者为巴菲特所青睐，巴菲特坚持每一美元的投资必须用到收益最大的地方，如果企业管理者不能找到更好的再投资项目就应该把资本以红利的形式返还给股东。

为了积累大量财富，就必须利用"复利原理"，因为指数化增长快于算术增长。"复利原理"法则的具体运用要从两个方面入手，一是延长投资期限，增大复利的指数部分，要做到这点一要"远离市场"，二是"集中投资"。运用复利原理的第二个方面是提高复利水平，这增大了复利的幂部分，要做到这点最为关键的是要"集中投资"于拥有"市场专利"，而且在"能力范围"之内的企业。其实，通过了"市场专利"筛选又处在"能力范围"之内的企业毕竟是少数，这又反过来促进了"集中投资"和长期投资。

# 下　册

《巴伦周刊》在千禧年的第一份杂志上这样评价林奇："在过去的 10 年岁月里，他没有管理任何形式的公众基金，但是他仍旧是这个星球上最受欢迎和崇敬的基金经理。"而巴菲特作为大股东的《华盛顿邮报》则盛赞林奇是这个世界上最著名的基金经理人。要知道林奇当时已经退休多年，其业绩能够盖过千禧年前后的众多 IT 投资基金，这简直是个世纪奇迹。

格雷厄姆着力于发掘那些有形资产没有得以准确入账的公司，这就是扩展了空间中的宽度价值，因为隐蔽的资产就是价值的宽度被遮盖后形成的。巴菲特着力发掘那些具有无形资产的公司，这些公司具有市场性专利，可以长期阻挠进入者，这就是增加了价值深度的发掘力度。而彼得·林奇则主要集中精力于发掘那些随着时间可以增值的公司，这类公司具有很高和很持久的成长速度，其实这就是林奇在发掘时间上的价值。

在选择成长股票的时候，我们可以很容易找到那些历史表现良好的股票，但是对于这些股票是否能够延续其以前的成长水平，我们经常需要做进一步的研究才能确定。这就是对成长的质量进行深入的剖析，对那些推动成长的要素进行分析，看看这些因素提供的成长动力是否充足。

很多公司都可以通过合法而复杂的会计手段来蒙蔽投资者，但是一家公司的现金流却很难说谎。一家经营正常的企业，其经营性现金流应该大致保持上升趋势，这样

才表明企业的业绩在稳步上升，利润在增长。有一种情况需要特别警惕，那就是如果一家公司的净利润在急剧增长，但是它的经营性现金流却处于停滞状态，或者增长十分缓慢。这通常表明销售收入的回款遇到了麻烦，该企业不能及时收回账款，或者是企业将一些预期的销售收入计入了账目中，从而增加了当期的利润水平，但是这些利润却是没有实现的。

作为一个稳健而现实的投资者，我们应该从另外一种原因上涨的股票上寻找投资机会。这就是那些因为盈利而上涨的股票。这种上涨是必然的，也是可靠的，更是可持续的。只要盈利，那么股票的上涨就是可持续的。抛开企业的生命周期，过去几年的企业盈利水平一般是可以持续的，企业的经营业绩是有惯性的，历史是有用的，否则格雷厄姆就不会那么重视研究 5 年以上的经营历史了。林奇特别在意公司是否盈利，特别是未来的盈利水平是否可以在历史的基础上做到更好。

在建立投资组合时，除了注意股票类型的平衡，还有注意买入的价格是否合理。林奇认为即使一个投资者买入了稳定增长型股票也不见得能够分散投资的风险，因为这个投资者可能在一个过高的价格上买入了这只股票。由于买价不合理地高，使得组合风险不但没有降低，反而变得更高。

毕竟逐利是人类乃至万物的本性，任何资产之间收益差的显著和持续变动都会改变资产价格的趋势。在市场的顶部和底部形成中，资金是最为直接的因素，有些投资者认为市场情绪是最为主要的因素，其实情绪要转化为市场价格运动，必须是作用于手中握有资金的人，一个情绪激动的散户比不过一个情绪稍微波动的基金经理所发挥的影响。

在林奇看来投资并不是面对枯燥的财务数据，也不是埋首于抽象推理，投资是生活的一部分，可以套用一句名言："投资来源于生活，又高于生活。"林奇虽然是一位专业投资者，但是在专业投资者们看来他是一个离经叛道的人，因为林奇反对专业投资者的很多方法和规范，他曾经在自己的三本著作中对专业投资者大加批判，而且认为他们远远比不上那些业余爱好者。但是，林奇的业绩使得华尔街对他爱恨交加。

林奇作为一个中线投资者，如此看重公司的收益，认为收益的历史、现状和未来决定着一只股票的历史和未来。林奇持有这一观点并不孤单，从价值投资大师身上我们可以清晰地看到同样的特征，即使像威廉·欧奈尔这样的强势股交易者也将收益看作最为关键的因素之一。可以这样说，林奇是以"收益第一"为准绳，以"成长为王"为核心，以"消息优势"为手段的投资大师。

1992 年，索罗斯抓住时机，成功地狙击英镑。这一石破天惊之举，使得惯于隐于幕后的他突然聚焦于世界公众面前，成为世界闻名的投资大师。从 1969 年建立"量子基金"至今，他创下了令人难以置信的业绩，以平均每年 35% 的综合成长率令华尔街同行望尘莫及。他好像具有一种超能的力量左右着世界金融市场。他的一句话就可以使某种商品或货币的交易行情突变，市场的价格随着他的言论上升或下跌。

索罗斯之所以是价值投资者，主要是因为三点：第一，他早期从事股票投资时运用了格雷厄姆时的隐蔽资产分析法；第二，他投资所采用的框架是"反身性理论"这一理论强调了价格对基本面的背离，同时也认为价格最终会对基本面进行回归，而他的交易就是要抓住背离后的回归运动，这与格雷厄姆不谋而合，格雷厄姆就是认为价值和价格的偏离造就了安全空间，而这就是价值投资获取收益的关键；第三，索罗斯从卡尔·波普那里获得了投资哲学的基础，这一投资哲学的核心是强调人的认识具有局限性，而这与费雪和巴菲特提出的"能力范围"理论不谋而合。

要精确地把握到金融产品的临界反转点，需要一定的知识储备，那么究竟需要哪些领域的知识呢？根据索罗斯本人的经历和投资哲学，一个成功的"金融炼金"大师必须对宏观经济和政治理论有深入的了解和结合实际的把握，更为重要的是他还能够明晰人性的弱点和缺陷，懂得群体心理学和变态心理学的精髓，与此同时他还能得到来自第一线的消息，也许这应该被称为"草根数据"。

金融交易中的"生存之道"在于保住资本，然后才是赚钱，无论是哪位交易大师，无论他信奉何种流派，只要他想通过实践的考验成为名副其实的大师，就需要坚持这一原则，巴菲特从格雷厄姆那里学到了保住资本的第一课，通过安全空间和分散投资来控制损失，后来费雪又教会他通过界定能力范围和集中投资来控制损失，索罗斯也经历了大师的教诲。卡尔·波普并非金融界人士，对于交易恐怕也一无所知，但是他的学说却滋养了索罗斯这样的金融大鳄。波普给了索罗斯控制风险的一种哲学方法，这就是为自己的判断界定有效空间，也就是明确知道自己判断得以成立的基础。如果一项判断没有前提，则一定无法控制损失，因为根本不知道什么情况下它是错误的。

进行全球宏观交易必须熟知全球的金融动态和宏观经济以及政治形势。宏观对冲基金从事任何类型的金融品交易及各国的股票、政府债券、企业债券、外汇、贵金属、商品期货和金融期货。现在的宏观对冲基金并非遵循最初的避险式策略，而是以高杠杆为险要特征进行全球操作。正是由于宏观对冲基金这种高杠杆特性使得全球的金融市场承受了巨大的波动风险，从欧洲汇率机制的崩溃到东南亚经济危机，可以说对冲基金强大的杠杆使得那些本已聚集的泡沫迅速被刺穿。

# 第四章

# 成长性价值投资（时间价值）——彼得·林奇

没有了成长性，我们如何赚大钱？

——肯尼斯·费雪

## 第一节　全球第一基金经理：彼得·林奇

如果一个业余投资者能够用心对公司和股票做一点研究，那么他可以很容易地超过华尔街的专家们。

——彼得·林奇

林奇先生，我是奥马哈的沃伦·巴菲特，刚刚读完你的书，我非常喜欢。

——沃伦·巴菲特

巴菲特曾经听过四个人的课程，首先是格雷厄姆，然后是菲利普·费雪，在最近几年他则对吉姆·罗杰斯和彼得·林奇赞不绝口，他听过这两个人讲课。除了这些人之外，巴菲特肯定还听过其他不少人的讲课，不过能够上史料和报纸的新闻大概只有关于这四个人的。国内很多投资者在这次牛市中知道了巴菲特，但对于彼得·林奇则知之甚少，但这并不妨碍林奇在中国价值投资者心目中的崇高地位，他创造了近乎30%的年回报率，而且维持了十年以上，这个纪录只有索罗斯可以超越，但是索罗斯的盈利并没有林奇那么稳固。林奇因为其刷新世界纪录而被称为"全球第一基金经理"。我们就来看看林奇和他的选股方法的概况吧。

《巴伦周刊》在千禧年的第一份杂志上这样评价林奇："在过去的 10 年岁月里，他没有管理任何形式的公众基金，但是他仍旧是这个星球上最受欢迎和崇敬的**基金经理**。"而巴菲特作为大股东的《华盛顿邮报》则盛赞林奇是这个世界上最著名的基金经理人。要知道林奇当时已经退休多年，其业绩能够盖过千禧年前后的众多 IT 投资基金，这简直是个世纪奇迹，要知道在 2000 前的几年里，很多高科技股票飞涨狂飙，而林奇则是在此前十年离开岗位，而且他还经历了 1987 年的股灾，从 1977 年成为麦哲伦基金的经理人到 1990 年退休，林奇使基金的资产从 2000 万美元增长到 140 亿美元，成为富达旗下的旗舰基金，其规模和收益都稳居全球第一。

林奇坚持不可思议的常识投资法，这种方法不需要很高深的数学基础，也不必接受严格的金融教育，林奇认为通过关注周围的世界，注意自己购物的情况，注意自己工作中接触的信息，这样就可以具备专业投资者不可能具备的优势。**林奇痴迷于那些拥有良好销售的公司**，而这个状况可以直接观察到，走进购物中心就可以看到那些销售良好的产品和销售不佳的产品，这就是林奇挑选股票经常使用的一步。林奇认为如果投资者对于某家公司有实际而直观的理解，就可以给投资者带来超出一般**水平的回报**。

林奇的投资方法具有六大特点，但是最为突出的是：追求成长性，他会选择那些具有持久的客观成长速度的公司，这点是对格雷厄姆和巴菲特的超越，格雷厄姆没有成长这个概念，虽然当初他买进了一家政府雇员保险公司，但正如他自己说的一样，是一个意外。巴菲特虽然受到菲利普·费雪的影响慢慢转向了成长性，不过这也是因为查理·芒格的缘故，巴菲特更擅长于抓住那些具有市场性专利的公司，这类公司拥有良好的利基，可以长期保持高于市场平均水平的回报率，虽然这些公司不能扩展自己的规模，但是可以带来大量的现金流和超额的利润，这些都可以极大提升投资的回报。从这里我们可以看到，**格雷厄姆着力于发掘那些有形资产没有得**

现在，桥水基金的 Ray Dalio 已经成了新的标杆人物。

肯尼斯·费雪也特别重视销售状况。

直观的事实，严密的逻辑和准确的数据，三者构成了精彩投资的基础。

以准确入账的公司，这就是扩展了空间中的宽度价值，因为隐蔽的资产就是价值的宽度被遮盖后形成的。巴菲特着力发掘那些具有无形资产的公司，这些公司具有市场性专利，可以长期阻挠进入者，这就是增加了价值深度的发掘力度。而**彼得·林奇则主要集中精力于发掘那些随着时间可以增值的公司，这类公司具有很高和很持久的成长速度，其实这就是林奇在发掘时间上的价值**。格雷厄姆发掘了空间宽度上存在的价值，巴菲特发掘了空间深度上存在的价值，而彼得·林奇则发掘了时间上存在的价值，后面我们还会谈到索罗斯，他作为价值投资者一直不为大众所知晓，是一个孤独的"神"，他开辟了价值投资的全新世界。在本章，我们主要阐述林奇的投资智慧，这些智慧一共包括六个方面，从"成长为王"开始，所有智慧法则都是忠实于林奇本身的著作、言论和思想，我们搜集到了他的绝大部分文字材料和许多关于他的评论。关于林奇，我们强调一点：**他通过根据成长性对公司进行分类，开辟了价值投资的一个新维度，这个维度就是时间，他实践上的成就超过了菲利普·费雪。**

下面我们一同聆听林奇的智慧吧，六大法则为你解析林奇成功的奥秘。

> 格雷厄姆发掘了空间宽度上存在的价值，巴菲特发掘了空间深度上存在的价值，而彼得·林奇则发掘了时间上存在的价值。

# 第二节　林奇的智慧法则一：成长为王

你必须留心公司的成长动力是什么，并且推断公司的成长速度何时会放慢。

——彼得·林奇

就钱财而言，一切都源于你有心发财。

——拉瑞·威廉姆斯

（1）选择十倍牛股。

与巴菲特偏重于无形资产价值有区别的是，彼得·林奇更加倾向于成长性股票。彼得·林奇于 1969 年从沃顿商学院毕业后进入了富达基金管理公司，从 1977 年到 1990 年的 13 年中，他保持了 29% 的年复合增长率，这个纪录使得他将 2000 万美元增值到 140 亿美元，林奇也因此被称作全球第一基金经理。林奇之所以能够创造如此的增长奇迹，主要是因为他着重于公司和股票的成长性，将价值投资的理念上升到了新的高度，以至于巴菲特对林奇的投资理念也是大为赞赏，亲自打电话给林奇表示认同和感谢。

我们就来看看林奇在一只名为 La Quinta 股票上的操作吧，这只股票上涨了 15 倍。在林奇涉足汽车旅馆业的时候，他从联合旅馆的副总裁那里得知了一个非常好的投资对象 La Quinta。当时，林奇认为汽车旅馆业正处在一个复苏阶段，他已经购买了联合旅馆的股票，但是他并不满足于此，所以一直四处打听更好的投资对象，以便在该行业找到更多的机会。林奇习惯于从公司竞争对手那里收集好的公司，毕竟，令对手敬佩的公司肯定是非常不错的。通常而言，90% 的公司的高级主管会对自己的竞争公司大加抨击，如果一个公司能够赢得其对手的赞扬，那么一定是非常有优势的。而 La Quinta 就是这样一家公司，它得到了联合旅馆副总裁的首肯。林奇了解到这一信息后，立即着手研究 La Quinta。

因为这是第一次听到 La Quinta 的名字，所以林奇觉得这一定是一个非常好的投资机会，这家公司一定处在成长阶段，所以投资界的职业人士们对它了解甚少，而财经媒体更是无暇报道。随即，林奇联系了 La Quinta 公司总部的相关人士，想了解更为具体的情况，以便做出进一步的分析。

从该公司的高管那里，林奇得知 La Quinta 旅馆的经营模式非常简单，他们提供的客服服务跟联合旅馆一样好，但是价格却要低 30%。之所以 La Quinta 能够提供如此价廉物美的服务主要是因为他们去掉了不能为自己带来利润却徒增大量成本的礼堂、会议室、餐厅等，La Quinta 通过在隔壁开一家 24 小时快餐店解决了顾客的膳食供应问题。而且，林奇还从这名高管那里知道了 La Quinta 针对的主要客户是小商人，这些人对旅馆客房要求较高，同时又希望能够得到一个较高的折扣。

绝大多数汽车旅馆都将连锁店建在高速路口附近，而 La Quinta 则把它的连锁店建在客户最有可能进行商务活动的区域附近，通常这些顾客都是来完成商业事宜的，而不是旅行的，因而这些顾客会预订房间，这样 La Quinta 的客流量就更加稳定而便于管理了。同时，La Quinta 还抢占了低端酒店和高端酒店之间的市场空位，并以此建立了一个利基市场。

**在林奇关注这家公司之前，只有极少的券商机构在追踪它**，而且 La Quinta 当时已经经营了五年多的时间，其模式已经在好几个不同的地方得到成功的推广，而且这家公司还以每年 50%的高速度成长，但是市盈率却很低，大约 10 倍左右。林奇掌握了 La Quinta 建造新分店的规划，并且对该公司的基本面进行了极为详尽的研究。由于该公司的股价已经上涨了一倍多，所以林奇也非常犹豫，不过，根据这家公司的成长性，林奇觉得这是一个难得的大牛股。另外，有人愿意以一半的价格卖出该公司的股票，这使得林奇有机会便宜买进 La Quinta 的股票。10 年的时间，林奇从该公司股票上获利 11 倍。**林奇注重成长性的选股风格使得他能够经常抓到那些可以增值好几倍的股票。**下面我们就来看看林奇所用的成长性选股方法的具体操作策略。

（2）成长性的来源。

对股票投资者而言，翻番牛股是梦寐以求的事情。很多时候，我们都认为价值性投资是找那些被低估的企业，所以与寻找快速增值的股票无缘。其实，价值投资经过多次演化和改进后，特别是菲利普·费雪的理念得到广泛传播后，成长性已经是价值投资的一个最为重要方面，而寻找隐藏价值渐渐在成熟市场失去其主导地位。所以，今天的价值投资主要是建立在市场性专利和成长性基础上的，巴菲特和中国香港的林森池非常注意产品的独特性，或者说市场性专利，而林奇和肯尼斯·费雪则相当注重成长性。

一个企业具有高速增长的能力是非常令投资者感到兴奋的因素，如果一家公司能够以每年 25%的速度增长，那么 40 年后，这家企业可以将 1000 美元变成 750 万美元。虽然，这样持久的高速度增长极其罕见，但是也正说明了寻找成长性股票的报酬十分丰厚。然而，统计结果表明公司在连续数年保持高速增长后，可能就会进入极其不稳定的状态。因为总体经济增长率是一定的，而公司的长期增长率刚开始会超过这一增长率，过后一定会渐渐慢下来，最终低于经济的增长

> 缺乏关注度意味着估值一般较低。

率。之所以会出现这样的情况，一个原因是企业的生命周期，另一个原因是市场竞争激烈，过高的利润率吸引了更多的竞争者出现。所以，为了保持尽可能的高增长，我们在寻找高成长性的同时，还需要注意该企业市场是否具有利基市场，也就是是否对后来者具有一定壁垒。将市场性专利和成长性统一起来才能找到更好的成长性企业作为价值投资对象。

价值投资者不能仅仅依靠历史来断定一个公司未来的成长性，为了保证成长性的可持久性，我们需要分析公司成长性的来源，由此区分那些依靠会计手法和恶性竞争带来成长性与高质量的成长性。

成长性的关键在于销售收入的增长，很多人认为削减成本可以带来盈利能力的增长，但是这通常是不能持久的，所以成长性主要依靠的是销售的不断增长。那么，从销售的角度来看，成长性具有哪些来源呢？一般而言主要是下面几个：

● 销售量上升

● 价格上升

● 销售新的产品和服务

● 并购其他公司

就销售量的增长量增长而言，这是公司成长性最为重要的一点，彼得·林奇非常注重销售量的问题，所以他认为超市等大型卖场是寻找理想大牛股的好地方，他经常拜访一家非常大的超市，从中发掘那些产品销量很好的成长性公司。

我们接着谈谈涉及成长性的第二个方面，这就是提价能力。无论是巴菲特，还是林奇，都认为提价能力是一个具有持续竞争优势企业的关键特征。比如 Anheuser-Busch 公司就依靠每年提高售价 2% 左右来保持盈利的成长能力，它能做到这一点的一个很重要的原因是它具有市场性专利，具体而言就是它具有一系列广为认同的品牌，比如 Bud Lite 等。

成长性的第三个方面涉及增加销售的品种，黄光裕在创业时经营的产品主要是电视机一类的常用电器，现在国美经营的范围几乎囊括所有家用电器，连一些办公设备也进入了销售行列，这使得国美电器保持了较高的成长性。又比如国内中药的两大品牌：云南白药和东阿阿胶，它们都是在原有单一品种的基础上研发了很多新的产品和服务，比如云南白药气雾剂、药盒、云南白药牙膏等。在沃尔玛身上我们也看到了同样的成长方式，就是不断扩展产品范围，开辟新的销售领域。林奇进行价值性投资的时候也极其注重公司拓展新产品的能力。

第四种成长性的来源是公司的并购活动，这要求公司管理者具有很高的投资能力，

并且能够将股东的留存收益最大化利用，而不是盲目地扩大规模，导致低效率的投资结果。

我们已经知道了成长性的四种来源，**最为关键的是销售量的增长，这为费雪父子和林奇所看重，因此股价销售比，也就是通常所说的市销率是一个我们考察成长股需要重点分析的因素。找到成长性的来源是非常重要的，你应该了解清楚这家公司的成长性多少来自销售，多少来自提价能力，多少来自扩展销售品种能力，多少来自并购。**只有分析清楚了这家公司成长性的具体构成，才能够更准确地把握其未来的成长空间。

并购经常受到投资机构的重视，但是收购行为的历史统计表明大多数收购并没有给股东带来好处。所以，从价值投资的角度而言，特别是从安全空间的角度而言，我们要对通过并购保持企业成长的策略持有谨慎的看法。更为重要的是，一个价值投资者需要购买的是一个好的企业，而不是一个只知道并购的大胃口家伙。

（3）成长企业的栖息地。

无论是哪类企业，必然都会明显地出现于某一类行业或者板块中。**为了寻找到成长性企业，我们首先要明晰其最容易出现的地方。**首先我们来看看容易诞生成长性企业的行业，然后再来看看一些可能产生成长性企业的外在因素。

*找到恰当的鱼塘！*

虽然林奇很少碰那些自己不懂的行业，但是他并不排斥所有技术行业。如果你要涉及技术类行业，他给你的忠告就是，你应该对这些行业很熟悉。Jon Eckhardt 博士分析了成长最快的 500 家私营企业，他发现从 1982 年到 2000 年中，这些成长最快的公司明显集中于少数几个行业。也就是说，一些行业的企业相对于另外一些企业而言，更容易成为高成长类型的企业。深入的研究表明，四个条件决定了一个行业能否诞生出超级成长性企业。我们就来分别看看这四个超级成长行业的特征。

*广告密集度较高的行业通常不利于成长性企业出现。那些成长性好的公司通常位于劳动密集型行业，因为这样它们可以在初创期和快速发展期抵消资金的制约作用。*

第一个特征是**行业结构**。行业结构就是指该行业中的竞

争程度和进入壁垒的高度。这是一个与巴菲特所称道的市场性专利有关的特征。行业结构具有四个子特征，它们是：资本密度、广告密度、企业平均规模和集中程度。这四个特征部分决定了一个行业中企业的可成长性。资本密度表明了生产经营过程中，资本和劳动力之间的比重，某些行业是资本密集型的，比如航空业和大型采掘业，而另外一些行业则是劳动密集型的，比如零售业和咨询业。**那些成长性好的公司通常属于劳动密集型行业，因为这样它们可以在初创期和快速发展期抵消资金的制约作用。**可口可乐早期的飞速扩展，沃尔玛早期的飞速成长，乃至戴尔电脑的崛起都完全符合这一特点。

**广告密集度较高的行业通常不利于成长性企业出现，因为这些行业已经出现了少数的市场统治者，**已有企业通过广告来保持进入壁垒和市场份额，这些行业的统治者已经是稳定增长性的企业，其成长性已经不具太大吸引力了。比如扩展后的国美电器，就是这类例子。在美国的可乐饮料行业，由于可口可乐和百事可乐的绝对统治地位和广告密集投放，使得这一行业很难出现持续高成长的企业。所以，广告密集型行业很难找到高成长性的投资机会。

在一个行业中，如果企业的平均规模都较小，那么更容易找到成长性的投资对象。拿一家网站开发公司和一家航空公司做比较。由于网站开发公司的规模都比较小，所以不会面临太大的竞争压力，而且规模小可以带来更高的成长空间，而航空公司如果开始的规模比较小则无法应对已有大航空公司的竞争，但是如果建立较大的航空公司则成长空间相对于小公司而言就非常有限了。当然，美国西南航空采取了截然不同的方式来运营航空业，所以其作为一家航空业的小公司成长性非常好。国内的几家民营航空公司，规模都比较小，但是独特的成本结构和运营方式使得它们的盈利成长性明显优越于**大航空公司。**

那些企业集中度很好的行业，也就是市场为少数大厂商

截至 2013 年，在整个中国民航业保持持续快速增长的时代背景下，低成本航空公司运输量在中国国内市场上所占份额达到 7%，低成本航空公司与传统航空公司的成本结构差异显得尤为突出。

统治的市场不太容易出现成长性的企业。比如美国的制药业就是这种情况，默克和辉瑞统治了这个市场，所以高成长性的企业几乎无法立足。

高成长性企业的第二个特征关乎行业的生命周期。**一个企业所处的生命周期决定了其成长性，林奇在选股的时候非常注意考察一家企业所处的阶段，因为这关系到一家成长企业的未来前景，也就是成长性是否会放缓。**一个行业的生命周期会影响其中企业的成长性。因为早期购买和晚期购买产品的消费者数量要远远小于中期参与购买企业产品的消费者的数量，所以该行业在早期会经历一个高成长过程，然后保持稳定，最后逐渐减缓成长速度。在国内移动电话的早期销售市场，发迹于西南的迅捷迅速完成了其资本累积过程，高增长得益于其所属行业当时正处在高增长阶段。所以，在行业的生命周期的早期和中期阶段更容易找到那些具有高成长**性的股票。**

高成长企业的第三个特征是关于知识要求的。包含非常复杂的生产过程的行业通常不利于产生高成长性的企业，负责的生产过程需要大规模的组织结构和复杂的管理流程，这些通常是一家成熟的企业所具备的，而这类企业通常很难再次取得高成长性。另外，研发费用比重很大的行业也很难产生高增长的企业所以知识密集型行业很难产生高增长企业，当然这也不是绝对的，比如微软的产生就不完全符合这一点。

高成长企业的第四个特点是市场的需求规模。一个行业面临的需求涉及需求的规模和需求的增长速度。市场需求对于一个企业的成长性是非常重要的，巴菲特看到了全球剃须刀的市场规模，从而大举买入吉列公司的股份。同时，林奇也通过销售状况和潜在购买者规模来发掘高成长企业。顾客的大量需求可以促进企业利润的持续提升，并保证了企业的较高成长性。相对那些增长缓慢的市场，在快速成长的市场上，更容易出现成长性好的公司。

我们已经了解了最容易出现高成长性公司的行业的四个

在 1960 年以前，关于企业生命周期的论述几乎是凤毛麟角，对企业生命周期的研究刚刚起步。马森·海尔瑞在 1959 年首先提出可以用生物学中的"生命周期"观点来看待企业，认为企业的发展也符合生物学中的成长曲线。在此基础上，他进一步提出企业发展过程中会出现停滞、消亡等现象，并指出导致这些现象出现的原因是企业在管理上的不足，即一个企业在管理上的局限性可能成为其发展的障碍。

特点，现在我们来看看促进高成长性企业产生的外在因素。**高成长性企业一定来源于特定的机会，比如技术变革、制度变革、行业结构变革以及人口结构变化等。**

技术变革是高成长企业产生的外在因素之一。虽然，林奇和巴菲特都对高新技术性股票不太感兴趣，但是成长性股票，特别是高成长性的股票确实经常出现于这类变革中。新技术一定要提高未来生产能力和效率，或者完成了人类以前确实想做却无法做到的事情，才能带来真实的**利润和成长**。互联网股票在 21 世纪初一度出现巨大的泡沫，但是少部分有着盈利模式的企业，比如谷歌、网易、腾讯却成为了高成长性的公司。微软、思科确实为其股东带来了几百倍的收益，这就是技术变革带来的高成长性企业。**发掘这些企业的关键要看其利润的来源是否可行，以及销售收入是否证实了这一盈利模式的正确性。**

带来高成长性企业的第二个因素是制度变革，比如美国电信管制制度的变革使得大量高成长性的企业依靠低成本数据传输服务建立起来。又如中国早期经济特区制度的建立，为大量的深圳早期企业家带来了百年难遇的机会。2003 年中国政府对于房地产政策发生转变，将商品房作为主体，这直接导致了房地产的大发展，碧桂园等地产企业制造了大批富翁，而这却是制度和政策变革带来的高**成长企业**。

促进高成长性企业产生的第三个因素是行业结构变化，比如美国西南航空采用点对点飞行的模式促进了行业结构的变化，从而提供了高成长性的投资机会。

促进高成长性企业产生的第四个因素是人口**结构的变革**。《下一个大泡泡》的作者登特认为人口结构的变化会导致经济结构出现相应的变化，比如老龄化社会的到来就使得医疗和保险行业出现高成长的机会。

我们已经给出了寻找成长性企业的行业和容易促进成长性企业出现的背景因素。下面我们就来看看林奇挑选成长性股票的方法。

中国的互联网三巨头 BAT 就是搭了新技术的顺风车。

2003 年 8 月，国务院《关于促进房地产市场持续健康发展的通知》出台，简称为 18 号文件，将房地产行业定位为拉动国民经济发展的支柱产业之一，明确提出要保持房地产业的持续健康发展，要求充分认识房地产市场持续健康发展的重要意义。

经济学家看好印度的最大理由是其人口结构优势。

（4）分类挑选成长性股票。

那些能够承担中等风险的价值投资者可以采用林奇的投资风格，他喜欢投资那些具有很高成长性的股票，但是由于他对于技术领域不是很熟悉，所以他从来不碰技术性股票。他持有股票的期限从 1 年到 10 年，对于成长性股票，他通常都持有 3~10 年。林奇更偏向于购买那些小公司，因为这些公司的成长空间大，成长速度也快，通常可以连续好几年达到**20%以上**。虽然林奇如此钟爱小公司，但是因为他掌控的基金规模庞大，所以自然也选了不少大公司，但是这并不妨碍他对成长性公司的执着。

> 林奇的方法再激进一倍就是风险投资了。

林奇首先对公司进行分类，借此把握那些具有很好成长性的公司，同时区别对待其他机会。我们首先来了解林奇对公司的分类吧。

第一类公司是低速增长型的公司，这类公司是那些每股收益增长率低于10%的类型。通常那些规模巨大的公司就是属于这种类型，比如现在美国的电力公用事业，但是在 20 世纪 50 年代的时候，这个行业的公司却属于快速增长性的公司。到了 20 世纪 70 年代，因为电力成本的大幅度上涨，消费者开始节约用电，而这使得电力公用事业公司的成长动力衰竭。

**林奇认为那些一时风光无限的高速增长行业早晚都会变成低速增长的行业，处在这些行业的公司给股东带来的回报也将下降。**但是，林奇又认为人们，特别是投资者们是看不到这些变化的，他们总是认为那些好企业**将永远繁荣下去**。就拿国内 A 股市场上的长虹来说，当年很多人认为这是一只可以持续很久高速增长的超级牛股，为此很多人为自己的孩子买了这只股票，结果那些线性思维的散户投资者遭到了巨大的亏损。

> 直线预期是绝大多数人的预测方式。你还要推测整个社会对未来的看法，只需要注意最近一年的事态即可。

林奇建议大家翻看股票的走势图，从中就可以找到那些长年近乎不动，跟蜗牛上树一般的股票，这就是他指的**低速增长性股票**。林奇对于这些增长率如此之低的股票是非常不

> 投机者重看筹码，投资者重看价值。股票投机看题材，股票投资看商业。商业体现为业绩走势，股价长期不振，肯定是缺乏业绩。

耐烦的，所以一旦一家公司归纳进这一类型，那么林奇是不会浪费资金和精力去碰它的。

第二类公司是稳定增长型，比如可口可乐、宝洁，又比如**中国石油**等。这类公司拥有数十亿美元的资产，它们的反应灵敏度没有小公司那么快，增长率也很有限，但是这些公司的增长率却要比低速增长型更强。这类公司的年均增长率在 10% 到 12% 这个范围。巴菲特非常善于寻找这类股票，并在合理的价格买入，这也是格雷厄姆寻找那些被低估对象的板块。对于稳定增长型股票，林奇认为应该在正确的时机买入，这个时机就是一个合理的价格，也就是价格远远低于内在价值的时候。

现在的中国石油完全属于周期性行业加上垄断特征。

林奇认为如果拥有像宝洁这样的大公司，而且一年内该股上涨了 50%，那么就应该考虑是否应该卖出这只股票了。通常情况下，林奇在购买了稳定增长型公司的股票之后，如果较短时间内该股价格上涨了 40% 左右，那么他就会毫不犹豫地将其卖掉，然后选择那些同样被低估价值的稳定增长型股票进行操作。

林奇总是在自己的基金投资组合中加入一些稳定增长型股票，因为这些股票通常可以抗御经济衰退，比如可口可乐、宝洁等。

第三类公司是高速增长型，比如当年的微软和思科，以及中国大陆的苏宁电器、碧桂园地产等。这类公司的年均增长率为 20%~30%，它们的规模通常都比较小，一般处在我们在前面所述的行业和环境中。林奇认为，**如果你能仔细搜索和分析，那么你可以找到那些能够上涨 10 倍到 200 倍的超级大牛股。**林奇建议那些资金较少的投资者可以借助一两只大牛股来提高投资组合的整体业绩。

这就是投资中的"本垒打"！

**林奇认为快速增长的公司并不一定处在快速增长的行业板块中，而且，他更偏爱那些并没有位于快速增长行业的公司，因为那些增长迅速的行业会带来大量的竞争者，而这会很快地蚕食利润，降低增长速度。**林奇举了啤酒行业的例子，

缺乏壁垒的高成长行业是陷阱！

这个行业是一个增长缓慢的领域，但是 Anheuser-Busch 却成为了一个快速增长的公司。林奇认为这样的高速增长公司更能持久下去。

同时，在投资高速增长公司的时候也要注意防范那些因为头脑过热而过快扩张的高速增长公司。但是，林奇认为只要这些公司保持稳健的扩展节奏，同时保持较高的盈利增长速度，那么这些股票注定将成为股市中的大赢家。林奇要寻找的就是那些资产负债结构良好，销售额和利润同步增长的高速增长公司。

另外，林奇还要考虑该高速增长的公司是否具有以下条件：

● 一年的增长率没有超过 50%，并且最好没有处在热门行业。

● 该公司在数个不同地域使用同样的商业模式获得了成功。

● 扩张的速度在上升，而且其产品最好是顾客要持续购买。

● 关注该公司的机构投资者要尽可能少。

第四类公司是周期性公司，这类公司也是林奇非常喜欢的那类，因为这类公司的股票比较好操作。所谓的周期性公司是指那些销售收入和盈利以一种较有规律的方式交替上涨和下跌的公司。在那些增长型公司中，公司的销售和利润增长是不断上升的，而在周期性公司中则是呈现**春夏秋冬一样的周期**。

短线交易大师拉瑞·威廉姆斯也认为很多股票都存在涨跌的周期。比如他发现世界最大的零售商沃尔玛股票的走势具有明显的季节性，在每年的 2 月会出现卖点，而部分高点出现在 7 月。这是股票走势的周期性，而彼得·林奇谈的则是公司经营业绩周期性引发的股价走势周期性。

资本密集型企业，比如钢铁公司、房地产公司、航空公司就是典型的周期性企业，而且林奇认为国防工业公司也是

*热门行业泡沫破灭之后也是选择真正大牛股的机会，大浪淘沙！*

*周期类公司被低估或者高估的根源在于经济周期，信贷周期以及与之相伴的大众情绪！*

周期性企业，因为它们的业绩随着国家的国防政策在发生变化。拿汽车行业为例，当经济繁荣时，人们对未来的预测非常好，而且手头资金充裕，所以开支也非常大，这个时候对耐用消费品的需要就会增加，从而促进了汽车类企业的繁荣。在经济衰退时，情况恰恰相反。所以，周期性企业一般都与国民经济同步。当然，也有部分快速消费品并不与宏观经济相连，比如白酒，在国内市场上，冬季对白酒的需求是最大的，所以这些股票也有一些明显的季节性周期。

对于那些与宏观经济走势相连的周期性企业，一定要选择好购买时机。如果你在错误的阶段买进了这类公司的股票，那么你将等上好几年时间才能解套，这些被长期占用的资金不但会损失利息，还会受到**长期通胀的侵蚀。**

林奇认为周期性股票是最容易被误认为具有价值性的那一类投资对象，因为这类公司通常都是些大公司，比如中国A股上市的一些大钢铁公司。正因为周期性企业中充满了这些妇孺皆知的大块头，所以很多投资者认为它们是稳健投资的好代表。事实恰恰相反，以它们作为长期投资对象并不稳健，因为它们几乎待在原地不动，盈利围绕着水平线波动。很多时候它们得益于经济和政治**大气候的变化。**

林奇建议那些在钢铁、汽车和航空等行业工作的人可以尝试投资这类企业，因为他们可以率先发现周期某一阶段的到来，从而在盈利公布之前率先买进股票。

第五类公司是起死回生型，这些公司正在遭遇麻烦，但是很有可能成功地转向，可以很快地弥补损失，这类公司是高风险、高回报的那类投资对象。林奇列出了5类具体的起死回生型情况：

● 剥离重组型，这类公司通过剥离那些亏损的下属分支或者部门从而优化整体的**绩效水平。**

● 市场反应过度型，这类公司通常只具有较小的问题，也就是非持久性问题，但是市场却对这个问题进行了杞人忧天式的理解，这样就使得市场的价格严重低于其内在价值。

美林投资时钟可以作为参考，这个主要是看存货周期，也就是基钦周期。

次贷危机后的"4万亿"大刺激对于周期股无疑是一针强心剂。

秃鹫投资主要干这个。

巴菲特是抓这种投资机会的老手，他就是利用了可口可乐的这类型危机趁低吸纳了很多股票。而林奇则利用了三里岛核电站的一次影响被高估的事故买入其股票，结果获得了丰厚的回报。

● 等待救助型，这类企业一般可以得到政府的救助，比如林奇在 20 世纪 80 年代投资的**克莱斯勒**。

● 败絮其外型，这类企业管理结构非常良好，商业模式也没有什么大问题，但是却在一些非关键事项上犯下投资大众觉得难看的错误。

● 出乎意料型，一家公司出乎意料地扭亏为盈就属于此类，但是这种类型却是无法把握的。

林奇认为那些剥离重组型最容易出现在过度多元化，或者说多元化的公司中。比如，固特异轮胎通过剥离石油业务，将精力集中于主营的轮胎业务；而默克制药则通过放弃软水剂和其他利润低的业务，来提高处方药业务的盈利水平。

林奇提出的最后一种类型是隐蔽资产型。这其实是格雷厄姆最初建立的价值投资体系所要寻找的那类企业。晚年的时候格雷厄姆认为这种方法已经失效了，因为隐蔽资产在投资大众和研究机构的不断努力下很难存在。但是，林奇还是认为存在数量可观的这种机会。所谓隐蔽资产型公司就是指一家企业拥有了你注意到的资产，而这些资产却并没有为投资界的主流所发现。

林奇认为虽然华尔街有数不清的机构在分析和发掘隐蔽资产，但是还是有很多拥有这类资产的公司没有被它们发现，能发现这类隐蔽资产的应该是那些离这类**公司很近的人**。

林奇对于隐蔽资产类的投资举了很多例子。我们就拿其中比较出名的佩恩中央铁路公司来作说明。19 世纪时，美国政府为了鼓励铁路修建，就将大片的土地划归铁路公司，后来这些铁路上市公司也拥有了这些资产，比如太平洋联合铁路公司和佩恩中央铁路公司，这些公司不但拥有这些土地，而且拥有这些土地上石油和矿产的开采权。

次贷危机蔓延时，2008 年 9 月巴菲特高盛注资 50 亿美元，他获得了高盛市值 50 亿美元的优先股；同时获得了普通股认股权证，允许他以 115 美元/股的价格收购高盛另外价值 50 亿美元的普通股，尽管当时该股股价为 125 美元/股。因此这笔交易从一开始就是赚钱的。对于优先股部分，高盛公司承诺每年支付伯克希尔公司 10% 的分红，但有权随时回购本公司股票，代价是在巴菲特出价的基础上再加价 10%。2011 年 4 月，高盛公司支付 55 亿美元从伯克希尔公司手中回购了这些优先股。按累计 13 亿美元的红利计算，这笔交易的优先股部分给伯克希尔公司带来了总计 18 亿美元的收益。巴菲特从这笔对高盛公司历时四年半的长线投资中轻松获得总计达 32 亿美元的收益，投资回报率高达 64%。它看上去是一笔典型的价值投资交易。当其他投资者卖出股票的时候，以超低价大举买入。这就是利用市场恐慌导致低估的时候买入，不过由于高盛是美国第一大投行，所以受到政府救助和担保的可能性很大。另外一位押注其他投行的价值投资巨擘则损失惨重——比尔·米勒连续 15 年打败标准普尔 500 指数，2008 年次贷危机，亏掉了 60%，他就是错估了政府救助，买入一些不在救助范围之内的金融地产企业。

看到别人没有看到的重要因素，这就是机会所在。

这些资产并没有体现在账面上。当时佩恩公司走出破产保护之后，巨大的亏损可以在税前进行抵扣，这样在它恢复盈利时并不需要缴纳所得税。那时的所得税率为50%，因此佩恩公司在恢复盈利时享有50%的免税权。更为重要的是，佩恩公司在佛州拥有大量的土地和弗吉尼亚的煤矿等。果然不出所料，这家公司的股票后来上涨了8倍，对于这类隐蔽资产的发掘，格雷厄姆的例子则不可胜数，毕竟是他首创了这类价值投资，也即第一代价值投资方法，而林奇则是第三代价值投资方法的主要创始人，他将成长性放进了价值投资中，他是成长性价值投资的实践者，而菲利普·费雪则是成长性价值投资的**理论代表**。

> 林奇是成长性价值投资的实践者，而菲利普·费雪则是成长性价值投资的理论代表。

林奇通过对股票分类来把握成长性投资机会和资产隐蔽性投资机会，这样就完整建立起来了第三代价值投资体系，不过他似乎并没有特别强调为巴菲特所认同的市场性专利，或者说某种无形资产，所以巴菲特作为第二代价值投资的代表实在是实至名归。

林奇首创了股票分类的方法，将公司分类，这样就可以根据不同特点采取不同的价值投资方式，比如对于周期性、低速增长性，稳定增长性和资产隐蔽性、起死回生性等就应该遵循"价格低于内在价值"格雷厄姆的投资程序，而对于高速成长性则应该遵循菲利普·费雪的投资程序。

林奇认为把投资建立在那些似是而非的空泛规则上是错误的，绝对不可能找到一个适用于所有股票类型的具体而普遍的投资法则。**林奇提醒投资者应该区别对待不同类型的股票，这样才是真正的价值投资。**

> 商业竞争优势是多元的，因而价值评估也是多元的。

（5）使用市盈增长比率寻找成长性股票。

使用市盈增长比率是林奇的拿手好戏，据说也是林奇最为出名的地方。通常而言，市盈增长比率（PEG）是市盈率除以长期的增长率，也就是预期增长率，但是林奇认为预期并不可靠，所以他采用**历史增长率来计算市盈增长比率**。

> 具体使用什么样的增长率取决于公司的类型以及所处的企业周期阶段。

林奇寻找的是那些市盈率至少等于历史增长率的公司，

他认为这类股票的定价是合理的，因为这表明市盈率的高低有着相应增长率的支持。更进一步，林奇还喜欢那些总体不错而且市盈率低于历史增长率的公司。林奇认为市盈增长率上升到 1.5 的股票也可以考虑，如果一家公司的市盈增长比率在 1.5 以上，那就意味着不合理的价格了，特别是在 1.8 以上。

使用这一策略的时候要注意两个问题。第一个问题是利率的影响，第二个问题是增长率的评估。

我们先来看看第一个问题，增长可以在未来带来收益，所以增长的价值在现在是以现值来表现的。具体而言，就是将预期未来的收益贴现到现在。任何给定的增长率在利率较低的时候，创造出来的收益的现值会比较高。所以，你会发现一些增长率为50%的股票，在利率为 7%的时候市盈率为 40 倍，而在利率为 5%的时候其市盈率上升到 60 倍，这表明利率会在对市盈率和增长率之间的关系产生一定的影响，所以林奇给出 1 到 1.5 的市盈增长比率范围应该灵活运用，一定要注意利率对合理市盈增长比率的影响。在利率非常低的时候，比如中国 2005 年到 2007 年初的时候，就可以接受市盈增长比率贴近 1.8 的优质股票，而在利率较高的时候则应该将选股的市盈增长比率标准严格一下，缩小到 1 以下。在美国一般以长期国债利率作为选股时参照的利率，著名的金融统计专家 Damodaran 统计了利率对市盈增长比率的影响，这是美国的情况，但是对于中国 A 股市场的理解也是类似的：

● 当长期国债利率为 12%时，超过 65%的上市企业的市盈率低于预期增长率，也就是小于 1。

● 当长期国债利率为 8%时，有 45%左右的上市企业的市盈率低于预期增长率。

● 当长期国债利率为 5%时，有 25%左右的上市企业的市盈率低于其预期增长率。

从这个统计可以看出，在低利率的情况下，能够达到林奇要求的股票会大为减少。

接着我们再来看第二个问题，选择什么样的增长率来计算市盈增长率。在很多情况下，不少券商和投资分析机构会提供很多不同期限和倾向的增长率给你选择，比如 3 年到 5 年的，甚至未来一年的，同时增长率可以是历史的，也可以是预期的。对于林奇来讲，他倾向于使用一个历史的增长率，而且最好要有一定的时间长度，这样可以避免受到暂时数据的干扰，格雷厄姆在数据期限选择上也倾向于长期，这是价值投资者重视历史和一贯表现的普遍特征。

我们来看看除了林奇以外的股票分析家们是如何运用市盈增长比率的，并且看看他们这些用法的效果如何。这些分析家通常采用的是基于历史表现进行适当调整的预期每股盈余增长率，那些市盈率低于增长率的股票被他们认作首选。所以，现代的分析家对于该比率的用法受到了林奇的很大影响。世界著名投行摩根士丹利对于这个方法的绩效进行了统计，他们发现买进市盈增长比率比较低的股票能够创造显著高于标准普尔500指数的回报。

（6）确认成长质量。

在选择成长股票的时候，我们可以很容易找到那些历史表现良好的股票，但是对于这些股票是否能够延续其以前的成长水平，我们经常需要做进一步的研究才能确定。这就是对成长的质量进行深入的剖析，**对那些推动成长的要素进行分析，看看这些因素提供的成长动力是否充足。**

在推动增长的几个要素中，收购是一个很难持久的因素，而且其提供的成长质量也居于末位，而销售增长由于很难作假，所以可以算作最好的增长引擎，在《超级强势股》一书中，肯尼斯·费雪认为销售的增长是所有强势股的一个普遍特征，甚至比盈利更为可靠。虽然企业的销售停滞的时候可以采用很多会计手法来创造丰厚的盈利，比如安然公司，但是销售本身却很难。所以，如果一家公司的盈利保持了上升态势，而销售却没有同比例上升，甚至停滞不前，那么对于这家公司的成长能力，你就要好好考察了，好好分析一下这家公司财务报表的其他数据，看看它是如何在销售不变的情况下提升其利润率的。

上面讲的是利用**利润率和销售率的不协调增长，确认那些有问题的成长性企业。**除了这个方法，还有一个办法就是利用净利润增长率和营业利润之间的不协调。晨星公司就是利用这个方法发现了IBM从1995年到2000年增长的质量问题。从20世纪90年代开始，IBM的每股盈利显得非常好，一直处在增长中，但是查看其营业利润，却发现增长太慢，而销售增长率水平持续偏低，所以这样一家公司的增长率质量是值得怀疑的。之所以IBM可以在销售没有高增长的情况下，保持较高利润增长率，主要得益于税收减少和成本压缩，以及回购股份，但是这些对收益的影响是一次性释放的，不

光是知道历史并不能推断未来，只有知道历史背后的真正原因，才有利于推断未来。

可能持续减税，成本压缩的空间也将逐步减小。根据这些分析，晨星公司断定，IBM 的未来成长性并不足。后来 IBM 的 PC 部连续亏损，再后来 IBM 将一些部门出售**部分证实了这一结论。**

在利用林奇的成长法则选择股票时，一定要注意某些公司采用一次性损益来夸大其真实的成长能力。举例来说，从一个分支机构销售得到的巨大盈利可能使得公司的整体绩效得到提升，而且考察期限内的基点水平较低也会使得成长性看起来过高。为了避免这些因素的干扰，一定要考察公司的整体，同时要考察尽可能长的时间。

另外，我们需要补充的是，税收降低和回购股票，以及削减成本对于公司都是好事，但是这些措施对于长期盈利的增长几乎没有重大影响，这些因素不可能成为盈利持续增长的基础。所以，如果你看见一家公司一直大幅度削减成本，那么你一定要意识到两件事情，首先这件事情对于股东是好事情，其次这件事情对于长期成长性没有任何帮助，相反会误导我们对于成长**股票的选择。**

（7）投资成长股的潜在困难。

我们对于林奇极为推崇的成长性投资策略进行比较完整的剖析，更为重要的是利用各方的研究成果来深入地展示了成长性投资的要点。但是，如果仅仅知道什么是成长性投资的优点的话，这并不足够，我们还要深入了解投资成长股在操作上可能遇到的困难。

成长性投资主要存在三个潜在困难：很难判断成长性是否能持续到未来；目前的增长是否是由回报较低的扩张项目带来的；高成长性的公司通常具有很高的风险，而这是价值投资的稳健理念所反对的。下面我们就来具体看看成长性价值投资所面临的这三方面问题吧。

一个成长性价值投资者试图决定一家企业的未来收益增长情况时，有两种途径：第一种途径为林奇所赞赏，那就是查看这家企业的历史增长率水平，第二种途径则是查看这家

> 利润、销售收入和现金流应该综合起来看。

> 一次性冲击难以持续提高系统的表现。

企业的预期增长率水平。虽然，很多人认为未来是历史的延伸，而另外一些人则坚决认为历史不代表未来，但是这两种估计未来成长性的方法都有其明显的局限性，了解了这些局限，你才能避免成长性投资的评估误区。

林奇一直认为过去的历史收益增长率作为未来成长性的一个指标是更为稳健的。我们就来看看更为贴近操作实践的情况。历史的成长水平虽然有利于预测以后的成长水平，但是存在两个我们需要重视的问题：

第一，历史的增长水平可能非常不稳定，并不是未来成长水平的可靠指标。投资专家 Little 统计了美国 1950 年到 1960 年的上市公司财务数据，他发现几乎没有任何证据表明先前高速成长的企业能够在下一个时期继续高速成长。而且，他认为如果历史的增长率不能作为许多企业未来增长率的可靠预测，那么这个历史数据对于小企业的预测性就更差了，因为小企业的稳定性更差，历史数据更难代表未来表现。

第二，企业的增长率水平会趋向于市场的平均值运动，也就是说那些目前处在高成长的企业以后会放慢其速度。Lufkin 对此进行了统计，他发现最高收益增长率的公司在刚开始比最低收益增长率的公司高出 20%，5 年之后，两者的差异就缩小到了 0。

如果历史的收益增长率不能作为未来成长性的可靠指标，那么有什么更好的替代指标吗？一是采用预期收益增长率，二是采用历史的收入增长率，或者说销售额增长率。对于预期收益增长率，我们等下再看，先看看历史的收入增长率。

利用历史的收入增长率作为未来成长表现的代表能够剔除那些不可靠的成长，因为收入增长率比收益增长率更能免受会计手法的影响。收入，一般而言我们认为是销售收入，销售收入往往比收益更能延续，更能体现企业的成长性。所以，如果你要采用林奇的历史式方法来推断未来的增长水平，最好是看过去的销售收入增长率水平，这一水平比收益增长率水平更能代表未来的趋势。

使用预期增长率作为未来成长性的度量是现在投资界广为采用的方法，但是也是遭到非议最多的方法。利用这一方法来估计企业未来的成长性的分析家们认为企业的价值根本上是由未来的增长水平决定的，而历史并不代表未来。但是，已有的事实否定了这项评估方法的获利能力。在市况较好的背景下，分析师们趋向于高估企业的未来成长空间，而且在较为长期的评估中更是如此。国外的部分研究表明，当涉及未来长期增长率评估时，历史数据比预测数据**更为可靠**。

为了避免这种方法带来的弊端，有人建议同时查看数个分析师的预测，如果数个分析师的预测数据比较一致，那么这个**预测更为可靠**。

我们再来看看成长性投资面临的第二个潜在问题，也就是低品质的成长引发的问

题。如果增长是由那些回报低于股本成本的投资获得的，那么这种成长性其实是低效率的成长，而且这种成长一定是不能持续下去的。一个真正的成长性价值投资者，不仅应该查看公司的成长水平，而且还要查看成长的质量。对于增长质量的简单衡量办法是看股东权益报酬率和投资报酬率，其他条件同等的情况下，较高的股东权益报酬率和投资报酬率表明资本的利用是有效率的，这种增长是较为可靠的。

最后，我们来看看成长性投资面临的第三个问题，高成长的公司具有更高的风险水平。之所以成长性股票的风险更高，主要是因为成长是一种未来的预期，所以越是高成长的企业，意味着与现在情况相差越大，自然预期出错后承担的损失越大。通常而言，**投资者对于成长性公司的评价依赖预期，而对于成熟公司的评价依赖现实。**

每个价值投资者都希望买入一只能够快速增长的十倍大牛股，但是如果你只注意了企业的成长潜力，而忽视了市场目前对于该企业的定价是否过高，那么你很可能面临买价**过高的风险**。换句话说，如果你对一只成长股支付的价格超过了它实际达到的水平，那么你将面临很大的风险。所以，林奇使用市盈增长比率来考察股票是正确的。

最佳的办法是从商业分析入手定位企业所处的生命阶段，然后基于历史数据向上或者向下调整。

不过，如果关注的分析师数目较多，而且预期较为一致，那么预测反而变得不可靠了。

市场定价受制于共识预期！

# 第三节　林奇的智慧法则二：避免陷阱

说起来容易，做起来难。

——彼得·林奇

在比赛结束的时候，往往是失误最少的选手获胜。

——帕特·多尔希

（1）人弃我取的林奇法则。

林奇作为全球规模数一数二的基金舵手，很多时候需要

考虑的是基金的抗风险能力和成长稳定性，同时也要有胆量去追求更高的利润。在别人无暇顾及的地方才能发现真正的金子。为了找到这种低风险和高收益的股票，林奇建议投资者要避免常人的思维和价值趋向，**如果我们采用一般人的眼光去审视投资对象，那么我们就走入了投资丛林中的陷阱了。**只有规避了这些大众思维，我们才能取得骄人的业绩。林奇在《华尔街崛起》这本书中详细给出了 13 条准则，我们称之为"人弃我取的林奇法则"。林奇认为，如果一个投资者能够遵照这些法则去做，那么就可以避免常人的思维陷阱。我们来详细看看每条法则。

第一条法则是"如果公司的名字听起来很不起眼，甚至比较枯燥好笑，那么这很可能是一只不错的股票"。林奇认为完美的公司经营的一定是简单的业务，而这类业务的名字一定不是响当当的。至于什么是枯燥甚至好笑的公司名字，林奇举例说比如三个活宝公司、瓶盖公司等诸如此类的公司就是。谁愿意对这些名字毫无吸引力的公司多看几眼呢？所以，华尔街通常不会注意到这些公司，而等到那些投行大佬们注意这些股票的时候，可能其股价已经扶摇直上十几倍了。相反，像国际基因公司这样的名字却非常吸引人，这个名字里面充满了诱人概念和想象，这样的公司太惹人注意了，所以它们就算不糟糕，**其价格也不便宜了。**

林奇认为，我们应该留意那些名字不太吸引普通投资者的上市公司。他自己注意到一家名叫联合岩石的公司，这家公司业绩非常好，但是却没有受到相应的关注，这无疑是个很好的投资对象，但是后来该公司改了一个时髦的名字后，很多投资机构开始注意它了，这使得这家公司不再是一家可以大举介入的便宜好公司。

第二条法则是"如果公司的业务极其枯燥平常，那么这很可能是一只不错的股票"。林奇对那些不仅名字枯燥，而且业务也极其乏味的公司非常感兴趣。这些公司由于引不起投资人的注意，往往是潜水的牛股。

*大众注意力之外才有暴利机会！*

　　林奇举了橡树公司的例子，这个公司的业务是处理顾客购物时交给超市的优惠券，这样的业务使得投资机构们根本无暇看上这家公司一眼。然而，这只股票却在无声无息中从 4 美元涨到了 33 美元，这比那些名气极大的公司，比如 IBM 表现好很多。林奇认为一家业务枯燥乏味的公司与一家名字枯燥乏味的公司都是便宜好股票的载体，而且当一家公司同时具备这两种特征时，则更可能是好的投资对象。这类公司能够避开华尔街专业研究结构的注意，直到这些专业人士因为特大利好开始注意这类公司。林奇建议投资者们注意那些盈利水平很高，资产负债结构合理，而业务枯燥的公司。个人投资者在大众并不关注的时候低价买入这类公司，然后当这些公司为主流所追捧时，他们就可以在高位抛出这些股票。

　　第三条法则是"如果该公司的业务为人厌恶，那么这很可能是一只不错的股票"。林奇认为当一家公司的业务令投资大众感到不爽时，这家公司反而可能是一匹潜在的黑马。林奇举了 Safety Kleen 这家公司作为例子，这家公司的业务主要是向加油站提供一种能够清洗汽车零件上油污的机器，这种机器节省了清洗油污的时间和成本，所以很多加油站都购进了这类机器。该公司定期派人到各个加油站清理机械装置中的油垢，同时他们将清洗下来的油垢带到炼油厂进行提炼。这种让人觉得恶心的业务为公司带来了丰厚的利润。另外，该公司还将业务拓展到厨具洗涤上。这些业务使得华尔街的专业人士根本看不上这家公司。后来，这家公司的盈利能力不断体现在漂亮的财务报表上，终于市场开始疯狂追逐这家公司，其股价大幅度上涨。林奇最后对这个例子做了总结，他认为正是由于这些令人厌恶的业务使得一些优秀的公司不为投资主流所接纳，而这对于价值投资者而言却是一道极好的大餐。

　　第四条法则是"如果该公司从母公司独立出来，那么这很可能是一只不错的股票"。母公司不愿意看到分拆上市的子公司陷入危机，这会最终影响整个公司的公众形象。所以，那些分拆上市的子公司通常具有良好资产负债条件。林奇认为这些子公司从母公司独立出来可以使得子公司的管理层更加自由地使用管理手段来最大化其经济利益，而这些独立出来的公司刚开始不会受到华尔街的注意。林奇还补充了一条这类公司的优势，刚分拆出来的公司股票经常作为红利或者股息送给母公司的股东，而机构投资者们对于这些股票并不看重，这也是一个投资的有利因素。

　　分拆出来的公司是普通个人投资者寻找十倍大牛股的好地方。林奇建议投资者仔细研究那些最近分拆出来的公司，特别是要注意分拆完成两个月后，新公司的管理人员是否买进了这家新公司的股票。林奇举了美国电话电报公司分拆出来的 7 家小公司为例，这些小公司都单独上市了。从 1983 年到 1988 年，7 家小公司的股票收益率超过了 170%，而母公司美国电报电话则表现平平。这些小公司的整体表现远远好于绝大多数共同基金，甚至好于林奇自己主持的基金。

第五条法则是**"如果机构没有持有该公司的股票，而且分析师们也没有关注这只股票，那么这很可能是一只不错的股票"**。林奇总是寻找那些被华尔街忽视的股票，他认为只有这些股票里面才能够发掘便宜的超级大牛股。这条法则建议投资者积极寻找那些只有很少甚至没有机构投资者持股的股票，或者没有分析师关注的股票。林奇特别喜欢定期和不定期地访问众多的上市公司，如果一家上市公司的管理人员告诉林奇已经三年没有分析师来访的话，林奇必定感到特别兴奋。林奇还认为银行、储蓄贷款机构和保险公司由于数量达到几千家，所以很多位于这些领域的公司没有专业投资者关注。

第六条法则是"如果该公司被市场谣传所围绕，那么这很可能是一只不错的股票"。垃圾处理公司，夜总会娱乐公司这类公司经常被传言是黑手党所控制的，很多有身份和地位的人都不会持有这类股票，经营赌场业务的酒店也同样受到冷遇。随着赌场业务的收入不断高涨，黑手党的传闻逐渐为人们所淡忘，当假日酒店和希尔顿大酒店也开始经营赌场业务时，具有赌场业务的公司也成了股票市场上的香饽饽。**林奇对于那些因为传闻而饱受煎熬的公司特别重视，他深信如果公司业务盈利不错，却因为一些不切实的市场谣传而低价交易，那么这确实是一个进场的好时候**，巴菲特也善于此类投资。

第七条法则是"如果该公司的业务让人感到有些压抑的话，那么这很可能是一只不错的股票"。什么叫令人压抑的业务呢？林奇举了国际服务公司的例子，这家公司经营着丧葬业务。国际服务公司总部位于休斯敦，它对全国各地的小殡仪馆进行了收购和整合。经过大量的并购后，国际服务公司成为了殡仪行业的连锁老大，它拥有 460 多家殡仪馆，120 多处公墓，70 多家花店和 20 多家丧葬品制造中心，通过整合这

个行业的上下游产业链，这家公司的业绩不断提高。这家公司还开发了生前预定丧葬合同业务，这些业务得到市场的极大认同。专业投资者对于这家公司很不感兴趣，因为其经营的业务让华尔街那些习惯欢乐兴奋场面的专业人士感到压抑。随着公司盈利水平的持续攀升，多年之后终于吸引了众多机构投资者。此时，这只股票都已经上涨了20多倍了。在此之后，国际服务公司继续上涨了好一段时间，但是如果你在市场已经认识了这只股票之后才买进，那么你将付出更昂贵的价格。

第八条法则是"如果该公司处在一个增长较低的行业，那么这很可能是一只不错的股票"。林奇虽然很喜欢找到成长性好的股票，但是他却并不热衷于在高成长行业中去寻找这样的公司，因为这些行业的盈利水平增长过快，使得大量的竞争者涌入，这样就会很快拉低利润水平，最终降低企业的增长率。在增长较低的行业中，如果你能找到一家增长不错的公司，比如当年美国零售业的沃尔玛就是这样的公司。当时的零售业已经不是一个高速成长的行业了，而沃尔玛利用经营上的创新策略重新塑造了零售业的模式，并因此获得很高的增长水平。林奇认为国际服务公司就是处在殡葬这个低增长的行业，但是由于重新构造了这个行业的经营思路，所以它增长迅速。不过由于这个行业本身处于低增长的情况，所以几乎没有分析师来跟踪这一行业的公司，正是因为这样才使得国际服务公司没有进入这些专业人士的研究视线。但是，这却给了像林奇一样视角的投资者以丰厚回报的投资机会。

第九条法则是"**如果该公司具有一个独特的利基市场，那么这很可能是一只不错的股票**"。所谓的**利基**，指一个近乎独占的市场，林奇举了一个地方石料场的例子，他说位于某个地方的唯一一家石料厂根本没有竞争对手。虽然石料加工极为简单，甚至可以说原始，但是却非常赚钱。这些在某一个地域具有垄断特征的企业很难吸引其他厂商的加入，因为如果当地再增加一家石料厂则可能两家厂都会亏损，而其他

利基（Niche）是指针对企业的优势细分出来的市场，这个市场不大，而且没有得到令人满意的服务。产品推进这个市场，有盈利的基础。在这里特指针对性、专业性很强的产品。按照菲利普·科特勒在《营销管理》中给利基下的定义：利基是更窄地确定某些群体，这是一个小市场并且它的需要没有被服务好，或者说"有获取利益的基础"。

地方的石料厂如果将自己的石料运来竞争的话，成本上处于劣势，所以这类公司的利基市场具有某种市场性专利的特征。巴菲特在投资的时候特别注意公司是否拥有这一特征，这跟彼得·林奇具有很大的共同点。巴菲特特别钟爱报纸，一方面是因为他对报纸的经营非常了解，另一方面是因为地方性的报纸和媒体具有与石料厂一样的利基市场。林奇认为排他性的独家经营权对于一家企业股东的价值是非常重要的。他举了国际镍业这家公司，这是一家世界最大的镍矿生产商。这家厂商的利基就是整个镍矿市场，因为它握有世界上绝大部分镍矿资源。林奇总是寻找那些拥有利基市场的企业，他认为一家完美的企业必须拥有一个利基市场。除了报纸和矿业这类依赖于地域的优势公司，林奇认为著名的品牌相当于拥有了利基，比如可口可乐、百事可乐和万宝路等。

第十条法则是"如果该公司的产品可以被人们不断购买，那么这很可能是一只不错的股票"。林奇认为像剃须刀、饮料和报纸一类的产品是经常需要消费的，而玩具这类东西则变化太快，也许一家厂商可以设计出一款玩具，但是很快就会为潮流所淘汰，所以一样产品能够为市场反复购买是最好的。

第十一条法则是"如果该公司是高技术产品的用户，那么这很可能是一只不错的股票"。林奇认为**技术类公司的产品价格趋势肯定是向下的，随着生产能力的提高，大量的产品涌向市场，这使得技术类产品很快就变得便宜**。对于那些以高技术作为生产设备的公司来说，这是好事，因为这意味着成本的降低。林奇认为与其向一家生产扫描仪的公司投资，不如向一家使用扫描仪的超级市场投资。随着扫描仪价格的不断下降，超市的资产支出将下降，而且这类支出的下降是可持续的。厌恶技术类公司是林奇和巴菲特的共同特点，但是也有很多技术投资行家持续不断地从技术类股票中找到好公司，这取决于你的能力范围。正因为林奇和巴菲特都不是高科技行家，所以他们对技术类股票的规避是非常符合能力范围的投资原则的。

第十二条法则是"如果该公司的内部人士在买入自己的股票，那么这很可能是一只不错的股票"。林奇认为与其去拼命打听小道消息，不如查看那些公司的内部人员是否在买入自己公司的股票。林奇给出了一条经验法则：如果一家公司的内部人员疯狂买入自己公司的股票，那么这家公司至少在未来**半年内不会倒闭**。林奇认为内部人士买入自己公司的股票可以使得管理层和股东的愿望变得更为一致。林奇认为公司高层买入股票是一个主要的利好信号，而如果连普通员工都踊跃买入的话，则确认了这一信号的可靠性。另外林奇还认为，买入自家公司股票的高管人数比数量更为重要，他举了例子：7位副总裁每人买进1000股自家股票比一位总裁买入7000股更能传达正面信号。另外，林奇还提醒投资者不要对内部人士卖出股票持负面看法，因为内部人买

入股票通常只有一个原因，而内部人卖出股票却有很多原因，通常情况下内部人士卖出股票并不是一个公司出现麻烦的信号，这些卖出股票的内部人士或许急需现金周转，或者是为了投资多元化。但是，内部人士买入自己公司的股票就只有一个原因：他们认为股票价值被市场低估了。

第十三条法则是"如果该公司回购自己的股票，那么这很可能是一只不错的股票"。林奇认为如果一家公司对自己未来的成长非常有把握，那么就应该购买自己的股票。回购的这部分股票就不再流通，所以该公司的总股份数目就下降了。首先每股收益就会因此而提高，而每股收益对于长期的股价具有决定性的作用。如果一家公司回购了自己的一半股份，那么每股收益就会上升一倍，而且这种提高是长期而持久的。20世纪60年代的国际乳品皇后公司是回购股票的先行者，这种做法很快得到一些负责人公司的效仿，比如埃克森公司就一直在回购自己的股票。一家公司可以通过投资新的业务来提升收益水平，但前提是这些投资能够达到一个理想的水平，**对于那些拥有大量现金却没有好的投资项目的公司而言，回购自己的股票是对股东的最好回报**。吉列公司曾经不断投资一些新的项目，进行规模的并购，这些措施并没有带来良好的股票回报，这就是一个反面的例子。巴菲特也很在意管理层是否进行了不合理的投资，他同林奇一样认为与其乱花钱，不如通过回购股票或者分红方式**将资金还给股东**。

我们已经详细介绍完了人弃我取的十三条林奇法则，在具体的投资实践中，我们不可能也不必找到符合上面每一点的公司，也不要照葫芦画瓢，最为重要的是领会林奇这十三条法则的内涵，那就是热闹的地方钱少，去那些冷僻地方更容易找到好的投资机会，这恰恰与通常人的思维相反。不管专业投资者还是散户，都极其容易受到"羊群效应"的影响，别人今天看什么，自己今天就看什么，所以大家都挤到一块去了，这样是赚不了丰厚利润的。

关键是"疯狂"两字，如果是少量买入，那就有可能是做做样子给大众看而已。

管理层如何对待现金表明了他们的能力和态度。

（2）林奇规避的股票。

我们已经从上文知道了林奇异于常人的选股思路，现在我们再来看看林奇对哪些股票持有谨慎的，甚至负面的看法。简而言之，林奇要规避的股票就是那些"热闹"的股票，这恰好与林奇喜欢的股票相反，**人弃我取是林奇认定牛股的一个前提，而人取我弃则是林奇规避熊股的一个前提。**

林奇规避的股票大致有下面几类，**其共同特点都是被众人追捧的抢手货**。林奇规避的第一种股票是"热门行业的热门股"。这种股票是林奇首先要规避的，因为这类股票受到市场的重点关注，几乎每个买卖股票的人都知道它，或许你在上下班的途中都可以听见有人在谈论它，很多投资者一窝蜂地拼抢这种本来就不便宜的股票。这些股票通常被市场看作是前景无比美好的那一类，实际上这些股票都是被高估不少的那种。

热门的行业有两种：一种是被投资大众寄托了无限希望，但是本身现实盈利并不客观的公司，这类公司的股票由于追逐的人众多因此不可避免地脱离了基本面，所以即使买入了这类有业绩的公司，所支付的价格也过高了，最后随着股价回归基本面，人们才开始逐渐清醒；另外一种热门行业则是由于本身的业绩非常了得，但正是因为高成长性，大量的竞争者涌入这个行业，所以很快高成长就为高水平竞争所代替，这类公司的股价也就随着跌落。对于后面这种情况，只有那些具有利基的热门企业才能避免。**高成长行业和热门的生意总是会引来一大批对手，除非热门企业拥有专利或者其他手段来保护自己的高额利润，否则很快就有大量的模仿者。**

20世纪60年代的施乐公司是当时的热门，在1972年的时候很多投资人士认为施乐将持续这样高增长的神话，但是很快这个市场就挤满了20多家跟施乐一样的复印机公司，这样施乐的股价立马飞速下跌，从170美元跌倒只有10多美元。

而另外一家名叫菲利普·莫里斯的烟草公司却是一个相反的例子。在美国由于法律的管制，烟草行业是一个负增长的冷门行业，但是菲利普·莫里斯公司通过拓展海外市场，降低成本，提高售价达到了良好的业绩水平。简而言之，这是一家处于低增长行业的高增长企业，而且由于烟草品牌带来的利基，所以菲利普·莫里斯能够很好地保护自己的利润不被竞争所侵蚀。

林奇希望找到成长性的公司，但是他认为应该在那些非成长性的行业寻找这样的公司。因为这些行业没有吸引力，所以不会引发投资者的追捧，同时也不会引来**过多的竞争者**。还有一点原因就是在非成长性行业的成长性公司通常都建立了某种革新意义的盈利模式，比如沃尔玛和西南航空。这就是克里斯坦森教授一直倡导的破坏性创新优势。

林奇规避的第二类公司是"被看好是下一个著名公司的股票"。股票市场上，人人都想要发掘下一个思科，下一个微软。所以，经常有些一厢情愿的投资人士和研发机构弄出另外一个思科和微软。这样的例子太多了，比如下一个沃尔玛，下一个 IBM，等等。林奇认为凡是这些被看好为下一个著名公司的企业都没有什么好的结果。这类股票总是招来太多的买家，这使得股票的价格被不合理地抬高了，另外这些被看好的企业也会引来大量的竞争者，这会促使利润降低。两方面的因素合起来，就会使得这些号称"下一个"的公司走向窘境。

林奇避免介入的第三类公司是"不恰当多元化的企业"。无论是林奇还是巴菲特都喜欢那些业务简单的企业。业务简单的企业可以很好地为投资人所了解，避免了很多陷阱，另外**多元化的企业总是将企业利润浪费于回报低下的新项目和新业务上，他们经常过高支付收购价格。**基于这两个考虑，林奇和巴菲特都避免介入那些业务过多的公司。林奇还总结出了一个二十年周期：公司在第一个十年利用大量的盈利疯狂地并购，利润水平不断下降，然后在下一个十年又不断地剥离那些不良业务，出售那些效率低下的部门。不恰当多元化的企业不是林奇成长性投资的对象，但是却是起死回生型的一个备选对象。**林奇喜欢等到这些多元化企业开始剥离其盈利不佳的业务时才开始动手。**多元化的企业有两种，一种是沿着既定业务范围进行上下游整合的，还有一种是东一榔头西一棒子的收购，也就是在原先业务之外进行大量的并购。对于第一种多元化，林奇并不反对，但是后面一种多元化林奇却十分痛恨，他认为这实际上违背了"能力范围"法则，管理者企图在很多陌生的领域建立盈利模式，这是非常不现实和危险的。

林奇还认为多元恶化和多元优化是不同的，**那些多元恶化的企业总是马不停蹄地展开并购，经营让位于并购。**而那些多元优化的企业则是把经营放在首位，总是把前一次并购

投机客就要捕捉那些新兴热门的产业板块，这是与价值投资者不同的地方。

在 A 股市场，多元化的个股适合题材投机，但不适合价值投资。

消化后再进行下一次并购。Melville 是一家制鞋公司，林奇把它作为多元优化的例子，这家公司在 1962 年之后几年开始并购步伐，它每次并购都非常谨慎，通常是收购一家经营成功一家再进行下次收购，虽然这些并购对象不再是原来的业务，但是 Melville 利用自己经营鞋业零售业务的数年经验来管理这些新的零售业务。而 Genesco 则是林奇举的多元恶化的例子，这也是一家制鞋公司，它同样涉足了其他零售业务，但是由于它收购过于频繁，而且涉及的行业跨出了普通零售业，甚至涉及证券咨询业，所以其经营效益在并购后大幅度下降。林奇认为多元优化产生于业务之间的互补性，而恶化则是违背了这一规律。

林奇避免介入的第四类公司是"传言看好的公司"。传言有很多途径，比如一些推销股票的经纪商提供的"良言"，一些个人投资者提供的"内部消息"，等等。在美国早期证券市场，有一种为某些庄家所使用的"耳语战术"，他们通过制造市场流言来打压股价或者制造出货的机会。林奇认为传言容易让身处其间的投资者被催眠。当一个人说假话的时候，你保持怀疑，当第二个人再告诉你同样的谎言时，你将信将疑，当第三个人告诉你谎言的时候，你就认为是真话了。股票市场投资中的"羊群效应"与此有很大的关系。无论是邓普顿还是巴菲特和肯尼斯·费雪，他们为了远离市场传言和情绪带来的干扰都住在僻静之处。或许，他们很清楚人性中的天生缺陷，所以远离这些诱惑和干扰是非常明智的做法。

林奇避免介入的第五类公司是"过于依赖大客户的公司"。鸡蛋不要放在同一个篮子中，在投资上这句话既是对的又是错的，但是在企业产品销售上，鸡蛋确实不应该放在同一个篮子中。**林奇认为如果一家企业 25%以上的销售额都来自同一家客户，那么这是非常危险的。**如果这家客户本身的经营出现了问题，那么也会引发投资企业出现问题。而且太过于依赖少数客户，可以使得你在双方谈判中处于劣势，长期下来你投资的这家公司的利润率将大大下滑。

林奇避免介入的第六类公司是"名字十分花哨时髦的公司"。在石油股风行的年代，凡是名字中沾上"石油"两个字的上市企业都受到投资者的青睐，而在互联网时代，凡是名字中出现"dot com"的公司都占尽了便宜。虽然这些企业曾经风光一时，但是最后免不了要回归基本面。那些因为名字时髦而注意到这些公司的投资者很容易支付过高的价格而买入基本面不佳的公司。所以，林奇告诫投资者远离那些名字过于吸引人的公司，因为这些公司引来的投资者过多使得股价已经太高。

（3）狼出没，请注意。

无论是林奇还是其他价值投资者，公司的财务状况是否真实是分析中最需要注意

的安全因素。如果财务报表本身存在问题，那么以此作为基础进行的分析和结论都是不可靠的。正如安然事件和世界通信事件带给美国投资者的教训一样，中国内地股票也饱受银广夏事件的困扰。下面我们就来看看这些吃掉投资者的狼长得是什么样的。在这个投资丛林中，狼经常出没，为了避免受到攻击，我们需要提前知道它们留下的蛛丝马迹，防患于未然。下面我们就来看看这些危险的特征。

很多时候会计制度给予公司合法误导甚至欺骗投资者的便利。有很多时候，公司宣传的重大盈利只是修改了会计名目而已，了解这些潜在的危险是价值投资者首先应该做的一件事情，林奇也告诉个人投资者利用自己的信息优势发掘那些隐藏本来面目的企业。

当然，并不是只有专业会计人员才能发现这些欺骗伎俩，因为这些欺骗都具有某些共同的特征，就像计算机病毒一样，所以我们总是能够识别出绝大部分欺骗。

第一个特征是连续的一次性费用，**公司财务报表中频繁出现的一次性费用是经常为上市公司所采用的欺骗伎俩**。如果一家公司为了弥补以前说的谎话，它可能就需要不断地利用一次性费用来继续说谎。

第二个特征是连续的收购。虽然杰克·韦尔奇被很多管理者所称道，但是郎咸平却发现韦尔奇采用了大量的收购来提升股价，其继任者却饱受折磨。**一家企业连续不断地进行大量的并购，这样的财务报表就要被重写，这样就使得投资者根本无法追踪该企业的真实营运业绩，而且收购往往会增加企业经营的风险，这些并购后的企业说不定会在此后不久爆出财务丑闻，因为很多并购企业常常对于并购目标了解不深，总是急于达成交易而忽略了并购目标的真实经营状况。**

第三个特征是现金流出现问题，甚至断裂。很多公司都可以通过合法而复杂的会计手段来蒙蔽投资者，但是一家公司的现金流却很难说谎。一家经营正常的企业，其经营性现金流应该大致保持上升趋势，这样才表明企业的业绩在稳步上升，利润在增长。有一种情况需要特别警惕，那就是如果一家公司的净利润在急剧增长，但是它的经营性现金流却处于停滞状态，或者增长十分缓慢。这通常表明销售收入的回款遇到了麻烦，该企业不能及时收回账款，或者是企业将一些预期的销售收入记入了账目中，从而增加了当期的利润水平，但是这些利润却是没有实现的。1997~1999 年，朗讯公司的净利润从 5 亿美元猛增到 35 亿美元，但是其现金流却由 21 亿美元下降到 -2.76 亿美元。这就是一个最为典型的例子，现金流是一个企业的生命，当血液停止流动时生命也就歇息了。当年史玉柱修建第一高楼就是因为现金流断链才功败垂成，巨人集团瞬间就崩溃了。

第四个特征是应收账款增长。这跟现金流减少有一定关系，**很多公司为了扩大销售额，就降低了销售商的门槛，从而引起应收账款激增**，回款出现困难。公司将这些销售计入收入，但是公司却还没有收到这些款，如果回款出现问题，那么坏账就会增加，从而将公司从良好的经营现状中逆转至非常糟糕。作为一个谨慎的价值投资者应该查看应收账款和销售收入之间的比率。如果销售收入增加了 45%，而应收账款也上升了 50%，这表明公司收到的款项比垫付的款项更多。另外，还要查看公司的坏账准备，如果公司的应收账款在增加，而坏账准备却没有同步提高的话，那么公司对于回款肯定是过于乐观了。

第五个特征是公司的财务总监和审计师离职。**如果一家公司的财务总监和审计师因为奇怪的理由离开了这家公司，这是一个非常严重的警告信号**。如果这位会计和审计的高级人员离开前后已经有关于该公司的财务问题的传言，那更要注意了。

第六个特征是将费用资本化。营业费用比如写字楼租金等通常带来短期收益，而资本支出则会带来长期收益，资本支出就是机器设备这类。但是有时候一些支出到底应该算作费用还是资本支出是很模糊的，算作费用的话就应该一次入账，**算作资本支出的话则应该分摊后多次入账**。所以 10 万美元的费用支出，一次入账，10 万美元的资本支出却可以分 10 次甚至更多次入账，将费用资本化就可以使得近期的账目更为好看些。

第七个特征是**存货大量增加**。销售水平下降是存货增加的最主要原因，肯尼斯·费雪非常注重销售情况，他大力推荐市销率，也就是股价除以每股销售收入。销售的下降通常是公司出现问题的表现。2000 年，当时很多通信类公司的存货就出现了激增，但是分析师们认为这是暂时的现象，事实却是相反的。

第八个特征是投资收益当作营销收入入账。如果一家公

宏观经济学家也非常关注存货变化，采购经理人指数当中就考察了企业存货的变化。对于商业分析者而言，如果存货的变化下降了，但是应收账款激增，那么企业的经营状况并不见得好。

司使用投资收益或者出售资产来提高营业利润或者减少营业费用，你无疑会认为夸大了公司的业务水平。

除了上面这些财务报表上的警告信号外，我们还需要注意公司高级管理层透露出来的一些危险信号。

第一个特征是公司管理层通过公司获得了额外的津贴。当公司的高级管理者利用公司股东的钱取得一些奢侈品和 VIP 会员时，这很可能是管理人员不尊重股东权益的表现。**节俭的高级管理者则是一个很好的信号。**

第二个特征是公司管理者利用自己的权力帮助亲戚朋友。如果公司的高级管理者做出这样的事情来，无疑也是极其不尊重股东们的权益，这种行为是间接为自己谋取不合理的利益。要发现这类警告信号，投资者们应该阅读公司报告当中的关联交易部分。**看看有没有公司高级管理者的亲戚朋友与公司有紧密往来，看看这些生意对于这家公司是否真的有益处，是否为公司股东带来了切实的利益。**

第三个特征是公司高级管理者没有坦诚地对待自己明显的错误。商场如战场，即使最精明的商业领袖也有犯错误的时候。能够坦诚地对待自己的失误，诚实地对待股东，这是巴菲特也很在乎的事情。在季报和年报中，看看公司高级管理者是如何评价过去的工作的，是否公正地评价了自己的业绩。

第四个特征是公司的人员流动率很高。**较长的聘期表明了高级管理人员与下属之间的关系是值得信赖的。一家公司如果不能善待员工，那这样的公司只会是昙花一现而已。**

美国曾经有投资机构发表针对京东的做空报告，其中有一条就是京东高管离职率很高。

对于上面十二个信号，大家一定要牢记在心，无论是林奇还是巴菲特都会下功夫去寻找上市公司存在陷阱的蛛丝马迹，更不用说像格雷厄姆这么在乎财务报表真实性的定量分析大师。对于管理层素质和职业操守的强调则是菲利普·费雪，也就是巴菲特的老师之一，肯尼斯·费雪的父亲。开头八个信号，代表了格雷厄姆定量价值投资的分析思路，后面四个信号代表了费雪定性价值投资的分析思路。我们在这里将

价值投资的大师们融入一炉，由林奇来铸造第三代价值投资模式。

（4）股市投资十定律。

虽然我们已经从林奇身上学到了投资人的职业嗅觉，但是我们在选股的时候仍然有些需要注意的事项，这些事项经常误导个人投资者，甚至机构投资者也不能幸免，这就是选股方面的误区。与林奇规避的股票不同，这里更强调的是大的方向，与上文的十二个信号不同，这里不探讨财务报表和管理层方面的问题。下面我们就来看看股市投资的十要律吧，这是由当代定量分析大师 Damodaran 提出的，其思想与林奇比较接近，可以看作对林奇阐而未发理念的详细表述。

第一定律，**警惕那些自称融入高科技和前沿理论的选股策略**。这类股市投资策略通常都和某些软件联系起来。很多股市中的方法贩子会将那些多年前出现的方法加以包装，重新推出来迷惑投资者。他们通常会宣传这些方法融入了混沌理论、全息理论、神经网络、遗传算法等，其实这些方法不过是以前某个方法的变种而已，其历史绩效未必很好。所以，股市投资一定要警惕这些"神奇方法"。

第二定律，股票的波动是很难预知的。人们都希望能够通过某种技术分析来把握股票的局部波动，抓住每个波动获利是这些投资者不断努力的方向。但是，即使用上了混沌分析这样的工具，我们仍然无法预知市场的局部波动。股票投资受到几百个不同因素的影响，我们只能大致把握部分公司的长期趋势，比如一些拥有利基市场性的专利公司，这些公司由于拥有持续的竞争优势，所以能够很好地把握其增长情况和未来前景。

第三定律，高利润率的策略当中一定存在相应的风险。在短线投资者眼中很难看见短线买卖的成本和风险，他们只看到了短线频繁交易带来的大量机会。在价值投资者眼中，由于短线交易要付出大量的手续费，而且情绪经常主导交易行为，因此巴菲特和林奇之类的投资大师是极为反对这些所谓的高回报投资策略的。

第四定律，基本面重于一切。价值投资的要点在于认为股价是会向基本面回归的，虽然这种回归可能花费的时间长达几年。在每个火爆的牛市中，人们应该记住那些决定公司价值的关键因素，也就是公司的基本面。投资者在疯狂的投机中常常忘记这一定律，从而在股市的大跌中承受痛苦的后果。格雷厄姆经历了 1929 年到 1933 年的股市暴跌，巴菲特和林奇则经历了 1987 年和千年之交的股市暴跌。这三次暴跌都使得价值投资者能够看清基本面的决定性作用，股价不可能超越公司的收益情况太久，无论是技术泡沫还是资产泡沫都有破灭的时候。我们将在林奇的智慧法则三中讲到收益的重要性。

第五定律，**股价便宜总有一定原因**。不像林奇那么重视公司的质量和成长性，巴菲特在早年投资的时候基本上习惯于从账面上找那些便宜的公司，这是他完全恪守格雷厄姆教诲的表现，在遇到查理·芒格之后，他总结了自己的教训，决定不光要看股价便宜否，还要注意公司的成长性和利基如何，从此费雪和格雷厄姆并列为这位巨擘的宗师。林奇从坐上基金经理的位置开始就非常重视公司的质量问题，所以林奇更像是费雪的传人。一些公司的市盈率低，股价便宜很可能是因为它是一家周期性企业，比如钢铁，或者是这家公司存在某些问题。价值投资的要点在于买进那些公司质量不错，成长性很好，而股价较低的公司。所以，**首先要看公司的质量和成长性，其次才是价格低廉，这个过程不能颠倒**。巴菲特关注可口可乐和华盛顿邮报多年，然后选择时机在低价买进，这就显示了上述思想的实质。林奇更是非常注意这一点，他常常抽出大量时间拜访上市公司，了解这些公司的经营状况，管理层水平，未来成长空间。

第六定律，**再好的公司也要看价格**。在牛市里面，很多人打着价值投资旗号行投机之实，格雷厄姆早就指出了这类挂羊头卖狗肉的现象。很多价值投资的新手总是认为好公司是买卖的对象，但是却忽略了为其支付的价格是否合理。巴菲特非常注重格雷厄姆提出的"安全空间"法则，而林奇本人则通过避免介入那些热门行业和热门股票来规避支付过高价格的风险。林奇认为凡是那些被市场看好的公司的股票早就已经变得不便宜了，很多时候已经透支了未来的收益。

第七定律，数字也是不可靠的。格雷厄姆非常依赖数字，因此他把证券分析变成了一门正式的职业。但是，依靠数字确实是一把双刃剑，虽然它避免了盲目投资的冲动，但是又为会计作假提供了机会。林奇总是利用访问上市公司的机会去证实一下纸面上的东西，并且利用日常生活和职业背景来提供备选股票。这样的做法体现了能力范围法则，同时也避免了数字造成的欺骗。费雪将定性分析引入股票投资领域，

很多价值投资的新手总是认为好公司是买卖的对象，但是却忽略了为其支付的价格是否合理。

这极大地弥补了格雷厄姆定量分析的不足。

第八定律，**尊重基本的企业经营规律和市场运行规律。** 很多投资者总是与市场对着干，也没有深入研究企业的经营规律，比如企业的生命周期。这些盲动的投资者可能把一家稳定成长的企业当作成长性投资的对象，甚至把周期性企业当作成长性投资的对象。

第九定律，不存在适合所有股票投资者的最佳投资方法。每个投资者都有自己的特点，风险偏好是不同的，林奇从来没有宣称自己的投资哲学是唯一的方法，他承认自己的方法比较适合那些投资于熟悉行业的人士，而且他也认为普通人更适合其投资方式，因为他们通常没有基金经理人的职业惯性和潜行规。

第十定律，长时间在股票市场中盈利是不能靠运气的。在短时间内，很多风光的大师很快逝去，而真正能在市场中挺立不倒的长跑冠军只有屈指可数的几位，像林奇、巴菲特、格雷厄姆这类投资巨擘真的是非常少，这一方面证明了价值投资的无上威力，另一方面也说明了那些一时风光的方法**只能依赖运气。**

要持续地在股票市场上赚到利润，并不是举手之劳，虽然吉姆·罗杰斯认为投资就是发现那些别人遗忘的角落，等着钱滚到这些角落来，弯腰捡起来，这就是投资。其实，要发现这样的机会本身就需要付出大量的努力，虽然弯腰并不花力气，但是蹲点守候却是非常消耗精力的事情。

（5）七个应当规避的投资习惯。

我们已经介绍了应当规避的股票类型和应该避免的选股方法。现在我们来看看理念、心态和操作层面应当规避的不良习惯。

很多出入股市的投资者总是盯着上市公司的盈利状况看，其实每股盈余这类的盈亏数据总是可以被上市公司操纵的，虽然不能长期这样做，但是隐瞒几年还是很容易的。只关心企业盈利水平就是要规避第一个的投资习惯。**为了克服盈利**

数据对我们的欺骗，我们需要注意现金流量表上的情况，因为现金流是很不容易受到操纵的。通过现金流，我们可以觉察到一家企业的健康状况。

　　投资者应该规避的第二个投资习惯是在下跌的市场中失去理性。价值投资从格雷厄姆开始就强调一个安全空间，也就是价格低于价值一定的幅度，通常要找到足够的安全空间只能在熊市中才能实现，所以价值投资施展拳脚的最佳场合是下跌的市场中，正是因为市场情绪带动了非理性的抛售，使得很多优质的股票遭到了不公正的对待，而这时候正是价值投资者发扬人弃我**取精神的好时机**。如果一个价值投资者一见到股市下跌就感到恐惧；那么他是无法实行价值投资要求的买进行动的。所以，我们需要在股市下跌的时候保持足够的冷静。林奇总是在那些别人抛弃和忽视的股票中寻找最佳机会，这同样反映了面对市场情绪价值投资者需要极大的独立精神和勇气。

> 熊市当中，群体处于悲观和恐慌情绪中，非理性行为将大面积出现，这个时候安全空间往往是最大的。

　　设定过高的盈利目标是投资者应该规避的第三个投资习惯。价值投资是一门需要耐心的艺术，如果你能每年保持30%的复利水平，你就已经超过彼得·林奇了。很多投资者认为长线是无法赚钱的，资金太少更是如此，所以一年30%的收益对他们而言显得太少。记得一位私企老板找某位投资高手理财，提出的要求是一年一倍，并觉得这不算高，这位投资高手回了一句："你去抢银行吧。"确实，如果你能保证每年25%的复利，从1000元本金开始，40年后你将拥有750万元。价值投资的魅力在于其复利具有的魔力效应。很多人只知道一年增长25%，却不清楚如果坚持40年的话会是什么结果。设定过高的投资目标容易使得投资者重仓交易高风险的股票，这样无异于杀鸡取卵，**最后都是惨淡收场**。

> 好的结果是正确行为的副产品！

　　认为新时代和新经济来临，这是投资者应该避免的第四个习惯思维。人性天生轻视历史，所以历史也就会经常重演。**林奇非常喜欢将从前的股票走势拿出来不时端详，看看以前发生的商业事件，从历史中学到更多的东西。**历史是旋梯形

> 吉姆·罗杰斯也有类似的观点，那就是从历史中寻找财富的轨迹。

发展的，所以《圣经》才说"太阳下面从来没有新鲜的事情"。而格雷厄姆说得更是详细："新时代只不过是那些以投资为名狂热进行金融赌博行为的托词而已。"**技术分析重视历史，价值投资也重视历史，历史可以让我们更有耐心，更为谨慎。林奇认为学习历史和哲学比学习统计学能够更好地做好股票投资。**

部分投资者误读了林奇的思想，认为林奇式的价值投资就是投资那些喜爱的公司。因为喜欢一个公司的产品而买进它的股票是投资者们要避免的第五个习惯。林奇为此专门做出了澄清，他说**喜欢一家公司的产品是研究一家公司很好的理由和条件，但是却并不是购买这家企业股票的充分理由，**在投资者没有对一家企业的财务状况、收益前景等各方面情况进行仔细研究前，千万不要盲目买入其股票。熟悉和喜欢一个公司的产品为你提供了一个能力范围，这是好事情，但是如果你因此就做出购买决定的话，那么这是非价值投资者的典型表现。

盲目买入一家公司，经常是因为没有做出充分和必要的估值，而忽略对一家公司进行估值则是投资者要避免的第六个习惯。价值投资的要点就是强调估值，为了防止估值出现误差，格雷厄姆甚至强调安全空间，林奇作为价值投资的巨擘也同样认为如果不对公司进行估值就盲目买入那些所谓的好股票是极其荒谬的做法。

> 投机交易对于择时要求更高，特别是带杠杆的交易。

很多股市玄学提供了所谓的最佳买卖时机，也就是对买卖的时间进行精确的选择，这样的想法无疑迷倒很多人，然而这种方法的可靠性一直没有得到实践的**普遍证明**。这类想要精确买卖实际的想法是众多散户一直具有的，但是却是一个价值投资者所要避免的习惯。我们只能断定股价是否被大幅度高估或者低估了，然后以此作为入市的标准，根据时间来入市很有可能买在不合理的高位，卖在不合理的低位。林奇在自己的股市投资中从来不使用这类择时理论，他总是认为股票买卖是由公司价值和股票价格之间关系决定的。

我们已经给出了投资者应该避免的七个习惯，这些习惯会损害价值投资思维，进而危及你的投资收益。林奇一直坚决教导投资者要避免类似的投资习惯。

# 第四节　林奇的智慧法则三：收益第一

市盈率超过 30 倍不可能持久。

——拉瑞·威廉姆斯

收益，收益，还是收益。

——彼得·林奇

（1）股价上涨的原因。

**通常而言，股票价格上涨要么是由于题材，要么是由于公司在盈利**。题材关乎未来，反映了那些还没有兑现的美好愿望，说白了就是预期中的美好业绩；**而盈利导致的股票价格上涨通常是可靠的**，至少入账的盈利比预期中的盈利更让投资者踏实。

在新经济和新时代中，投资大众总是喜欢那些新的口号和题材，人们认为新的东西必然带来不同以往的盈利水平。股票市场变成了一个选美的比赛，宏观经济学之父凯恩斯就是这样认识股市的，他因此而暴富，也因此而**近乎破产**。闻名股市的博傻理论似乎就是从他那里开始的。股市在长时间内绝对是个称重器，这是格雷厄姆说的。股票市场上的题材总是来了又去，去了又来，似乎永远都不缺乏新的东西，其实哪有什么新鲜的东西，人性的好逸恶劳成就了这些所谓的新鲜东西，只要跟着潮流走，无须承担独立思考和独立操作的责任，就可以轻松获利，每个投资者都想要这样。股票因为题材而不断上涨，但是人们却很难把握好进出场的时机，一旦承诺无法兑现，股价就会像断线的风筝，飘摇而下。垃

> 题材投机，价值投资，你擅长哪一门功夫？

> A 股市场上有一家非常出色的私募基金，这家公司在深圳，奉行选美理论，收益一直不错。这说明法无定法，价值投资适合大资金，题材投机则适合中小资金。

圾股票总是充满期望和题材的地方，它们可以从 1 元涨到几十元，也可以从几十元跌到不足一元。林奇最讨厌的就是充满题材的股票，题材意味着热门，意味着股价过高，意味着即将引来竞争者，所以林奇是断然不会去碰这种说不清道不明的股票的。因为题材而上涨的股票是可以欣赏的，但是却**不是可以把玩的。**

**作为一个稳健而现实的投资者，我们应该从因为另外一种原因上涨的股票上寻找投资机会。这就是那些因为盈利而上涨的股票。这种上涨是必然的，也是可靠的，更是可持续的。**只要盈利，那么股票的上涨就是可持续的。抛开企业的生命周期，过去几年的企业盈利水平一般是可以持续的，企业的经营业绩是有惯性的，历史是有用的，否则格雷厄姆就不会那么重视研究 5 年以上的经营历史了。林奇特别在意公司是否盈利，特别是未来的盈利水平是否可以在历史的基础上做到更好。

公司赚钱股价就上涨，似乎很多人认为这不是必然的。当然，因为这些人长期从事短线和局部买卖，早就对股价和盈利可靠的中长期关系感到陌生了。短线交易大师拉瑞·威廉姆斯本人也非常推崇根据收益性来选择股票，他说如果必须在消息和价值之间选择，他一定会选择价值，而公司的价值就是其盈利能力。你想，一个短线股票交易大师都持有这样的观点，那么作为一个新价值投资者更应该关注企业的盈利能力。

林奇认为股价跟着收益走是价值投资的前提，也是股市运行状态的真实写照，更是经过几代价值投资大师实践的真理。**索罗斯历来不被归为价值投资大师，但是你又是否知道他当年是美国少数几个专门发掘欧洲被低估股票的高手呢？**当时，欧洲同行对于股票价值的分析非常粗糙，所以很多公司的价值，特别是隐藏资产没有被发现，而索罗斯曾经在美国成功地发现了一些有价值的公司，这些公司的资产也被忽略了，凭借这些经验，索罗斯开始去欧洲市场发现新的机会。

折价买进一直是价值投资的传统，只有当价格低于价值

时，价值投资者才进场交易，从格雷厄姆、费雪到巴菲特、邓普顿，再到林奇，这些人无一不是如此操作。而收益正是价值的载体。因为市场情绪的非理性波动使得那些收益不错的公司的股票连连下跌，这就是折价买进的最好时机。这时候，股价不断下跌，而公司的整体情况却一直不错，盈余增长良好，这为价值投资创造了进场机会。

盈余是持久上升的，而且盈利的增长是平滑的，这样的股票最被林奇看好。因为这表明这些股票代表的公司经营非常稳健，而且其盈利水平在今后稳步增长的可能性非常大。

注意收益的同时，**也要关心一下公司的负债情况，过度的债务带来的盈余并不可靠，这意味着公司为了盈利采用了过高的财务杠杆，在现金流出现问题时会迅速拖垮企业的经营。**

（2）股票并非彩票。

林奇认为是收益和资产使得一家企业具有投资价值，尤其是收益。虽然如此，但是短期内期望股价和收益完全一致是非常不现实的，因为短期内股价会受到非常多的因素的影响，比如市场情绪。有时候要经过好几年的时间股价才能调整到与企业收益水平相符的水平，而这经常动摇价值投资者的信心，不过运用了安全空间之后，价值投资者的心理舒适度要好很多。

林奇认为根据收益和资产来评估企业的价值与购买房地产、家用电器等实物没有什么差别，股票并非**彩票**，股票的价值不是由运气决定的，而是由其代表的公司价值决定，而公司的价值取决于收益和资产。资产的价值一般而言是市场中再次重置时的价格，而收益的价值则与贴现率有关，也就是将未来的收益流折算到现在。无论如何，**在同样的贴现率下，公司在未来能够产生的收益越多则其价值越大。**

资产价值也可以从破产清算的角度来考察，当企业进行破产清算时，其资产可能包括地皮、厂房、设备等。当然，企业还需要偿还各类债务，资产除去这些债务得到的就是净资产。这些净资产就是资产价值，也就是企业在当下清算能

> 股票的本质有两种，第一是商业，第二是筹码，从商业的角度来讲，股票非彩票，从筹码的角度来讲，股票与赌博相关。

够得到的价值。

但是，资产除了变卖得到的价值外，还有一种计算方式，是看这些资产继续运行能够产生的收益流，这些收益流的贴现就是这些资产的真正价值。两种核算方式只是角度不同，得到的计算结果应该是一致的，因为资产的买方的出价一定是以资产未来收益贴现总额为上限的。

正是由于股票力图反映这种收益带来的价值，所以股票具有围绕价值中枢运动的特点，虽然偏离价值中枢是常态，但是股票正是为了接近价值中枢而远离了价值中枢，矫枉过正一词很好地描述了这一现象。**彩票因为完全是概率的游戏，所以其价值应该是预期收益，而预期收益肯定是远远小于其面值的，因为中奖的概率太小，所以拖低了预期收益。**

林奇根据收益特性将公司分成六种，他更是进一步将这六类公司看作六种类型的人。那些在事业和政府机构，以及大企业工作的普通职员薪水非常稳定，也有增长，但是非常缓慢，所以这类人是低速增长型股票。

而那些在企业中位居中层的年轻管理者则属于稳定增长型，因为他们的薪水丰厚，而且晋升机会非常大。

像农民和旅游胜地的老板就是周期型，因为他们的收入取决于季节因素。那些流落街头，好一点就是穷困潦倒的才智青年很可能一朝翻身，他们就是起死回生型。而发明家、艺术家和创业中的私企老板则是快速增长型。这些人的收入可能在几年内增加几十倍。

林奇打了这些比方，主要是想说明一个人的赚钱能力会转化成一个人的经济价值，而一个企业的赚钱能力则会转化为一个企业的经济价值，而这最终会体现到股票价格上。**在任何一张股票图上标注上每股盈余线，你会发现股票价格和每个盈余线是近乎同步运动的。**林奇喜欢这样去观察股价，他是中线投资大师，而拉瑞·威廉姆斯也喜欢这样做，而他是短线交易大师。所以，无论短线还是中线，甚至巴菲特这样的长线，公司收益对于股票价格的**影响都是排在首位的。**

*公司收益趋势是股票价格趋势的灵魂！*

林奇建议大家经常翻阅股票的价格走势图，并在上面标注好公司收益曲线，当你连续翻阅好几张股票走势图后，你会发现股价运动线和公司收益线是并驾齐驱的，倘若股票价格远离了公司收益线，那么它会在尽可能快的时间内进行纠正，甚至纠正得会非常过分，而这恰好反映了它是如此地卖力纠正以前的错误。林奇发觉投资大众喜欢将盈利锁定在短期波动上，但是从长期来看公司的盈亏状况决定了股价的波动。虽然存在例外，但是交易正是冲着大数情况去的，通过安全空间和及时止损，我们可以避免这些少数情况带来的严重后果。

林奇曾经研究了从 1980 年到 1990 年的股价波动，当时经济衰退，虽然如此股票价格仍旧遵循收益的指引，也就是说股票价格一直随着公司收益趋势变化着，在周线图上可以很明显地看出这样的趋势。林奇举了一家化学公司的例子：这家化学公司 1971 年到 1975 年以及 1985 年到 1988 年的收益呈现稳定上升趋势，这两段时间的股价也呈现上升趋势，而 1975~1985 年，这家公司的收益状况非常不稳定，与此同时该公司的股价也大幅震荡。

接着林奇又举了 AVON 的例子，这家公司现在的中文名称是雅芳，该公司的股票从 1958 年的 3 美元上涨到了 1972 年的 140 多美元水平的高位，但是期间该公司的盈利能力并没有很大的提高，到了 1973 年投资大众开始疯狂抛售这只股票，纸面富贵终究是昙花一现。

林奇的买卖方法也可以从公司收益线和股价线的关系来阐述。当股价线超过收益线很多的时候，我们需要注意其他财务指标，看看是不是股价过高；当股价下降，而公司收益继续上升时，我们要看看是否是**很好的买进机会。**

（3）市盈率永不过时。

价值投资的买卖之道涉及两个方面，一是公司质量，二是股票价格，这就好比我们买东西时要注意是否价廉物美，价廉涉及股票价格，物美涉及公司质量。价值投资的核心在

*某种程度上讲，林奇将每股收益作为了价值中枢。*

于寻求低价买进好公司的机会。上文中我们谈到了公司的价值或者说质量是由收益来定义的，所以我们要找到一个指标能够将收益和价格联系起来，从而找到那些物美价廉的"产品"。市盈率就是这样一个指标，虽然很多投资者认为这个指标有重大缺陷，但有两点不可否认：第一，包括价值投资在内的所有理性投资都必须以市盈率作为一个必要的评价标准，因为这体现了股价和公司质量之间的比率关系；第二，**很多认为市盈率有缺陷的投资者并没有恰当地使用这个指标，也就是说他们经常错误地使用这个指标**。接下来，将谈到正确的使用方法。

在所谓的新时代和新经济中，投资大众谈到最多的不是公司盈利，而是未来的美好，当大家肚子空空的时候，才想到面包和黄油比乌托邦来得更加实在，所以每每价值投资的理念快要在投资世界消失的时候，上帝总会让疯狂的人们重新认识到价值投资的永恒价值。市盈率告诉你如果按照目前公司的盈利水平，你需要多少年才能收回你的投资成本。如果一个股票的市盈率高达 200 倍，也就是股价是公司年度每股盈余的 200 倍，按照公司目前的盈利情况，你需要 200 年才能收回投资。为什么人们愿意去干这种傻事呢？主要是人们认为这家公司的每股盈余在未来能够飞速上升，从而大大降低目前的市盈率。由于高市盈率涉及未来的预期，而预期不是现实，所以在一个市盈率普遍较高的市场中这样的想法基本会落空，因为能够加速增长达到理想中盈余水平的股票毕竟是极少数。

20 世纪 80 年代，美国股市处在一种疯狂上涨的态势，美国常春藤大学毕业的众多投资高手们采用了所谓强势股策略，专门买进那些市盈率很高的股票，结果 1987 年狂跌时，**他们大亏收场**。价值投资可能推迟回报施行者，但是最后却一定不会抹杀这些回报。在世界股票历史上从来没有哪只股票可以在超过 100 倍市盈率后而不崩盘，从来没有过，中国有一句古话："不是不报，**时候未到！**"

　　林奇认为市盈率将公司收益曲线和股票价格曲线之间的关系定量表达出来了，通过市盈率可以判断股价相对于公司的盈利能力是低估、高估还是恰当。通常林奇将市盈率看作投资者收回投资成本所需要的年数，但是我们要注意这种看法是有前提的。林奇告诫投资者一定不要去碰那些市盈率过高的股票，只要做到这点，投资的风险是非常小的。林奇举了一个例子，一家名叫电子数据的公司，其市盈率在 20 世纪 60 年代末高达 500 倍，但是当时很多投资者认为这家公司将出现不断的超速增长，最终会使得市盈率降下来，结果还没有等待这家公司的收益增速，股价就先行下跌了。所谓理性的投资者都应该明白，不是收益向股价调整来达成市盈率的下降，而是依靠股价向收益的调整来达成市盈率的下降。虽然这家电子数据公司本身的业绩不错，也出现了一定的增长，但是股价还是远远超过了公司的表现，所以最后还是以股价下跌告终。

　　高科技股票是最容易引起过高市盈率的股票，因为这些股票总是可以为投资者提供美好的预期，而预期是决定市盈率的关键因素，正是因为人们认为公司盈利在未来将加速增长，所以才接受了如此**高的市盈率**。但是预期和理性的估值，并保留一定的安全空间是非常不同的。预期从不考虑太多的历史和现实，也不考虑犯错的可能，所以到最后难免自尝苦果。

　　林奇认为股票市场作为一个系统，整体的市盈率水平是由单个股票的市盈率水平集合而成的，但是总体的市盈率水平又会影响个股的市盈率。**股票整体的市盈率通常是判断进场时机的好指标，无论是林奇还是巴菲特都惯于使用这一指标。**林奇虽然在选股的时候不会在乎大盘的走势，但是这并不意味着他不利用这样的机会。当投资者发现一些股票的价格相对于公司的盈利能力显著不合理时，很可能整个市场都是这样，这个时候通常没有适合价值投资者的好股票。**利率过高会导致市盈率下降，而利率过低会使得市盈率上升，这**

*高科技股票是最常见的题材投机对象之一，除此之外则是政策股。*

些是宏观经济背景对股价的影响，林奇也提醒投资者需要注意。很多人认为价值投资者不关心宏观经济大势，其实这是被巴菲特的名言误导了，他说无论格林斯潘明日的利息决定如何都与自己的股票买卖无关，但是巴菲特却非常注意长期通胀率对买卖股票的影响。

谈了林奇对市盈率的一般看法，我们再来从市盈率的积极和消极两个方面归纳一下市盈率的特征。

首先来看看市盈率在股票买卖中所发挥的积极作用。从现金流的角度而言，会计盈利比账面价值更能代表企业的价值，而且这个财务数据非常容易取得。使用市盈率最好的办法是与自己的历史市盈率比较，以及与一个板块的公司进行比较。一家企业如果以比同行业平均水平更低的市盈率进行交易，那么这通常很可能是一个**较好的机会**。需要注意的是，**市盈率比较需要在尽可能最相似的公司之间比较，因为不同行业具有不同的市盈率中枢**，像钢铁类的公司由于其周期性较强所以其市盈率明显低于其他成长性的公司，而高科技公司由于其成长性较强，所以经常获得一个较高的市盈率，投资者认为这些公司以后会更加赚钱。需要注意的是横向比较一定是在类似的公司之间，至少是同一行业和板块。

接着我们来看看市盈率在股票买卖中可能起到的消极作用。**如果你使用一个数字作为评判市盈率是否合理的基准，这样做将使得市盈率发挥消极作用，因为你很可能选到一些成长性很低，股价也不见得合理的公司。**所以，通过同板块比较我们基本上避免这一问题，除了同板块比较和跟历史比较，我们还可以通过下列问题来避免市盈率的误导：

公司最近是否发生了数目较大的一次性费用，大额的一次性费用会在短期极大地影响一家公司的盈利水平，进而改变市盈率，扭曲了公司的表现，通过排除这些一次性费用，我们可以看到公司盈利水平的真实表现和比较稳定的市盈率。

公司是否处在周期性板块，汽车和钢铁类公司都是周期性很强的类型，它们的市盈率因此变得较低，因为存在周期

如果比同板块和同行业其他公司的市盈率低，那么要查看是不是低得有道理。

性的风险。为了避免根据这些股票的很低的市盈率数字而做出错误的买进决策，投资者最好将周期性股票的市盈率跟自己的历史市盈率比较，并看看各个价格高点之间盈利水平如何，现在所处的位置是否具有较高的盈利而**股价较低。**

公司最近是否出售了资产，这类行为极可能暂时性地大幅度推高了每股盈余，进而拉低了市盈率，所以要排除这一类的影响。

每股盈余是预期的还是历史的，预期盈余在牛市中都会被高估，而在熊市中则被低估，所以应该考虑历史的盈余计算出来的市盈率，不要被预期市盈率冲昏了头。

除了市盈率，很多投资者还利用市销率和市净率来分析股价的合理性，市销率是用股价除以每股销售额，销售额比盈利要真实很多，这在前面已经讲过，费雪父子都非常重视这一指标。而市盈率则是股价除以每股净资产，也就是账面净资产，这个指标基本符合格雷厄姆的早期投资思想，也就是寻找那些股价低于账面资产价值的公司。但是，格雷厄姆那个时代，物质资产占据了商业世界的绝大部分，无形资产则在我们这个时代发挥着重大的作用，所以依靠市净率选股在现在已经有很大的局限性了。很多资产的账面价值远远低于市场价值，这使得依靠市净率选股已经非常不现实了。

最后，我们来看看利用市盈率选股的实际效果怎么样。格雷厄姆、巴菲特、林奇都是极其注重市盈率的大师，他们的业绩自不待说。我们来看看其他金融专家做的实证研究吧。一个美国著名高校的金融学教授统计了从 1952 年到 2001 年的美国股票市盈率和价格表现，他按照市盈率的高低将股票分为 10 个等级，**平均而言，最低市盈率的一组股票的回报是最高市盈率一组股票的两倍多。**他最后给出了结论：从中长期来看，低市盈率的股票比高市盈率股票的回报高，而且统计证据是非常有力和明显的。即使考虑了风险因素，也同样如此。

看来以林奇为首的价值投资流派不断传承自格雷厄姆以

对于周期股，有些业内人士认为应该对市盈率抱着逆向思维，因为在繁荣顶峰，这些公司的市盈率因为业绩上涨而处于低位，但其实这个时候并不安全。同样，当经济处于低谷时，因为这类公司的业绩很差，所以市盈率反而不低，但这个时候却是更加安全的时候。

高市盈率股票作题材投机是好的对象，做价值投资则是差的对象。

来的衣钵是非常明智的。看重公司的盈利能力，以此判断股价是否合理，是否低得足以构成买进建议，这就是价值投资的具体操作思路。这位金融专家还给出了一个行业市盈率的排名，从最低到最高依次为：钢铁业、建筑业、汽车制造业、烟草业、人寿保险业、服装业、储蓄银行、报纸业、通信业、出版业、有线传媒业以及化工业等。

（4）评估收益性的财务指标。

我们已经了解了评估收益的重要性和收益与股价的关系，现在我们来看看哪些指标与收益有最密切的关系，我们一一了解这些财务指标，并对它们的优缺点进行介绍，这样在公司收益的分析上我们将拿捏得更加准确。

所谓的收益就是相对于公司投入的本金数量，产生了多少的回报。只有深究回报率我们才能区分清楚优质的公司和拙劣的公司表现。虽然公司的资金来源性质很多，但是这并不影响我们去评判一家好的公司经营的好坏。通常而言，很多专家都建议将每股盈余与经营性现金流进行比照。但是，除了查看上市公司的净毛利率之外和经营性现金流之外，我们还必须知道公司每一美元的资本可以产生多少的利润，无论是林奇还是巴菲特都非常看重这个数据，因为这是评价公司今后资本分配的关键所在。如果公司拥有大量的现金流，但是投资收益却非常低，那么林奇和巴菲特都主张将这些现金分配给股东。如果一个公司管理层执意要进行低效率的再投资的话，两位价值投资大师都会否定这家公司的前景。只有在再投资具有可观的回报率时，管理层才应该避免回购股票和分发红利。**那些低效率的公司管理者势必会浪费大量的资金于某些扩张的业务上，最终市场的优胜劣汰机制会让这些人尝到苦果。**

*乐视的贾跃亭更像是题材投机大师，而非价值投资大师。*

在林奇看来，无论是股票投资，还是从事事业经营，其背后的原理和追求都是一样的。一位共同基金经理的想法应该与一家零售公司所有者和管理者的想法一致，两者都需要考虑收益最大化问题。为了收益最大化，两者都需要先将资

源分配到收益率最高的项目上，然后按照收益率从高到低分配剩下的资本。如果存在任何一个投资项目违背了这一原则，那么都将无法实现经济效益最大化。本来你可以赚到每年15%的收益，但是由于某些个人原因你将资金投到了年收益不足5%的项目上，几年下来你会落后很多，优胜劣汰的法则**会将你扫地出门。**

正是为了使自己的资金收益最大化，我们应该考虑自己投资的公司是否也能最大化其资金的收益。从这一点上而言，持有股票和持有一家公司是一个概念。两者都关心公司的资金运用是否具有效率。公司与投资者没有什么太大的区别，它们拿着股东和债权人支付的资金去创造财富。

评价公司收益状况的工具有两大类，一是资本回报类，二是现金流类。首先，我们来看看资本回报类指标，属于这个范畴的指标有资产回报率、股东权益回报率和投资回报率。下面我们分别介绍。

资产回报率是净利润除以资产得到的，这个指标显示了每一美元的资产产生了多少的利润。具体而言，资产回报率是由销售净利润率和资产周转率两者的乘积构成。而销售净利润率则是由净利润除以销售额得到；资产周转率由销售额除以资产得到。另外，通过净利润除以资产，也可以得到资产回报率。那些资产回报率出色的企业也就是收益高的企业，资产回报率作为衡量收益的一个手段可以将市场中优秀的企业挑选出来，以美国两家著名的零售商为例，百思买零售公司的资产回报率十年来从5%提高到了10%，而环城零售公司的资产回报率一直徘徊在5%左右，每年相差5%的收益，10年下来是非常大的一个差距。这么大的资产回报率是怎么产生的呢？仔细查看两家零售商的销售净利润率和资产周转率，发现百思买的销售净利润率为3%，而环城零售的销售净利润率不到2%；更为显著的差距出现在资产周转率上面，百思买平均一美元资产产生了3.2美元的销售额，而环城零售平均一美元资产只产生了2.5美元的销售额。

市场就是筛选优胜者的机制，督促所有竞争者不断进步。

通过分解资产回报率可以知道，如果一家公司要提高自己的资产回报率有两个办法，一是提高销售净利润率，二是提高周转率。通常而言，一些企业的周转率高则利润率低，而另外一些企业的利润高则周转率低。零售商的利润率通常很低，但是它们的周转率特别高，对于一些大型的机械设备制造商而言，它们的周转率一般不高，但是其利润率却特别高。但是少数拥有市场性专利的公司却能够在较高的利润率上实现较高的周转率，比如中国一些**知名的白酒品牌**。类似这样的公司一直是巴菲特这样的价值投资者追寻的对象。对于那些没有拥有市场性专利的企业而言，它们要想提高产品的售价是非常困难的，也就是说提高净利润不太可行，为了提高资产回报率，它们可以采取提高资产周转率的办法，比如进行有效率的存货管理。通常而言，高效率的存货管理可以减少资本占用数量。

> 对于白酒和中药的推崇，笔者是在2005年到2007年提出来的，这段话是那个时候的产物。

上文已经探讨了资产回报率的具体构成和它们在企业收益率考核中的意义，现在来谈谈资产回报率的局限性。通常而言，使用资产回报率进行收益考察的最适合对象是那些几乎没有负债的企业。但是，在现实中很多企业都利用了债务，所以有必要看看在存在负债的情况下如何考量一个企业的收益性。

现在来看资本回报类的第二个指标：股东权益回报率。股东权益回报率反映了公司使用股东权益的效率，也就是衡量每一美元的股东资本产生了多少利润。股东权益回报率由三部分组成，第一部分是销售净利润率，第二部分是资产周转率，第三部分是财务杠杆比率。三者的乘积就是股东权益回报率。由于销售净利润率和资产周转率的乘积就是资产回报率，所以股东权益回报率也可以由资产回报率乘以财务杠杆得到。那什么是财务杠杆呢？财务杠杆就是资产除以所有者权益。通过化简可以知道，净利润除以所有者权益就可以得到股东权益回报率。

对于资产周转率和净利润率前面已经讲述了，现在来谈

谈财务杠杆比率。公司通过借债来扩大股东权益回报率是否是好事主要看债务的期限结构是否合理，与资产的比重关系是否合理。**任何一种负债只要数量合理都能够提升股东权益报酬率，过少的负债未必是坏事，但是过多的负债通常都不是好事。**那些经营稳定的企业，通常可以承受更多的负债，像航空业这类资本密集型企业，其周期性也非常强，承受过多的负债使得这些公司很容易破产。

由于股东权益回报率是由三个成分构成的，所以通过提高三者中的任何一个因素都可以促进股东权益回报率的提高。根据水桶原理，我们应该提高三个要素中最差的那个，比如一个零售企业，如果周转率不错，而且利润率也很高，那么提高财务杠杆是不错的选择，毕竟零售业的经营非常稳定，是一个没有太多周期特征的行业。林奇在选择股票时对于周转率和利润率是非常看重的，他认为这两个比率越高越好，只要企业能够持续维持在此水平之上就没有问题，而对于财务杠杆，林奇却同其他价值投资者一样显得谨慎而保守。价值投资者持有的期限都在几年以上，这期间宏观经济背景可能发生相当大的变化，所以企业或多或少都会面临一些困难，在经济不景气的时候，通胀率通常会下降，甚至变成通缩，这时候企业的利息负担变得更重，所以那些杠杆过高的企业难免面临破产和资金链条断裂的困境。对于价值投资者而言，债务越少越好。但是，也不是绝对的，在某些情况下，价值投资者还是允许短期内较高的杠杆比率的。

追随巴菲特脚步的晨星公司给出了一个衡量股东权益回报率高低的基准。他们认为在没有大量使用财务杠杆的基础上，如果一个非金融类企业可以带来10%以上的股东权益回报率就非常不错了。如果一家非金融企业可以持续带来20%以上的股东权益回报率，那么这家公司的收益情况真的是非常良好了，如果其市盈率很低，那么真的是一个很好的购买机会。

运用股东权益回报率对公司的收益情况进行评价需要对

太快的增长和太高的盈利往往难以持续，因此要考虑到这一水平已经是顶峰状态或者仅是昙花一现而已。

金融类公司区别对待，银行等金融机构的财务杠杆肯定要高于非金融类公司，所以需要将银行可采用的恰当财务杠杆在非金融类公司的基础上提高些。另外，**如果一家公司的股东权益回报率超过了35%，那么可能其中存在猫腻或者特殊情况，这时候你不应该被这么好的收益情况所迷惑。试着寻找那些股东权益回报率在15%到30%之间的企业，走中庸之道更符合价值投资的本质。**价值投资就是寻找股价和公司收益之间的折中，寻找价格运动的中枢，同时寻找那些没有好得过头的企业，寻找那些处在成长性和价值性之间的企业。

我们接着介绍衡量公司收益性的第三个指标，这个财务指标也是属于资本回报类的。这个指标称为投资回报率或者是运用资本回报率，资产回报率是净利润除以资产得到的，而股东权益回报率是净利润除以股权资本得到的，那么投资回报率是如何计算出来的呢？股权资本采用的是扣除利息和税收前的营运利润来除以运用资本，所谓的运用资本就是股权资本加上长期负债。运用资本加上短期负债就得到了资产，而营运利润扣除息税就得到了净利润。这个财务指标的衡量作用介于股东回报率和资产回报率之间。

现在我们来看看公司收益的第二类衡量指标，这类财务指标包括经营性现金流和自由现金流。现金是企业的血液，一个企业是否真的兴旺可以从其现金流中得到最为真实的信息。经营性现金流是公司产生的现金流，通过经营性现金流减去资本性支出，我们就得到了自由现金流。所谓的资本性支出就是公司添置设备，维修厂房等类型的支出。无论是巴菲特还是彼得·林奇，他们都希望找到那些能够产生巨大现金流的企业，根据价值投资的忠实实践者——晨星公司的统计，通常如果自由现金流能够占到销售额的5%以上，则一家公司有足够的现金流来维持其日常运作。

晨星公司开发了一个两因素矩阵来考察一家公司的收益能力，它从资本回报类指标中选择了股东权益回报率，从现金流类指标中选择了自由现金流。将自由现金流放置在横轴上，将股东权益回报率放置在纵轴上。**晨星公司考察历史上那些超级大牛股，发现这些公司都具有较高的股东权益回报率和自由现金流。**所以，我们可以利用这个矩阵来寻找那些既具有较高股东权益报酬率，又具有较高自由现金流水平的企业。这个模型正体现了林奇所肯定的那类高收益公司的特点。较高的现金流说明公司能够应付短暂的资金困难，同时表明该企业可以为自己提高再投资的充裕资本，而较高的股权回报率则表明公司拥有良好的再投资渠道。两者的结合保证了企业处在一个高速而稳定的增长中，资金处于良好的内循环。充裕的现金流保证了企业运营的稳定性，这正是价值投资首先要求的，而较高的股权回报率保证了企业的高速度发展，这正是成

长性投资所要求的。两者的结合恰好是林奇代表的第三代价值投资的理念，价值性加上成长性。

最终笔者向读者推荐了上述简单的矩阵来判断一家公司的收益水平如何。下面来看看林奇对股票收益的时间规律的探讨。

（5）日历转换点与股票收益率。

林奇十分反对择时理论，他认为试图敲定股票转折的时点是徒劳的，但是他在《战胜华尔街》一书中却显示出了对日历异常点的精辟智慧。林奇发现在市场的某些时候风险更大，而在另外的一些时刻风险则更小。他在该书中是这样说的："从股票历史来看，星期一是一周内股票跌得最惨的时候，而12月则是一年中股票最不好的时候，因为那时候很多基金为了锁定业绩而抛出股票，人们也为了减少当年所得税而卖出股票，**实现损失。**"

林奇也有意无意地注重对手盘的习惯动向。

对于这些日历转换点带来的股票收益异常，美国有几位非常知名的学者进行了系统的研究，他们是美里尔、荷西、福斯巴克、西格尔和古德等，最近的研究者包括登特和威廉姆斯等。

首先来看十年周期中的股票收益率规律。在每个十年的头几年股票市场几乎总是在对前一个十年的股票上涨进行回调修正，经过修正后股价会在尾数为5的年份大幅度上涨，然后会在尾数为7的年份稍作休息，最后会在尾数为9或者0的年份开始大幅度下跌。荷西统计了从1881年到1990年共十一个十年的数据，最后结果表明尾数为1的年份累计涨幅为25%，尾数为2的年份累计涨幅为32%，尾数为3的年份累计涨幅为27%，尾数为4的年份累计涨幅为64%，尾数为5的年份累计涨幅为254%，尾数为6的年份累计涨幅为47%，尾数为7的年份累计涨幅为–74%，尾数为8的年份累计涨幅为164%，尾数为9的年份累计涨幅为41%，尾数为0的年份累计涨幅为–36%。有人根据这个股票年度收益规律得出一个结论：股票市场次好的进场做多时机是在尾数为2和3

的年份，最好的进场时机是在尾数为 5 以及尾数为 7 的年份的秋季。

接下来看看一年内的规律。根据美国 30 年来股市的规律，大多数时候股市的主要上涨都是从 10 月开始涨到隔年的 5 月，接着市场会进行调整或者是向下的趋势。中国股市有句谚语叫作"年初建仓，十年不败"，大致也是说的这么一个现象。在股市上还有一个元月效应。美国很多投资者在这个时候计算年度税收，机构也是如此。每年这个时候都是政府、厂商和住户三个部门清算账目的时候，也是那些投资机构业绩评估的时候，而且，很多假期资金和节庆花销也要从股市中提取。这样，每年底股票价格会下降，在元月的时候股市则会回暖，圣诞节在每年公历的十二月底，所以元月就是西方新的一年的开始。但是，中国股市的元月效应则要推迟到农历元月之后去了。

除了年和月上面的规律，月份之际的交界处也有明显的收益规律。在每个月底最后一天和第二个月的前三天，日收益率会超出其他日子很多，基本上这些日子的收益率是普通日子的 6 倍多。

对 1928 年到 1982 年的标准普尔 500 指数的日收益进行统计，在一周中，星期一是平均收益唯一下跌的一天，平均收益最高的是星期五，接着是星期三。

除了上述这些收益分布规律之外，在一些节假日也存在明显的高收益率现象。在美国 8 个节假日前一天的收益率为 0.365%，而普通交易日的平均收益率为 0.026%。这 8 个假日是新年，总统纪念日，受难节，阵亡将士纪念日，美国独立纪念日，劳动节，感恩节，圣诞节。

在一日之中，最初 45 分钟价格运动幅度很大，在交易日最后 15 分钟价格运动幅度也能很大。

林奇非常注重收益，同时也注意收益在时间上的分布规律，这里我们只是讲了一些林奇没有谈到过的规律。在林奇智慧法则五中我们将详细地讲述林奇在买卖时机上的选择。

# 第五节 林奇的智慧法则四：组合投资

持有的股票越多，投资者在不同股票之间调整资本配置的灵活空间就越大，这是我的投资策略的一个关键方针。

——彼得·林奇

投资者普遍认为债券是保持资产价值安全的一个投资渠道，而事实却告诉我们债券根本就不安全，因为债券价值容易受到通胀的侵蚀。

——彼得·林奇

（1）构建投资组合和分散投资。

**林奇与巴菲特的区别主要有两点，相对于巴菲特喜欢在危机中买进稳定增长股，林奇更喜欢买进那些不受重视的快速成长股，这是其一；两人的第二点差异在于林奇更喜欢通过大规模的分散投资来避免决策失误和市场风险，并且借此获得一个较高的收益率，而巴菲特则非常强调集中持股，**通过将鸡蛋放在一个篮子中来集中决策精力和提高**决策的准确度。**其实，巴菲特早年的学习经历使得他更为倾向于分散化投资，只是随着对费雪的了解和自己的逐渐成长而偏向于集中投资。林奇作为基金经理，管理着无数的资产，其绩效反馈期限明显要比巴菲特的短，自然他需要防止赎回风险和资产价值波动过大的风险。巴菲特早年管理的基金更像是封闭式的私人基金，所以他在此基础上能够更好地避免客户的压力。

林奇的分散投资与巴菲特的集中投资都是特定资金性质下的正确方式，我们不能绝对地否定其中一种方式。一般而言，**如果投资绩效的评价期限比较短，资金管理者面临的客户压力比较大，则应该以分散为主；如果投资绩效的评价期限比较长，资金管理者面临的客户压力比较小，**则应该以集中投资为主。另外，林奇自己也强调分散是集中前提下的分散，而集中是在分散基础上的集中。林奇的投资虽然数目众多，但基本都是股票，而巴菲特的股票投资虽然比较集中，但是仍然不是单持有一两只股票，并且他还投资了债券和贵金属，以及外汇。

林奇的投资主要集中于股票上，但是在股票范畴内的投资却相对分散。这种集中前提下的分散，按照林奇的话来讲

> 巴菲特喜欢在危机中买进稳定增长股，林奇喜欢买进那些不受重视的快速成长股。

是为了降低股市下跌导致的风险。他采用的分散并不仅仅是多持有几只股票，而是投资不同类型的股票。前面已经提到林奇通常采用的六分法，就是将公司或者说股票分为低速成长型、稳定成长型、高速成长型、周期型、起死回生型、资产隐蔽型六种。他认为**这六种股票代表了不同的风险水平和收益水平组合**，通过将投资分散于这些股票，可以构造一个收益客观和风险可控的**投资组合**。但是，林奇的这种分散除了相对集中于股票之外还有另外一个前提，那就是买入任何股票之前，都应该仔细完成必要的研究工作，并且在恰当的价格进场买入，这样才能真正起到分散风险的作用。否则，由于持股过多而导致无暇顾及，使得大多数股票都是匆忙买入，那反而增加了风险。

六种类型的公司股票代表了不同的风险水平和收益水平组合，通过将投资分散于这些股票，可以构造一个收益客观和风险可控的投资组合。

对于六种公司或者股票类型各自的风险和收益水平，林奇进行了深入的分析。对于低速成长型公司，林奇认为这是一种风险低，收益也低的投资对象，而且这类公司的市盈率一般很低，也就是股价不高。对于稳定成长型公司，林奇则认为像可口可乐就是这样的公司，这类公司的风险也低，但是回报也处于中等水平。对于稳定成长型公司无论是林奇还是巴菲特都非常乐于持有，巴菲特的买进方式最为典型，他通常利用一些暂时的危机或者是市场的低迷购买这类公司的股票。

对于高速成长型和起死回生型公司，林奇则认为这两类公司的风险相当高，但同时回报也非常高，这两类公司中经常诞生出超级大牛股，所以投资组合中需要持有一定比例这类股票，毕竟这类股票可以极大地提高投资组合的回报水平。在高速成长型和起死回生型两类公司中，前者的风险也稍微低些，毕竟处在成长中的公司比那些处在困境中等待反转的公司更具有盈利增长的可能性。不过，林奇还是提醒投资者对于这两类公司多注意其风险而不是只看到其中的收益。毕竟高速成长型公司和起死回生型公司的股票上涨空间与其下跌空间是成正比的，预期有多好，结果就可能有多糟糕。一

家高速成长型企业的业务由于竞争加剧或者生命周期制约而逐渐丧失了高盈利能力这不是没有可能的，而且这种可能性非常大，只有少数具有市场性专利和竞争壁垒的高成长公司才能避免这一厄运，而这类公司恰好是费雪、巴菲特和林奇所努力寻找的。而一家处于困境中等待拯救的公司即使得到暂时的外力支持，也可能重蹈覆辙，经营再次陷入困境。这种情况很可能发生，既然以前这类企业都可能陷入困境，为什么以后不会呢？一个曾经亏损的企业很可能本身就存在问题，而这些问题并没有因为外部的救助而得到根本解决，所以在业务稍微好转后很容易"旧病复发"。

　　林奇特别钟爱那些能够真正起死回生的企业，他在克莱斯勒公司上的投资就属于此类。当时，他认识到这是一家处于困境类型的企业，如果该公司能够从经营困境中扭转则可以带来 4 倍的盈利，而如果投资失败则会亏掉本金。在林奇看来风险报酬比为 1∶4 的投资完全值得去做，结果他获利远远超过其最初的估计，实际的盈利是本金的 15 倍。林奇这次操作的正确与否不是在于其最终的结果，而是因为他在风险报酬比是 1∶4 的情况下才参与了起死回生型公司的投资。试想，如果风险报酬比是 4∶1，那么即使林奇再有把握，他也不会参与这样的买卖。大师的特点在于在风险报酬比和胜率良好的情况下才入市买卖，巴菲特利用安全空间来获得良好的风险报酬比和胜率，林奇也是大力地借助了这一智慧法则的威力。价值投资殊途同归，看来此言不虚啊，本书就是将四位价值投资大师的智慧贯通始终，给出真正的投资法则，而不是拼凑和勉强的穿凿附会之言。

　　除了上面四种类型股票之外，林奇还特别喜欢将资产分散到周期型企业和资产隐蔽型公司。周期型公司被林奇认为是风险低而收益高的公司，同时还有一部分周期型公司是风险高而收益低的公司，林奇当然是投资前者。林奇认为投资者能够正确地投资这类公司取决于判断这类公司运营周期的准确程度。对于那些准确判断了周期型公司运作阶段的投资

> 可望不可即的企业是好企业。

> 他们有意无意地遵循了凯利公式。

者而言，获利可能高达 10 倍，但是如果错误地判断了这类公司的运作阶段，则可能亏掉高达 80% 左右的本金。

资产隐蔽型公司是价值投资鼻祖格雷厄姆为价值投资确定的最初投资对象，也就是说，早期的价值投资基本上倾向于寻找隐蔽资产。林奇认为这类公司是风险低和收益高的投资对象，因为如果判断正确投资者将赚取 3 倍左右的利润，而判断失误则亏损甚小，难怪格雷厄姆当初如此推崇这种投资方式，毕竟格雷厄姆经历过 1929 年开始的大股灾，对于成长性题材唯恐避之不及，所以自然倾向于这类寻找实在资产的投资方式。

林奇本身的投资并不局限于上述六种公司的任何一种或者两种，他通常认为一个投资者在确定投资组合时应该买入两只左右的稳定成长型公司的股票，另外持有 4 只高速成长型公司和 4 只起死回生型公司。通过持有稳定增长型公司来降低组合的风险，通过持有高速成长型公司和起死回生型公司提高投资组合的收益水平。另外，林奇也建议投资者在适当的时候买入周期性股票和资产隐蔽型股票，但是后者通常是可遇不可求的，因为资产隐蔽型股票变得较少了，一般只有具有信息优势的人士才能发现这类企业。

在建立投资组合时，除了注意股票类型的平衡，还要注意买入的价格是否合理。林奇认为即使一个投资者买入了稳定增长型股票也不见得能够分散投资的风险，因为这个投资者可能在一个过高的价格上买入了这只股票。由于买价不合理地高，使得组合风险不但没有降低，反而变得更高。他举了百时美的例子，在 20 世纪 70 年代买入这只股票，就会犯了上述错误，因为这家公司当时的市盈率高达 30 多倍，而其收益增长率只有 15%，但是股价已经明显过高，以至于企业即使维持目前的增长速度也要很久才能收回投资的本金，经过 10 年的快速发展，透支的股价才变得合理。林奇苦口婆心地建议道："倘若你在一个过高的价位购入一只股票，那么就算这只股票背后的公司后来的经营非常成功，从这家公司的投资上你也捞不到任何好处。"林奇又举了电子数据系统公司的例子来进一步论证构筑投资组合时，合理价位进场的重要性。1969 年这家公司处在持续的高增长中，但是其市盈率却高达 500 倍，虽然到 1984 年该公司的盈利增长了 20 多倍，此时通用汽车收购了该公司，而收购价与 15 年前的股价一样，为 44 美元/股。对于这样高速增长的公司，如果你不在恰当的价格上进场，最终你也无法获利，所以价值投资的要旨在于判断价值后在恰当的价格入市，如果只是看到价值而忽视价格同样违背了价值投资的原则，这个原则就是安全空间。

林奇作为基金经理人管理的是大众客户的钱，其投资对象主要受风险投资和期限

的限制，对于客户的资金需要时段并不需要怎么考虑。但是，他在某些场合却善意地提醒个人投资者在设计投资组合的时候需要注意自己的生命周期，也就是要随着年龄的变化来调整组合的风险和收益水平。对于那些年轻的个人投资者而言，由于家庭责任较少，而且后续的工作期还很长，所以适合追逐那些回报高风险也比较高的高成长股和起死回生股。而对于那些年纪较大的投资者而言则最好将稳定成长股作为投资组合的主要成分。根据自己的生命周期和支出周期来规划投资组合，林奇已经由单纯的基金经理变成了理财规划师了。林奇还鼓励年轻人要多多尝试新的投资方式和对象，因为只要找到一只大牛股就可以完成个人资本的飞跃。由于以后的时间还长，年轻人的机会成本低，纵然犯了一些错误，也可以作为以后的成长资粮。

（2）组合中股票的合理数目。

林奇对于投资组合中的股票类型作了比较详细的介绍，另外他考虑到个人投资者可能对组合中股票的数目拿捏不准，所以他专门给出了确定投资组合中合理股票数目的原则和方法。

林奇建议个人投资者以年复利14%作为投资组合的收益目标。为了达到这个目标，我们除了按照林奇的六大类型公司模型分散投资外，还需要在具体的股票数目上进行调整。**林奇反对个人投资者持有太多个股票**，他甚至对自己持有超过1000只股票的行为表示过不满。但是，他认为作为基金经理持有过多的股票也是必然的，因为通常基金对单只股票的持有份额存在限制。

林奇自己也很清楚集中持股和分散持股各自的弊端，但是他并不想介入那些空谈的争论。他认为无论分散投资还是集中投资都不是问题争论的关键，而确定组合中股票的价格和**价值关系才是重点**。

只要一家公司满足两个条件，林奇就认为可以持有，而不必先考虑数目问题。首先，如果你对某家公司有着非常直

*重要的观点不要吝惜笔墨去反复强调：股票投资的本质是商业！其他什么财务、指标、择时、策略等等都非核心，商业是根，其他的只是枝叶而已。巴菲特最大的成功源于认识到这个本质！*

观的经常接触，对其业务的了解非同寻常，这种了解跟生活和工作的需要有关；其次，这家公司就某些标准来看在未来具有很好的成长性。林奇认为，不管你找到了多少家这样的公司，数量不是首要的问题，公司的质量和股票的价格之间的关系才是我们应该要注意的问题。通常而言，第一条会限制你所能投资的公司的数目，因为你不可能对如此多的公司有如此深入的了解，这其实也就是根据林奇的"消息优势"法则和巴菲特的"能力范围"法则在操作股票投资。那些投资者具有消息优势的行业一般不会超过5个，而具有信息优势的公司则不会超过10个，在投资者能力范围之内的行业则更少，一般不超过3个，像巴菲特这类大师，其能力范围也主要集中于媒体、快速消费品和保险。对于一般的投资者而言，其能够找出的达到上面两条标准的股票很难超过5家。

林奇一直强调，通过上述验收标准选择的股票可能只有一只，也可能有十来只，绝对数量并不是关键，关键是这些选出来的股票确实价格合理，对应的公司质量非常不错。所以，千万不要为了分散风险而分散投资，如果投资者对股票一无所知，则投资者应该避免介入任何股票。如果投资者对好几只股票都非常了解，也熟悉这些股票，那么放心介入并不是坏事。

林奇认为那些无头无脑的集中投资是非常危险的事情，因为对一只或者少数股票研究不深，了解不多，甚至不符合价值投资原则的股票进行集中投资无疑自杀。林奇建议那些个人投资者，特别是资金规模比较小的投资者应该在3~10只股票的持股数量范围寻找自己的选择，这样做可以带来很多好处。具体而言，第一，这样做可以灵活地调整持仓，如果股票数量太少，比如只有一两只股票，则资金的调配非常困难；第二，持股在4只以上，比在1只更能找到大牛股，持股一只就是大牛股的话可以产生暴利，但是这样的概率太小，而持有4只以上股票则找到牛股的概率大大增加了，可以取得可能性更大的满意利润，而不是可能性极小的暴利。

对于上述两个优点，我们来看看林奇自己的操作和解释。很多人认为林奇高达29%的年复合回报率来自投资成长型公司，但是林奇本人认为这只是成功的一方面，另一方面是林奇并没有将资金集中于少数类型的股票上，也就是他进行了更为合理而广泛的投资。他虽然看重成长型股票，但绝不会持有这类股票超过基金总资产的40%，另外使用15%的资金投资于稳定成长型公司，15%的资金投资于周期型公司，剩下的资金投资于隐蔽资产型公司和起死回生型公司。林奇掌管的基金持有1400只股票，但是其中100只股票占了1/2的资金，与此相对比的是还有500只股票只占了1%的资金，这类股票代表的公司属于那些在林奇看来特别具有潜质的类型。林奇会定期查看

这么多的股票，并根据基本面情况的判断对这些股票进行调整，增持那些看起来变好公司的股票，减持那些看起来变差公司的股票，通过分散的投资林奇避免了资金大幅度的调整从而影响基金的表现稳定性，同时也可以使得资金的价值实现最大化。另外，林奇通过分散投资避免了自己错判导致的资金收益下降。通常投资者会对几只股票的未来表现持乐观看法，但是往往其中最被看好的股票未必有最好的表现，通过同时持有这几只股票，可以得到比较稳定的良好收益，长期坚持这种操作方法可以比那种一只股票下大注的方法收益高很多。每次只持有自己认为最好的一只股票，长期下来如己所愿的次数毕竟很少，所以收益还没有同时下注几只股票的高。

（3）投资组合的构建不应该考虑绝对股价。

林奇极其反对根据股票的绝对价格来买入和卖出股票，也就是反对根据股票的绝对价格**来调整投资组合**。他最喜欢说的一句话是不要"除掉鲜花浇灌杂草"，其实技术分析流派大师们也异口同声地说："截短亏损，让利润奔腾。"这些用语其实都是一个意思，那就是根据投资对象的盈利能力来调整投资组合，而不是根据投资对象的绝对价格来调整组合。

在投资组合中，林奇坚决认为应该坚持股票绝对主体地位，应该把资金永远留在股票市场中，按照公司基本情况和市场整体情况的变化在不同类型的股票和个股之间进行资金调度。林奇认为用一定数量的资本固守于股票投资可以避免错失良机。

林奇说了一种所有投资流派大师都反对的情况，很多投资者都忍不住卖出那些处于盈利中的股票，而对于亏损的股票却始终抱住不放。当然林奇也很反对另外一种相反的情况，那就是抱住赚钱的股票不放，而卖出亏损的股票。后者并不被技术流派反对，但是林奇却认为无论是前一种情况还是后一种情况，都没有注意基本面的考察，都将价格误认为价值。林奇告诫投资者不要将股价的当前表现看作是公司经营业绩

林奇反对资产再平衡操作。

的真正代表。

就林奇的投资哲学和操作手法而言，一个投资组合的构建主要是根据股票的价格和公司的价值变化来进行的。如果一家稳定成长型公司的股价上涨了35%，而这正是投资者认为该只股票在这段时期能够带来的最大收益，而且此时公司的基本面没有重大的改变，这时投资者的正确操作就是立即卖出这只股票，因为此时的股价相对于公司的价值已经不低了。此时，如果出现另外更值得投资的价低股票就应该换仓，重新调整投资组合。当然，林奇建议这种换仓行为应该分批进行，逐渐地从一只股票上减仓，同时逐渐在另外一只股票上建仓。

林奇认为这种换仓的方式可以在几只收益中等的股票上获取相当于一只超级大牛股的收益，先后换仓6只上涨30%的普通成长型股票，就相当于买进了一只上涨4倍的超级大牛股。

**对于快速成长型股票，林奇的策略是只要公司没有出现成长障碍，林奇就不会卖出这只股票，通过每隔几个月的定期检查，林奇保证了及时发现是否出现了重大基本面变化。**在再次审查的时候，林奇是以一个中立者的眼光审视这家公司的，也就是假设自己并没有持有这家公司的股票，在目前的情况下是否会买入这家公司的股票。如果回答是肯定的则林奇继续持股，如果回答是否定的则林奇将卖出这只股票。

对于周期型公司和起死回生型公司的股票，林奇也是采用这样的操作方式，卖出那些价格相对于公司价值不合理的公司，买进那些价格相对于公司价值较低的公司。林奇不怕那些价格合理的好公司的股价下跌，他认为这正是追买的好时机，从那些具有很大上涨可能性和上涨幅度的股票中获取利润是价值投资取胜的关键。林奇认为如果股票下跌25%就卖出，这种习惯是致命的，而一个价值投资者则应该养成股票下跌25%才买进的习惯。

林奇对于止损指令非常厌恶，而止损通常是技术交易一个必不可少的工具。对于技术分析流派而言，阻力支撑线是风险管理的工具，看涨时价格去跌破支撑线，看跌时价格却升破阻力线，这表明看法错误的可能性增加，趋势反转的可能性增加，所以需要止损。而**对于林奇等基本面投资者而言，价值线，也就是引力线是他们管理风险的工具，价格跌破价值中枢，跌破引力线，距离该线越远，越是应该买入，而价格升破价值中枢，距离该线越远，越该卖出。价值线作为引力线吸引着价格，价格的任何大幅度背离都会被修正，所以林奇的越跌越买和技术分析派的跌破止损是两种不同的角度，并不矛盾。**但是，如果你是一个价值投资者，则你首先需要明确的是价格相对于价值的位置，也就是安全空间和危险空间是多大，然后你可以根据技术分析提供的

支撑阻力位置进场。但对于持有期限以年计的股票价值投资而言，没有必要计较进场的精确位置，只需要确保足够的安全空间即可。

我们已经区分了林奇与技术派就止损的不同立场和产生原因。现在我们来具体看看为什么林奇反对设定止损。所谓止损，也叫止损、止蚀，设定止损指的是在某一位置预先定好出场位置，而这个出场一般是与当初判断相反时采取的保护措施。一般设定的止损都是将亏损限制在8%以内。林奇认为止损可能恰好中了市场波动的圈套，在价格运动触碰你的止损之后，市场再次恢复到之前的方向，这下你就会亏得很冤。这个时候公司的基本面可能并没有发生大的恶化，所以试图追逐市场的波动只能让投资者跟不上节奏，市场总是让那些企图追上它的人吃大亏。林奇认为与其去追逐市场，不如守株待兔。**价值中枢的存在保证了林奇这种方法的有效性。**

林奇十分重视公司的质量，同时也一再强调需要在合理的价格上买入股票。很多价值投资的初学者对于股价的绝对高低十分在乎，以至于在投资组合的构建中以股价的高低作为筛选个股的标准。这形成了很多明显错误的组合构建思路，而这些明显未必是林奇强调的组合构建标准，也就是以相对公司质量和价值的较低价格买入股票。下面就来看看普通炒股者在筛选个股构建投资组合时容易犯的错，这些错误是林奇根据一般投资者调整股票组合时的习惯总结出来的。

第一个错误是认为那些下跌幅度很大的股票继续下跌的空间有限，而且可能性也较小，所以应该在组合中建立这些股票的仓位，如果已经持有这些股票，则应该**继续增仓**。林奇举了宝利来的例子，这只股票从140多美元高位坠落，到100美元时，很多持仓和空仓的投资者都认为这只股票下跌的空间几乎没有了，而且下跌的可能性几乎不存在了，所以持有这只股票的投资者惜售，而没有持有的则趁机买进，两者都认为现在的股价已经很低了，应该在自己的组合中增加这只股票的份额。不过，这只股票似乎一跌不回头，一直从140

*价值投资最怕加杠杆，题材投机最怕减杠杆。甲之砒霜，乙之蜜糖。*

*傻瓜，不要盯着价格，要盯着公司！*

美元跌到了 50 美元，然后又下跌到 14.125 美元。从腰斩一半股价到只剩 1/10，很多投资者根据绝对股价的降低而买入这只股票，但是该股似乎并没有止跌的意思，一路套牢众多的投资者。将大幅下跌的股票纳入自己的投资组合并不是理性的做法，应该要查看该股的实际价值如何，然后将其与价格比较，如果价格确实低于价值很多，则可以趁机入市买进。所以，**千万不要认为那些大幅下跌的股票是投资组合中的正确选择**。

**价值投资的根本在于商业，而非价格！**

　　第二个错误是投资者认为股价已经到底了，凭着主观臆断将这类股票纳入投资组合。这类操作方法在华尔街被戏称为底部钓鱼法，因为在池子的底部通常都是大鱼的活动范围。林奇认为那些想抄底的股民都是抱着一厢情愿的想法，根本没有做客观的分析，抄底的想法往往是一个本来谨慎的人鲁莽地敢于去接天空掉下来的刀子。对于起死回生型股票，林奇认为必须寻找一个非常充分的买入依据，情况要毫不含糊地符合自己买入的原则。不能够仅仅是凭着只言片语和美好的题材而匆忙买入。林奇认为价值投资者知道价格已经远离价值，也尽量在价格离价值更低的位置买入，但是价值投资者却不能准确地知道底部是否来临。如果在交易中一味追求准确的底部位置，要么错失良机，要么过于自信，相信自己可以预测价格的波动，盲目的信心最终会毁了一个交易者的理性。一个价值投资者在买进价格合理的股票后，等上 2~3 年的整理期，然后才是上涨的序幕。所以，耐性和理性是价值投资者的两把钥匙。

**商业是股价的灵魂！**

　　第三个错误是投资者看到股价大涨，急于保住利润，而且认为股价大幅度上升后下跌的可能性增加，因此卖出这只股票或者是减仓，**以此调整投资组合**。人们对于大涨后的股票总是心怀恐惧，认为股票也会受到万有引力定律的作用。林奇举了一个例子，菲利普·莫里斯公司的股票价格从每股 0.75 美元上升到每股 124.5 美元，虽然这只股票有如此大的上涨，但是几乎没有人赚到上涨幅度的 1/10。林奇则避免过类

似的错误，他在做股票买卖的过程中，很注意根据基本面来决定股价的高低，而不受先前股价涨幅的影响。他在斯巴鲁公司股票的投资上就遵循了理性的指引，当时这家公司的股票已经上涨了 20 倍，林奇认为这只股票是否继续上涨取决于其公司质量与股票价格之间的关系，他有足够的理由确定公司的基本面支持股价继续大幅度上涨，所以在该股上涨了 20 倍后，林奇依然进场买进，之后结果证明他是完全正确的，他在这只股票上获得了 7 倍的收益。林奇认为任何人都没有预测股价最高价的能力，更没有办法预测股价未来的涨幅，所以只能根据公司的质量和成长前景与股价的关系来决定持股与否。只要一家公司能够保持良好的成长，同时股价合理，那么就应该继续持股，等到出现相反的基本面信号时再卖出，而不是在上涨的过程中不断胡乱进出，毫无章法。

　　第四个错误是投资者看到那些低价股，甚至垃圾股就觉得这是便宜的股票，可以稳妥地持有，在投资组合中增加这类股票的比例。林奇从自己 20 年的基金经理人经历中得出了一个简单而重要的结论：无论一家公司的股票是 1 美元还是 100 美元，当这家公司退市时，你的投资都打水漂了。股价是否便宜不是看股票价格数字的大小，一只 100 美元的股票更有可能比一只 1 美元的股票更为便宜，因为很多时候 1 美元的股票通常表明这家公司存在很大问题，也许就在退市的边缘。在国内 A 股市场，那些垃圾股很便宜，但是这类公司的净资产都是负的，那么这样的投资除了倒贴还能有什么。

　　第五个错误是投资者在亏损后一直等待股价涨回来，无论基本面是否发生了根本变化，更不管股价相对于公司价值的高低，一味期待亏损能够自己弥补。很多金融心理学的研究者发现没有经过投资教育和实践训练的投资者都不可避免地具有继续持有亏损投资的倾向。这些投资者总是认为一旦卖出亏损股票，则亏损兑现，而持有亏损的股票还有机会等待股价涨回来。林奇认为一家公司的股价最终决定于其公司价值，如果股价在大幅度下跌后仍然高于公司价值，那么等待股价涨回来的想法等于是在异想天开，相当不现实。与其让亏损股票始终占用资金，还不如换为其他股票进行操作。就算以后股票涨回到原来进场的位置，这时候你已经付出了太多的时间成本，而资金也失去了大量的获利机会。

　　第六个错误是投资者认为一些公司的基本面已经糟糕到极点了，不可能再糟糕了，所以应该在这时候买入股票。这类想法似乎与起死回生型投资相似，但是两者的关键区别在于，前一种想法完全是主观的，是一种物极必反的常识思维，后一种想法则要**依靠具体的证据**。石油钻井行业从 1981 年的 4520 口油井下降到 1984 年的 2200 口油井，很多投资者认为这已经是基本面的最坏情况了，于是大胆买进，结果该行业的基本面继续走差，根本没有再回到以前的水平。**我们根据公司的基本面和股价之间的合理关系来决定股票买卖，对于基本面的前景我们不能凭着毫无根据的猜想来确定，必须有理有据才行。**

第七个错误是投资者要等到解套才卖出亏损的股票。投资心理学指出投资者在进行决策的时候总是存在一个价格参照点，在进场前这个参照点可能是波段的高点和低点，进场后这个参照点就变成了进场的价位。很多时候，即使投资者发现公司的基本面和股价的关系不再合理，但是仍然固执地持有股票，因为他们始终以进场价格来指导目前的操作，在亏损的情况下他们会要求解套才结束这笔亏损。但是，**股价的走势并不取决于投资者的想法和愿望，**所以投资者不能坐等股价回升，必须根据当下的情况决定持仓还是卖出。林奇等众多投资大师都采用了一种假想法，也就是设想自己是一个等待进场的投资者，以这种身份和角度来观察自己手头已经持股的股票，如果这个假想的投资者决定买入这只股票，则继续持仓，如果这个假想的投资者决定不介入这只股票，则卖出这只股票。当初买进的条件不成立了，就应该卖出相关的这只股票。

第八个错误是投资者认为自己买入防御性股票，比如公用事业股，因此可以高枕无忧。很多投资者认为价值投资大师们提出的"买入—持有"策略就是买入股票后不闻不问，束之高阁。其实，林奇和巴菲特一样，他们的持有并非不管，相反，**林奇主张要定时检查那些你持有的股票是否还符合你当初买进时的条件。**为了避免"买入—持有"策略误导价值投资者，我们建议价值投资者使用"买入—定期审视"字眼来表述相同的思想。对于防御性股票，特别是公用事业股，也不能长期持有而不过目，这类公司也面临政府管制的改变和行业结构的变化等问题，同时组合投资也要考虑到是否存在更好的投资对象，这时候就算已经持有的公用事业股本身没有问题，但是存在更好的投资对象，也应该卖出**换股**。

*什么决定了股价的走势？*

*为了避免"买入—持有"策略误导价值投资者，我们建议价值投资者使用"买入—定期审视"字眼来表述相同的思想。*

第九个错误是投资者急着盈利，对于较长时间等待很不耐烦，而且等待时间越长则越是认为股价不可能出现上涨。在技术分析流派中，由于大多数盈利都来自短期的价格波动，所以一般要求在某一时段内出现行情，否则就要及时退出，这就是著名的时间止损法则。但是在基本面投资中，特别是在价值投资中经常要忽略时间的影响，很多时候需要耐心才能等到真正的上涨趋势发动。林奇认为那些急于获利的投资者在从事股票价值投资时显得极其不耐烦，而这往往导致他们不能等待上涨开始就卖掉了大有希望的股票。默克制药是美国的制药巨头，其股价在 1972 年到 1981 年一直处在盘整状态，价格波动显得死气沉沉，但是此时公司的盈利却一直显得非常乐观，基本上保持了每年 14%的增长。很多交易者对于公司的盈利现状和前景非常看好，但是股价一直呆滞，使得他们非常急躁，最后很多以前看好这只股票的投资者都不得不卖出。经过了九年的漫长调整，这只股票终于大发神威，在此后几年的时间内上涨了 4 倍。虽然很多投资者很早就觉察到了这只股票的潜力，也介入过这只股票，但都因为没有十足的耐心和勇气坚持到获利丰厚那天。林奇本人十分具有耐心，这可能跟他早年当过高尔夫球童有关，这段经历对于林奇的耐心培养十分有用。**林奇统计了自己的操作记录，发现那些让自己获利甚丰的股票大多是持有 3 年到 4 年后才开始见到起色。**只要自己持有股票的公司基本面因素没有出现太大变化，运营正常，林奇就会坚定持股。

第十个错误是投资者为错过的盈利机会而懊悔，这种习惯会使得投资者在以后的投资中丧失理性，操作摇摆在犹豫和鲁莽之间。在股票投资中，每天都有半打的机会错过，但是这并不影响我们最终的表现，**世界之大，并非一人所有**，如果每次机会都被自己抓住，那么对举天之下的其他投资者就显得非常**不公平**。再说，每个投资者都是人，而不是神，**投资本来就是一个非确定性的工作，所以不必苛责自己。长期自责的人会慢慢变得情绪化，同时也会极大影响投资表现。**

万物为我所用，不为我所有。

如果你认为自己错过了某只牛股，不要紧。因为你也同时避开了某只熊股，看看你账户上的资金，是不是很庆幸自己没有损失掉一分钱。西方社会的信教家庭都有饭前、睡觉前祷告的习惯，这种感激和满足的心态也同样适合交易者。一旦我们降低期望，努力于分析和提高自己的能力，怀着感恩的心态，自然可以无往不胜。林奇认为那些将股票看作零和游戏的观点是极其有害的，如果一个人将股市看作你赢我输、我赢你输的搏斗，那么你势必感到紧张和屈辱。**如果上帝要让一个人毁灭，最好的办法就是让他疯狂，而股市中抱着怒气、怨气的人已经身处狂颠的状态。**那些一直抱怨自己错过了一次又一次发财机会的人会逐渐变得非理性化，变得冲动，这种冲动就是为了对付让他们错失机会的谨慎，一旦谨慎不再，那么厄运随之被召唤而来。为了拿回那些错失的高回报，这些早已失去理智的投资者将追逐那些先前畏惧的高风险股，通过追逐这些高利润的股票，投资者就以为自己避免了当初坐失良机的厄运，殊不知厄运走得更近了。

第十一个错误是投资者总是将以前错过的投资机会，映射在当前的某只股票上，急切地想从这只被高估的股票上找回当初错失的机会，并且赢回自尊。一个投资者如果错失了微软，他就会去寻找下只微软，并在现实中找到似乎真的能成为下只**微软的股票**。其实，林奇告诉我们很多那些被说成是"下一个"某某知名公司的潜在赢家经常会让持有这样想法的投资者功亏一篑。错过一只大牛股不是你的错误，但是如果你接着要找到一只同样的大牛股，这就是不可原谅的错误了。如果一只股票被说成是像之前的某只股票，一家公司被说成是之前的某家公司，事实上这样的说法基本无法兑现。投资者要么为此支付过高的股价，要么引起竞争者介入这家"明日之星"的行业，从而导致这家公司的利润大幅度下降。两个错误并不能带来正确，如果你因为错过一只牛股而懊悔不已，这是一次轻微的错误。接着你决定不能放过下一只类似的牛股，这就是一次严重的错误。因为这种错误的决策而

人生的意义在于进步，而非享受。上天不是为了让你在人世间活得快乐，而是为了让你得到提高。娑婆世界的存在不是为了惩罚你，也不是为了满足你，而是为了锻炼你，这里是学校！

将军总是将这场战争当作上一场战争在应对。

调整自己的股票投资组合，那是灾难性的。很多这样想的投资者，通常会放弃那些稳当的获利机会，转而重仓，甚至全仓交易那些他们认为的下一个明星股票。不要错过下一只牛股的想法使得交易者过于自信，过于冒险，无形中放大了交易的风险，孤注一掷。

第十二个错误是投资者根据眼前股价的涨跌来评估此前的投资决定。股价涨就皆大欢喜，认为当初的决策真是英明；股价跌，就满腹牢骚，悔不当初。林奇认为持有这类错误观念的投资者是最为愚蠢的。**通过当下股票的涨跌来判定自己当初的进场决策，这使得投资者完全以股价代替了价值**，从一个价值投资者转变为一个只看股价的家伙，而这个家伙使用的方法甚至都算不上技术分析，只是一个盯着价格傻**看的机会**。无论是价值投资还是技术投资，两者都不会只看股价涨跌来评估形势。价值投资者会查看公司的基本面和股价是否保持合理关系，股价是否低于公司价值，以此决定是否继续持股。技术投资者会查看股价是否跌破关键的支撑位置，是否改变了趋势，只要价格处在既定的边界内，同时趋势向上，那么就会继续持有这只股票。如果仅仅因为一只股票从 3 元涨到 4 元，我们就认为当初我们的价值投资决定是正确的，或者仅仅因为一只股票从 4 元跌到 3 元，我们就认为自己的决策是错误的，那么这无疑是对价值投资方法的根本背离。而且这种只看价格涨跌的评估思路，违背了一切交易艺术，包括**技术分析**。

上述十二个错误，很容易引起投资者不适当地调整自己的投资组合。林奇对此深有体会，因此一直将这十二个错误系统或者零散地在自己的演讲、书稿和教学中加以强调。威廉·欧奈尔也赞同林奇就组合投资所阐述的关键原则，他认为投资和管理股票组合就像在管理一个花园，如果你不坚持定时查看，那么野草将丛生。如果你缺乏鉴别力，那么你很可能是在拔掉珍品，助长野草。

> 现在不少投资者热衷于季节性规律、大小盘风格等统计规律，如果这样做会使得偏离投资的本质，那还不如忽略掉。决定股票投资最终绩效的行为并非是研究与商业不相关的统计。

> 技术分析重在趋势，股票价值分析重在公司的运营。

(4) 林奇对于零售股的抉择法则。

对于组合投资中的误区我们已经有了全面的了解，对于六大类型的股票我们也深入地分析过了，现在我们来看看林奇在投资组合中所钟爱的那些行业。首先我们来讲讲林奇对于零售业类股票的挑选之道。

林奇认为零售卖场本身就是选股的一个风向标。他在很长一段时间内一直前往一家名叫博林盾的购物中心寻找大牛股，这样的购物中心在当时的美国只有大约 400 多家。林奇认为像这样的购物中心适合研究股票，无论投资规模有多大，任何类型的投资者都可以在这里了解到许多上市公司的销售状况。林奇认为自己在零售卖场选股远远比到文字材料中琢磨来得真实。毕竟，一家企业的产品销售量是其经营业绩的最快速和真实的反映。林奇喜欢这种专业研究人员看似闲逛的信息收集方法，他认为这类闲逛收集的信息胜过 1 个月投资会议所得。但是，**林奇并不认为单单靠着这个方法就能选出正确的投资对象，他认为这是选股的第一步，也就是得到一些备选对象。**

> 这也算一种调研。

我们转入正题，看看林奇怎么挑选零售公司本身。林奇认为对于零售业和加盟连锁店而言，规模的扩大是带动盈利和股价上升的关键因素。只要一家零售企业能够以稳健的财务方针扩展其业务，那么它的成长前景基本上没有大的问题。**林奇认为一家零售公司是否成功不能光靠局部的经营情况，要查看其经营区域扩展到新的城市后，其新店在一段时间内的表现如何。林奇告诫投资者不要去介入那些以高度的财务杠杆进行快速扩展的零售公司。**

> 投资最怕高杠杆，无论是投资者本身采用高杠杆，还是上市企业采用高杠杆，都是危险的行为，不符合稳健的要求。

接下来看看林奇在零售公司投资上的具体案例。林奇在博林盾购物中心发现了三家顾客最多的零售公司：美容迷你公司、钙浦公司和自然公司，这三家零售公司的顾客量最多，它们的销售量跟西尔斯公司差不多，但是其经营面积远远小于**西尔斯**。这些特征都引起了林奇的注意。林奇跟美容迷你公司的店员进行了简短的交流，店员的良好服务态度给了林

> 这意味着每平方尺的利润更高。

奇很深刻的影响。回到基金办公室后，林奇查看了美容迷你公司的相关材料，这家公司是由一位家庭主妇创建的，在1984年发行了股票，而且很快由一家小企业发展成为一家国际性的特许连锁经营企业。在6年内其股价增长了70倍。其连锁店在全国都处于整体盈利状态，而且一家加盟店在加盟当年就可以实现盈利。虽然公司以较快的速度扩展，但是其市场空间仍然较大，当时美国只有70家店，而林奇估计还可以开设800多家，在海外市场则面临更大的成长空间。更为重要的是，林奇发现这家公司的扩展非常谨慎，对于加盟店的经营者有着极为严格的要求，公司整体的资产负债率良好，年收益增长率为25%左右。唯一的缺憾就是其市盈率高达42倍。当时，标准普尔500指数的市盈率是23倍，林奇认为市盈率超过40倍的股票很可能出现高估水平。而且该公司的年收益增长率要超过25%，存在风险。但是林奇认为这家公司的国际市场非常广阔，所以股价再上升几十倍也有很大可能。最后，林奇认为该零售公司的未来成长性能够支持如此高的市盈率，目前的股价相对于公司价值而言，还是处于合理范围，于是林奇做出了购买的决策。

林奇认为零售业中的大牛股更容易被我们及时发现，因为这些公司的表现可以在投资市场知晓之前就为林奇式的闲逛投资者所掌握。林奇认为沃尔玛就是个明显的例子，其创始人沃尔顿的故乡很多人在沃尔玛上市后不久就买入了该公司的股票，这些林奇式的投资者获利至少在20倍以上。**林奇认为零售类公司的成长前景受制于市场空间，如果市场没有饱和，还有很多地方可以开店，那么就可以买进或者是继续持有。**

对于零售类公司笔者给出一个选股的参考。成功的零售企业通常具有一些共同的特点，凭借这些特点我们可以找到那些潜在的投资对象，然后再进行财务和经营状况方面的分析。

**成功的零售企业能够在最初经营地之外的大多数地方成**

*成功的零售企业能够在最初经营地之外的大多数地方成功地扩展其业务，这表明这家零售企业的模式是普遍适用的，该模式的适合地域很广，未来的市场空间很大，还有很好的成长前景。*

功地扩展其业务，这表明这家零售企业的模式是普遍适用的，该模式的适合地域很广，未来的市场空间很大，还有很好的成长前景。

零售企业的门店要让消费者易于达到，并且要让人愉快购物，过分拥挤的过道和杂乱的货架表明零售商店的管理存在严重问题。

注意零售企业的停车场，在周末和购物高峰，车位应该相对紧张。如果一家零售卖场的车位任何时候都有很多空位，那么这家零售卖场的**销售额令人担忧**。

在那些拥有了上述特征的零售商中进行再次筛选，这次要查看其资金的周转情况。**优秀的零售公司和表现一般的零售公司在现金周转率上存在极大的区别。**现金周转周期主要包括三个指标：存货周转率，应收账款周转率，应付账款周转率。这些指标显示了一家零售商周转率，而**周转率对于零售业是最为关键的指标**。通常而言，零售业依靠周转率，而不是利润率来提高资产的收益率。零售企业努力尽快地销售商品，提高存货周转率，同时尽快收回货款，另外还要尽可能地推迟向供货商付款，这样就降低应付账款周转率。考察上述指标，我们可以推测那些存货周转率较低的零售商销售更慢，其存货周转天数更长。另外，需要注意的是应收账款对于零售商并不重要，因为绝大部分的零售商过程都是钱货两清的，即使是按揭付款，也是消费者和银行之间的事情，零售商在交付商品时，已经从银行取得了货款。因此，**我们可以只观察存货周转率和应付账款周转率两个指标。**一家成功的零售商，其存货周转率必定非常高，同时也能延长对供货商的付款期限。家乐福和家得宝这类零售商通常拥有优势明显的渠道优势，因此它们常常能够争取到最优惠的**付款条件和期限**。

对于零售企业还要注意两个问题。第一个问题是零售商的很多门店都是租赁的，但是这些租约并不在资产负债表上得到体现，所以这使得某些零售商的财务状况显得更为健康。

现在美国有一些对冲基金利用卫星来跟踪超市的停车场。

家乐福在中国的经营在未来将落后于欧尚，因为欧尚的成本管理更好，周转率更高。

第二个问题是零售商通常处于扩展中，但是扩展的头几年里，由于已开门店处于扩展阶段，同时新开门店数量在不断增加，所以其销售状况可能会显得很好。当已开门店面临竞争处于成熟阶段，而新开门店数量急剧下降，这时零售商的业绩会出现大幅度的下滑。所以，选择零售股的时候一定要从其扩展速度，模式成功的概率，资金周转率，财务稳健度等几方面加以考虑。

最后要提醒投资者的是，零售业整体而言是一个收益率很低，并且基本没有壁垒的行业，这符合林奇关于冷门行业的定义，而且林奇也非常乐见那些收益较高其具有某种利基的公司出现在这个行业。沃尔玛正是这样的企业，沃尔玛采用小城镇战略避开了大的销售商和城市竞争密集区，通过占有那些仅仅容得下一家超市的小城镇，沃尔玛排挤了当地的小杂货商，同时避免**了大零售商的竞争**。沃尔玛以此为自己建立了一个利基市场，同时广大的小城镇市场为其成长性提供了充足的保障。通过不断扩大规模，沃尔玛通过低成本打败了竞争对手，从而扩大到了城市市场。**先是通过破坏性创新的小镇战略，然后是通过规模效应带来的低成本优势，沃尔玛成为一家冷门行业中的热门企业。**低增长行业不为华尔街所关注，但是却是林奇寻找超级大牛股的天堂，而零售业经常出现这样的机会。

> 农村包围城市！

（5）林奇对于银行股的抉择法则。

林奇对于储蓄贷款类的银行非常有好感，他在《打败华尔街》一书中花了很大的篇幅来描述自己对于储蓄贷款类银行的分析和操作。当时华尔街对于这类投资对象基本没有太大的兴趣，其股价在历史**低位**徘徊。林奇对此十分迷惑，因此下了很大的功夫来研究这类股票和公司，他总结出了一些分析银行业的要点，如果股票现价低于初次招股价，那么该银行的价值可能被低估了；资本充足率应该在 5% 以上，最好不低于 7.5%，资本充足率越高，则其提高贷款的能力就越强，同时也被潜在的并购者看好；储蓄贷款银行的股息通常高于

> 人弃我取为什么能够有效？因为人们群体看空的资产往往会被严重低估。但是，这并非铁律。

市场整体水平，在其他条件符合的前提下，股息越高越好；高风险的不动产资产应该不能超过 5% 等。另外，林奇还认为**那些按照抵押合同占有的不动产越多，则说明银行先前的业务决策出的问题越大。**

银行的业绩与宏观经济和宏观风险密切相关。

这里以林奇当时介入的德国城镇储蓄银行作为例子。林奇研究该银行时，其股价为 10 美元，后来涨到了 14 美元，其每股盈余达到 2 美元，市盈率不到 7 倍，每股账面资产 26 美元，资本充足率 7.5%，拖欠贷款只有不到 1%。年报中显示该银行的存款在增加，而贷款在减少，这表明存户愿意存钱，而银行为了控制风险相对谨慎。该银行所在地的居民比较节俭，而且非常偏好在德国城镇银行储蓄。另外，该银行在证券市场上的投资非常稳健，只增加了 5000 万美元，而且以国债和公司债为主。

该银行总部位于费城，其资产达到 14 亿美元。更为重要的是当时还没有一家证券机构跟踪过这家公司。而且，林奇通过与该银行 CEO 的交流进一步证实了这是一家经营稳健的银行，该银行通过增加贷款损失准备金来预防风险，短期内会减低盈余，长期内则会增加盈余，因为这些增加的损失准备金有一部分能够被核销掉。

现在给出根据林奇和其他价值投资大师总结出来的关于银行股的投资要点。价值投资者在挑选银行股时需要求证该银行是否具有下列特征。

该银行是否拥有较高的股东权益回报率和资产回报率，通常而言，符合要求的银行应该具有 18% 左右的股权回报率，这里需要关注的是比率而不是绝对数额。另外，得到一个较高的股权回报率不能过度依靠少提坏账准备金等方式，如果你看到一家银行的股权回报率高达 35%，那么你通常需要看看是不是这家公司的经营过于冒险。较为稳妥的资产收益率应该在 1.3% 左右。

在考虑了资本收益率之后，需要看看其资本的规模如何。强大的资本规模是一家银行能否赚取可观利润的一个基础。

符合要求的银行应该具有 8% 到 9% 的资本充足率，同时股权资产比率越高越好。

接着，考察营业费用占净收入的百分比，这个比率最好在 55% 以下。

然后，考虑收入情况，主要关注三个指标，净利息利润率，收费收入占总收入的比例和收费收入的增长率。净利息利润率最好是能够在板块内比较，因为不同的银行类型存在不同的比率范围，不同类型的银行之间比较该比率是没有用处的。另外要看下一家银行上述三个指标的历史表现。

最后，看看这些考察对象的市净率如何。银行的价值基本上就是在账面资产基础上给出的，通常加上了投资者对未来的预期。如果一家银行能够以账面价值的 1/2 进行交易，同时这家银行经营稳健，则这是一个很好的投资对象。对于那些市净率特别高的银行，需要特别谨慎。**要想找到那些市净率低的优质银行，在银行股普遍不被看好的时候是最佳的时机。**

对于银行股我们还要给出如下建议。第一，经营得好的银行应该在任何环境下都体现出稳定的净利润增长；第二，经营得好的银行应当使用期限结构相同的存款来发放贷款，比如长期存款做长期贷款，避免期限错配带来的严重后果。东南亚金融危机就与存贷款的期限**错配有关**。林奇非常喜欢银行股，投资了诸如大众储蓄银行、劳伦斯储蓄银行等银行股，而格雷厄姆和巴菲特则对保险公司情有独钟，索罗斯则是从银行**股上发迹**。

（6）林奇对于周期性行业股的抉择法则。

对于周期性行业股的投资可以说是林奇的一大特色，巴菲特似乎对这一类股票不感兴趣，因为这类股票跟那些资本密集型企业有关，而这类企业的市场性专利价值通常不高，同时由于大量的资本支出和利息费用，使得这类公司容易受到通货紧缩的影响。但是林奇却认为这类股票经常诞生高利润和低风险的机会。所谓的周期性行业主要是指钢铁、航空等类型的行业，这类行业随着经济的繁荣和萧条而起伏。华

*期限错配容易带来巨大的流动性风险。*

*金融类股票往往可以避免产业生命周期，美国历史上的产业股都有生命周期，而银行股却一直屹立不倒。*

尔街很多机构都在企图预测周期的拐点，希望能够先人一步地发掘出那些可以建仓或者平仓的**周期性股票**。一般的股票在正常的情况下都是市盈率越低越好，但是周期性行业的股票则没有如此简单，算是一个例外。**因为周期性股票的市盈率很低时，通常表明市场投资大众已经开始认为繁荣期结束了。而这时候恰恰不是一个投资周期性股票的好时候。虽然高市盈率表明其他股票并非善类，但是对于周期类而言却并非坏事，这表明周期性公司可能要随着经济走向繁荣期了。** 林奇认为投资这类公司也要在自己的能力范围之内，要对周期类的企业经营特征进行深入了解后才能进行这类投资。每当经济萧条时，林奇就会注意这类型的股票，只要这类公司处在良好的资产负债情况，那么林奇就会考虑买进这家公司的股票。

现在来看看林奇在此类股票上操作的实际案例。这里选择了两个案例，一个是一家金属冶炼公司，另外一个案例则是大名鼎鼎的通用汽车。

F.道奇公司是一家以铜冶炼为主的公司，当林奇注意到这家公司的时候美国的环保法规和管制措施使得很多铜冶炼企业关闭，但是当时的美国经济已经表现出了对铜短缺的**极大关注**。虽然，美国经济当时处在一个平稳期，短期内对铜的需求量较少，但是世界范围内的经济发展对于铜的需求却是在持续猛增的。同时，铜是一种较铝更为稀缺的工业原料，有人称**铜是最好的经济学家**，因为铜对于经济非常重要，与原油一样并称为现代工业经济的基础。更为重要的是，当时全世界范围内的电话普及趋势使得对铜的需求暴增。当时公司的股价从1990年的39美元跌到了1991年的26美元，其每股盈余由6.5美元下降到了3.9美元。林奇认为这些股价都不是问题的关键，**对于周期性企业而言，其前景一方面取决于经济的繁荣是否能够尽快到来，另一方面取决于公司的资产负债状况是否良好。** 后者对于林奇是否选择一只周期性企业的股票具有决定性意义。

在该公司的资产负债表中，林奇发现该公司的股东权益为 16.8 亿美元，而负债仅仅有 3.18 亿美元，这说明这家公司的资产负债结构良好，完全能够帮助其度过经济上的萧条。另外，该公司的其他一些业务在经济萧条期仍然为公司带来了不错的收益。这使得该公司度过寒冬的资粮更加充足。

另外林奇查看了该公司年报中关于资本支出的数据，1990 年该公司支出了大约 2.9 亿美元用于厂房和设备方面，不到现金流的 1/2，这表明该公司的自由现金流相当充裕，而这是一个公司能够很好应付危机的表现。林奇发现这家公司的股价与铜价密切相关，而此时铜价因为经济萧条而处在低点，但是经济迟早会有复苏的一天，一旦经济复苏铜价就会上涨，而该公司的股价也**就会跟着上涨**。林奇因此坚定地持有这家公司的股票。

> 找到公司业绩的决定性因素，然后推断这一因素的前景。

巴菲特不太愿意去碰汽车这样的行业，因为这些行业看来不具有市场性专利，但是林奇却认为像汽车这样的行业似乎是周期性投资的上乘之选。林奇讽刺那些证券研究机构将汽车股看作蓝筹股，因为这些并不是低速或者稳定成长型的公司，而是周期型的公司。20 世纪 80 年代，美国轿车和卡车的销售量下了近 35%，但是林奇却从中看到了反转的希望，一是汽车年检将使得汽车销售额上升，二是汽车信贷由 36 个月延长到 60 个月，而这增加了潜在的消费能力。林奇估算出 1980 年到 1983 年的 4 年中，由于经济不景气而减少的汽车消费数目在 700 万辆左右。所以，林奇估计在经济复苏后，汽车的消费将至少上升这个数目。当时通用公司的子公司都运行得不错，林奇估计只要经济好转，通用汽车的销售状况会变得更好。最终，林奇决定介入**该股**。

> 《史记·货殖列传》："贵出如粪土，贱取如珠玉。"

根据林奇对周期性行业的看法和操作记录，我们可以得出一些有益于操作的结论。首先这类公司都是有形资产占公司价值较多，而固定成本极高的那类企业，所以这些公司容易受到经济周期的影响，因为它们不太容易增产，也不太容易减产，消费支出的变化速度要快于这些企业改变其生产规

模的速度。这些企业必须具备良好的资产负债结构，**过多的债务使得这类企业难以在利率上调、利息支出加重时维持正常经营**。再者，身处这个类型的公司通常具有多元化的特征和倾向，通过经营其他业务和为主业务的销售提供信贷，这类企业可以平滑生产的周期波动。这些公司通常可以依靠的壁垒是较大的规模带来的优势，因为其产品很难产生品牌溢价和市场性专利。这类公司中的佼佼者往往也是那些在经济低迷时能够正常经营下去的企业，**低成本而负债少的这类公司是周期性投资的首选**。这类公司的子公司通常需要仔细研究，因为其中可能存在格雷厄姆所言的隐藏价值。

对于这类公司，我们要注意三个可能出现的关键问题。第一，负债相对于股东权益过高，这会拖累企业在销售淡季的表现，甚至影响企业在恶劣经济条件的生存能力；第二，管理层进行了麻烦的并购活动，进行并购本来是为了实现扩展，但是却很容易使得公司增长更加缓慢；第三，**通过放松支付条件和削价来提高市场份额，这样做往往使得行业生态更加恶劣，从而在中长期内降低企业的表现**。

放松支付条件会导致应收账款急剧增加，但是现金流却会恶化。

林奇对于这类企业的投资手法已经为很多投资机构所熟悉，并且得到大规模的运用。所以，这要求投资者要更具前瞻性才行，否则就会大大落后于基金减仓时间，从而在一个更高的位置上买入。还要注意不要通过预期经济周期来预测这类公司走出低谷的准确时间。由于股市是经济的先行指标，所以周期性公司的股价更可能是先于经济周期而行动。通过预测经济周期来预测周期性公司股票的准确走势是徒劳的，这好比用同步指标甚至滞后指标来进行预测。

(7) 林奇对于餐饮股的抉择法则。

林奇对于餐饮股的热爱与对零售股的热爱如出一辙，这些公司的销售情况很容易获得，而且能够较那些投资机构更早获得。无论零售公司还是餐饮公司，销售都是一个绝对可靠的业绩指标。林奇认为餐饮企业的经营与零售企业的经营没有多大的差异，**能够在相同的经营规模下取得更大的销售**

额是非常关键的一点。在林奇出任富达资产管理公司分析师的时候，华尔街对于餐饮股不屑一顾。似乎价值投资大师们总是与华尔街对立而行，华尔街爱好追求科技股，而投资大师们则死守着大众股不放；华尔街希望复杂而难懂的业务，而投资大师们却喜欢简单容易了解的行业；华尔街希望追逐热门，而投资大师们却对冷门热情不减。

对于肯德基、必胜客这类股票，华尔街总是冷眼旁观，但是这些冷门行业中的佼佼者却一次又一次地让华尔街的投资专家们大跌眼镜。林奇认为这个行业简单，容易被人们了解，也就是说这些业务处在人们能力范围之内；而个人投资者可以很早从其日常运营中觉察到公司业绩的优劣，而且经常可以早于专业投资机构的结论，这使得这类公司具有天然的信息优势。特许经营的连锁餐饮店与零售卖场具有极其相似的特点，它们的高度成长期在 15 年到 20 年，而且这餐饮店和零售店一样受益于某种程度上的区域垄断优势。**一家餐饮企业在全国范围内开展其分支业务需要很长一段时间，这使得其成长空间很大。**而这些餐饮企业要发展壮大，必须要有可以有效推广的商业模式。这跟零售店一样，只有在创始地以外的区域取得了足够的成功才能证明支持对该企业进行投资的决策。

欧奔培是林奇提到的一个例子，这家餐饮店是林奇在博林盾购物中心发现的。1977 年该公司在波士顿地区开业，而此处正是林奇的住所所在地，这无疑使得林奇具有某种信息优势。过了 14 年后，该公司才挂牌上市，初次认股价为 10 美元，这家公司制作各式各样的面包和新鲜的橘子汁，以及水果沙拉。到 1992 年初该股的价格上涨到 20 美元。林奇认为该公司的国际市场非常巨大，而且属于防御性产业，也就是不容易受到经济衰退的影响。

以追随巴菲特和林奇为荣的晨星公司认为美国和主要发展中国家的人口统计特征支持餐饮业的未来发展。而**餐饮业也有明显的生命周期，从最初的飞速成长阶段到积极成长阶**

*餐饮业的时间特性。*

275

段，再到成熟阶段，通常他们没有低速成长阶段，**直接就进入了衰退期**。餐饮连锁的扩展与地理范围密切相关是因为餐饮店需要开设在人流密集和接近特定核心区域的地方，比如小区、中央商务区附近等。**成功的餐饮店都具有一些共同的特征。首先，这些商业模式具有在不同地域成功复制的特性**，如果一家餐饮店要得到投资者的介入，必须至少在不同的几个地方成功地**开展业务**。有些餐饮店受制于消费习惯，所以只能在特定的区域内才能取得成功，这些餐饮企业的成长性非常值得怀疑。其次，好的餐饮店都具有一些餐饮概念连同产品提供给消费者，如健康、方便、潮流等。林奇看重那些能够成功复制自己的餐饮店，这才是他眼中具有成长性的那类投资对象。在林奇看来，餐饮股和零售股都属于高速成长性投资，如果某家位于这两个行业的公司不具备成长前景，那么就不要去介入。

餐饮业的空间特性。

（8）林奇对于娱乐股票的抉择法则。

那些提供日常消费产品和服务的公司最受林奇的关注，因为他认为这些公司的经营状态比较容易了解，而且能够在专业机构获得年报之前就对这些公司有真实的掌握。所谓娱乐公司，通常是以经营公园、电影院、夜总会为主的公司。**林奇非常喜欢个人投资者具备某种信息优势的股票。**

信息优势不一定要靠内幕消息。

以林奇投资的雪松娱乐公司为例。这是一家位于美国中部地区的县级公园，该娱乐公司下属两家休闲公园，两个公园从每年的 5 月开放到 9 月初。其中一家休闲公园被称作雪松峰公园，该公园坐落在伊利湖畔，其历史超过 120 年，7 位美国总统曾拜访过此处，其翻滚列车的历史在 100 年以上，据说也是世界最高的翻滚列车。悠久的产业历史和某些地区唯一的大型娱乐设备使得这家休闲公园具有某种独特的利基市场。林奇通过到该公园游玩来了解公司运行的真实状态，借以发现值得注意的问题，并由此展开更深入的分析和求证。林奇的这种方法就是通过表象取得线索，然后通过财务报表等理性材料来求证最初的观察所得，在此基础上形成买卖决

策。林奇将乘坐该休闲公园的翻滚列车比喻为基本面分析，虽然这有点梦幻，但无疑是那些想要在第一时间取得第一手资料的人必须重视林奇式的投资艺术，这就是闲逛投资令人感到如此具有戏剧色彩的原因。在经济低迷的时候，这家公园的生意反而更好了，因为大量准备出国旅行的当地人转而在雪松峰**实现其休闲目标。**

<aside>反周期的商业。</aside>

　　雪松娱乐的股价在 1991 年从 11.50 美元飙升到 18 美元，投资报酬率高达 60%。当时林奇对于该公司能否继续保持利润的增长态势持谨慎态度，他认为如果找不到充足的证据表明雪松娱乐的利润前景乐观，则股票价格持续上扬的可能性就非常小了。所以，林奇一直坚持定期回顾这家公司，通常他是以年为单位进行定期审查的。林奇利用定期审查与雪松娱乐的总经理进行了电话交流，他发现该公司几年来年年推出一些新的东西，但是其新增的滑道并没有起到正面的效果，于是林奇决定放弃这家公司。

　　谈到娱乐类公司，不能不提到涉及影视的那些公司，这些公司一般经营电影、电视和其他娱乐媒体，比如 MTV 和探索频道、ESPN 等。这些业务基本分为一次性的和使用费两种类型，一次性电影票和电影会员卡分别代表了两种类型的业务。现在很多电影放映商都试图通过推行会员制的方式来提高客户的忠诚度和消费次数，网吧也应该算作娱乐**企业的一类。**根据林奇选股历史来看，几乎没有什么娱乐类的公司。**根据晨星的统计，能够持续为股东带来成长价值的娱乐公司非常少。**林奇自己选择的娱乐公司表现也并不好。如果将整个传媒和娱乐行业包括进来，笔者可以给出一个统一的筛选准则，这个筛选标准参考了林奇本人和晨星公司对于传媒和娱乐股票的看法。

<aside>万达院线值得研究。</aside>

　　第一，不要追逐那些看似风光的娱乐和媒体股票，很多时候**一部片子或者作品并不能给一个这样的公司带来持久的竞争优势，不要买进那些没有建立收入管道的媒体和娱乐公司，**报纸这些媒体更容易建立持久的收入流，而电影制片厂

和出版社则很难建立稳定的收入流，其收入往往很难估计，除非是系列影片，比如007系列，即使这样，依然存在很大的**不确定性**。晨星告诫投资者不要因为一本畅销书或者热门电影就买入这类公司，其主要原因就是这些公司的收入是靠"水桶"而非"管道"。

第二，对于那些管理非常出色，而且对股东持有坦诚态度的高管层，我们可以适当给予较高的得分。善用利润，不要浪费公司辛苦挣来的现金流，这是一个称职和理智的管理者应该具备的基本素质。对于传媒和娱乐这样的行业，必然充满更多看似美好和充满希望的想法，而对于一个称职的管理者而言更是一个重大的挑战，拒绝将资本花在那些收益不合算的诱惑上需要管理者具有清晰的意识和明确的方针。

第三，负债结构越是合理越好，一个良好的资产负债表对于一个娱乐和媒体类公司而言，极其重要。媒体和娱乐行业的并购比其他行业可能更快地发生，而且媒体和娱乐行业的地域性特征非常强，而这往往涉及并购后原有商业模式的取舍问题，是引进母公司的经营策略，还是继续子公司的经营策略。这需要考察两者模式的绩效差别，然后深究这种绩效差别的来源，分解来源的细小因素，找到关键因素，然后由此展开经营模式的确定，在没有弄清楚实际情况前，不要轻易否定现存模式，**没有调查就没有发言权**。

第四，具有较高毛利润率是任何一个媒体和娱乐企业都应该具有的特征，由于媒体和娱乐行业经常展开并购，而并购后的毛利润率则是考察这些企业的一个重要财务标准。无论是以年度为单位发行的报纸，还是以零售和订阅为主的报纸，乃至那些娱乐场所，毛利润率始终是一个很重要的因素。即使对于报纸而言，较高的周转率也并不是关键，大多数报纸是依靠广告来赚取利润，而每期广告的版面则是可以变化的，而且一家好的地区性报纸往往具有良好的广告提价能力，所以利润率可以得到提高，而周转率则是一定的，日报和周报的周转率是不一样，但是日报和周报本身的周转率却是不

现场调查比财务分析更能让你获得投资优势。

华谊兄弟和万达院线你认为谁的优势更容易维持？

变的，也就是说发行的速度几乎不太可能提高。

第五，那些具有利基市场的媒体和娱乐企业通常是优先收购的对象，无论是林奇强调的利基市场，还是巴菲特强调的特许经营权，以及晨星公司提出的竞争性优势，都可以归纳为香港股王林森池所说的"市场性专利"。那些在地域上具有优势的报纸、有线电视公司以及娱乐会所等都具有良好的市场性专利，它们往往具有稳定的受众，而这些受众倾向于只消费这些企业的产品。这类公司可以长期维持超额利润，而免受完全**竞争的侵蚀**。

第六，林奇认为现金流是一个公司的血液，如果血液停止流动，那么就大事不妙了。能够产生充分的现金流，这表明公司是有活力的，自由现金流是我们重点考察的对象。每股收益和利润需要销售来确认，而销售需要现金流来确认。之所以要这样做，是因为利润可以通过会计手法创造，而销售可以避免受到这些花招的蒙骗。但是销售额的增加可能是因为企业采取了短视的信贷政策和较宽松的回款条件，这使得销售额增加的同时，企业的应收账款也大量累计，而这些应收账款很可能发展成为坏账。所以，要将现金流作为一个关键的考察对象。

通过这些关键的条件，可以筛选出较好的传媒和娱乐公司，无论是巴菲特还是林奇都更加倾向于拥有稳定而长期受众的报纸和有线电视台，所以在选股的时候也要注意到这一点，尽量琢磨透大师这些做法背后的原因，不仅要知其然，还要知其所以然，只有这样才能完成真正的**价值投资**。

*互联网媒体兴起之后，地方媒体在地方新闻采编上更具优势。*

*渠道比制造商的优势更明显。*

# 第六节　林奇的智慧法则五：选择时机

机不可失，时不再来。

——中国古谚

买入股票的最佳时机就是你发现了价值可靠而价格低廉的股票之时。

——彼得·林奇

（1）林奇选择股票买卖时机的秘诀。

林奇十分厌恶别人认为他是市场择时主义者，但是他又在自己的三本著作中饶有兴致地谈到了收益和时间的关系，以及一些买卖股票的最佳时机。前面已经谈到了收益在时间上的分布规律，现在就来看看林奇本人总结的股票买卖时机理论吧。

无论是林奇，还是格雷厄姆和巴菲特，以及索罗斯，他们总是先确定一个大致的价值中枢，然后寻找价格和价值中枢的极大偏离机会进场。林奇认为买股的时机好比在商场中出现了价廉物美的商品。那么**什么时候容易出现这样的机会呢？**林奇根据自己早年做分析师的经历总结出两个好时机。

通常而言，价值投资就是人弃我取的过程，在美国每年底通常是很多投资者为了减税和锁定业绩而卖出股票的时候，这个时候投资者往往关注价值以外的因素，价值被低估经常在这一时期出现，林奇认为这是每年进场的一个**天赐良机**。这个机会在每年 10 月到 12 月。在美国这段时期是假期，而很多证券经纪人往往想度过一个宽裕的假期，所以他们会旁敲侧击地让客户卖出亏损股票，而其冠冕堂皇的理由通常是这样可以抵扣税收。但是，这些个人投资者似乎很愿意接受这样的"良言"，**当这些投资者因为价值以外的原因买卖股票时，价格和价值的偏离将变得更大，这样价值投资者就在众人离场时找到了进场机会了。**另外，一些基金经理受到惯性和短期利益驱使，也倾向于在年底卖出股票锁定业绩，还有一种花招是通过卖出组合中那些亏损的股票在年底报告上留下全是上涨的股票。无论是个人投资者还是机构投资者的这种短视行为都在年底打压了股价，而且股价一旦低于某个水平保证金账户就需要入金。一批投资者制造的抛压会极大程

投资者十分关注和拼命追逐价值以外的因素时，价格就会严重偏离价值中枢。

度地制造连锁效应，使得年底的下跌一发不可收拾。林奇建议那些已经对某些股票看好的投资者可以利用年底的下跌来建立满意的仓位。

除了上述这种年内的周期低点，**在市场情绪和经济周期的引导下，股市也会出现潮起潮落的阶段低点**。在股市崩盘和大幅度调整时，很多股价都被错杀，这时候恐慌的情绪代替了价值判断，人们竞相抛售股票。在这个人心惶惶的大环境中，价值投资者需要特立独行的勇气才能坚持住价值投资者的原则。林奇认为这是几年才能遇到的一次机会，而林奇每次走好运的时候都是股市大跌的时候，这被他称作"林奇定律"。另外，股市的每次大跌都为刚升职的林奇带来了建仓的大好机会。在一般投资者眼中，林奇是够倒霉的了，每次升迁都遇到股市暴跌，但是在价值投资者看来，老天每次都为林奇的升迁送上了厚礼。林奇在多次的市场大跌时买入了众多优质的公司，这些公司在平时拥有极高的市盈率，投资者只有支付过高的溢价才能获得这些市场的宠儿，而林奇在市场恐慌的时候，花了很低的价钱就将这些平日"身价颇高的"市场骄子纳入囊中。在1987年的股市大跌中，林奇大有斩获，当年10月，林奇以很低的价格买入了很多优质公司，比如百时美、默克、菲利普·莫里斯等。他买入的这些公司质地优良，经营没有任何问题，在林奇买入后不久就出现了大幅度的上涨，不过林奇也承认自己错过了其他一些好股票，不过比起那些没头没脑抛出好股票的投资者而言，林奇做得已经非常好了。

**现在已经知道了两种买入股票做价值投资的最好时机，一是年底，二是市场恐慌的时候**。但是，无论什么情况下，必须坚持价值投资的核心，也就是以尽量低的价格买入那些价值很高的股票，在一个具有充分安全空间的基础上进行**价值投资**。很多对价值投资了解不深的投资者总是认为价值投资就是买便宜货，其实这完全成了一个价格投资者了，因为价值投资者考虑的是价格和价值的关系，而不是价格的绝对

经济周期的衰退末期往往是股市低点出现的时候；一次性事件带来的恐慌抛售也提供了买入好公司的机会。

价值投资者考虑的是价格和价值的关系，而不是价格的绝对高低。

高低，只要等价格严重低于价值时，价值投资的条件才具备。如果仅仅是低价，并不能保证价格低于价值，因为很多垃圾股尽管非常便宜，但是其价值更低，甚至为负的情况也不少见。初次进入股票市场的投资者就喜欢捡那些价低的股票，而根本不考虑公司的经营状况，这不是价值投资，价值投资要考察"物美"和"价廉"两个方面**的因素**。

（2）市场底部如何识别。

在林奇等价值投资大师的口中从来没有底或者顶这类说法，因为价值投资关心的是价格远离价值中枢的程度，而顶和底则是技术派投资的常用词汇。但是，林奇不用顶或者底的说法并不表明他没有相对的顶和底的概念。无论林奇，还是巴菲特，乃至索罗斯，都是寻找一个靠近反转的临界点，也就是一个远离价值中枢的反转区间，虽然他们不太会明确地指出反转的精确价格和时间，但是他们知道在进场的位置附近，反转早晚**是要发生的**。林奇将价值投资的这个概念运用于股票投资，而巴菲特在早年也是将其运用于股票和债券，但是最近，巴菲特开始利用价值投资来操作外汇和贵金属，也就是估计外汇和贵金属的价值中枢，通过价格巨大偏离的机会入场操作；而索罗斯早年通过价值投资发掘了银行股和欧洲证券的巨大利润空间，后来则主要转战于外汇和国际股票市场。外汇相当于国家发行的股票，国家稳定，则外汇强势，国家经济好，则外汇强势，这跟股票代表公司的运营是类似的，所以投资者的情绪和暂时性事件会影响外汇市场的短期波动，但是外汇的价格最终会趋向于国家基本面决定的价值中枢。

在股票投资中，价值投资者都是利用市场下跌幅度较大的时候进场，这个时候市场整体的市盈率下降到一个很低的水平，虽然价值投资大师很难知道确切的底部，但是他们知道价格已经严重低于价值了，价格必定会在某一刻回到这一位置。但是，由于估值的不确定性因素以及市场具体反转位置的不确定使得价值投资必须借用"安全空间"来保护自己，

商业投资这个称呼比价值投资其实更直观和切中核心。

左侧还是右侧交易对于价值投资者而言并不强求，重点在于价格大幅低于价值。

也就是在价格低于价值较大时才进场买进。这个安全空间就是林奇等价值投资大师认为的一个可以进场的相对底部，所以无论是技术分析派提出的绝对底部还是价值投资派提出的相对底部，两者都提出一个底部概念。那么是技术分析派是如何识别底部，而价值投资派又是如何识别底部的呢？这里就将林奇和巴菲特，乃至索罗斯的底部识别方法连同那些经过实践检验证明有效的技术性底部识别法结合起来使用。

市场底部可能在一些比较特殊的时间出现，林奇总是喜欢提到这些东西，但是在实际交易中他更多的是从价格低于价值的角度来定义市场底部，并以此寻找市场底部的。而巴菲特从来没有在什么江恩时间规律上做出评论，据说他早年曾经翻阅过上百本股票类的书籍，其中不乏技术分析类的，但是这些书几乎对他没有影响，至少在年报和言谈中找不到他对技术分析的正面评价，更不用说什么江恩时间规律和螺旋历法之类的择时理论了。

这里结合林奇和其他基本面投资大师的论述给出一个关于如何寻找市场底部的框架。

根据一些基本面分析大师的统计，道琼斯工业指数的成份股的平均股息水平对于市场底部具有重要的预测价值。这个方法是考察股息率，所谓的股息率就是说股息率等于每股分红除以股票价格。根据几十年来的统计，当道琼斯工业指数成份股的平均股息率低于3%的时候，表明整个股市的高点来临了。虽然这个原则在长期内基本没有出现过失误，但是在20世纪80年代和90年代，这个股息率水平处于很低的状态，股市在短期内却没有出现下跌，大盘仍旧火热上涨。很多价值投资大师认为股息率是衡量企业内在价值的一个重要指标，不过现在很多公司并不分红，因此可以用市盈率的倒数，也就是每股盈利除以股价来代替股息率。在历史上，凡是道琼斯成份股的股息率超过6%，那么市场的底部也就来临了，像格雷厄姆和巴菲特，以及彼得·林奇这样的价值投资者一般就是在这个位置附近建仓，当然他们主要是查看市盈率水平，这与查看股息率近似。由于现在的股票分红很少，而且处在一个高科技股泛滥的年代，所以股息率3%并不能作为判断市场顶部的标准，但是股息率高于6%则可以作为一个判断底部的参考点。通过对美国过去100年股票交易历史的总结，通常当市场整体的平均股息率高于6%时，这表明最好的买进机会已经到来。虽然，股市现在很可能在不到6%的地方就出现了反转，然后大幅度上涨，但是如果你越是在接近6%的地方进场，则你买入的价格应该越低，安全空间也越大。

之所以股息率会影响股票的涨跌，最为关键的因素有两点：第一，股息率和债券利率，乃至存款理论的差值是决定资金流向的一个关键，股票上的收益越高，则资金越是要流往股市，这就会抬升股价；第二，长期政府债券的收益率越低，则大量的资金就会流出，社会上过多的资金就会哄抬包括股市在内的各种资产价格。从上面这两条来看，资产收益率是决定资产价格的关键，股息率高表明股票的收益高，所以股票就有上涨动力，而债券收益率高，则债券就有上涨动力。**因此要了解股票和债券的价格动向，最为重要的是明白两者之间的利差。**无论是林奇还是巴菲特都非常注重通胀对于股票和债券收益率的影响，这表明即使巴菲特申明不关心公司以外的因素，其实他仍旧关心那些会影响到企业长期经营的关键宏观因素。

<aside>驱动研究的关键在于收益率，心理研究的关键在于关注率，行为研究的关键在于波动率。</aside>

资金是有限的，所以资金总是追逐那些收益高的资产，股票和债券作为主要的两种变现容易的资产，两者肯定是竞争关系，**好比跷跷板**。正因为这样，美国乃至世界各国的金融投资者都非常关注作为债券定价基础的联邦基金利率。为了制定出合适的基准利率，美国的中央银行——美联储发展出了一套标准用以判断恰当的货币政策。这个模型是这样的：用未来12个月的每股营运利润的一致性预测值除以10年国债利率（所谓的一致性预测值就是分析师或者预测机构给出的多个预测值的平均值），然后用这个商减去100。从美国股市历史来看，当这个指数高于20时，代表市场处于顶部附近，当这个指数低于-10时，代表市场处于底部附近。根据这个模型我们似乎应该关注10年国债的利率，这个中长期利率反映了通胀预期，所以以恰如其分地将巴菲特和林奇担心的通胀因素考虑进来了。通过这个模型，我们可以推断出美联储的动向，这就为判断股票和债券收益差变动提高了依据，而这个收益差决定了两者的涨跌。**毕竟逐利是人类乃至万物的本性，任何资产之间收益差的显著和持续变动都会改变资产价格的趋势。**

<aside>流动性过剩的时候，所有资产价值都会高估，这个时候信用债和垃圾债与股票会同时上涨。</aside>

在市场的顶部和底部形成中，资金是最为直接的因素，有些投资者认为市场情绪是最为主要的因素，其实情绪要转化为市场价格运动，必须是作用于手中握有资金的人，一个

情绪激动的散户比不过一个情绪稍微波动的基金经理所发挥的影响。在股市中，资金就是燃料，就是奶水，那么谁是握有大资金的主体呢？在美国市场，林奇发现了如下股市"燃料"的提供者。

首先是大的基金，特别是共同基金，这些基金握有大量的资金，其规模是一般私人基金和个人投资者难以望其项背的，他们的动向无疑对股市有很大的影响，所以林奇在这类反向操作中总是利用这些基金的非理性行为来寻找价值投资机会。

其次是个人投资者，这类投资者的动向一般可以很好地表明股市的方向，当一些平时根本不会接触金融投资的人群都开始热衷于股票投资时，股市就陷入了狂热中，这时候也是市场到顶的一个标志。当个人投资者开始利用大量亲戚借贷和券商融资时，股市上涨的燃料可能就要被耗尽了。

根据一些基本面分析大师的看法，在美国共同基金手中掌握的现金量是股市前景的一个很好指标，但这些巨无霸手头握有大量现金时，股市就在一个接近底部的好位置，而林奇等投资大师此时已经开始积极建仓了。根据统计，当共同基金的现金头寸超过 10% 的时候，往往是最好的买进机会。这个指标可以在《巴伦周刊》上找到，这是一个以月为单位更新的指标，对于价值投资而言具有很好的指示作用。林奇等价值投资大师非常注意结合这一指标来判断价值投资机会是否大量出现。

除了上述可以用于分析市场状况的指标，还有一个融资比率也能起到显著的提示作用。作为价值投资者，经常是充当一个理性的反向操作者，人弃我取是价值投资的外在形式，观察散户的动向往往可以瞧见市场是否处在疯狂和恐慌状态，这是很多价值投资者规避市场风险和抓住市场机会的不言秘诀。在美国，券商可以为投资者提供融资，也就是说投资者可以借钱交易。对于借钱而言，巴菲特和林奇都持负面态度，而中国富豪李嘉诚则更是反对这一做法。借钱交易好比提高

> 资金和筹码，而非情绪导致了价格的波动。

> 股票基金和混合基金的平均持仓是我们需要关注的。

> 有研究机构全面统计和分析过 A 股的资金流动特征，他们发现大资金的流动并不是市场运动的正向指标，但是小资金的动向却是市场动向的反向指标。

> 这其实是一个准确的对手盘指标。

> 现在 A 股也可以融资交易了。

了交易杠杆，如果投资者正确地操作了投资方向，则借钱可以扩大利润；如果投资者错误地操作了投资方向，则利用融资交易无疑**放大了损失**。市场因为更多的资金流入而高涨，因为资金流入放缓而放慢上涨的速度，最后由于资金流入的停滞和下降而调整和下跌。在牛市的疯狂中，融资在不断增加，当融资额度达到上限时，资金无法继续大量流入，非理性的繁荣也**就见顶了**。而在那些熊市中，融资额却非常少，因为很多人即使持有大量现金也不愿意购买股票，因为他们看淡股市。这无疑会使价格出现远远低于价值的现象，而价值投资者的机会也来临了。**通过观察融资额，价值投资者可以观察市场的情绪，正是市场的两极情绪引发了价格偏离价值的运动，而这种偏离运动为价值投资提供了机会。**

股价上涨的同时，持股者的资产价值也在上涨，这促使投资者有能力融资，同时也愿意融资，融资是股价上涨的引擎之一，根据一些金融专家的统计，当融资额较前年增加45%时，股市泡沫就处在极其危险的境地。相反情况下，**当融资额下降到一个非常低的水平，并保持稳定时，这表明股市的融资能力出现了极大的空间，而投资者对后市悲观到了极点**，这时候的融资额年底变化一般为-20%，林奇等价值投资者大显身手的机会又来了。

从融资角度我们可以洞察市场的情绪，而情绪无疑是投机和投资一个显著的区别。**情绪推动了投机，而投机使得价格总是远离价值，但是由于情绪本身的不稳定性，以及资金是有限的，所以总会自动崩溃，这就是索罗斯说的自我修正。**在股市中，情绪的指标有很多种，比如新开户数、融资额，但是最为直接的风向标是分析师和经纪人的言论，这些言论能够极**大地体现市场情绪**。在每个市场的底部几乎所有人都全体看空，当所有空头都进场后，市场就缺乏继续下跌的动力，所以少许买方力量就能推动市场上涨。股市的好坏在投资者看来是比较固定的，但是在投机者看来则是变化无常的。投机者总是为市场和人群所鼓动，总是认为市场无论在长期

投资不要杠杆，投机离不开杠杆。

A 股 2015 年的疯狂和恐慌因此而生。

不少股票软件和财经网站都提供了 A 股融资余额数据和走势图。

市场情绪指标的介绍可以参考《股票短线交易的 24 堂精品课》第十课"市场心理法则和各种魔咒：反常者赢和一叶知秋"。

还是短期都是非理性的；而投资者则认为市场虽然在短期内是非理性的，但是在长期则是理性的，他们往往**利用市场短期的不理性来进场**。

很多为巴菲特立传的人都忽视了巴菲特的跨市场投资，巴菲特并非只关注股票，他还关注债券、外汇和贵金属市场，而且他对通胀以及国际收支具有常人无法企及的洞察力。而索罗斯则更是将价值投资运用于各类金融资产，除了股票还有外汇、债券、贵金属、期货等。林奇应该是价值投资中集中于股票投资的典范。市场间的联动对于股票市场也有很深的影响，约翰·墨菲是第一个明确提出市场间分析的大师，他撰写了专门的市场间分析书籍。**市场间的联动往往可以指出股市的大致位置，这也是价值投资者寻求进场时机和位置的一个有效风向标**。就债券和股票的关系而言，这是所有金融市场中最为重要的一个分析范畴。利率上升，则债券价格下跌，股票也下跌。之所以会发生这样的情况主要原因在于利率上升，企业必须先交付利息，然后才会发放红利；另外，利率上升使得股票的相对收益下降。**债券价格一般会在股市见底之前几周到几个月就到底了**。如果利率见顶，则债券价格开始上涨，不久之后股票应该跟着上涨。通过追踪债券价格，价值投资者可以找到好的时机购买那些质量不错的公司。

股市的底部晚于债市的底部，但是早于商品市场的底部。

通过上面的叙述，我们可以得出一个寻找市场底部的方法，而这个底部虽然是相对的，但是却可以为价值投资者进场购买好公司提供极大便利。首先看看大盘股的市盈率水平或者股息收益率，然后查看债券价格和利率走势，最后结合市场情绪进行分析，这样就可以找到恰当的位置来进行安全空间足够的价值投资。总体而言，用债券市场的变化作为风向标是重点。

（3）抓住利润的尾巴，让它奔腾吧！

我们已经给出了价值投资进场的时机，但是要成为一个真正的价值投资者需要进一步掌握的却是何时卖出。技术派交易者奉行的最高法则是"截短亏损，让利润奔腾"，其实真

正让利润奔腾的往往是价值投资者，因为价值投资者是所有投资流派中最为推崇"长期持有"和"复利原则"的一群。正是因为不轻易卖出一家质量优秀、成长持续而利润可观的公司，所以价值投资者才取得了有史以来最为稳定持久和巨大的收益。就长期持股而言，巴菲特是所有价值投资者的最佳典范，而林奇则是让利润最大化的典范，这也是林奇较巴菲特年复利更高的原因。林奇对于投资的忠告集中于六个方面：一是看重公司的成长性，这是利润奔腾的前提；二是看重收益率，这是股票价格奔腾的动力；三是看重组合投资，这避免了个人判断偏差带来的收益波动，同时可以灵活调整资产配置，通过组合投资最大化利润；四是注意避免投资陷阱，这也是为了利润最大化；五是注重选择进场和出场时机，这直接关系着利润能否奔腾；六是注重消息优势，也就是对某些投资对象有较好的接触，由于投资者具有较好的消息优势，从而使得这些投资对象更能为投资者所掌握，比如林奇对于零售业的看法就与此密切相关。

下面我们来重点看看出场对于利润最大化的影响。林奇一直强调不要过早卖出好股票。林奇对于那些嚷着"落袋为安"的怀疑主义者大为光火，他自己也曾经因为过早卖出而错失了 10 倍股。

当时一家名叫华纳通讯的公司吸引了林奇的注意，这家公司的基本面非常不错，林奇在 26 美元介入这只股票，投入的资金相当于整个基金的 3%。巨大的投资比例无疑表明了林奇的决心和信心。但是林奇买入不久，就有资深的基金经理和技术顾问打电话来说服林奇卖出这只股票，他们认为这只股票已经过度**上涨**了。半年之后，这只股票从 26 美元上涨到 32 美元，当时林奇也被先前那些负面的言论所困扰，所以他又仔细地检查了该公司的基本面情况，发现这个公司的现状和前景仍旧非常吸引人，于是林奇决定继续持有这家公司。不久这只股票又涨到了 38 美元，林奇也忍不住大举卖出这只股票，因为他内心也认为如果 32 美元都是过度上涨，那么 38

他们的动机是什么？他们的分析水平如何？

美元无疑是极度上涨。但是，林奇抛售不久之后，这只股票却还继续上涨，一路从 50 美元冲到接近 190 美元，即使后来下跌也止步于 70 多美元，仍然是林奇卖出时价格的两倍。

除了这次失误，还有其他几次，这些令林奇感到自责的遭遇促使他致力于完全按照公司质量来决定是否持股，而不是根据市场传言和股价的绝对高低。林奇认为在一只股票大幅度上涨之后坚决持有要比股价下跌之后坚决持有更为困难，这不符合人类的天性。**人类的天性导致交易者在亏损时坐等亏损扩大，在盈利时急于卖出，长期下来必然亏大赚小。林奇建议那些对于自己持有的股票感到不确定的投资者，一定要静下心来审视当初购买该股的理由，是否现在的事实已经否定了这一理由。如果情况没有发生根本和实质性的变化，就应该继续持股。**

总而言之，一个真正的价值投资者才能让利润奔腾，而要成为一个真正的价值投资者必须具备两个条件：第一，不受市场情绪和他人意见的干扰，这要求我们远离市场，与交易大众保持距离；第二，掌握卖出股票的原则，林奇给出了按照股票类型卖出股票的方法。下面两节我们就来详细谈谈这两个话题。

（4）远离喧嚣，内守丹田。

中国古人都喜欢练习内守丹田的静修之术，西方心理学中也有渐次肌肉放松术和超觉静坐法，无论具体方法是什么，**通过沉心一处，远离喧嚣，人的思维会变得相当灵醒和客观。**巴菲特通过居住于奥马哈这个西部城市来规避华尔街的狂热和恐慌，而邓普顿则是居住于小岛上，肯尼斯·费雪则是住在很远的郊区，林奇作为基金经理不可能住在偏远之处，但是这并不意味着他没有**静心之法**。

林奇认为外在的氛围和人群会极大地影响一个投资者的决策，最后会影响投资者的收益水平。他将这种外界对投资者的影响称为"煽动效应"。无论是个人投资者还是机构投资者都不可避免地受到了这一效应的影响。个人投资者受到亲

> 卖出的条件一定要清晰明确。

> 《诫子书》："夫君子之行，静以修身，俭以养德，非淡泊无以明志，非宁静无以致远。"

属、朋友和经纪人，以及传媒的影响，而机构投资者则受到同行、投资顾问和专家的影响。

通常有很多人会在不恰当的时间劝告你买进，然后又在不恰当的时间奉劝你卖出，但是这些人很多都是受到主观情绪和错误方法的主导，同时"羊群效应"也影响了他们。在投资市场中与社会生活中一样，人都有佛洛姆所说的"逃避自由"的倾向，因为自由和独立需要付出精力，需要承担责任。在股票交易时，如果我们跟随大众，错误了不必自责，成功了则表明自己是明智的，而且不用花费太多精力，更为重要的是获得了一种不真实的安全感。

经纪人都是依靠佣金来取得收入的，所以他们喜欢你频繁地交易。为了提高交易次数，他们通常让你卖出那些暂时亏损的股票，理由是为了"截短亏损"，同时鼓励你卖出那些还在盈利的股票，理由是为了"落袋为安"。经纪人的第一目标是获得大量的佣金，这无疑与投资人的利润最大化的目标相悖。**当佣金最大化的目标与利润最大化的目标对立时，经纪人绝对是从前者出发的**，但是很可笑的是现在很多个人投资者非常**信任经纪人**。

煽风点火的除了经纪人之外还有其他人，比如媒体上的分析师、投资顾问，后面这些人与经纪人存在一些区别，他们希望能够获得一种佣金之外的利益，但是由于**这些人并非独立于大气候之外，所以他们的观点不可避免地受到人群的影响，然后他们又去影响人群，所以羊群效应就这样不断自我强化**。电视、报纸和网络与证券分析机构的结合使得投资者更加容易受到这些因素的影响。每天打开电视，浏览网页，阅读报纸都会使得投资者被大众观念催眠。林奇认为价值投资者面临的最大干扰因素就是这类煽动因素。当一则观点重复三次时，投资者就会受到其影响，任何人潜意识里都会开始认真考虑这一消息了。林奇提出了一个方法，这个方法也为其他价值投资大师所采用，这就是建立严格的买卖规则。林奇的股票买卖都是按照六分法来的，就是按照公司的成长

利益分析法在分析任何社会现象的时候都能一针见血。

不要正向来理解，也不要反向来理解，而要侧向来理解。

特征将其归入六种类型中的一种，并在此基础上按照类型和自己的买卖规则进行操作。这种方法避免了市场情绪对交易者理性判断的折磨。

（5）六大股票卖法大揭秘。

林奇认为股价的绝对高低并不能作为买卖的依据，同时他也强调不存在一个适合任何股票交易类型的买卖规则。他认为应该运用买股票时的思考规则来处理何时卖出股票这一难题，简而言之就是像买进股票一样思考卖出股票。这一方法为很多价值投资流派，乃至技术分析流派所使用。当你在决定是否卖出一只股票时，假定你还没有持有这只股票，如果在此前提下你觉得这只股票适合你买进，那么就可以继续持有，如果你觉得这只股票不适合买进，那么你就卖出这只股票。

林奇和巴菲特一样，对于宏观经济情况的变化不那么关注，至少他们一直抱有这样的言论。他们所谓的不关注通常是指不会天天跟踪宏观经济状况，这与那些研究机构恰恰相反，林奇认为绝大部分宏观趋势都是可以确定的，所以不需要随时去分析那些转瞬即逝的经济数据和事件。对于一些周期性的公司，林奇会很注意宏观因素的影响，比如原油价格对于汽车行业的影响，但是在绝大多数情况下，林奇并不那么热衷于宏观经济分析，他认为是否买进和持有某只股票完全取决于公司本身的情况。他卖出股票的理由通常都是因为有更好的选择出现，也就是有公司比现在持有的公司更具有价值性，更具有成长前景，或者是持有的公司的前景变得糟糕了。作为一个价值投资者，最为紧要的是牢记价值投资的原则，也就是持有公司，而非股票，如果一个价值投资者对于自己买入股票的理由非常明确，那么自然就知道什么时候**应该卖出这只股票。**

公司和股票的区别是什么？

笔者在前面的章节已经详细地提到过林奇对股票和公司的六分法。现在我们就在此基础上给出林奇卖出股票的具体标准。

第一，我们来看看低速成长型股票应该在什么时候和情况下卖出。对于这种股票，林奇认为这类股票在当初就不应该买入，如果你持有这类股票，那么何时发现就应该何时卖出。当然，偶尔林奇也有意地持有这类股票，这时候如果股价上涨30%以上时，林奇就会卖出这些股票。另外，当基本面出现一些恶化信号时，林奇也会卖出这些公司。恶化的情况主要有：股息收益率变得太低；因为并购导致资产负债表出现恶化，公司现金大量减少以至于股价下跌时无力回购；进行了恶性多元化发展；研发落后或者停滞，技术革新并没有推动公司发展；市场拓展能力下降，占有份额严重下滑。

第二，稳定成长型股票是林奇在投资组合中经常会加入的一类，但是他同时承认要想从这些股票中找到大牛股几乎不可能。对于这类股票，林奇主要根据市盈率来做出决定，当股价线在大幅度上升而每股收益线却停滞不前甚至下滑时，那么这时候就应该卖出。除了这种常见情况，林奇还提到了其他的卖出信号：公司成长前景黯淡，先前的预期成长无论在幅度还是在持续时间上都出现问题；**公司先前通过大幅度削减成本提高盈利，现在已经没有可以进一步压缩的成本空间**；过去十二个月公司管理层或者董事会成员没有人买进自己的股票；一个公司重要部门即将或者已经受到宏观经济的拖累；市盈率远远高于同板块或者同行业平均水平，而且缺乏强有力的增长因素支撑；新产品的销售并不尽如人意，缺乏支撑高增长的新因素。

第三，高速成长型股票是林奇最为钟爱的一类，因为这类股票促使林奇能够凭着过人的业绩成为全球第一的基金经理，其年复合增长率与巴菲特、索罗斯不分伯仲，甚至好于巴菲特，**与索罗斯持平。对于高速成长型股票，林奇认为最关键的在于不要过早卖出**，错卖一只稳定成长股票的损失远远小于高速成长型股票，因为后者往往是大牛股出没的板块。但是，这类股票又是风险非常高的那类，所以也是最需要谨慎对待的那类。如果过早卖出一只高速成长型股票，则很可

价值投资的最高境界应该是善于捕捉高成长性股票。

292

能失去一只上涨 10 倍到几十倍的超级大牛股，但是如果过晚卖出这样的股票，就很可能被套在股价的高峰上。如果一只高成长股已经出现收益下滑，同时股价由于众多投资者抢筹而过度上涨，这时如果价值投资者还不卖出则无疑会遭到沉重打击。**林奇建议投资者密切关注高速成长公司在扩展期的表现，如果其扩展出现连续的失误，或者其盈利模式在某些地区并不适用，则价值投资者至少应该减仓，最好是平仓观望。**林奇还提出了一个根据投资者情绪和行为进行判断的经验法则：如果有 40 位华尔街证券分析机构的分析师给予这家公司最高评级，而且机构投资者持有这家公司 60% 的股份，并且三家财经杂志吹捧该公司的首席执行官，这就是应该卖出的信号。另外，林奇还认为诸如酒店、零售店和其他形式的连锁店、特许经营店和加盟店如果已经出现在所有的可能地域，则这家高速成长公司的可扩展空间几乎已经不存在了，所以也应该卖出其股票。林奇举了一个简单的例子，当你在美国高速路入口处几乎都能看见假日酒店时，你应该立即卖出这家公司的股票，因为这家公司的成长空间不大了，它很可能变成一家低速成长的公司。随着成长预期的下降，其市盈率将会下降，**股价也将大幅度下跌。**

　　第四，周期性股票作为价值投资的对象，在巴菲特的国外投资中有所体现，比如投资中石油，但是将这类股票作为主要投资对象的价值投资大师，非林奇莫属。这类股票可以带来可观而稳定的盈利，前提是正确识别宏观经济的谷底和峰顶。对于周期性股票，林奇认为最佳的卖出时机是经济扩展周期结束时，或者是当某些基本面因素变得糟糕的时候，比如公司的管理和运营成本开始大幅度下降，工厂超负荷运转。当构成你买入一家周期性公司的基本面因素发生逆转时，你也应该卖出这家公司。**对于周期性公司，最能发现其转变迹象的是存货变化，**当公司的存货周转率显著下降时，这意味着扩展周期可能已经下降了，因为销售往往是生产和资产支出的前端，销售下降后才会是生产的下降，生产下降会降

*苏宁和国美的实体店达到饱和后，成长性也就不复存在了。*

低资本支出。存货周转率下降，存货增加，公司一方面需要减少生产，另一方面需要减少已有存货，减少存货最为常用的办法就是降低售价，而这将侵蚀公司的利润率，从而危害公司的每股盈余表现。林奇在买卖周期性股票的时候，非常关注这些公司存货的变化。大宗商品价格的大幅度下跌通常表明经济周期已经见顶，诸如原油、铜之类的期货出现价格下跌，特别是期限较长的大宗商品期货较期限较短的期货价格下降时，则经济极可能处于从顶部往下走的阶段。比如今年 3 月到期的铜期货合约和明年才到期的期货合约价格相比更高，这说明明年经济可能较今年差，因为铜是工业乃至经济的一个非常有效的先行指标，被称为最准确的经济学家。除了上述这些重要的卖出信号之外，还有一些其他类别的卖出信号：该公司努力削减成本，但是由于竞争激烈，仍然无法维持一个稳定的客观利润，甚至连收支相抵都存在困难；整个经济的消费者支出正在下降，由于消费是美国经济的主要引擎，其份额占到 GDP 的 2/3 多，所以消费支出经常能够决定经济的周期状态，虽然有经济学家认为消费支出在各个经济周期都比较平滑，**但是美国的零售分析师发现消费支出确实是很有效的经济先行指标**，消费支出变动将引起生产的变化，而生产的变化则会引起资本支出的变化，而周期性企业很多都是生产资**本品的公司。**

第五，隐蔽资产型股票是价值投资的最初对象，从格雷厄姆开始，资产隐蔽型投资是所有价值投资者的最爱，因为它是如此的安全，而收益却并不逊色。林奇认为只要一家资产隐蔽型公司并没有因为债务而出现价值下降，那么就应该一直持有这家公司直到其价值在价格上大致体现出来。在几十年前，由于专业投资者非常少，而且证券分析并没有得到普及，以至于一只资产没有得到市场全面评估的股票可能要潜伏很多年才能完成其价格上涨的过程。格雷厄姆在完成证券分析体系时存在大量的体系，而到了晚年他甚至认为由于证券分析技术的发展和普及，市场上已经没有可供发掘的隐

美国"二战"之后私人固定资产投资和政府投资都显著下降，消费成了美国经济的引擎。

蔽资产了。林奇认为虽然证券分析已经成为了一门大众化的技术，但是还不至于将隐蔽资产挖掘殆尽，更为可能的是促进隐蔽资产更快地价格化，这反而是好事情。**由于证券分析技术的普及和专业投资机构的出现，许多投资于隐蔽资产股票的价值投资者不用再等上十几年的时间就可以看见巨大的投资成果了。**现在，由于存在很多并购者，隐蔽型资产很快就可以实现其市场价值，这类股票很快就会出现大幅度的上涨。同时，林奇承认相对于个人投资者而言，专业机构现在更容易发现和尽早买进资产隐蔽型股票。但是，林奇也认为即使个人投资者很难找到这类股票，但是一旦找到则卖出变成更为关键的一个问题。林奇给出了卖出隐蔽资产股票的一般规则：股价已经实现了上涨，并且其幅度几乎可以反映隐蔽资产的价值。除了这个一般的规则，林奇还给出了另外一些具体的卖出信号：分拆子公司进行出售，实际出售价格远远低于预期价格；机构持股者持有该公司的股份大幅度上升至60%以上；公司准备进行多元化经营，并且以发行股票作为筹资手段，这样会稀释最初的隐蔽资产的每股价值。

第六，起死回生型股票是那种风险高，收益也极其高的投资对象，巴菲特和林奇都喜欢介入这类公司，但是似乎巴菲特更喜欢那些具有市场性专利，但是经营艰难的公司，而林奇则没有这么具体的要求。林奇认为卖出一只起死回生型股票的时机一般是在公司经营正常后，这时候所有的问题都被解决，**最艰难的时刻已经过去，**公司业务**进入正轨。**通常在公司业务正常后，这就不是起死回生型股票了，而是其他类型的股票，比如稳定成长型或者是周期型等，这时候就应该按照其他类型股票的买卖规则进行操作了。不过也有一些起死回生型投资对象并不能真的走上正轨，这时候你只要看到下列情况之一就应该大胆而果断地卖出该股：该企业的30%的产品都销售给某一大客户，而该客户自身运行存在问题；市盈增长比率过高，超过1.5；该企业的存货增长速度超过销售额增长速度的两倍；在连续十二个月债务下滑后，最

先人一步在交易过程中非常重要，无论是投资还是投机。

《吕氏春秋·博志》："全则必缺，极则必反。"

近半年的债务水平又大幅度地上扬了；原来帮助公司走出困境的关键力量和因素受到严重的削弱，比如政府支持等。

# 第七节　林奇的智慧法则六：信息优势

对于业余投资者而言，投资的机会随处可见，只要你留心周围的世界。

——彼得·林奇

在富达公司工作时，我不断从日常生活中找到超级大牛股的踪影，并因此获利甚丰。

——彼得·林奇

（1）机会总在身边，兔子只吃窝边草。

林奇喜欢漫步于各类商场，生活变成了投资分析过程，同时他也喜欢在旅游途中顺道访问各类公司，这时休闲也变成投资分析过程。米卢提出了"快乐足球"，而林奇则提出了"快乐投资"。在林奇看来，投资并不是面对枯燥的财务数据，也不是埋首于抽象推理，投资是生活的一部分，可以套用一句名言："投资来源于生活，又高于生活。"林奇虽然是一位专业投资者，但是在专业投资者们看来他是一个离经叛道的人，因为林奇反对专业投资者的很多方法和规范，他曾经在自己的三本著作中对专业投资者大加批判，而且认为他们远远比不上那些业余爱好者。但是，林奇的业绩使得华尔街对他爱恨交加。林奇在每本书的开头和结尾都会劝告个人投资者不要听信任何专业投资者和机构的建议，他凭着自己30多年的投资经验向个人投资者担保只要动用少部分的智力就可以超过华尔街专业人士的平均回报率。

林奇认为人们总是习惯于委托专家，将自己的思想、选择和利益寄托于专家，其实专家在投资行业中并非真正的专家，因为投资涉及很多行业和无数公司，而专家们不可能接触每家公司经营的方方面面，精力和时间都不允许，而且这些拿着高薪的家伙非常讨厌需要跑腿的调研。正是由于业余投资者对某些公司或者行业具有更为直接和及时的了解，他们才能够先知先觉，从一大堆公司中找到真正值得**进一步研究的公司**。而专业投资者就像在故纸堆中寻找新发现的迂腐学者，财务上最精彩的表现比不过亲眼所见的火热销售场景。但是，需要注意的是林奇并不反对财务研究，他认为这

是一次成功投资必须经历的步骤，但是**拥有一定的信息优势更是一个成功投资的必要前提**。业余投资者与投资对象走得更近，所以他们往往在财务报表引起专业投资者注意前就已经注意到这家企业了，此时他们开始研究这家公司，而专业投资者**则落后很多**。所以，具有信息优势是投资的第一步，通过这一步我们找到备选的投资对象，然后再利用专业的分析方法进行研判。林奇始终坚信业余投资者如果听信于专业投资者的操作建议，就会浪费掉自己的优势，从而变成跟专业投资者一样后知后觉的人。

　　林奇认为业余炒股的人具有很多天然的优势条件，倘若有效地加以运用，则投资收益不可估量，他曾经列举了一个学校投资小组的骄人业绩，这个小组的平均成绩打败了任何华尔街经理，其组合非常平常，但是学生经常接触产品的制造商。林奇所强调的业余投资者的"信息优势"与"能力范围"存在很大区别，"能力范围"强调的是投资者对于某个行业的了解和掌握，而"信息优势"则是投资者，特别是业余投资者对于某个公司的了解和掌握，而这种掌握来自投资分析之外的途径，比如作为这家公司的顾客等。另外"信息优势"与"内幕消息优势"也有很大的区别，前者是合法渠道取得的优势，后者则是通过法律禁止的途径了解某些特别信息然后用于交易获利的优势。

　　林奇告诫业余投资者不要迷信那些专家，包括他自己，因为投资本来就不是一门精确的艺术，所以在一个具体的问题上任何人都可能出错。为了避免出错，信息优势必不可少，而信息优势通常来自你身处的环境，那些在你的工作和生活中经常接触的企业通常是信息优势的来源，它们最可能成为你的超级大牛股。林奇建议个人投资者平时在自己生活、休闲和工作场所都留几分心神，即使简单的观察也可以发现许多潜在的投资机会，而且要比那些专业分析师早很多。他甚至提出了具体的"生活投资法"，那就是**利用自己的信用卡消费账单来找出基本面很好的公司**，毕竟销售额是一家公司最

実地调研比财务分析更为准确及时，两者相辅相成。

《韩非子·说林上》："圣人见微以知萌，见端以知末，故见象箸而怖，知天下不足也。"

真实的运营风向标；同时，如果个人投资者正好在某个公司或者领域任职，则会获得更加明显的优势，林奇认为投资者就要**吃窝边草**。

什么是"窝边草"？就是那些为个人投资者所熟悉的公司，这些公司往往与个人投资者的生活或者工作有直接的关系，这种关系来自真实的接触，而非纸面上的分析。那些大牛股都经常产生于这类公司，比如沃尔玛、玩具反斗城、甜甜圈、戴尔计算机、迪士尼、吉列公司、华盛顿邮报以及可口可乐等。相反，专业投资者则喜欢名字诸如国际基因重构之类的公司，因为这些公司显得更加专业和复杂，但是这类公司往往不会给投资者带来丰厚的回报。这些专业而复杂的公司一般都不能创造迅速增长的销售额，因为它们的市场一般不大，由于过于专业所以很难为普通百姓的日常生活所接触。凡是那些不能为老百姓日常生活和工作所接触的企业都不具有成为大牛股的潜力，但是专业投资者却非常喜欢这类远离老百姓的企业，认为越是高深的项目越能创造投资奇迹，殊不知恰好搞反了。即使像戴尔计算机，苹果计算机和微软这样的科技企业，也是因为将科技与民用很好地结合起来，将先前复杂的东西傻瓜化、便捷化、低价化才使得科技能够与百姓生活和工作联系起来，这样才获得了巨大的市场。所以，没有适合老百姓生活和工作需要的企业都无法获得巨大的市场，而没有巨大的市场，大牛股就是空中楼阁。

（2）牛股相法靠常识。

中国古时候有句谚语："真传一句话，假传万卷书。"其实投资也是一样，很多书籍和教程将证券交易弄得无比复杂，结果看书的人费了九牛二虎之力才搞懂，之后的实际操作却效果不佳，其根本原因在于这些书都为了追求高深和复杂而远离了投资的真理。投资的真理从格雷厄姆和菲利普·费雪开始正式确立，这就是寻找那些价值低估和成长性良好的公司，在市场严重错判其价格的时候买入。很多股票交易者根本无视这一法则，追求的是一些内在逻辑混乱的交易理论，比如

抓涨停股理论，如果作者真的能每周，甚至每天抓到涨停，那么40周或者40天之后他就成为新的**世界首富了**。但是，很多证券投资者却误入这一陷阱。真正的投资方法来自常识，每天开门七件事，柴米油盐酱醋茶，老百姓的日常生活蕴含着投资的终极真理，所谓日用而不知，很多时候天天使用的常识，天天所处的环境就是投资的缘起处。林奇要说的牛股想法就是一种最为有效和平常的投资之道，那就是重视从常识中获取投资机会。凡事留心，自然牛股多多。

打板是一种常见的A股投机技巧，谈者甚多，会者甚少。

林奇每年要参加无数的投资分析会，专家研讨会以及各种业内人士交流活动，但是这些正规的投资事务并没有给他带来真正的超级牛股。**投资功夫在投资之外，林奇发现大牛股的过程往往是在基金经理人的例行工作之外**。一家名叫Teco Eell 的快餐店就是在他去加利福尼亚的路上发现的；沃尔沃则是他家人和友人最喜欢的汽车品牌；苹果电脑和甜甜圈是他孩子的最爱；而 Legg 丝袜则是他太太的最爱。这些股票都源自其生活，也就是常识带来了这些备选投资对象。

与大家一样的行为只能得到与大家一样的结果。

接下来看看林奇是怎么发现 Legg 丝袜这只股票的，这个例子表明了林奇的牛股相法的关键所在。20世纪70年代，林奇曾经带领研究人员深入分析了纺织业，对于纸面上的材料林奇掌握得非常透彻，但是这并没有帮助林奇从中找到一家好的公司。其实，当时的生产 Legg 丝袜的 Hanes 公司已经成为消费者最爱的产品之一，然而这些信息并没有及时传到华尔街的机构投资者那里。不过，林奇的妻子却为林奇提供了信息优势。她作为千万普通消费者之一，对 Legg 丝袜非常喜欢，她经常去超市购买这一产品。制造这一丝袜的公司通过在收银台的位置布点来销售其产品，这一做法迅速获得成功。同时，由于这类丝袜可以减轻抽丝现象，所以穿起来非常合身，购买也非常方便。这一产品获得了包括林奇太太在内的**许多女士的追捧**。林奇这个有心的人注意到其太太经常买回这种牌子的丝袜，所以他觉得常识的力量不能忽视，必须深入研究这家公司。在经过详细的公司研究和财务报表分析后，

消费者是最好的投资者！

林奇买入了这家公司的股票。之后这只股票真的成为了一只大牛股，这再次印证了林奇式生活投资法的神奇效果。

虽然林奇取得了非常傲人的投资业绩，而这些业绩大多来源于他的常识选股法，但是林奇承认自己错失了太多机会，他认为主要根源还是在于自己没有将这种常识投资法的效用发挥到极限。林奇认为那些与生活接触更为紧密的业余投资者是幸运的，因为他们身边充满了非常多的超级牛股，即使错过了其中的一些，也并不妨碍他们的最终表现。而专业投资者由于忙于抽象的分析而与日常生活相距太远，往往会失去挖掘这些极佳投资对象的机会。林奇认为由于自己管理的基金规模过于庞大，所以需要找到更多的超级牛股才能明显提高业绩水平，但是他的岗位却限制了他利用常识法进行股票初选，为了避免职业带来的劣势因素，**林奇通过妻子、子女和亲戚朋友来完成常识选股**，同时他总是利用各种机会接触这些公司的管理层，以便获得信息优势。**林奇认为当一个人试穿一件衣服的时候，当一个人品尝一杯咖啡时，就是在做最好的基本面分析了**，光顾那些零售卖场，拜访那些管理者，这就是生活式投资法的全部。在一个投资者购买产品和服务的过程中，对于股票的直觉能力就形成了。个人投资者留心周围的环境，获得关于销售额和市场份额的及时消息，这些成就了一个领先于华尔街的投资者。在华尔街专家之前发现一只超级大牛股，这就是信息优势的全部要点。

巴菲特通过"能力范围"法则告诫投资者不要去碰自己搞不清楚的行业和公司，而林奇则通过"信息优势"法则告诉投资者一定要留意身边的企业，因为这些公司的信息更容易为投资者所获得，从而获得最佳的投资机会，超级大牛股往往是从这些日常环境中诞生的。**林奇奉劝投资者利用日常生活来完成最初的调查工作，而不要一来就依靠纸面材料完成筛选工作**。林奇非常想知道为什么人们对于那些搞不清楚的业务那么感兴趣，对于那些复杂的公司充满幻想。很多投资者都喜欢将资金押在那些自己完全不了解的股票上。绝大

《反对本本主义》："你对某个问题没有调查，就停止你对某个问题的发言权。"

部分投资者倾向于忽略那些日常生活和工作中能够近距离接触的公司，反而费尽心思去分析那些名字高深和业务复杂、产品非大众化的公司。是不是人类天性就对身边的事物提不起兴趣，似乎到手的东西总是劣于那些遥不可及的愿望。正是因为这种不珍惜身边事物的倾向使得投资者舍近求远，缘木求鱼，最后的投资结果当然不尽如人意。

**仅仅是通过常识来发掘股票是不够的，还需要进一步的研究。** 林奇认为人们误解了他的方法，他一直澄清通过生活环境来发掘有潜力成为超级牛股的股票只是第一步，接下来应该进行全面和严谨的分析。

（3）办公室投资者的劣势。

林奇总是喜欢拿机构投资者作为讥讽的对象，因为他认为机构投资者就像动物园里饲养的老虎，已经失去了适合其生存的环境，其运动和觅食技能严重退化。专业投资者是社会分工的一种表现，但也是所有职业里面最让人觉得徒有其名的一个。**投资涉及的东西太多，但是专业投资者却想用一些二次信息来把握最复杂的对象。办公室好比牢笼，能够让老虎变成病猫。** 林奇认为华尔街和基金业的潜规则让专业投资者的长处无法充分表现，只有那些特立独行的投资者才能取得令人称道的表现，而这类投资者真的是凤毛麟角，相当稀有，几十年来也就是那么几位，比如沃伦·巴菲特、乔治·索罗斯、吉姆·罗杰斯、本杰明·格雷厄姆、菲利普·费雪和肯尼斯·费雪、威廉·欧奈尔等。除了这些巨人之外，剩下的就是侏儒，事实上他们确实因为办公室的禁锢而变得"发育不良"，他们阅读同样的报纸和杂志，倾听所有金融和经济专家的语言，然后跟着大家一起做决策，这群人真算得上是行尸走肉的家伙。但是普罗大众却非常尊敬他们，支付给他们高额的管理费用，而这个费用通常不会与业绩挂钩。林奇认为在投资行业这个最需要年轻和创造精神的地方却几乎看不到青年人，在华尔街绝大部分基金经理都是那些中年男人，这些人抱着混世哲学，戴着各种头衔行走于金融世界。林奇认

*《北史·杨素传》："素少落拓，有大志，不拘小节。"*

金融市场的最大竞争不是资本的竞争，不是技术的竞争，不是人才的竞争，而是观点的竞争。精妙卓绝符合趋势，但却为大众所忽视的观点是最终的赢家。

为这些基金管理者缺乏青年的创新以老年的睿智，所以往往习惯于追随群体采取行动，往往根据眼前的事实采取**行动**。

办公室里的投资者除了上述这些显而易见的弱点，还有一个更为关键的劣势，就是信息劣势。林奇的智慧具体表现为六个法则，我们第一次将它们归纳出来呈现在世人的眼前，此前很多书籍包括林奇自己的投资著作都只是闪现了其中的某几个智慧法则，但是没有人将它们彻底而完整地说明，在本书里彻底地完成了这项工作。所以，这里从"信息优势"法则的角度来分析办公室里的投资者为什么如此滞后于业余投资者的直觉。林奇打趣地说专业投资者先天就与大牛股绝缘，来看看林奇这样说的依据。

在先行的基金管理规则之下，很多投资者都依靠别人来完成思考，所以**市场中流动的信息是高度同质化的，没有人能够领先于别人发现机会，所有的市场上盛传的机会已经不是机会了**。市场效率论者认为当今证券市场的高度竞争化使得那些依靠先知先觉的信息获得阿尔法收益的投资者不复存在。其实，这个看法只对了一半，现在的证券市场确实是一个充满竞争者的场所，但是身处这个竞技场的人却大多具有依赖心理，所以一个看似竞争者众多的市场其实只有有限的几种信息在竞争。如果能够独立于这些信息和流行观点之外进行挖掘和分析，就可以具有信息优势，从而获取所谓的阿尔法收益。在别人盲目跟随的时候，去开辟新的道路总是有利可图的，但是绝大多数人首先在观念上就认为自己比不过别人，比不过专业投资者，在行动上表现为迟疑和懒惰。**专业投资依靠二次信息来发掘好的投资对象，而且大量的专业投资者都是这样做的**，他们使用同样的方法对同样的财务报表和其他书面信息进行分析，由于他们同样的努力，所以得到的分析结论几乎一样，这也注定了他们无法超越同仁和市场。林奇称这种现象为华尔街的滞后效应。这一效应表明由于专业投资者在二手信息上进行雷同的思考所以不能获得超乎同仁的信息优势，同时也表明业余投资者却因为接触一手

信息而具有超乎专业投资者的信息优势。

　　林奇以极限公司作为例子进行说明。1969 年极限公司公开上市的时候，绝大部分机构投资者不知道这家公司，那些控制媒体的分析师们更不知道这家公司，所以整个主流市场都不知晓一家超级牛股出现了。一直到 1974 年，才有两位分析师跟踪这家公司，而这两位分析师都是女性，都是因为在偶然的情况下发现了这家公司。其中一位分析师是在机场购物中心闲逛的时候发现这家公司的，她意识到这可能是一家诞生超级大牛股的优质公司，于是她进行了深入的研究。一年之后，一家不知名的基金购买了这只股票，此时极限公司已经开设了 100 多家服饰专卖店。又过了 4 年，另外两家机构投资者也介入这只股票。从 1979 年起，该公司的股价从 0.5 美元上涨到 1983 年的 9 美元，但是在此期间也只有 6 位分析师关注它。到了 1985 年，分析师们开始竞相推荐这一股票，专业投资者也疯狂买进这只股票，此时股价上涨到 52 美元。这个故事演绎了信息优势的含义，同时也呈现了机构投资者在信息获取上的劣势。专业投资者看似掌握了大量的精确数据，但是这些数据都是二手的和滞后的，而业余投资者看似只知道一些粗略的直观现状，但是这些信息却是第一手的和及时的。华尔街的专业人士往往都会往热门股票上凑，所以那些惹人眼球的公司往往引来大量的机构投资者和分析师。但是，林奇认为这些家伙并没有真正领先于投资大众，这些人患有"办公室综合征"，这使得他们通常落后于常识投资者。

　　（4）精密的预测往往输给普通的常识。

　　现代经济学的发展倾向于硬科学化，而金融学更是有过之而无不及，但是无论经济学还是金融学在解释有关投资现象时总是比预测时做得更好。现在一个无法否认的事实是，无论多美好的经济预测和股市预测在市场实际走势面前都一文不值，毫无可信度。**人类有做预测的天性，但是却往往没有相应的本领**，只有少数智者知道规避这一缺陷，所以提出

预测本身并无对错，关键在于你用什么态度和方法去对待它。

Ray Dalio 也这样说过。

了"能力范围"法则。这一法则强调凡事要在力所能及的范围内操作。巴菲特和林奇承认自己不能对股市和宏观经济的走势给出有效的判断，至少短期内是这样，而索罗斯则干脆将人类看作是天生存在认知**缺陷**的生物。

笔者在投资经时常发现一个现象：赔钱的交易者总是喜欢盲目地预测，而且往往相当自信，而真正持续赚钱的交易者却忌讳所谓的预测，非常坦诚地认为自己没有这个本领去预测市场；市场中的那些大师往往反对预测，而那些菜鸟们却踊跃于预测。

很多时候需要回归最为朴实的道理，需要再次温习那些常识，斯蒂芬·科维重新温习了富兰克林开创的道德原则，他将人际交往由卡耐基的外在雕饰重新引导到正规上来，一本《高效能人士的七个习惯》让全世界都知道了科维，让那些醉心于伪装技巧的人们重新认识到原本那些朴实的道德法则。在投资界也是一样，**诚实对待自己比任何看似复杂而高超的技巧都更为管用**。投资中的诚实表现为承认自己的不足，在此基础上才是发扬自己的长处。林奇认为常识包括对个人德行的再认识，因为这些道德原则人们很早就已经知晓。有些人醉心于精密的市场预测往往就是由于自负、无知和贪婪等违背德行的品质导致的。林奇认为一个心智健全的投资者应该具备一些人们从小熟知的品德：独立、耐性、谦虚、灵活、勤奋、坦诚、敢于认错，敢于坚持经过事实证明的看法。

林奇作为投资界的泰斗级人物，与物理界的爱因斯坦有着惊人的相似看法，他们都认为最优秀的人不是智商最高的那一小部分人，也不是智商最差的那一小部分人，而是位于两者之间的那部分人。林奇认为那些沉迷于抽象数字的专业人士往往被市场的实际走向所嘲笑。一个真正成功的股票投资者需要有能力在不完全信息下抵抗群体压力做出独立的决策。绝大多数的证券交易者都会在下判断的时候过于自信，在交易后极其不自信。这就好比赌徒一样，在下注的时候他们往往不加思量就认为自己能够算准牌局，但是一下注之后他们反而担心起来。每个交易者都有预测的喜好和盲目的自信，但是只有少数具有健全常识的投资者能够抵御这一诱惑。这些所谓的预测往往都是盲目的乐观或者盲目的悲观，在市场上涨的时候，交易者一方面受到市场目前涨势的影响，另一方面受到周围交易者情绪的影响，往往会做出继续上涨的预测，而下跌时则会做出继续下跌的预测。而另外一些人则自命为逆向投资者，这些投资并没根据价值投资的原则，而是盲目地反对主流，这类投资者看似独立，实际也是屈从于人类自大的天性。林奇认为那些肤浅的逆向投资者总是在别人左转的时候右转，这种做法非常危险，因为市场的运动在大多数情况下未必这么明显地违背大众的预期，而且这类所谓的逆向投资者几乎等待大众都开始接受逆向投资时才实施这类操作。当大多

数人都在进行所谓的逆向操作的时候，这类操作还能被称为逆向操作吗？林奇为真正的逆向操作者下了一个定义：这类投资者会耐心等待市场的狂躁冷却下来，接着才在那些失去大众关注的个股上建立仓位，这类投资者并不会与大众热情对着干。从林奇的定义可以看出，所谓的逆向投资者并不是方向上完全与大众相反，而是在热情上与大众相反，大众关注的股票往往引不起逆向投资者的重视。

林奇认为一个逆向投资者最为关键的任务是约束感觉对操作的影响，只要公司质量没有什么变化就应该坚定地持有手中的股票。如果不能做到这一点，林奇建议还是放弃从事投资的想法，踏踏实实地进行事务性工作为妙。

预测市场是很多基金经理和投资顾问以及证券分析师最热衷的事情，因为这可以充分展示自己的超凡卓越，满足虚荣心，最为重要的是人们只记得你说对的时候，却忘记你说**错的时候**。林奇每次发表公开演讲时，总是有听众希望林奇能够对后市的走势给出个人意见，对此林奇总是一笑置之，因为他明白企图预测市场不过是痴人说梦而已，只能当作娱乐节目，不可当真。有时候，听众追问得很急，林奇没有办法只能半开玩笑地说："每次当我获得晋升机会的时候，证券市场就会翻云覆雨地大跌一场，仿佛是为价值投资者提供一次盛宴。"令人啼笑皆非的是，马上有人问林奇下次晋升是什么时候。林奇认为，预测市场的能力与赚钱的能力是两回事，就算市场真的是如预料一般上涨，也并不意味着你真能赚钱，因为你可能在波段高点赚钱，而在波段低点忍不住平仓。再说，市场也就是两个方向，预测市场达到50%的胜率很容易，而要在此水平上提高，几乎没有几个长期成功的例子，所以不管格雷厄姆、巴菲特还是林奇都不敢轻言后市如何，倒是不少囊中羞涩的分析师和经纪人在大谈特谈明天是否会下跌。林奇打趣地说："如果真要具备预测市场的能力才能在市场赚取银子，那么我林奇就应该一张钞票都赚不了，但现在的事实上我不仅赚了，而且很客观。"在几次美国股市的大跌中，

> 价值投资者反对预测价格波动，但并不反对预测公司经营，而且还会利用安全空间来留有余地。

林奇都没有及时退出，但是这些并没有影响林奇赚钱的能力，所以林奇对市场上那些追求预测能力的做法相当轻视。很多所谓的波浪理论大师和历法大师，总是经常发出预测，而这也许是他们总能有两三次预测准的原因吧。林奇与很多价值投资者一样，极其厌恶那些像占星术一样的技术分析，比如什么超买超卖，头肩型，涨跌比率，甚至连宏观经济计量指标也比较轻视。这并不是说这些东西一点不管用，只是表明不依靠这些东西也能做得非常出色。而且价值投资大师们几乎都是依靠公司分析，在价格低于价值一定幅度的时候买入股票，通过这样的操作很多人取得了让有效市场论者瞠目结舌的成功。林奇像巴菲特一样坦率地承认利率和股票之间存在密切的关系，但是了解这种关系对于一个价值投资者而言并不是必须的，如果好公司最终受制于利率的变化，那么这就不是一家真正的好公司。无论利率如何变化，总是有很多公司能够继续经营下去，当货币政策宽松时，这些质量较佳的公司就会有更好的表现。价值投资者对于这些宏观变量的看法非常明确，那就是与选择什么样的公司无关，只是一个提供进场机会的风向标之一。林奇不仅自己不会去做预测市场的事情，同样也嘲笑那些做这类预测的经济学家。**在美国有超过 10 万名的经济学家，其中超过 2/3 的人士都从事宏观经济学研究和预测，这些人当中有相当多的一部分受雇于各类机构从事货币政策和经济周期的预测，但是这些人做的预测实在糟糕。**林奇带着鄙夷的口吻说："如果这些人真的能够把这份工作做好，那么他们早早就退休了，去著名的度假中心悠闲地晒太阳、钓鱼、喝酒，但是这些人中的绝大多数人都还在为了一笔丰厚的薪水而终日拼命，从这里就可以知道所谓的经济学家这样的专业人士在预测上也做得非常差劲。"林奇认为那些主流的经济学家往往在预测上表现得最为糟糕，因为他们总是摆弄一些高深的数学模型，并不注重实践和理论的有效性，往往醉心于推导看似精密的数理理论和计量模型。这些经济学家就跟坐在办公室当中的基金经理一样，远

经济学家与股票分析师是这个世界上最让人尴尬的职业，其中真正有水平的人凤毛麟角。

离了现实，这就是主流的经济学和投资者的悲哀。当然，也有几位像林奇一样注重调查和实践的经济学家，这些经济学家的工作要做得好得多，他们放弃了那些主流经济学中不中用的框架，转而到现实中寻求能够预测经济走势的指标，比如集装箱运输量，化肥产量，摩天大楼高度，人口结构变化，阶级结构变化，气候变化等。

对于股市循环论以及历史循环论，林奇也非常蔑视，他认为这并不是获取优势的办法。林奇认为不管历史如何，**人们往往都是为过去发生了的事情做准备，而不是为即将发生的事情做准备**。这种为历史重演做准备的做法只不过是为了弥补上次没有及时做好准备的过失心理而已。1987 年 10 月的大股灾使得人们再次担心出现类似 1929 年的崩盘，结果并没有出现大多数人预料中的情况。技术分析当中有一条前提宣称："历史会重复自己。"不过，很多技术分析大师又补充了一句："下一次情况永远不会和上一次一模一样。"但是人类的天性却很喜欢用上次灾难的处理办法来对付下一次灾难。军事心理学上有一条定律说：**"将军们总是在为上一场战争做准备。"**这就是人心的惯性，也许技术图形能够重复就是因为人心的惯性吧。林奇还认为玛雅文明的毁灭主要就是因为玛雅人的思维惯性。根据一些历史记载，玛雅文明一共遭受了四次毁灭，最后一次毁灭却让他们一蹶不振。第一次毁灭来自洪水，少数幸存的人在灾难过后迁移到了地势更好的密林中；结果第二次却发生了森林火灾，幸存的人于是从密林中搬了出来，他们在高山间的缝隙中修筑了石头房子；第三次灾难却以地震的形式发生，后果可想而知；经过这三次灾难之后玛雅人所剩无几，在第四次灾难中玛雅人犯了同样的思维惯性错误，这次玛雅文明彻底被毁灭了。林奇认为这种悲剧不仅在 2000 年前的玛雅文明发生了，直到现在这类悲剧天天在金融市场上演。

林奇认为我们不应该依靠那些学究来预测股票和经济，也不应该顺从人类的天性依靠过去机械地预测未来，那么应

人是由历史塑造的！

该依靠什么来大致给出一个有方向标的判断呢？林奇认为常识比精密的预测更为有效，无论是在经济形势判断还是股票大势判断上都是如此。预测和判断的关键区别在于预测大多绝对化和确定化了，而判断则讲究概率，而且预测往往出自高深的模型和理论权威，而判断则往往基于常识和实际情况。为此，林奇提出了自己的酒会预测法用于股市预测。林奇说酒会上总是发现一个有趣的现象。在股市刚开始上涨的时候，基本上股市还在从前期大跌中慢慢恢复中，这时候几乎没有人愿意在酒会上谈论股票，谈论股票的人会被大众认为是精神有问题。这时候与林奇聊天的人少之又少，就算是聊天也不会说到股票上。林奇为此阶段总结出了一个玩笑式的林奇酒会定律：**"在酒会上，如果 10 个人当中都找不到一个人愿意谈论股票，那么股市就要止跌回升了。"** 接着股市上涨的第二阶段来临了，这时候人群中的那些先知先觉者开始与林奇交谈，不过大多是几句话，这时候股市大盘已经大致上涨了15%左右，但是人们往往并不当真。之后，大盘继续上涨15%，这时候林奇成了酒会的热门人物，大家围着林奇追问应该买进哪只股票；经过几个月后股市的上涨来到第四阶段，现在酒会上的人，个个都显得对股市的见识非同一般，争相推荐股票，甚至很多人会向林奇等职业人士推荐股票。林奇给出这一个判断股市走向的方法后反复强调，这个东西只能作为参考，甚至只能当作笑话罢了，不要指望用这个理论去预测股市的走向。无论是巴菲特，还是林奇都一再强调预测市场是徒劳的，他们看重的是公司的质量，然后等待市场低估这些公司价值的时候买入其股份。

传统的价值投资者从来不会问未来的股市会如何，他们认为投资行为与市场无关。在这一点上林奇和巴菲特两位巨擘有着惊人的相似，巴菲特坦言股票市场不在自己的关心范围之内，证券市场的存在仅仅是提供买卖**公司的平台而已**。

在投资经历更加丰富后，林奇承认自己也非常希望具有预测市场的能力，不过从他人的经历和自己的表现来看这都

巴菲特戳穿了股票的"面纱"！

是可望而不可即的，所以他在自己的"能力范围"之内安心去寻找那些具有良好收益能力的公司。他告诫那些预测大盘的投资者们按照价值投资的方法就是在熊市中也能赚钱，格雷厄姆是四位大师中唯一遭受了 1929 年浩劫的人，但是无论股灾的哪个阶段，他都坚守自己开创的价值投资理念，所以在最艰难的几年里，他逐步收复失地，渐渐挽回了大量的损失，并创造出丰厚的盈利。林奇认为担心股市好坏根本不在价值投资者的思考范围之内，这种担心永远无法通过预测来消除，因为预测**通常有其局限性**。林奇表达了一个传统价值投资者对于预测的看法，也就是反对那种貌似精密的确定性预测，但是他并不反对有自知之明的概率性判断，而且他更加信赖那些来自常识的推断。无论是基于理论的预测还是基于常识的判断，林奇都不会将其作为买卖的依据，他认为股票买卖的唯一信号就是公司价值和股票价格之间的大幅度偏离。对于这类偏离，我们可以取得信息上的优势，而对于股市的走势我们几乎不可能取得信息优势。下面我们来看看怎么获得前一类的信息优势。

大数据可以预测股市的涨跌吗？

（5）如何获得信息优势。

林奇强调的信息优势不是一个抽象的东西，这一优势完全可以通过具体的方式取得，林奇一共描述了八种方法，有种方法前面已经提到过好几次了，就是在日常生活和工作中去发掘那些销售量非常好的新公司。林奇坦言，虽然基金经理们缺乏机会去应用日常调查法，但是却很容易与上市公司的管理层进行交流，这是普通投资者无法做到的。林奇自己经常对各个上市公司进行实地考察，这些上市公司的董事会成员、管理层成员，以及有关的证券分析师都会笑脸相迎。同时林奇还会与同行交流，因为基金经理中也有一些具有真知灼见的人。如果林奇一段时间没有拜访某家上市公司，则此上市公司会主动来拜访林奇。这就是基金经理人在上市公司管理层和董事会眼中地位的体现。不过林奇认为普通投资者也能通过绝大多数渠道收集到足够的信息，从而形成他所谓的信息优势。而且从林奇的著述中，可以发现他一直强调业余投资者具有机构投资者不具备的优势，而这些优势大多可以转化为信息方面的优势。随着信息披露制度和监管法律的完善，中小投资者取得完善信息变得越来越方便了。小道消息是林奇排除在外的渠道，这类消息只能误导投资者对于公司基本面的看法。即使在那些监管存在问题的股市中，小道消息也并不可靠，因为这类信息通常无法查证其真实来源，很可能传到你耳朵的时候已经失去效力了。这就好比一个生态系统，在系统的末端往往是一些中小投资者。但是，人类的天性就是喜欢打探小道消息，娱乐中的各类八卦新闻恰好符合了**这一特点**。股市中的小道消息越是玄乎也越是能够吸引个人投资者。但是需要注意的是小道消息和直接从关键人物得到的内幕消息是两回事。不过，很多中小投资者却一直将那些小道消息误认为内幕消息，这种混淆将造成深远的负面影响。一方面，不规范的证券市场使得真正的内幕交易获利甚丰；另一方面，中小投资者手中的小道消息却屡屡导致失误的买卖，这使得中小投资者十分矛盾，总是认为自己掌握的内幕消息不灵，其实这是没有区分清楚小道消息和内部消息。前者不过是一些非关键人物和非当事人告诉的来源不可查的消息，而后者则是来自关键人物和当事人的来源确凿的消息。随着美国证券市场监管体制的不断完善，内幕消息很难被人获得，即使机构投资者也很难获得这些东西，不过小道消息却具有永远的生命力。

　　林奇不相信小道消息，他采取了多达八种获取上市公司信息的方法，其中一种是林奇式闲逛法，而另外七种调查法，我们这里分别详述。

　　第一种方法是从你的经纪人处获取信息。这是一般投资者最为常用的信息获取途径之一，因为经纪人很多时候可以提炼一下信息，并给予一定的买卖意见。通过证券经纪人可以省却不少精力，人类的偷懒天性使得很多个人投资者都非常喜欢这一获取信息的方式。依赖证券经纪人获取信息还是

为什么喜欢打听小道消息和八卦内幕？一是可以逃避责任，二是可以娱乐自己，缓解生活的苦闷。

其次的，大多数人希望证券经纪人帮助他们做出决策。无论一个投资大师是属于技术派还是基本面派，甚至指数化投资大师都极其反对那些寄生于经纪人大脑上的做法。无论你选择什么样的分析方式，无论你对什么金融品种进行投资，最为关键的一点是坚持独立做出判断。虽然，指数化投资和基金省却了个人投资者自己分析个股的烦恼，不过投资者仍然要为选择哪只基金而动脑袋。

经纪人分为两类，一是折扣经纪人，这类经纪人几乎不提供买卖之外的任何服务，个人投资者需要自己分析和抉择。另外一类经纪人是提供全方位服务的，从他们那里个人投资者可以获得所需要的很多信息。能够善用这些信息，是林奇认为的关键之处。**现在的证券经纪人不是一个好的买卖建议者**，但却是一个很好的信息提供者，他们可以向你提供公司报告、研究机构评级、各类通讯、年报、季报以及新股的认购**说明书等**。他们也乐意为客户收集其他种类的信息，但几乎很少有个人投资者利用这些优势。林奇反对投资者们将经纪人当作个人投资顾问，因为现在的大量事实都表明，经纪人总是为了赚取更多的佣金而让客户频繁交易。频繁交易有两个严重的恶果：一是支付了大量佣金，这笔费用相当客观，但是由于每次看起来较少，所以很多投资者都不以为然，其实如果他们能够坐下来仔细计算一下总额，那肯定是非常可观的；二是频繁交易会使交易者的情绪变得急躁不安，理性完全为感情所主导，君王让位于臣子，失去理性和节制的交易必定使得交易绩效迅速恶化，特别是在连续盈利和**大幅度亏损之后**。很多短线交易系统之所以能够盈利，关键在于它可以进行机械式的交易，从而控制住交易者的情绪，但是任何类型的短线交易都不能回报交易费用的问题。巴菲特对此有深刻的见解，所以他的长期投资并不是一个，而是近乎一生。总之，个人投资者应该从经纪人那里获得来源明确的信息，而不是买卖的建议。

林奇给出的第二个了解上市公司信息的渠道是给上市公

择人任势，不责于人。

短线交易最大的弊端是对身心的伤害。

司的关键人士打电话。林奇总是倾向于搜集活生生的证据和信息，所以与上市公司的亲密接触是他投资方法的一个特色，打电话是其中一个渠道。机构投资者给上市公司打电话是非常平常的事情，而个人投资者却很少有人这样去做。个人投资者完全可以向上市公司负责接待投资人的部门打电话询问自己关心的问题。通常情况下，上市公司都会在这个部门安排那些善于应酬，态度和蔼的员工。但是，也有些负责接待工作的人员对于中小投资者并不耐烦，遇到这种情况林奇建议投资者可以把自己说成是一个持股不少而且正考虑是否加买的富有投资者。在询问相关问题前，最好能够做必要的准备，先写下自己需要搞清楚的问题以及在询问时要达到的总目标。对于股票涨跌本身不应该花费口舌，比如询问"为什么你们公司的股票跌这么凶？"这对于一个价值投资者而言毫无用处。了解该公司的收益情况是一个非常好的目标，通常需要了解的是预期收益，因为历史收益都在财务报表上，我们需要了解的是报表上没有的东西或者没有说清楚的东西。但是，公司的收益是非常难预测的，不过那些拥有市场性专利和广大成长空间的企业要容易判断一些。这些企业拥有很大的成长空间，同时其市场性专利又阻止了竞争者侵蚀利基，所以这类企业的高成长性通常都能维持。那些拥有市场性专利而且未来市场空间确定的公司较容易做出判断，这也是利用了巴菲特"能力范围"的法则来指导公司分析。林奇还建议投资者可以探测下公司对未来前景的看法，当然投资者不需要完全怀疑和完全相信得到的结果，因为投资者需要将不同渠道得到的消息进行有效的整合才能得出较为准确和真实的结论。**兼听则明，偏听则暗**。中医也讲求四诊综合研判。无论治国的政治，还是治人的医学都讲究一个立体观察，金融投资**概莫能外**。如果一个投资者能够事先有所思考，然后再针对不明白的地方提问则更好。如果你对公司不是很清楚，那么可以询问决定公司未来发展的关键因素和条件，在此基础上进行深入交流，相信个人投资者会得到更多的信息。大

上医治国，治未病之病。中医治人，治欲病之病。下医治病，治已病之病。

部分公司还是会谦虚地强调下自身存在的问题，比如竞争日益激烈，成本增加了，而利润率却下降了。交流到最后，投资者最好做一个总结，比如公司面临的有利条件有几个，不利条件有几个，然后再次请求对方确认，并同时查看对方的反应。通常情形下，你得到的信息只是证实了你沟通之前的结论，不过也有很大的可能修正此结论。林奇统计了自己电话交流的结果，他发现一般而言，每10个电话就有1个可以得到非同一般的信息。当然，一般功底不深厚的投资者还需要更多的努力才能发现意外的收获。

电话交流并没有为很多个人投资者所采取，他们宁可相信小道消息和新闻，也不愿意亲自打电话了解情况，通过电话投资者至少可以证实一些先前的想法。通过不断地综合各个渠道的信息，再加上不断的求证，这样投资者就具备了较强的消息优势，而这可以为投资者带来所谓的阿尔法收益。电话交流能够更为及时和方便地为投资者求证一些东西，同时电话交流也使得投资者能够较为自主地掌控投资过程。很多价值投资者都居于穷乡僻壤之处，要进行及时的面谈存在不便，而电话则是一个非常便捷和及时的方式。像菲利普·费雪之子肯尼斯·费雪就是其中的典范，父子两人都是股票投资界的巨擘。父亲著有《普通股，不普通的利润》，儿子著有《超级强势股》，小费雪的公司就在一个偏僻的郊区，他通常通过报表和电话来了解公司。

一般而言，正常经营的公司都会坦诚地与投资者进行交流，因为他们没有必要遮遮掩掩，这时候说谎对他们只有害处，没有好处。通过季报、中报和年报可以将这些公司的情况一览无余。在前面的"避免陷阱"法则中，我们知道了洞悉财务报表漏洞的办法，通常可以查看销售额和应收账款，以及现金流状况，对于反复出现的非经常项目要特别留意。正因为有投资者能够通过报表发现公司的问题，所以那些经营正常的公司没有必要去遮盖一些什么，这样做只能得不偿失。林奇认为公司负责接待投资者的部门通常而言无意说谎，这应该归功于美国上市公司信息披露制度和监管制度，随着中国内地上市公司监管制度的完善，个人投资者能够更好地取得相关的信息。林奇认为投资者给公司的有关部门打电话时，完全可以得到真实的信息，虽然不同的公司在告知信息时会采用不同的措辞，但这并不影响你的分析结论，无论他们对事实如何解释，总之事实就是那样，剩下的结论应该由你的分析得出，而非根据他们的解释。林奇根据自己的电话交流经验得出了一个规律：**那些位于低速成长行业的公司总是对前途不那么看好，而那些位于高速成长行业的公司则总是将前途看得太好，所以投资者在听取意见的时候要考虑到所处行业带来的影响，虽然冷门行业总体不那么看好，但是这往往是超级牛股诞生的地方。**林奇认为纺织业属于那些冷门行业，这些公司人士经常倾向于告诉投资者他们的经营状况在业内已经算好的了，整个行业都比较糟糕，

而林奇则认为冷门行业更容易产生真正的好公司。相比较之下，高科技公司则算得上是所谓的热门行业，位于这些行业的公司总是告诉投资者他们的前景如何宽广，但是其很少能够给出自己的优势，他们总是激情地描述行业前景，却忽视了是否具有竞争壁垒可以阻挡后来者。林奇嘲笑那些乐观高科技公司人士，他们总是向林奇描述这个行业如何好，这个公司在他们的描述下似乎从来没有出现过严重的亏损。林奇认为高科技业，特别是软件行业面临着竞争激烈的问题，怎么可能像这些人说得那么好。林奇认为投资者应该避免在公司接待人员的形容词上花费精力，需要注意的是数据和事实。世界级的公司治理专家——郎咸平书写了中国式企业案例的新篇章，他就是通过数据和事实来理解公司的运作和绩效优劣，这与巴菲特、林奇等价值投资大师的方法如出一辙。有兴趣的读者不妨将郎咸平的几本案例与林奇的书和巴菲特的年报比照起来看，必然有另外一番滋味。

除了打电话给上市公司之外，投资者还可以拜访上市公司的总部。当然，要想得到较高的待遇，那么投资者应该持有数量客观的股份。不过，如果一家公司对于一个小股东也非常善待的话，那么这家公司也不会太差，因为这家公司的管理者从细节上表现出了对股东的责任。林奇非常喜欢做旅行时的拜访，也许这就是生活投资法的无穷魅力所在吧。对于那些离投资者较近的公司，林奇认为投资者可以经常按照需要拜访，而对于距离较远的上市公司，投资者则可以在自己带薪休假的时候按照一定顺序拜访。林奇拜访一家上市公司的时候，主要是寻找一些特别的证据，这些东西财务报表和电话交谈中是绝对无法发觉的。有一次他顺道拜访 Taco Bell 公司总部，令他非常吃惊的是这家公司的财务状况非常良好，但是办公室却在一个保龄球场后面的狭小空间中。林奇认为这是管理层节约不必要开支的表现，随即林奇给公司增加了几分评价。**无论是林奇还是巴菲特都认为管理层应该善用资源，对于股东的资本要节约使用，对于那些谨慎使用**

**资本的公司，巴菲特和林奇都大加赞赏。**

　　林奇在拜访上市公司的时候最喜欢问的第一个问题是"上一次机构投资者和分析师拜访贵公司是什么时候"？如果得到的回答是两年甚至更久，则林奇会认为这家公司很可能是潜在的超级大牛股化身。林奇当年拜访 Meridian 银行总部时就询问了这一问题，在拜访前林奇仔细查看了该公司的报表，他发现这家银行 20 多年来不停保持收益增长，但是此时得到的回答却是已经有很长一段时间没有机构投资者拜访了。林奇获得这一消息后欣喜若狂，他认定这是一家被严重低估了的公司。林奇接触了太多这样的机会，这些都是林奇管理的基金能够创造全球第一神话的原因。

　　上面讲述了投资者拜访上市公司的高级管理人员的注意事项。其实，除了拜访上市公司的管理人员之外，拜访公司的投资者关系部门也是了解公司情况的一个重要途径。对于某家公司的投资者关系部门可以通过打电话，亲自拜访或者参加年度股东大会时交流等方式进行信息获取。林奇认为利用年度股东大会与公司的投资者关系部门接触是非常好的方式，但是很多投资者却并不重视这一方式。林奇在与上市公司的投资者关系部门接触的时候非常注意这些人士持有的公司资产，他好几次都发现由于公司的股价高得离谱使得一个普通的接待人员也可以身价暴增。对于那些因为持有公司股票而身价巨大的公司人员，林奇总是随时关注，看看是不是由于股价暴涨才引起的。林奇认为这类直观的结论无法定量化的验证但是确实非常重要，因为他无数次凭借这一本领远离陷阱。下面就来看看其中的一个典型例子吧。

　　林奇有一次与 Tandon 公司的投资者事务代表交谈后发现这位代表持有的该公司的股票和股票期权竟然高得吓人，当时该公司的市盈率非常高，林奇觉得一个投资关系代表手中的股份都这么值钱，而这个代表并没有产生相应的收益，就整个公司来看情况更是如此。所以林奇当机立断地卖出了这家公司的股票。

　　林奇采用的第五种办法是进行实地调研，这种实地考察其实就是闲逛法，比如去某家公司产品的销售现场看看。但是，林奇在这里的方法主要是通过自己的亲属和朋友的购物经历来推断公司的情况，与亲自闲逛选股的方法是两种方法。我们主要是描述前者。林奇曾经从朋友那里听到过玩具反斗城的这家公司，于是他决定亲自去调查一下这家公司的销售状况。他抽空去了一些离自己最近的一家玩具反斗城分店，亲眼所见使得林奇确信这家公司的销售水平绝非徒有虚名。他当时甚至与几位店中闲逛的顾客进行了程度或深或浅的交流，他发现几乎来过的客户都说以后还会再来。

　　林奇在买入 La Quinta 这家上市公司的股票前，还专门到该公司下属的三家不同的连锁旅店中各住了一晚，从中他判断了该公司服务的真实质量，由此推断出该公司未

来可能的成长速度。**无论林奇买卖哪家公司的股票，他都会尽量采取直接消费的办法来验证这些公司的产品到底在消费者心中留下了什么样的印象**。林奇认为通过打电话交流，与公司人员面对面交谈，并且实际参与该公司产品的销售，最后从财务报表上理性分析这家公司，我们就可以得到一个比较综合的看法，这就是林奇一直坚持的"信息优势"法则。

林奇对于这类方法非常热衷，他曾经进入 Pep Boys 的汽车配件店，从销售能力极强的店员身上，他看到了亮点；他在苹果电脑股价大跌的时候，发觉身边的亲属和自己公司的人却仍旧大量消费苹果电脑，从中他看到苹果电脑公司并未处于真正的绝境。林奇这种非同一般的消费者角色扮演法使得他更为了解公司的销售情况，从中我们看到一个完整的分析链条，这就是"真实的销售场景—销售额—现金流—利润—公司管理层状况"。而巴菲特则在此之上加入了"市场性专利"的判断，林奇本人则看重成长性。所有这些对价值投资者而言都是一体的，是并行不悖的选股标准。对于消费者角色扮演法林奇提供了另外一条有价值的经验：一个国家各个地方的相似性越强，市场机制在整个国家越强有力，则在一个地区受欢迎的产品也一定能够在另外的地方受到消费者的青睐，所以林奇认为小规模的消费抽样调查应该有用。

林奇介绍的第六种获取信息的渠道是通过阅读上市公司的财务报表，这包括年报、中报和季报等。林奇认为报表中正文部分往往没有数字和注释有用，他通常只用几分钟便可以阅读完一份报表，他总是看那些非常关键的部分，比如是否存在很多的一次性项目，是否现金流出现问题，应收账款的情况如何，利润的增长与销售额同步等，对于那些注释他也非常重视，因为这里面通常反映了公司对利润是否采用了过多的会计手法。另外，林奇对于总体的资产负债情况非常在乎，因为这是一个公司运用稳健度的标志，如果债务相对于流动资产而言太多，那么这绝不是一个好兆头。通常林奇比较关心下列财务指标：市盈率，现金头寸，红利，**销售额**。

价值投资的财务分析已经有太多的书籍来介绍了，对于商业本身却很少有价值投资的专著来详述的，这就为真正的价值投资者提供了非理性的对手盘。

　　林奇推荐的最后一种方法是利用发达的互联网资源。在林奇作为基金经理的时候，互联网资源非常贫乏，所以林奇当时的信息渠道集中于其他几种。不过林奇后来退休的时候开始注意到互联网的重要性，这里简直就是一个宝库，可以通过强大的搜索引擎发掘各种需要的信息，这些信息散布于 BBS、公司网站、各类正式和非正式的资讯网站，甚至还可以利用一些电子地图来了解公司的情况。你可以通过即时聊天软件与全国各地的聊友交换当地公司的信息，交换关于某种产品的消费信息。这就是一个巨大的宝库，有待"林奇"第二来开发。

　　我们已经介绍完了林奇所采用的收集信息的方法，每一种方法都有一定的局限性，但也有一定的优势。消费者角色扮演可以知道一个公司的销售状况和客户满意度，但是对于公司的利润率却需要从财务报表上查看；拜访公司的高层可以得到很多战略性的意见，不过只有结合财务报表才能知道这些战略究竟如何，同时要通过消费者角色扮演才知道这些战略的具体展开如何。总之，**林奇很偏好那些"象，数，理"结合的方法，也就是通过消费者角色扮演得到一些具体的信息，这些信息有个特征就是直观和形象，同时通过电话和面谈来了解公司的战略和经营状况，这类信息关乎一些理性的东西，最后要在财务报表上通过数字印证前面得到的"象"和"理"。**只有将具体的场景，抽象的经营理念和战略与精确化的数字结合起来才能得到一个公司的全貌。无论是格雷厄姆、巴菲特、索罗斯还是林奇，他们都坚持将数字与直观场景结合起来，加以理性推导，这样的立体性价值投资体系可以创造更大的辉煌。

　　通常而言，个人投资者更具备直观信息的优势，他们可以有大把的时间光顾一些公司的服务和产品，而机构投资者则具备抽象的信息优势，这些人可以很容易受到公司上层的接待，同时容易获得大量的财务资料和数据统计，并且具备专业的知识来弄懂期间的复杂联系。不过，林奇认为无论是什么投资者，都应该将具体和抽象的信息综合起来，只有这样才能得到一个"信息优势"。获得了信息优势，价值投资者将无往不胜。

# 第八节　林奇选股方法总结

林奇离开马里兰的消息在全世界广泛报道。

——T.格拉斯曼

现在我回过头来看，学习历史和哲学比学习统计学能够更好地为股票投资做准备。

——彼得·林奇

（1）林奇式选股的适应对象。

笔者曾经从一个国外知名网站上查看到了对林奇方法的评价，大体而言，林奇的方法非常适合那些具有较大自由时间的独立投资者。从投资期限的角度来看，林奇是四位大师中比较适中的，格雷厄姆和巴菲特的投资期限一般都很长，而索罗斯的投资期限则相对较短，林奇介于他们之间。林奇的投资时限从 1 年到 10 年都有，大致而言，对于那些快速成长性的公司他愿意持有 3 年以上，但是一般不会超过 10 年，而巴菲特的投资期限基本都以 10 年为中值。**买进价值低估的股票林奇一般会在该股上涨40%左右卖出，这个时间一般为 1 到 2 年。**巴菲特也做这类交易，就是寻找那些价值被低估的稳定和周期性企业做期限较短的交易，比如巴菲特对中石油的投资。当然，无论是林奇还是巴菲特的投资组合中，这类交易通常只占极少份额，体现不出他们的主要投资风格。倒是索罗斯特别希望进行这类投资，也就是利用短时间内价格对价值的极大偏离进场交易，索罗斯早年发现银行股被低估，欧洲股票被低估，以及后来参与被高估的英镑和泰铢，都是这种思维的典型。

林奇的方法集中度可能要比巴菲特的小，因为林奇更注意集中前提下的分散投资，而巴菲特的投资可能集中性要更强一点，所以巴菲特的投资期限要较林奇更长一些，这样就可以避免中短期波动的影响。另外，林奇身为开放式的基金经理，其压力要大于巴菲特，通过组合投资能够更好地应对赎回风险，而巴菲特则是私人基金与封闭式基金的一个混合体，自然没有林奇这么大的客户压力。所以，林奇的方法比较适合那些面对客户压力较大的基金管理者。那些能够承担中等程度风险的投资者都可以使用林奇的投资方法，林奇的方法是通过分散投资来介入高成长性的企业，但是他像巴菲特一样避免介入那些没有利基和市场性专利的高成长公司，比如高科技公司。**巴菲特对于成长性股票的参与没有林奇那么多，这与巴菲特的集中程度高于林奇有关。**林奇借用六分法将公司分类投资，这比格雷厄姆和巴菲特更进了一步，因为巴菲特的思想交织着格雷厄姆和费雪的影子，但是他似乎没有将两者贯通起来，而是分别使用两种思维来分析一个对象，而林奇通过六分法就将格雷厄姆和费雪的方法融合到一个体系中了。就选股而言，林奇将这个体系科学化了，而巴菲特更像是一个哲学大师。林奇通过六分法选股，同时通过六分法来构建投资组合，这是其他三位大师所缺乏的，像索罗斯虽然也构建了投资组合，但是他的方法过于激进，经常在集中投资和分散投资

之间大幅度摇摆。无论是格雷厄姆还是巴菲特，以及林奇都强调在能力范围内投资，而索罗斯更是通过人类意识的不完备性构建了反身性理论来强化"能力范围"的理论基础。林奇认为通过强调获得"信息优势"可以减少**投资者的焦虑和风险**。

最后，需要强调的一点是，林奇的投资方法适合那些能够将投资融入日常生活的人，这有点像吉姆·罗杰斯，后者曾经是索罗斯的战友，后来数次环游世界，近年来更是对中国关爱有加，此人将旅游和投资结合得天衣无缝。而林奇也是这样一个人，这两个人都很早就退休了，为的是享受生活。林奇非常强调**"功夫在股市之外"**，所以运用这个方法的人必须在生活中付出一点的努力思考那些值得投资的**对象**。

总体而言，林奇式的投资方法适合那些能够在3~7年之间投资的人，而且这些投资者必须养成良好的观察习惯，随时注意周围的投资机会，并热衷于分类思考，喜欢通过一个框架来解析对象，并且能够承受中等程度的投资风险。如果你是这样的一个人，那么你可以采用林奇的投资方法。

（2）林奇的关键投资理念和智慧法则。

对于价值投资的四位大师的投资理念，我们都给予了深入而合理的归纳，将他们的投资智慧分作二十四条，每人六条，这种做法可以说是全世界第一次。同时，这种归纳绝非是随意和牵强的，毕竟我们查阅了大量的材料和理论数据，并根据自己的操作实践进行了阐释。

林奇建议人们充分利用投资者掌握的信息获得收益，很多人将这个与巴菲特的"能力范围"法则混淆起来，其实"能力范围"法则更多是从投资者对于行业和自身能力的了解出发，而"信息优势"则是从投资者直观接触为主的公司销售等信息出发的。林奇认为只有这样才能发现华尔街那些专业投资者不能找到的大好机会。而林奇同时也认为办公室投资者忽视了充分获取第一手信息和直观销售情况是他们往往落后于林奇式投资者的主要原因，而且人性的倾向和市场狂

林奇在高成长股上的操作有点风投的味道，但是激进程度更低。

在投资的时候，我们为什么会"心中没底"？根据我个人的经验，这往往是对投资标的了解不够全面和深入的结果。

所有股票玩家都盯着股市本身，他们穷尽各种手段想要预判股市本身，因此如果你也只盯着股市的话，那么很难具备任何优势。众人盯住的地方，很难有新的东西能够被发现。只有独辟蹊径才能成就伟大的传奇。

颠的影响，也使得投资者容易坠入天然的陷阱，为此林奇专门提醒投资者避免介入那些热门行业，避免受到大众情绪的影响，避免追逐高科技股票。**在思维大师之中，格雷厄姆通过"安全空间"来规避风险，而巴菲特则通过"能力范围"来规避风险，林奇则专门研究了热点效应下的各种陷阱，他通过"规避陷阱"来规避风险，而索罗斯则从小就学习到了"生存第一"的法则，他十分敬佩其父亲，认为其是生存专家。**四位大师都采取了防范风险的个人措施，这真是值得我们国内的投资者学习。

获取"信息优势"是林奇的一大智慧法则，除此之外林奇还有其他一些很出名的法则。我们一一清点，做一个综述。林奇非常注重投资对象的成长性，这个与格雷厄姆流派具有非常大的差别，许多人都认为林奇比巴菲特更像是菲利普·费雪的传人，毕竟巴菲特自己也认为自己80%像格雷厄姆。林奇还利用成长性标准将公司分作六类，这是费雪没有去细化的，而费雪之子肯尼斯·费雪也延续了其父的衣钵，他著有寻找超级成长股的书籍，这本书非常重视市销率，也就是股价和每股销售额的比率，这与林奇重视公司的直观销售额有明显的关系。所以，林奇真的是菲利普·费雪的得意门生之一，虽然两人可能没有什么直接的关系，不过思想上真是具有脉络关系。林奇将成长性做了理论和实践上的创新，使得公司的成长性可以通过六分法和观察法来把握，这就是"成长为王"的法则精华。

在所有的价值投资中很少有人强调翻阅股票走势图的重要性的，因为在价值投资者看来股价和价值的比率关系是核心，股价过去如何走并不重要。但是，**林奇却非常喜欢通过翻阅股价走势图来获取投资灵感，而且他和短线大师拉瑞·威廉姆具有同一种嗜好，那就是通过将每股收益标注在股价走势图上来洞悉公司收益状况与股价走势之间的关系。**简单来说这是市盈率的一种最初观察形式，但是深入来讲这是为了更好具体化价值投资的前提，也就是让投资者更加肯定公司

*规律是客观的，规律是最强大的武器，但是每个人擅长的武器是不同的。*

的收益会影响到股价的走势，而且这种影响是**决定性的**。林奇作为一个中线投资者，如此看重公司的收益，认为收益的历史、现状和未来决定着一只股票的历史和未来。林奇持有这一观点并不孤单，从价值投资大师身上我们可以清晰地看到同样的特征，即使像威廉·欧奈尔这样的强势股交易者也将收益看作最为关键的因素之一。可以这样说，林奇是以"收益第一"为准绳，以"成长为王"为核心，以"消息优势"为手段的投资大师。

林奇与巴菲特的最大区别还在于是否坚持组合投资的策略。巴菲特认为对于一个长期的价值投资者，集中投资可以更好地运用精力，这也符合了巴菲特的"能力范围"法则，毕竟人的精力是有限的。但是林奇却认为通过组合投资可以减少由于判断偏差带来的收益下降，这种认识与索罗斯比较接近，这就是认为人的认知能力存在缺陷，这似乎与"能力范围"理论也是一致的。其实，之所以巴菲特和林奇能够从同一个理论中得出完全相反的投资思想主要是由于三个原因：第一，林奇是中线投资者，而巴菲特是长线投资者，而公司质量在长期内较中期内更能影响股价走势，长线集中投资较中线集中投资更为安全，而中线的分散投资较长线的分散投资更为安全，期限越短，公司价值对股价的影响力就越弱，而这种关系越弱对于价值投资者越不利，所以要分散投资；第二，林奇是职业经理人，其压力更大，资金性质决定了林奇必须能够在短期做出成绩，同时要应对赎回压力，通过分散投资可以避免抛售压力，同时林奇坚持成长性投资，而巴菲特则坚持发掘无形资产没有被市场恰当估值的机会，前者是高风险，后者是风险适中的投资，所以资金性质和投资对象的风险程度不同，使得林奇要坚持相对分散的投资机会；第三，林奇建立了六分法为基础的投资分析框架，并且对自己的思想进行了系统的梳理，这使得他在选股时标准更为定量化和明确化，也相对机械化一些，所以可以在几分钟内对一只股票做初步分析，同时由于横跨了格雷厄姆的隐蔽资产

*每股收益的趋势是股价走势的灵魂！*

投资，巴菲特的无形资产投资和费雪的成长性投资三个领域，所以他可以处理几乎所有类型的价值投资对象，这使得他在处理价值投资对象的范围上要广于巴菲特，在处理速度上要快于巴菲特。一个基金经理必然要少几分闲情逸致和闲暇时间，而一个投资大佬则养成了不慌不忙的投资风格。总而言之，我们可以发现不同的投资期限和风险偏好以及资金性质决定了林奇和巴菲特两人对"能力范围"法则的不同阐释：林奇由此衍生出"组合投资"法则，而巴菲特则演化出"集中投资"法则。

无论是巴菲特还是林奇在嘴上都不爱谈进场时机选择，只有索罗斯酷爱这一点，但是林奇确实是择时投资方面的高手。他在著述中清楚地表明了美国股市，乃至世界股市存在的周期性规律，比如星期一效应，年底效应等。同时林奇还非常善于利用市场情绪糟糕的时候建立仓位，也许上天总是垂青于那些天赋卓著的人才，林奇每次人生达到更高层次时都会有一次股市大跌，这种大跌对于技术派和其他基本面分析流派而言可谓是灾难，但在以巴菲特和林奇为首的价值投资派看来则是天赐良机。**林奇惯于在这类市场恐慌中建立仓位，这就是他的"选择时机"智慧法则的具体运用。**

林奇是伟大的，伟大之处在于为价值投资提供了一个具有广谱性的框架，这一框架打通了格雷厄姆、费雪和巴菲特的投资体系。笔者赞赏林奇的个人特色，这就是他的六大智慧法则：

● 成长为王

● 避免陷阱

● 收益第一

● 组合投资

● 选择时机

● 消息优势

这六大智慧法则，希望每个读者都能牢记，并结合讲解加以运用。六大智慧的具体体现局势林奇的六分法选股。接

> 这种时机必须是大众真的恐慌性抛售，而不是你主观认为的恐慌性抛售，这个时候观察媒体评论和网络论坛非常重要，同时也要看成交量。

下来列出六分法的要点。

（3）林奇六大类型公司筛选条件。

林奇提出的六分法是其投资理念的具体体现。**林奇的"成长为王"法则是六分法的基础，也就是说六大类型的公司就是根据其成长性来划分的。**而"避免陷阱"法则则是强调通过避开那些热点来区别可持续和不可持续的成长对象，陷阱使得投资者们将那些不能够持续的高成长公司买入，林奇通过"避免陷阱"法则维护了"成长为王"法则的完整性，保证了投资的安全性。"收益第一"则是成长性的来源和体现，一家公司的高成长必然源于其收益，千禧年那些投资者之所以失败就是只看见了高成长，没有查看"收益"。**通过六分法，林奇得到六种风险和收益特征不同的投资对象，这就是"组合投资"的基础。**当那些成长性较好的公司被市场抛弃或者不为市场所重视时，正是林奇买入的时机，这就是"选择时机"法则的核心。通过生活和工作积累的第一手销售材料，这保证了投资者能够在大投资机构之前发现买入的时机，这就是"消息优势"法则的主要观点。由此可见，六分法是林奇所有投资智慧的载体，广大投资者一定要善加利用。我们就来归纳一下六种类型公司筛选的条件。

林奇认为六种类型的公司都需要分析五个要点：

第一个要点是市盈率。林奇同所有价值投资者一样，都非常关注公司质量和股票价格之间的关系，公司质量的代表就是每股收益。通过市盈率可以大致查看价格和价值的比率，公司的这个比率最好与同板块和同行业的公司比较，同时也和自身的历史市盈率进行比较。如果公司的经营和收益现状以及预期没有问题，那么市盈率越低，越是价值投资者钟爱的对象。

第二个要点是现金流量。林奇同晨星公司的研究者一样都认为**现金流是一个公司生命的象征，而且可以通过这一指标洞悉公司的利润是否存在问题。**晨星公司一直追随巴菲特的主要思想，由此可见，巴菲特也是非常看重那些能够带来

现金流如同血液。

大量现金流的公司的。

第三个要点是资产负债结构。**价值投资者以稳健投资著称，过高的负债，过多的短期负债都是危险的征兆，对于那些通过很高财务杠杆提高股权回报率的做法，林奇一向甚为藐视。**

第四个要点是公司数年来的收益增长历史。无论是格雷厄姆、巴菲特还是林奇都会研究公司 5 年以上的收益历史。那些具有持续和稳定收益增长的公司最能够获得价值投资者的赞赏。

第五个要点是公司所处的行业是否为热门。林奇最为讨厌的行业就是那些能够吸引大量新进入者的行业，比如软件行业。热门行业会吸引大量进入者，从而压低每股收益，同时热门行业会吸引大量的股票投资者，这样会抬高每股价格，股价上升，每股收益下降，结果就是市盈率高到天上去了。

这是林奇在六分法中对每家公司都要考察的一个程序，经过这个程序之后再根据其成长特征来分别考察。

低成长性公司的投资要点：

● 这类公司的投资优势在于其能够抵抗宏观经济波动，同时可以获取稳定的股息，所以一定要弄清楚这类公司不是真正的低成长性公司，不要将周期性公司误会为这类公司。这类公司通常在价值被严重低估的时候才买入，一旦恢复到正常水平就应该立即卖出。

● **低成长行业里面经常出现高成长性的破坏性创新公司，这类公司一定不能当作低成长公司来进行短期交易。**

● 通常而言，那些股价不是明显低于公司价值的低成长性公司并没有投资价值。持有那些低成长性的公司往往只能获得等同于利息水平的收益。

稳定成长性公司的投资要点：

● 这类公司通常具有市场性专利，可以获得高于市场平均水平的回报率，但是这些公司通常较大，几乎不可能破产。像现在的可口可乐和吉列公司就是这样的典型。这类公司的买入时机也要选择市盈率较低的时候，也就是市场价格低于公司价值的时候，而且要有足够的"安全空间"。巴菲特是这类投资的老手，林奇也非常喜欢在股价较低时买入然后中线持有。

● 这类公司通常应该集中于主业，也就是避免多元化，将精力集中于具有市场性专利的业务。通过查看公司的主营业务类别和收益增长状况可以发现相关证据。通常而言，具有市场性专利的公司在主业之外进行多元化投资都会引发收益下降，股价下

跌，此时通常是进场的好时机。此后，公司将通过精简业务重新回到主业上，而收益将回归到正常水平。

● 无论是林奇还是巴菲特，乃至费雪都坚持认为那些在经济衰退时依然能够保持正常经营的公司才是真正值得买入并长期持有的稳定成长性公司。通常而言，那些拥有市场性专利的公司可以在股票市场大跌的时候独善其身，至少是非常抗跌的那种。

高成长性公司的投资要点：

● 高成长性公司必须是依赖于某种具有壁垒的增长动力，高科技企业通常不能作为价值投资的对象。过高的增长率往往是不能维持的。

● **投资高成长性的公司必须首先查看该公司是否具有高成长的证据，通常要查看各类回报率、销售额、现金流等指标，接着寻找高成长性企业的成长来源，然后查看这一来源是否具有可持续性，最后查看该公司的行业竞争结构进一步确认收益的可持续性。** 通过这一四步法，我们可以准确把握一家高成长公司的投资价值。

● 高成长企业的经营模式必须具有地域上的可复制性和扩展性。林奇通常在投资零售业和旅店等行业时注意考察这一指标。

● 注意目前的扩展速度是在加快还是放慢，是否遇到了什么瓶颈，未来的市场空间还有多大。如果一家公司完成大部分的市场占领任务，那么这家公司可能就变成了稳定增长型公司了。

● **高成长性的企业通常具有某种壁垒来防止竞争对手的进入，比如破坏性创新制造了动机不对称效应使得在位者不愿意抢夺业务，又或者是市场性专利带来的壁垒。高成长性企业只有具有壁垒才能保持持久的增长。**

*没有壁垒的公司不值得留恋。*

● 市盈增长比率应该趋近于1，低于1则更好，但是要确保公司前景没有问题，同时公司没有处于周期性行业，也不是低成长公司。

● 公司并非热门公司，无论是股票市场上的投资者，还是产业领域的投资者都没有注意到这只股票和这家公司。这样可以避免股票投资者将股价抬升过高，产业投资者将每股收益压得过低。

周期性公司的投资要点：

● 周期性公司的投资最为重要的是把握时机，林奇的"选择时机"法则在此应该得到最好的运用。**通常而言宏观经济的预测存在困难，但是这种困难更多来源于经济学家忽视了生产和消费的过程，总是通过数据来捕捉征兆。**通过观察消费支出和存货变化，可以更早地觉察经济周期和周期性公司的动向。美国第一零售分析师艾利斯同林奇一样非常倾向于观察销售额的变化，两人都对零售业情有独钟。艾利斯通过分析消费支出来觉察宏观经济周期，林奇则通过销售额和存货变化觉察周期性企业的变化。

● 通常每个周期性行业都有特定的周期，比如林奇认为汽车的周期是 7 年左右，总是 3~4 年的扩展期接着 3~4 年的衰退期。

资产隐蔽型公司的投资要点：

● 资产隐蔽型公司是价值投资的最原始形式，在格雷厄姆看来，公司的价值是静止的，而且这些价值可以通过有形资产来估算。在费雪看来，公司的价值是动态的，而且也不仅仅是根据有形资产。巴菲特超越了格雷厄姆的思想，但是对于费雪的某些想法他并没有林奇执行得那么彻底。林奇对于市场性专利没有什么特殊的偏好，通常把它当作公司维持高速增长的能力，但是巴菲特在这点上比林奇看得更深，毕竟林奇持有的公司很多而且期限都短于巴菲特，所以他很难找到足够的具有市场性专利的公司并在合适的机会买进。资产隐蔽型投资在林奇看来应该包括低估的无形资产价值，这点同巴菲特非常相似。

● **对隐蔽资产的察觉最好来自"信息优势"，比如这家公司在投资者所在地，或者投资者对这家公司的内部运作和资产负债情况非常了解。**

● 估算出来的价值应该是远远超过市场评价的，在这一点上巴菲特做得很好，他通常投资那些价格只有价值一半甚至更少的公司。

● 如果公司存在潜在的并购者更好，这通常会促使股价更快地合理回升。林奇很重视这点，但巴菲特则无所谓，因为巴菲特的投资期限更长，面对的客户压力更小。

起死回生型公司的投资要点：

● 公司能够得到充足的现金来维持正常的运营是非常关键的。现金流，特别是自由现金流是企业运作的血液，一个企业在重大危机的时候急于用现金流来支持，所以充足的现金流不管来自什么地方，是内部还是外部都不是关键，关键是要充足。

● 进行破产清算留下的市场价值是否能够抵过投资成本。

● 是否有强大的外在力量扶持这家公司，比如政府和**大的财团**。

政府也是一个需要考虑的
因素。

● 公司挺过最艰难时刻后，是否有展现活力的必要因素。

● 国外有专门的秃鹫投资者，直接参与买入那些陷入困境的公司，分拆和重组后卖出。巴菲特似乎也有几次介入那些陷入困境企业的交易，不过这些公司都应该算作具有市场性专利的稳定成长性公司，通常因为一些原因出现了暂时性的问题。林奇对于起死回生型的公司并没有给出十分可行和精确的操作指导，只是强调**这类公司一定要在资产负债上挺过去，能够得到救援是非常关键的**。林奇并没有像巴菲特一样清晰什么公司具有起死回生的特点，林奇更多地认为这决定于外部因素，而巴菲特则认为能够起死回生的公司往往具有市场性专利，而这是内部因素。所以，按照巴菲特的方法可以事前就知道哪些公司可以起死回生，而按照林奇的方法则需要随机应变。

现在已经完整地了解了彼得·林奇的投资智慧和法度，最后笔者只给读者留下一句话：按照成长性进行六分法投资是林奇所有智慧的结晶，只要坚持实践这一方法必然可以获得丰厚的酬劳。

**第五章**

# 国际性价值投资（空间广度价值）——乔治·索罗斯

我生来一贫如洗，但绝不能死时仍旧贫困潦倒。

——乔治·索罗斯

## 第一节　击败英格兰银行的金融大鳄：乔治·索罗斯

我的人生哲学并非仅关金钱，而更多的时候是涉及人类前途和世界形势。

——乔治·索罗斯

索罗斯带给金融界的与其说是震撼，不如说是一个交易天才的直觉和勇气。

——保罗·沃尔克

　　索罗斯与巴菲特同年出生，这个 1930 年出生于匈牙利的犹太男孩生来就认为自己是"神"，其父是一名律师，曾经历纳粹统治和大屠杀浩劫。1947 年只身去英国，1949 年入伦敦经济学院读书。对他最有影响的并非经济学，而是哲学。1956 年去纽约工作。1969 年，用四百万美金成立"双鹰基金"，这便是后来的"量子基金"。**1969~1996 年，每年平均复利收益率达 35%，1998 年时基金规模达到 220 亿美元，成为历史上最优秀的基金经理，被誉为"市场驱动者"、"金融天才"。**

　　然而，当索罗斯在投资界取得巨大成功的同时，他又是一个备受争议的人物。1992 年 9 月，抛售英镑，击垮英格兰银行，迫使英镑贬值，一夜之间赚得 10 亿美元，使英国政府被迫宣布退出欧洲统一汇率机制；1994~1995 年，掀起墨西哥金融风暴；

1997~1998 年，狙击泰铢，空袭港元，使泰铢贬值 30% 以上，导致东南亚金融危机，而索罗斯从中卷走 20 亿美元，被当时的马来西亚总理马哈蒂尔大骂为操纵金融危机的"幕后黑手"、"金融大鳄"。

很多人不知道索罗斯一直是价值投资的行家里手。看看他早期投资生涯中的价值投资要素吧。1959 年，索罗斯成为了维特海姆公司的外国交易部门主管助理，当时美国投资者对于国外的证券市场并无太大兴趣，而欧洲本土的证券分析人员水平都很低。索罗斯通过直接拜访上市公司的方式获取部分信息，这一做法在当时非常少见，他说："**我经常是第一位去拜访某位管理者的分析师。**"由此可见，索罗斯与费雪和巴菲特和彼得·林奇如此的相似，而且索罗斯似乎自己就创造出了与费雪如此类似的投资方法。当时欧洲公司的财务资料并不完整，所以需要通过分析师的努力才能找出公司的真实资产价值，很多时候索罗斯可以通过自己的精密分析找出一个真实资产价值远远超过财务报表的公司。这是不是非常像格雷厄姆的静态价值投资法，寻找那些隐藏价值。索罗斯发觉了很多具有隐藏价值的公司，比如得利银行，该银行拥有德国产业投资组合，单单是这些资产的价值就超过了得利银行的市值，但是却没有人注意到这一隐藏价值，通过这笔交易索罗斯为维特海姆公司大赚了一笔。后来他转向了保险公司的研究，并且以深入和详细而闻名业界，但是他认为主要是由于**当时美国只有三个人在密切关注欧洲的证券，并进行了系统研究**。这段时期，他擅长的是找出那些具有隐藏价值的公司，特别是银行和保险，想想看格雷厄姆和巴菲特与银行和保险的密切关系就会觉得索罗斯与那些最著名的价值投资者多么相似。

我们来看看巴菲特和索罗斯人生中两个相似的地方，首先，两人都是 1930 年出生，最近 10 年一直为世人所并称；其次，两人都拥有两位恩师，巴菲特的恩师是本杰明·格雷厄姆和菲利普·费雪，而索罗斯的老师则是卡尔·波普和**哈耶克**。

将价值体现到价格上，这是赢家的做法。

也许《异类》这本书提出的理论能够部分解释这一现象。

　　波普是索罗斯在伦敦经济学院的老师。索罗斯对市场的认识充满了波普哲学的影子。波普从研究科学方法论出发，提出了科学真理的可证伪性。然后，将科学方法论应用到社会、历史、政治哲学中。他认为，科学的标准不是可证实性，而是可证伪性，反对归纳，强调真理的相对性。人类的认知活动具有不完备性。人只能在一个不断批判的过程中接近真理，在这个过程中一切判断都是暂时有效，并且都将是被证伪的对象。

　　哈耶克是波普的挚友，同时哈耶克是奥地利学派的大家，这个经济学派对经济盛衰周期的预测是目前几大流派中最为准确的，索罗斯似乎是一个奥地利学派的信徒，而前几年的畅销书《货币战争》的作者也自称拥护奥地利学派。**有人统计过百年来的经济危机，只有奥地利学派能够准确预测其中的大部分，凯恩斯主义和货币主义通常都是事后解释性强。索罗斯对宏观经济运作和信贷周期的洞悉应该受到了哈耶克的影响。**

> 奥地利学派和马克思经济学是少数能够预测经济走势的经济学理论。

　　索罗斯在日常的投资工作中遵循假设—求证的工作方式。他说，"我从假设入手，对于日后可能发生的事。首先建立一套构想，再一一从现实中求证，以建立一套用以衡量这些假说的准则。"这正是波普提倡的科学**方法论**。

> 宏观经济学者高善文先生也精于此道。

　　索罗斯之所以是价值投资者，主要是因为三点：第一，他早期从事股票投资时运用了格雷厄姆时的隐蔽资产分析法；第二，他投资所采用的框架是"反身性理论"这一理论强调了价格对基本面的背离，同时也认为价格最终会对基本面进行回归，而他的交易就是要抓住背离后的回归运动，这与格雷厄姆不谋而合，格雷厄姆就是认为价值和价格的偏离造就了安全空间，而这就是价值投资获取收益的关键；第三，索罗斯从卡尔·波普那里获得了投资哲学的基础，这一投资哲学的核心是强调**人的认识具有局限性**，而这与费雪和巴菲特提出的"能力范围"理论不谋而合。另外索罗斯还认为市场价格的癫狂会影响投资者情绪，而后者又会反过来影响价格，

这与格雷厄姆"市场先生"的刻画存在密切联系，因为"市场先生"恰好是市场价格和群体癫狂的相互作用造成的，巴菲特因此认为必须"远离市场"，恰好索罗斯也认为"远离市场"是重要的。据说索罗斯每周的工作时间不会超过 30 小时，其余的时间他基本在休假或者是消遣，不过他自己却说："那其实是我交易工作的一部分，只有远离市场，才能更加清晰地看透市场，**那些每天都守在市场的人，最终会被市场中出现的每一个细枝末节所左右，最终根本上失去了自己的方向，最终让市场残害。**"这番言论是否非常像巴菲特说出来的，但是这就是索罗斯。所以，那些将索罗斯看成投机者的读者们需要注意了。

## 第二节　索罗斯的智慧法则一：反身回归

索罗斯的反身性理论描述并预测了在过程中参与者与市场之间的互动，这一理论是第一个非技术分析的尝试。

——保罗·琼斯

令人激动不已，索罗斯是大师中的大师。

——艾斯酷

（1）索罗斯的金融炼金术：反身性理论。

技术分析者不把索罗斯看成他们的同类，而基本面分析者又认为索罗斯注重心理和哲学的投资理念与他们格格不入。索罗斯陷入了一个非驴非马的境地，不过这恰好是一个成功交易者必须具备的特点，那就是不落俗套。很多人误以为索罗斯的哲学投资法与巴菲特的价值投资方法毫无关系，其实索罗斯的老师卡尔·波普与巴菲特的老师本杰明·格雷厄姆具有一种共同的思想。

**卡尔·波普认为人的认知能力是存在缺陷的，所以人类的决策和行为存在非理性的一面，而格雷厄姆则认为人是非理性的，特别是在短期内如此，所以格雷厄姆认为需要通过定量分析和安全空间规避认知不全带来的风险。**索罗斯认为，"我们对世界的理解天生就不完整，在参与者的看法、期望和事情的实际状态之间，总是有差距"。也就是说，不可能有谁掌握了终极真理，人类对世界和事物实际状态的认识都是不全面和不周延的。"历史是由参与者的错误、偏见和误解造成的"。由此可以推知，由众多参与

者基于自己的偏见所推动的市场大多是错误的。市场是混乱的，无理性和秩序可言。我们自己对市场的观点也极有可能错误，必须接受**市场的检验**。

技术分析假设市场是正确的，基本分析假设市场是错误的。

索罗斯认为，社会科学与自然科学不同的根本在于研究对象的不同，因为参与者的思想会影响事件本身。参与者的思想和事件本身不具有独立性。二者之间相互作用、互相决定。具体而言，"反身性有两层含义：目前的偏向会影响价格；在某种情形下，目前的偏向会影响基本面，而且市场价格的变化会导致市场价格的进一步变化"。

索罗斯在卡尔·波普的基础上更进了一步，他认为人的完备认知会影响金融市场，而金融市场的运动反过来又会进一步推动人的心理偏差，这一论述非常像格雷厄姆讲述的投资者与市场先生的关系。更为重要的是索罗斯认为任何不完备导致的自强化运动最后都会衰竭，进行回归均衡的运动，索罗斯往往选择在市场走向极端点的时候采取行动，比如 1992 年英镑被严重高估，1997 年泰铢被严重高估时，**索罗斯就趁机入市**。这与格雷厄姆的进场方法非常类似，在巴菲特身上看得更清楚，巴菲特总是在那些平时经营良好的公司出现急性危机，市场反应过度时入场买进。

衰竭点会在什么条件下出现呢？

无论是索罗斯，还是格雷厄姆，他们的分析框架具有两个要素：第一，市场与人心的相关左右使得资产的价格偏离了特定的中枢；第二，市场和人心的交互影响会使资产价格发展到极致，此时转折点出现，价格开始回归运动。无论是巴菲特趁低价买入可口可乐，还是索罗斯趁英镑高估做空英镑，两者都认为目前的形势已经发展到了极致，回归运动早晚会来的。从这里看索罗斯的反身性理论与格雷厄姆关于市场先生与投资相互影响论述颇为一致，况且索罗斯的交易手法也与一个价值投资者非常相似。价值投资者总是在价格大幅度偏离价值的时候入场，格雷厄姆如此，巴菲特如此，彼得·林奇如此，索罗斯也是如此，只不过巴菲特用均衡或者趋势中心代替了价值一词而已。**索罗斯的反身性狭义起来理解**

**就是市场和投资者的相互影响，交互作用，这个与价值投资者的论述没有太大的差别。**当然索罗斯的反身性理论可以直接用于其他领域比如本章最后一节要讲的信贷循环等，其实格雷厄姆和巴菲特有关市场与参与者交互影响的论调也可以推广到各个领域。心理学有个皮格马力翁效应，或者说"自我实现"，这个大家应该都不陌生。自我实现就是一个个体的心理和外在表现相互促进的现象，一个人相信自己是杰出的，那么他的行为就更加积极，成为更容易取得成功，然后成功又反过来促进自信，如此循环，但是不可能远远无限度地偏离下去，所以最终会在走到极致后出现回归。

无论是反身性理论，还是格雷厄姆的价格围绕价值运动论，两者都强调了在可见的期限内资产的价格具有回归资产价值的规律。**无论是索罗斯的"投机"还是格雷厄姆的投资都是建立在确信回归会发生上的。**

为什么会发生"回归"？
如果不"回归"，又会怎么样？

波普让索罗斯认识到了人的认识具有不完备性，也就是人的理性是有限的。在对事物的认知过程中，真理是逐渐接近的，不存在对真理的完备性认识。索罗斯在此理念上开始了自己的金融交易事业，在索罗斯看来正是由于人认识的不完备性才使得资产的价格经常做远离价值中枢的运动，然后这种运动又进一步扭曲了人的认识，从而不断推动价格远离价值，但是到了某一点后价格就会出现反转，这点就是临界点。索罗斯认为传统的经济理论只考虑了均衡状态，却没有考虑到失衡的状态，也就是从均衡到失衡的这个过程，他认为人类认知的不完备性导致了失衡的出现，同时价格失衡运动又会助长人类认知的偏差。不过，索罗斯也承认虽然偏离运动会使得失衡看起来如此普遍，最终价格的偏离运动会崩溃，然后开始反方向运动逐渐靠近均衡。他认为促使均衡出现的机制是获利的基础，价格回归运动是他进行宏观危机交易的前提，比如预料到英镑的高估不可能持续，基本面牵制了英镑的继续升值。同时，他也认为应该加大对非均衡机制的研究，而这是正统经济学和金融学所忽略的地方。我们站

在一个旁观者的角度可以发现，索罗斯讲的其实是投资心理学或者今天的行为金融学的命题，也就是市场价格与投资者情绪的相互作用使得价格偏离了价值，但是由于价值的牵制，最后价格又会进行回归运动。

反身性理论让索罗斯对于周期性的偏离有深刻的认识，他知道无论资产价格如何变化，最终都会趋向于价值中枢，价格偏离价值中枢越远则回归的可能性越大。他通过一种我们投资界称为"边缘介入"的方法入市，也就是在市场处在极度不平衡时，进行临界点上的操作。可以将资产价格运动看成是一个不规则箱体中的运动，当价格出现在箱体边缘时，重大的反转机会就来了，索罗斯能够打败英格兰银行和泰铢财政和银行部门就是利用了这一手法。索罗斯的才能集中于他能够识别那些非常可能的临界点，并且敢于对其进行交易。这样说起来，就更觉得索罗斯像巴菲特了，两个人都是1930年出生的，两个人都喜欢进行选择性逆向操作，所谓逆向操作就是跟大众的交易方向相反。但是，**不是一切与大众行为相反的金融行为都是可获利的，所以无论是索罗斯还是巴菲特都会进行有选择的反向。**索罗斯通过反身性理论提供的工具来推断金融市场和宏观经济可能的转折点，他需要意识到金融产品价格和背后资产的实际价值之间是否出现了重大的背离，然后还要观察此背离是否具有减缓和回归的迹象。我们以1992年的英镑做空交易和1997年的泰铢做空交易为例来进行说明。

并没有普遍有效的具体方法，一切方法的有效性都是有前提的。

第一步，索罗斯发觉英国的经济发展欠佳，但是英镑的汇价却非常坚挺，这使得英镑的价格已经大大背离了价值；另外一个例子中，泰国的出口能力下降，进口大幅度增加，其经济的财富增长能力停滞不前，资金涌向了没有生产力和技术含量的房地产，奢侈品和股市等资产类行业，而此时的泰铢却保持了较高的币值。通过第一步，索罗斯找到了那些价格已经远远背离了基本面的投资对象，因此在1992年他锁定了英镑，1997年锁定了泰铢。

第二步，索罗斯需要确认背离有收缩的极大可能，也就是价格在市场心理推动下的偏离又修正的迹象，回归具备很大的现实基础。索罗斯发现欧洲大陆实力较强的央行，比如德国中央银行，虽然具有很多储备却并没有意愿帮助英国捍卫英镑汇率，同时他注意到英国国内的一些消息灵通人士此前一段时间就开始将英镑转化为其他货币，将出口获得的外汇收入尽量滞留在海外银行，因此索罗斯断定**英镑进行回归运动的现实基础已经具备**，而且有迹象表明它不久将进行这样的运动，所以索罗斯以最大的仓位做空英镑，但是在他还没有来得及建立足够的仓位时，英镑已经出现了下跌。在泰铢上，索罗斯发现了泰国依靠短期外债供给长期内债的做法，这使得泰铢稍微出现贬值就会引发泰国国内的金融危机和通货紧缩，同时**他估计了泰国的央行储备，发现其央行储备不是很充足，在面临强大的汇率冲击时无法做出强有力的持久回应**，另外泰国的资本项目洞门大开，大量投机性很强的国际游资涌入泰国，这些资金在有风吹草动时会加剧泰铢的贬值，更为重要的是他估计到东南亚其他国家也无力来应付危机的蔓延，更没有意愿和能力来帮助泰国，而且泰铢的贬值可以引发周围国家的竞相贬值，这样就可以进行一连串的获利交易。最后他认为由于这么多连锁因素的存在，在泰铢发生最初的贬值时，市场心理和汇价相互作用进行一次深度的反身性过程，也就是自强化过程，这恰好是一次很好的反身性交易。于是索罗斯在做空泰国股市时准备袭击泰铢。

从索罗斯的反身性理论中，我们得出的是与格雷厄姆等价值投资大师类似的投资体系，只是说法和用词不同而已。关于索罗斯的反身性理论在金融市场上的运用要注意两点：第一，群体心理推动下的市场价格已经远远偏离了基本面，这需要对基本面进行估值，然后与金融产品的价格进行比较，这就好比格雷厄姆对安全空间的寻找过程；第二，价格的回归运动是否具备了一些直接导火索和促成因素，最好的是已经出现一些比较**普遍的回归迹象**。

*索罗斯要把握回归的时机，而格雷厄姆则不用准确地估算回归发生的时机。*

在国际上有一本研究金融危机比较出名的书，给出了一些危机的信号，通过这类体系可以使得索罗斯的反身性操作理念更具可操作性，我们相信索罗斯本人一定用这样的框架专门用于判断是否存在价格的大幅度偏离并且极可能发生回归运动。该体系主要用于找寻类似 1997 年泰铢崩溃这样的机会，其中包含了两个部分：一是识别严重背离的出现，二是找出识别极可能反转的证据，这一体系来自《金融危机十大信号》一书，是两个国外学者写的，在国内好像有该书的全译本，我们这里只是将识别信号给出来。

信号 1：实体部门的预警信号

● 私人部门价值受到破坏。当众多企业不能赚到足够的钱来支付它们所借款项的成本时，一场危机可能就在酝酿之中。**当一个国家的大多数企业获得的投资资本回报低于它们的加权平均资本成本时，红灯就亮起来了。**

● 利息保障比率。如果一家公司的现金流和利息支付金额之间的比率低于 2，该公司就可能面临一场流动性危机；如果一个国家顶尖上市公司的平均水平也是如此，那么一场波及面极为广泛的危机就可能正在逼近。

信号 2：金融系统的预警信号

● 银行的盈利水平。**零售银行全系统年资产回报率低于 1% 以及/或年净利润率低于 2% 经常就是危机的预警信号。**

● 贷款组合迅速增长。当银行的贷款组合以每年 20% 以上的速度增长且时间超过两年时，许多贷款就会变成坏账，可能引发金融危机。

● 存款萎缩或存款利率飞速上升。当存款人开始将钱从当地银行中提取出来，特别是这样做连续超过两个季度时，此举常常被看作是危机逼近的信号。当单个银行争相抬高存款利率以吸引资金用于发放风险更大的贷款或者支付运营费用时，警灯也会亮起来。

● 不良贷款。贷款发放不当最终会带来不断膨胀的不良贷款组合。**当实际不良贷款超过银行资产总额的 5% 时，警灯**

次贷危机后的绝大多数国家都逐步陷入了这种境地。

也会闪起红光。

● 银行同业利率、资本市场拆借利率。如果一家零售银行长期短缺资金，在银行同业市场拆借，或者提供高于市场水平的利率来获得资金时，市场实际上就给这家银行投下了一张不信任票。

信号3：国际货币和国际资本流动

● 外国银行贷款的期限结构。新兴市场中的许多公司从外国银行借入美元、欧元或日元以降低利率。银行发放给这些公司的贷款通常期限都较短。这对债务人而言就产生了货币和期限错配的问题。**当某国接受的外国贷款中有25%以上短于一年期限时，警灯就应当亮起来。**

● 国际货币和资本流动的猛增或骤减。当外国投资者通过股票、债券和银行贷款把大量资金投入一个生产力低下而又管理不善的国家时，就会出现信贷过热。**当这种资金流入的增长比经济增长快三倍时，危机的发生条件可能就成熟了。**

信号4：资产价格泡沫

● 资产价格泡沫。要注意在房地产和证券市场的泡沫，但也不要忘记其他奢侈品：轿车、餐厅、服装，甚至是表面上看起来微不足道的服务，如高档理发费用。作为一项经验法则，**当我们发现任何种类的资产价格已经连续几年以每年20%以上的速度增长时，我们就看到了泡沫产生的迹象。**

我们验证过上述体系的历史表现，基本上可以推出布雷顿森林体系瓦解后的大部分大反转交易机会，对于1992年的英镑崩溃和1997年的泰铢崩溃也能做出与索罗斯一样的预测，我们希望这一基于价值和价格二元运动的投资体系可以为那些喜欢索罗斯却又不知道如何运用其反身性理论的人提供帮助。**在索罗斯的整个体系中，价格对价值背离和回归是交易哲学的主体，这就好比格雷厄姆将安全空间作为投资体系的主体，巴菲特把市场专利作为投资体系的主体，林奇将成长性作为投资体系主体一样。**反身也就是运动自己推动自己的现象，是价格背离价值运动的动力，而价格对价值的反

索罗斯的"反身回归"理论就是"反身"推动价格和价值背离，而"回归"则推动价格和价值一致，索罗斯就在此动态的均衡过程中，利用失衡创造的机会。

应则是回归运动。所以，索罗斯的"反身回归"理论就是"反身"推动价格和价值背离，而"回归"则推动价格和价值一致，索罗斯就在此动态的均衡过程中，利用失衡创造机会。这不是价值投资是什么，所以索罗斯是无门无派的世外奇人，但这并不能否认他是一位价值投资的大师。他所信奉的"反身回归"法则恰好证明他是一个不折不扣的价值投资者。

（2）股票市场中的反身性。

很多读者可能觉得索罗斯是一个从事国际货币投资的大师，对于股票可能不太在行。其实，这也是国内关于巴菲特传记的以讹传讹。第一，索罗斯拥有的股票投资经历在 40 年以上；第二，索罗斯是从投资欧洲的股票在美国金融界立足的。索罗斯在实际股票投资中发展了"反身回归"法则，同时也在股票交易中运用和检验这一法则。

索罗斯认为美国股票市场是检验"反身回归"法则的天然实验室：股票市场具有一个统一的交易场所，"产品"同质，交易成本相对实物低廉很多，足够的参与者保证了市场的高度流动性，同时防止了庄家操纵，严格的信息披露和监管机制使得所有投资者都可以获得同样的消息，内幕交易基本杜绝了。索罗斯认为通过股票市场和股票交易可以很好地验证自己的投资哲学。

在《金融炼金术》中索罗斯将自己归纳入基本分析流派，事实也确实是这样的，连保罗·琼斯这类基金中的技术派大师都感到惊讶，一个众人眼中的投机分子怎么会是一个完全依靠基本面交易的怪才呢。索罗斯将股票价格的分析和交易技术分为三种：技术面类型、随机漫步类型和基本面类型。

索罗斯与巴菲特、彼得·林奇一样认为那些抱着市场有效论的随机漫步者明显是睁着眼睛说瞎话，随机漫步者以指数化方式进行投资，索罗斯不无讽刺地反驳那些随机漫步理论信徒："我本人在十二年的时间里持续获得超过市场平均水平的回报，仅此一点足以证明市场有效论的谬误。"索罗斯认为技术面分析主要是着眼于股票股价供给的变化，其作用在于判断事件发生的概率，而非做出实际的推断，索罗斯与格雷厄姆、巴菲特、林奇一样认为技术分析没有多少有用的东西。对随机漫步派和技术面分析派批判完后索罗斯开始对自己喜欢的基本面分析大加赞扬一番："相比之下，基本面分析要有意思得多，但是基本面分析一般为均衡理论所统治。"索罗斯认为在均衡理论中，股票代表了公司的价值，并且股票本身还有价格。股票的价值取决于其背后资产的收益能力。均衡理论假定股票价格在一个时限内具有回归价值的运动倾向，这就是基本面分析的基础。**索罗斯承认了价格回归价值的运动倾向，但是他又认为均衡理论是不足的，因为这一理论没有考虑非均衡的运动机制，也就是股价对价值的背离运动，索**

罗斯认为这正是自己的理论所要处理的问题。

传统的均衡回归理论是格雷厄姆价值投资的前提，该理论认为股票价格在一个适当长的期限内具有回归价值的运动趋势，同时价值决定了价格，虽然存在时间滞后效应和过多反应效应。但是**索罗斯认为股票价格也能影响公司的价值，比如股价的高低影响了公司的再融资、并购收益，而这些并没有为传统的均衡回归分析所重视，索罗斯认为自己的反身背离原理可以解决这一问题。**

索罗斯提出了"基本趋势"和"主流倾向"两个因素来模拟股市中的反身回归运动。股票价格取决于基本趋势和主流倾向两个因素，而股价也会反过来受到股价的影响，不过从索罗斯的描述中可以看出基本趋势对股价的影响和股价对基本趋势的影响不对称因果关系，也就是基本趋势对股价的影响是决定性的，而股价对基本趋势的影响则是因果。索罗斯利用每股收益来代表基本趋势，这再次表明了他的基本趋势相当于价值中枢，而股价和基本趋势之间的差值就是主流倾向的作用，所以股价和每股收益之间的差值反映了主流倾向的作用。从这里来看，**索罗斯的"主流倾向"几乎等于格雷厄姆的"市场先生"，反映了投资者们由于认知不完备而出现的集体性癫狂，基本趋势相当于格雷厄姆的"内在价值"。**在索罗斯那里，主流倾向推动价格发生远离基本趋势的反身性运动；在格雷厄姆那里，市场先生推动价格发生远离内在价值的自强化运动。我们在索罗斯和格雷厄姆之间更多地看到了共同点，**而不是差异。**

**索罗斯利用反身性理论进行股票交易的方法通常是：第一步，判断公司能够带来的每股收益，以及诸如此类反应资产生产性收益的指标，从而得到一个基本趋势；第二步，等待主流倾向与股票价格交互影响，使得股价最终被抛离基本趋势，这就是一个反身性的过程；第三步，找到反身性动能不足的迹象，建立头寸，等待价格进行回归趋势的纠正运动。**这简直就是格雷厄姆式的交易方法，只需要更换一些名词就

---

*索罗斯认为反身性导致价格对价值的背离，格雷厄姆认为"市场先生"导致了价格对价值的背离。*

*《江表传》："天下智谋之士所见略同耳。"*

可以做到这点：第一步，判断公司所具有的价值，这些价值与公司具有的资产和创造的收益有关；第二步，等待市场先生推动股价偏离价值中枢，在这个过程中投资者之间和投资者与市场之间都会发生情绪传染现象；第三步，当价值和价格之间出现了足够的交易空间后，进场投资。

索罗斯利用了主流倾向的非理性，通过价格对基本趋势的周期性偏离获得高于市场平均水平的收益。但是，索罗斯在股价和基本趋势的关系上陷入了矛盾，这点可以从《金融炼金术》中很多模糊甚至逻辑存在问题的论述中可以看出，一方面他认为股价可以主导基本趋势，另一方面他又认为股价对基本趋势的回归是获利的基础。之所以出现这种问题，是因为**他可能没有搞清楚非对称性的因果关系，这就是 A 可以影响 B，B 可以影响 A，但是 A 对 B 的影响是主要的**。对于索罗斯而言，他的意思可能是要证明价格也是能够影响基本趋势的，但是为了强调他这一发现是如何与传统理论不同，他**将价格影响基本趋势的能力夸大了**，在他的实际交易中和其他部分的论述可以明显看到那其实是承认基本趋势主导价格的非对称因果关系：股价可以影响基本趋势，基本趋势也可以影响股价，但是基本趋势对于股价的影响是主导性的。**只有坚持了其中一个因素是主导性的，反身性理论才能运用于市场，否则如果两个因素没有主次，在因果关系是对等的，这会使得系统不可预测。**

索罗斯 20 世纪 60 年代成功地运用了这一理论，在当时的集团型企业热潮中大捞了一把。

（3）外汇市场中的反身性与英镑、泰铢之战。

索罗斯的早期投资经历一直集中在证券，20 世纪 70 年代，布雷顿森林体系崩溃后，浮动汇率制度建立起来，从那时开始索罗斯一直从事外汇"投机"交易。总体而言，他在外汇市场的表现非常不错，并因此赢得一个称号"打败英格兰银行的人"。索罗斯坦诚地指出："从性格上讲，我一向对抓转折点比跟随趋势更为感兴趣。"他认为"反身回归"法则可以更好地运用于捕捉外汇市场的转折点，因为**反身背离和回归趋势的交接处就是索罗斯最想把握的交易机会**，他认为反身性理论能够很好地做到这一点。

索罗斯认为，由于外汇市场是一个全天候的市场因此其反身性更加连贯，而且外汇市场的交易量远远超过了股票市场，在最近 30 年其日成交量增长到了全球证券市场的 20 倍。索罗斯认为浮动汇率制度具有天生的不稳定性。

索罗斯认为正统的国际经济学都认为外汇市场倾向于较为紧密的绕价值运动：币值较高，使得出口受到影响，而出口下降，减少了贸易盈余，从而国民增长受到限制，然后币值下降。出口增加会导致汇率上升，汇率上升则会导致出口下降，出口下降又

导致汇率下降，汇率下降引起出口增加。经济始终起着恢复平衡的状态，这就是传统经济理论的主流看法。同时那些传统的国际经济学者认为投机活动不能破坏均衡的趋势。

但是，索罗斯却不这么认为，他说："从1973年开始的浮动汇率制度表明不是基本因素影响汇率，反而是汇率找到了影响基本因素的方式。"从东亚国家的汇率低估政策来看确实如此，通过压低本币汇率，中国和东南亚国家的出口获得了大幅度的增长，从而带来整个经济的迅速发展，但是经济的发展却并没有让货币升值，从而恢复均衡。他还举了一个例子：高估的汇率可以抑制通货膨胀，因为这降低了进口商品的价格，同时抑制了出口，使得国内的产品供应更加充足，价格水平下降，当该国的出口商品中含有很大比例进口产品时，一个国家可以无限制地保持其竞争力，德国在20世纪70年代就是这种情况。

当时索罗斯忽略了期限更长的情况，像中国和日本这类低估本币价值和生产要素价格的做法在长期内都是行不通的，要么提高要素或者本币的价格，要么让流动性在国内泛滥，将资产价格吹得老高。

索罗斯一方面认为汇率可以影响基本面，甚至发挥长期作用，另一方面他又认为"自我强化的过程持续越久，则其本身越脆弱，最终还是要自我逆转，启动一轮反向的自我加强过程，这就是一个完整的**反射性过程**。"另外，索罗斯还是认为应该稳定"基本趋势"，让汇价和"主流倾向"相互作用。他假设外汇市场中只有投机交易属于"主流倾向"，而贸易和非投机资本流动则独立于"主流倾向"，它们构成了"基本趋势"。基本趋势是独立于人的心理和汇价波动的。索罗斯强调：**"预期并不是一种随心所欲的，反复无常的东西，它们必然植根于自身之外的事物。"**从中可以看出，他还是承认"基本趋势"是独立于"主流倾向"的，这像公司的内在价值独立于证券交易者的情绪一样。在此基础上，索罗斯寻找可供交易的转折点，他首先根据经常项目下的贸易流量和资本

为什么物极必反？

这句话要多读几遍，意义重大。

项目下的长期直接投资确定"基本趋势"，这个基本趋势应该反映了这个货币宗主国的经济繁荣度和稳定程度，政治风险也要加入，在此基础上看汇率是否在投机资金所代表的"主流偏向"下大大背离了"基本趋势"。在此背离过程中，主流倾向和汇价是相互影响和相互强化的，这就是反身性过程。**一旦识别出了大幅度的背离，索罗斯就要随时关注是否出现了转折迹象，也就是说反身性过程出现了动能不足的迹象，如果确认了存在这类迹象，则索罗斯就会进场反向交易。**其实，巴菲特也是这样一个反向交易者，他是根据价格和价值的背离程度进行有选择的反向交易，最近几年巴菲特做空美元，也是根据美元汇价与美国经常项目的背离做出反向交易决策的。

看了索罗斯的有选择逆向交易思路后，我们发现了他与价值投资大师之间的相似之处，甚至可以说雷同之处。

下面关于索罗斯英镑和泰铢之战的描述，从中我们可以看到索罗斯的目光犀利和手法凶悍之处。

**打垮英格兰银行的人**

索罗斯犹如华尔街上的一头金钱豹，行动极其敏捷，善于捕捉投资良机。一旦时机成熟，他将有备而战，反应神速。1992 年，索罗斯抓住时机，成功地狙击英镑。这一石破天惊之举，使得惯于隐于幕后的他突然聚焦于世界公众面前，成为世界闻名的投资大师。

英镑在 200 年来一直是世界的主要货币，原来采取金本位制，与黄金挂钩时，英镑在世界金融市场占据了极为重要的地位。只是第一次世界大战以及 1929 年的股市大崩溃，才迫使英国政府放弃了金本位制而采取浮动制，英镑在世界市场的地位不断下降。而作为保障市场稳定的重要机构——英格兰银行，是英国金融体制的强大支柱，具有极为丰富的市场经验和强大的实力。从未有人对抗这一国家的金融体制，甚至想都未敢想过。

索罗斯却决定做一件前人所未做过的事，摇撼一下大不列颠这棵号称坚挺的大树，试一试它到底有多么强大的力量。但索罗斯并不是一个容易冲动的人，他不会拿投资人的钱去做无谓的冒险，他在不断地寻找机会。

随着 1989 年 11 月柏林墙的轰然倒下，许多人认为一个新的、统一的德国将会迅速崛起和繁荣。但索罗斯经过冷静地分析，却认为德国由于重建原东德，必将经历一段经济拮据时期。德国将会更加关注自己的经济问题，而无暇帮助其他欧洲国家渡过经济难关，这将对其他欧洲国家的经济及货币带来深远的影响。

1990 年，英国加入西欧国家创立的新货币体系——欧洲汇率体系（简称 ERM）。

索罗斯认为英国犯了一个决定性的错误。因为欧洲汇率体系将使西欧各国的货币不再钉住黄金或美元，而是相互钉住；每一种货币只允许在一定的汇率范围内浮动，一旦超出了规定的汇率浮动范围，各成员国的中央银行就有责任通过买卖本国货币进行市场干预，使该国货币汇率稳定在规定的范围之内；在规定的汇率浮动范围内，成员国的货币可以相对于其他成员国的货币进行浮动，而以德国马克为核心。早在英国加入欧洲汇率体系之前，英镑与德国马克的汇率已稳定在 1 英镑兑换 2.95 马克的汇率水平。但英国当时经济衰退，以维持如此高的汇率作为条件加入欧洲汇率体系，对英国来说，其代价是极其昂贵的。一方面，将导致英国对德国的依赖，不能为解决自己的经济问题而大胆行事，如何时提高或降低利率、为保护本国经济利益而促使本国货币贬值；另一方面，英国中央银行是否有足够的能力维持其高汇率也值得怀疑。

特别是在 1992 年 2 月 7 日，欧盟 12 个成员国签订了《马斯特里赫特条约》。这一条约使一些欧洲货币如英镑、意大利里拉等显然被高估了，这些国家的中央银行将面临巨大的降息或贬值压力，它们能和经济实力雄厚的德国在有关经济政策方面保持协调一致吗？一旦这些国家市场发生动荡，它们无力抵御时，作为核心国的德国会牺牲自己的国家利益来帮助这些国家吗？

市场洞察力决定了一切，错误的洞察会导致自我毁灭。索罗斯的天才就在于比别人更快的预见到未来的发展趋势。索罗斯早在《马斯特里赫特条约》签订之时已预见到欧洲汇率体系将会由于各国的经济实力以及各自的国家利益而很难保持协调一致。一旦构成欧洲汇率体系的一些"链条"出现松动，像他这样的投机者便会乘虚而入，对这些松动的"链条"发起进攻，而其他的潮流追随者也会闻风而动，使汇率更加摇摆不定，最终，对追风机制的依靠比市场接纳它们的容量大得多，直到整个机制被摧毁。

果然，在《马斯特里赫特条约》签订不到一年的时间里，一些欧洲国家便很难协调各自的经济政策。当英国经济长期不景气，陷于重重困难的情况下，英国不可能维持高利率的政策，要想刺激本国经济发展，唯一可行的方法就是降低利率。但假如德国的利率不下调，英国单方面下调利率，将会削弱英镑，迫使英国退出欧洲汇率体系。虽然英国首相梅杰一再申明英国将信守它在欧洲汇率体系下维持英镑价值的政策，但索罗斯及其他一些投机者在过去的几个月里却在不断扩大头寸的规模，为狙击英镑做准备。

随着时间的推移，英国政府维持高利率的经济政策受到越来越大的压力，它请求德国联邦银行降低利率，但德国联邦银行却担心降息会导致国内的通货膨胀并有可能引发经济崩溃，拒绝了英国降息的请求。

英国经济日益衰退，英国政府需要贬值英镑，刺激出口，但英国政府却受到欧洲汇率体系的限制，必须勉强维持英镑对马克的汇价在 1：2.95 左右。英国政府的高利率政策受到许多金融专家的质疑，国内的商界领袖也强烈要求降低利率。1992 年夏季，英国首相梅杰和财政大臣虽然在各种公开场合一再重申坚持现有政策不变，英国有能力将英镑留在欧洲汇率体系内，但索罗斯却深信英国不能保住它在欧洲汇率体系中的地位，英国政府只是虚张声势罢了。

英镑对马克的比价在不断地下跌，从 2.95 跌至 2.85，又从 2.85 跌至 2.7964。英国政府为了防止投机者使英镑对马克的比价低于欧洲汇率体系中所规定的下限 2.7780，已下令英格兰银行购入 33 亿英镑来干预市场。但政府的干预并未产生好的预期，这使得索罗斯更加坚信自己以前的判断，他决定在危机凸显时出击。

1992 年 9 月，投机者开始进攻欧洲汇率体系中那些疲软的货币，其中包括英镑、意大利里拉等。索罗斯及一些长期进行套汇经营的共同基金和跨国公司在市场上抛售疲软的欧洲货币，使得这些国家的中央银行不得不斥巨资来支持各自的货币价值。

英国政府计划从国际银行组织借入万亿英镑，用来阻止英镑继续贬值，但这犹如杯水车薪。仅索罗斯一人在这场与英国政府的较量中就动用了 100 亿美元。索罗斯在这场天量级的豪赌中抛售了 70 亿美元的英镑，购入 60 亿美元坚挺的货币——马克，同时，索罗斯考虑到一个国家货币的贬值（升值）通常会导致该国股市的上涨（下跌），又购入价值 5 亿美元的英国股票，并卖掉巨额的德国股票。如果只是索罗斯一个人与英国较量，英国政府也许还有一丝希望，但世界许多投机者的参与使这场较量的双方力量悬殊，注定了英国政府的失败。

索罗斯是这场"赌局"最大的赌家。其他人在做出亿万资金的投资决策时也许心脏会狂跳不已，寝食难安，但这从来不是索罗斯的风格，他在进行高风险、大手笔的决策时，凭借的是他超人的胆略和钢铁一般的意志，他能处之泰然，好像置身于事外。也许他能不断制造世界金融界神话的最大秘诀之一就是他具有超人的心理素质。

下完赌注，索罗斯开始等待。1992 年 9 月中旬，危机终于爆发。市场上到处流传着意大利里拉即将贬值的谣言，里拉的抛盘大量涌出。

1992 年 9 月 13 日，意大利里拉贬值 7%，虽然仍在欧洲汇率体系限定的浮动范围内，但情况看起来却很悲观。这使索罗斯有充足的理由相信欧洲汇率体系的一些成员国最终将不会允许欧洲汇率体系来决定本国货币的价值，这些国家将退出欧洲汇率体系。

1992 年 9 月 15 日，索罗斯决定大量放空英镑。英镑对马克的比价一路下跌至 2.80，虽有消息说英格兰银行购入 30 亿英镑，但仍未能挡住英镑的跌势。到傍晚收市

时，英镑对马克的比价差不多已跌至欧洲汇率体系规定的下限。英镑已处于退出欧洲汇率体系的边缘。

英国财政大臣采取了各种措施来应对这场危机。首先，他再一次请求德国降低利率，但德国再一次拒绝了；无奈，他请求首相将本国利率上调 2%~12%，希望通过高利率来吸引货币的回流。一天之中，英格兰银行两次提高利率，利率已高达 15%，但仍收效甚微，英镑的汇率还是未能站在 2.778 的最底限上。在这场捍卫英镑的行动中，英国政府动用了价值 269 亿美元的外汇储备，但最终还是遭受惨败，被迫退出欧洲汇率体系。英国人把 1992 年 9 月 15 日——退出欧洲汇率体系的日子称作黑色星期三。

随后，意大利和西班牙也纷纷宣布退出欧洲汇率体系。意大利里拉和西班牙比塞塔开始大幅度贬值。

但作为与英国政府较量的另一面——索罗斯却是这场袭击英镑行动中最大的赢家，曾被《经济学家》杂志称为"打垮了英格兰银行的人"。在两周时间里，索罗斯从英镑空头交易中获利已接近 10 亿美元，在英国、法国和德国的利率期货上的多头和意大利里拉上的空头交易使他的总利润高达 20 亿美元，其中索罗斯个人收入为 1/3。在这一年，索罗斯的基金增长了 67.5%。他个人也因净赚 6.5 亿美元而荣登《金融世界》杂志的华尔街收入排名榜榜首。

### 征战东南亚

20 世纪 90 年代初期，当西方发达国家正处于经济衰退的过程中，东南亚国家的经济却出现奇迹般地增长，经济实力日益增强，经济前景一片灿烂，东南亚的经济发展模式在经济危机爆发前曾一度是各发展中国家纷纷仿效的样板。东南亚国家对各自的国家经济非常乐观，为了加快经济增长的步伐，纷纷放宽金融管制，推行金融自由化，以求成为新的世界金融中心。但东南亚各国在经济繁荣的光环闪烁中却忽视了一些很重要的东西，那就是东南亚各国的经济增长不是基于单位投入产出的增长，而主要依赖于外延投入的增加。在此基础上放宽金融管制，无异于沙滩上起高楼，将各自的货币无任何保护地暴露在国际游资面前，极易受到来自四面八方的国际游资的冲击。加上由于经济的快速增长，东南亚各国普遍出现了过度投机房地产、高估企业规模以及市场需求等，发生经济危机的危险逐渐增加。

早在 1996 年，国际货币基金组织经济学家莫里斯·戈尔茨坦就曾预言：在东南亚诸国，各国货币正经受着四面八方的冲击，有可能爆发金融危机。尤其是泰国，危险的因素更多，更易受到国际游资的冲击发生金融动荡。但戈尔茨坦的预言并未引起东南亚各国的重视反而引起反感。东南亚各国仍陶醉于自己所创造的经济奇迹。

东南亚出现如此巨大的金融漏洞，自然逃不过索罗斯的眼睛。他一直在等待有利时机，希望能再打一场英格兰式的战役。

1993 年，索罗斯认为马来西亚货币林吉特被低估，决定拿林吉特作为突破口。他联合了一些套利基金经理开始围剿林吉特，但是马来西亚总理马哈蒂尔却决心维持低币值的林吉特，马哈蒂尔采取了一系列强有力的措施，加强了对本国资本市场的控制，索罗斯及一些套利基金经理无机可乘，只好暂且收兵。马来西亚货币林吉特也因此免遭劫难。但在马来西亚的小败并未使索罗斯退却，他只是再一次地等待更好的机会。

随着时间的推移，东南亚各国经济过热的迹象更加突出。各国中央银行采取不断提高银行利率的方法来降低通货膨胀率。但这种方法也提供了很多投机的机会。连银行业本身也在大肆借美元、日元、马克等外币，炒作外币，加入投机者的行列。这造成的严重后果就是各国银行的短期外债剧增，一旦外国游资迅速流入各国金融市场将会导致令人痛苦不堪的大幅震荡。东南亚各国中央银行虽然也已意识到这一问题的严重性，但面对开放的自由化市场却显得有些心有余而力不足。其中，问题以泰国最为严重。因为当时泰国在东南亚各国金融市场的自由化程度最高，泰铢紧盯美元，资本进出自由。泰国经济的"泡沫"最多，泰国银行则将外国流入的大量美元贷款移入到了房地产业，造成供求严重失衡，从而导致银行业大量的呆账、坏账，资产质量严重恶化。1997 年上半年，泰国银行业的坏账据估计高达 310 亿~350 亿美元。加之借款结构的不合理，更使泰国银行业雪上加霜。泰国银行业的海外借款 95%属于不到一年的短期借款。

索罗斯正是看准了东南亚资本市场上的这一最薄弱环节才决定首先大举袭击泰铢，进而扫荡整个东南亚国家的资本市场。1997 年 3 月，当泰国中央银行宣布国内 9 家财务公司和 1 家住房贷款公司存在资产质量不高以及流动资金不足的问题时，索罗斯认为千载难逢的时机已经到来；索罗斯及其他套利基金经理开始大量抛售泰铢，泰国外汇市场立刻波涛汹涌、动荡不宁。泰铢一路下滑，5 月最低跌至 1 美元兑 26.70 泰铢。泰国中央银行在紧急关头采取各种应急措施，如动用 120 亿美元外汇买入泰铢，提高隔夜拆借利率，限制本国银行的拆借行为等。这些强有力的措施使得索罗斯交易成本骤增，一下子损失了 3 亿美元。但是，只要索罗斯对他原有的理论抱有信心，坚持他的观点正确，他不仅不会平掉原来的头寸，甚至还会增加头寸。3 亿美元的损失根本无法吓退索罗斯，他认为泰国即使使出浑身解数，也抵挡不了他的冲击，他志在必得。

1997 年 6 月下旬，索罗斯筹集了更加庞大的资金，再次向泰铢发起了猛烈进攻，各大交易所一片混乱，泰铢狂跌不止，交易商疯狂卖出泰铢。泰国政府动用了 300 亿

美元的外汇储备和 150 亿美元的国际贷款企图力挽狂澜。但这区区 450 亿美元的资金相对于无量级的国际游资来说，犹如杯水车薪，无济于事。

7 月 2 日，泰国政府由于再也无力与索罗斯抗衡，不得已改变了维系 13 年之久的货币联系汇率制，实行浮动汇率制。泰铢更是狂跌不止，7 月 24 日，泰铢已跌至 1 美元兑 32.63 铢的历史最低水平。泰国政府被国际投机家一下子卷走了 40 亿美元，许多泰国人的腰包也被掏个精光。

索罗斯初战告捷，并不以此为满足，他决定席卷整个东南亚，再狠捞一把。索罗斯飓风很快就扫荡到了印度尼西亚、菲律宾、缅甸、马来西亚等国家。印尼盾、菲律宾比索、缅元、马来西亚林吉特纷纷大幅贬值，导致工厂倒闭，银行破产，物价上涨等一片惨不忍睹的景象。这场扫荡东南亚的索罗斯飓风一举刮去了百亿美元之巨的财富，使这些国家几十年的经济增长化为灰烬。

亚洲的金融危机还迅速波及到了拉美和东欧及其他亚洲的创汇和证券市场，巴西、波兰、希腊、新加坡、中国台湾等国家和地区的外汇和证券市场也发生了动荡，货币与证券价格纷纷下跌，这些国家的政府也不得不动用国库支持本国货币及证券市场。许多国家已到了谈"索"色变的地步。索罗斯在金融市场上的出击使得许多发展中国家的债务和贸易逆差激增，破坏性极大，各国开始加强金融监管，时刻防范索罗斯，这也使索罗斯的行动变得不再那么容易了。扫荡完东南亚，索罗斯那只看不见的手又开始悄悄地伸向刚回归祖国的中国香港。

1997 年 7 月中旬，港元遭到大量投机性地抛售，港元汇率受到冲击，一路下滑，已跌至 1 美元兑 7.7500 港元的心理关口上下；香港金融市场一片混乱，各大银行门前挤满了挤兑的人群，港元开始多年来的首度告急。香港金融管理当局立即入市，强行干预市场，大量买入港元以使港元兑美元汇率维持在 7.7500 港元的心理关口之上。

刚开始的一周时间里，确实起到了预期的效果。但不久，港元兑美元汇率就跌破了 7.7500 港元的关口。香港金融管理局再次动用外汇储备，全面干预市场，将港元汇率重又拉升至 7.7500 港元之上，显示了强大的金融实力。索罗斯第一次试探性的进攻在香港金融管理局的有力防守中失败了。

根据以往的经历看，索罗斯绝不是那种肯轻易罢休的人，他开始对港元进行大量的远期买盘，准备再重现英格兰和东南亚战役的辉煌。但这次索罗斯的决策可算不上英明，因为他也许忘了考虑香港背后的中国大陆，香港和中国大陆的外汇储备达 2000 多亿美元，加上中国台湾和中国澳门，外汇储备不少于 3740 亿美元，如此强大的实力，可不是英国、泰国等国可比拟的。此番袭击港元，胜算的把握并不大。

　　对于香港而言，维护固定汇率制是维护人们信心的保证，一旦固定汇率制在索罗斯等率领的国际游资的冲击下失守，人们将会对香港失去信心，进而毁掉香港的繁荣，所以，保卫香港货币稳定注定是一场你死我活的生死战。香港政府会不惜一切代价反击对港元的任何挑战。

　　1997 年 7 月 21 日，索罗斯开始发动新一轮的进攻。当日，美元兑港元 3 个月远期升水 250 点，港元 3 个月同业拆借利率从 5.575% 升至 7.06%。香港金融管理局立即于次日精心策划了一场反击战。香港政府通过发行大笔政府债券，抬高港元利率，进而推动港元兑美元汇率大幅上扬。同时，香港金融管理局对两家涉嫌投机港元的银行提出了口头警告，使一些港元投机商战战兢兢，最后选择退出港元投机队伍，这无疑将削弱索罗斯的投机力量。当港元又开始出现投机性抛售时，香港金融管理局又大幅提高短期利率，使银行间的隔夜贷款利率暴涨。一连串的反击，使索罗斯的香港征战未能讨到任何便宜，据说此举使索罗斯损失惨重。

　　中国政府也一再强调，将会全力支持香港政府捍卫港元稳定。必要时，中国银行将会与香港金融管理局合作，联手打击索罗斯的投机活动。这对香港无疑是一种强心剂，但对索罗斯来说却绝对是一个坏消息。索罗斯听到的"坏"消息还远不止这些。1997 年 7 月 25 日，在上海举行的包括中国、澳大利亚、中国香港特别行政区、日本和东盟国家在内的亚太 11 个国家和地区的中央银行会议发表声明：亚太地区经济发展良好，彼此要加强合作共同打击货币投机力量。这使索罗斯感到投机港元赚大钱的希望落空，只得悻悻而归。

　　这次袭击港元失利也给了索罗斯一个教训，不要过分高估自己左右市场的能力，否则，市场有时也会给你来个下马威，让你吃尽苦头。

　　索罗斯作为世界上的头号投资家是当之无愧的。从他进入国际金融领域至今，他所取得的骄人业绩，几乎无人与之能比。也许有的投资者也会有一两年取得惊人业绩，但像索罗斯那样几十年一贯表现出色，却非常难得。他虽然也曾经历过痛苦的失败，但他总能跨越失败，从跌倒的地方再站起来，而且会变得更加强大。他就像金融市场上的"常青树"，吸引着众多渴望成功的淘金者。

　　也有人将索罗斯称为"金融杀手"、"魔鬼"。他所率领的投机资金在金融市场上兴风作浪，翻江倒海，刮去了许多国家的财富。掏空了成千上万人的腰包，使他们一夜之间变得一贫如洗，故而成为众矢之的。但索罗斯从不隐瞒他作为投资家以追求利润最大化为目标，他曾为自己辩解，他投机货币只是为了赚钱。在交易中，有些人获利，有些人损失，这是非常正常的事，他并不是损害谁。他对在交易中遭受损失的任何人都不存在负罪感，因为他也可能遭受损失。

不管是被称为金融奇才，还是被称为金融杀手，索罗斯的金融才能是公认的。他的薪水至少要比联合国中 42 个成员国的国内生产总值还要高，富可敌 42 国，这是对他金融才能的充分肯定。他虽然是一个有争议的人，但不容置疑，他又是一个极具影响力的人。

（4）善用心理学和人际网络确认回归的大师。

一般来说，投资者们很少能够把握到市场转折的关键位置，但是对于像索罗斯这样的"快刀手"而言，如果不能抓住关键的市场反转点，则会面临很高的市场风险，当然大师也非不犯错误的常胜将军，全世界能够捕捉宏观大势转折点的投资大师，只有屈指可数的几位，比如巴菲特在最低点买入白银，保尔森在最高点做空房贷 CDS，而索罗斯则是在英镑和泰铢的历史顶点**附近做空**。要精确地把握到金融产品的临界反转点，需要一定的知识储备，那么究竟需要哪些领域的知识呢？根据索罗斯本人的经历和投资哲学，**一个成功的"金融炼金"大师必须对宏观经济和政治理论有深入的了解和结合实际的把握，更为重要的是他还能够明晰人性的弱点和缺陷，懂得群体心理学和变态心理学的精髓，与此同时他还能得到来自第一线的消息，也许这应该被称为"草根数据"。**对于宏观经济学和现实主义政治学的掌握，我们建议大家可以读一下克鲁格曼的国际经济学教程以及海尔米斯的《大国政治悲剧》。我们这里主要讲讲怎么利用心理学的相关知识和人际关系网络来确认金融市场的转折和回归。

索罗斯在三个层面运用了心理学的法则：第一个层面是个人认知心理学，第二个层面是群体心理学，第三个层面是催眠心理学。当然，也许索罗斯本人并没有有意识地以心理学理论为学习和运用的范本，但是他确实在实际的交易中运用了心理学的相关法则和理论，并且在自己的文章中彰显出来。

我们首先来谈谈索罗斯在金融交易中对个人认知心理学

大家有空可以看看"大空头"这部电影。

美国的地缘政治大战略可以从这本书上得到透彻的理解。

的认识。索罗斯认为人的认知存在很大的局限性，这种局限性来源于人的感官和思维。人的感官，无论是视力，还是听力，都有一定的局限性，这就制约了人收集信息的能力，进而导致认知上的偏颇和失误。除了感官的局限性，人对信息的处理能力也有局限性，比如人的分析能力、记忆能力等。**更为重要的是，人的信念，价值观和态度会影响人收集和处理信息，并做出决策的中立性。** 一个偏好风险的投资者，对于风险信息就不能敏感，而一个厌恶风险的投资者，对于收益信息同样没有对于风险信息那么敏感。个人的认知存在局限，那么如何在交易中具体运用这一点呢？索罗斯教导金融交易者要学会控制自己的认知局限性，承认自己的能力存在边界，要管理好自己的投资交易行为，不在能力边界之外行事。同时，一个成功的交易者还要能够利用其他交易者的认知缺陷行事。在处理个人认知局限上，索罗斯认为"避实击虚"一词可以很好地概括出相应的指导法则。**承认自己的认知局限，避免盲目自信，超越能力范围，同时找出对手的认知局限，战而胜之。**

> 避免自己的非理性，利用对手的非理性。

对于个人心理学，索罗斯有很好的领悟，这些领悟更多来自早期经历和大学期间的哲学教育。虽然他本人并没有接受过系统和专业的个人心理学教育，但是他仍旧认识到了其中的关键法则，这些法则区分了极少数成功的交易者和绝大多数失败的交易者。我们来看看索罗斯领悟到的个人心理法则。

索罗斯与当今人格心理学家认识一致，他认为**一个人的信念决定了其价值观，而价值观决定了其态度，态度决定了其长期的行为，而长期的行为决定了其行为最终结果。一个成功的交易者必然具有正确的信念，而正确的信念带来了正确的价值观，正确的价值观带来了正确的态度，正确的态度带来了长期正确的行为，长期正确的行为必然获得最终的交易成功，这体现为丰厚的利润。** 但是，在一个失败的交易者身上，我们则看到相反的一幅图像。在索罗斯看来，人的成功并不取决于环境，而是取决于信念，当一个人认为自己不会犯错时，他就不会做好处理错误的准备，当他不准备应对损失时，他很容易被损失击溃。个人的认知存在局限，这是一个信念，这一信念是所有成功的投资大师和投机大师都具有的一个共同信念。因为人的认知存在局限性，那么没有人能够不犯错误，所以做好犯错的准备，留下回旋余地则是非常明智的行为，这就是说做好后续准备是有价值的，一个信念就得到了一个价值观。那么有正确的信念和价值观就能带来良好的交易绩效吗？不，索罗斯认为一个正确的信念和价值观必须外化为态度，由此形成一致且重复的长期行为，最后才会获得持久**的良好交易绩效。**

在索罗斯看来，一个成功的交易者总是从内在世界去寻找成功的种子，如果一个交易者能够将既往的错误归结为具体的内部原因，则比起那些总是从环境和行为层面寻找取胜法宝的交易者更容易成功。**失败的交易者总是在具体的交易技巧和策略上寻找答案，而成功的交易者则会意识到内在的信念才是决定成败的观念。**当然，索罗斯并不认为那种通过按念念有词的现代心理巫术就能带来成功，识别出自己错误的交易信念只是成功的第一步，也是最重要的一步，但是却不是最后一步，只有由信念出发，落实在具体行为上才能有所成就。

接着，我们来看看索罗斯对于群体心理学在金融交易中的诠释。索罗斯认为金融市场不过是群体癫狂的一种最典型表现而已。价格的运行是群体行为的外化轨迹。索罗斯经历过纳粹和苏联的集权统治，他很直观地感受到了癫狂的群体行为带来的非理性社会运动轨迹。金融市场也是如此，各种金融资产的价格变化不过是一种新形式的非理性社会运动轨迹。但是，**任何人气催生的"主流偏向"都会因为资金流入衰竭而出现回归运动，这就是向"基本趋势"的回归。**索罗斯知道群体行为带来了极大的非理性，而这种非理性将很快因为资金流入的衰竭而被纠正。抓住回归启动的那一段，这就是索罗斯全部交易理论的核心。索罗斯认为金融市场中的

对一个人制约最大的东西是信念，不符合客观规律的信念是最大的限制力量。

错误的信念使得我们无法找到符合客观规律的投资方法。

群体行为主要体现在两个方面：第一，群体会降低个体的认知能力，并摧毁个体的中立性，这会使得金融市场出现非理性的运动；第二，金融市场的非理性运动会使得非理性的投资者认为自己先前的判断是正确的，从而继续先前的操作方向，市场和交易者相互强化非理性因素和行为。索罗斯认为无论群体非理性运动导致的市场非理性运动多么强大，最终市场都会被纠正，这种纠正因素首先来自资金流入的衰竭，接着理性因素和情绪因素开始发挥作用，推动反转和回归的到来。我们以索罗斯当时的英镑战役为例来说明。首先，由于政府和外汇交易者群体的非理性使得大量资金流入英镑，从而支撑和推高了英镑的汇率，市场出现了非理性运动，并反过来加强了参与群体的非理性程度，交互作用。随着英镑汇率不断走强，**要维持同样幅度的上涨需要更多的资金流入**，当资金流入不能维持加速度运动时，做多英镑的收益将逐渐下降，而这将导致做多英镑的市场吸引力下降，进一步导致英镑汇率上涨减缓，最后资金流入开始减速，这时市场的反转点就开始出现了。当市场反转时，理性的呼声开始出现，此后做空的情绪登场，大规模的反向回归运动启动。而索罗斯的伟大之处在于，他抓住了资金流入减速的那一点，进场做空英镑。

索罗斯对于心理学的第三个实践层次是在催眠心理学层面。索罗斯是一个短期交易者，但是他不是一个技术派交易者，而是一个基本面交易者。为什么他不采用技术分析呢？为什么他不时刻盯着价格的细微波动呢？因为他认为**技术派交易者太在乎即时的价格波动，长时间地紧盯市价会导致交易者被市场催眠，从而诱发近乎荒唐的交易决策和交易冲动**。索罗斯的交易活动以外汇市场为主，这是因为外汇市场可以很好地容纳规模较大的资金，同时提供数量丰富的宏观交易机会。外汇市场是一个 24 小时市场，除了周末时段，主要汇价不停地变动，这提供了无数的交易机会，自然也引发了无数的交易冲动。当一个交易者紧盯价格波动时，他将很快失去自我意识和分析能力，所有的交易决策基本上基于冲动和臆想的理由，而不是理性和系统的决策。为了避免上述情况的发生，索罗斯不会在乎价格的微小波动，更不会与价格走势靠得太近，并且拒绝使用技术分析，因为后者会使得交易者过分靠近市场从而被市场催眠，做出鲁莽行为。

索罗斯除了使用心理学知识来识别市场临界点和把握回归运动之外，他还善于利用人际网络来获取分析信息，从而得到信息优势和阿尔法收益。

索罗斯在成立开放社会基金会后，结识了不少权贵，凭借自己打败英格兰银行获得的显赫名声，他能够获得不少内幕消息。这些人际关系网络可以帮助索罗斯收集大量的第一手信息，这些素材可以帮助索罗斯确认其根据公开材料做出的判断是否正确。

调动一切资源服务于投资。

**将理论逻辑推理和直接信息验证结合起来帮助交易，当市场价格处在临界点时，索罗斯可以利用人际关系网络确认这一点。**

# 第三节　索罗斯的智慧法则二：生存第一

如果一定要用一个词概括我的实际经验：生存。

——乔治·索罗斯

生死之地，存亡之道，不可不察也。

——孙武

（1）两代生存专家。

对于一个天天与宏观经济打交道的基本面交易者，索罗斯也同本书的其他大师一样将资本安全放在首位，他之所以成为重视风险控制的专家，主要源于两方面的原因：索罗斯的父亲经历过各种恶劣的生存环境，在战争和迫害之间求得生存，这种求生的意识和魄力对索罗斯交易生涯产生了深远的影响，他也同家人度过了一段战争岁月，这段经历为他日后的交易生涯打下了良好的基础。可以说在**向市场交学费学习金融市场生存之道前，索罗斯已经在真正关系生死的博命场上受到了最充分的求生避险教育**。第二个方面的原因则来自索罗斯在伦敦政治经济学院受到的教育，在那里他受到了波普和哈耶克的良好培训，他认识到了人类的认知天生存在缺陷，而这种缺陷却往往被人类自身所忽视，因此经常酿成悲剧，或者造成根本无法挽回的损失。正因为索罗斯意识到了投资者自身具有的局限性，这才使得他加强了风险意识，更为严肃和谨慎地处理周遭那些或明或暗的危险。

索罗斯从其父身上学到的东西与林奇早年学到的东西有少许相似，因为林奇早年家境贫寒，他自己争赚学费，这使得林奇小的时候就已经意识到了要想生存就需要努力积累资

源，要珍惜已有资源。而索罗斯从波普和哈耶克身上学到的东西却与巴菲特从费雪和格雷厄姆身上学到的东西有很多相似之处，索罗斯所谓的认识不完备性与巴菲特的"能力范围"密切相关。索罗斯所掌握的生存之道中，心理学占了很大的成分，想想看他的反身性理论，就是关乎心智和外物交互影响的学说，而巴菲特的心理学知识最初来自于**查理·芒格**。

*投资大师都是心理学运用大师。*

　　索罗斯在两位大师那里受到的影响，我们将在本章的最后部分谈论，在本小节我们先来看看索罗斯的父亲对其产生的深远影响。即使在父亲死后多年，索罗斯仍旧记得父亲的许多教育，索罗斯的父亲对家人的生活和索罗斯的性格产生了深刻的影响，即使在其去世后多年，索罗斯仍旧在思想和感情上受到父亲的影响。索罗斯将父亲当作一个生存艺术家，也就是那种在恶劣环境中进行"自由创作"的人，索罗斯不知道父亲应该属于哪种类型的人，是坚强还是脆弱。索罗斯的父亲本名为迪华达，在第一次世界大战期间，曾经被俘然后送到西伯利亚服刑，由此开始了在索罗斯看来最伟大的求生艺术。

　　1914 年，欧洲爆发的第一次世界大战，当时 20 岁的迪华达加入奥匈帝国陆军，从军并非因为爱国，而是因为这是一次可以增加人生体验的冒险。进入军队后，他被任命为军阶最低的军官。后来被俄国军队俘虏，生活在战俘营，战俘营由沙俄的军队掌管，不久列宁领导的十月革命爆发，沙皇俄国被推翻，这使得战俘营的管理变得混乱，先后由美国人和日本人接手。迪华达在战俘营生活了两年多，为了将枯燥的生活变得有点乐趣，他出版了一份小报。同时，他还跟另外一个战俘学习锁匠技术。在战俘营中他培养出了对语言的兴趣，他开始学习俄文。后来战争结束，迪华达返回到匈牙利，1924 年结婚，1926 长子出生，4 年后也就是 1930 年 8 月 12 日索罗斯出生，这天属于狮子座，看来索罗斯几十年的王者风范在出生之时就已经注定了。索罗斯自幼就认为自己是天神，他甚至认为自己是宙斯之子。

　　**很小的时候，迪华达就告诫索罗斯要成为一个独立的人，**

*最重要的教育是亲子教育。*

355

**他给索罗斯讲一些故事，这样做的目的是为了让索罗斯学到某些独特的价值观。父亲让他成为一个独立而自信的人，而且通过间接的教育方式来达到此目的。**

1944 年，匈牙利笼罩在纳粹的统治下，作为纳粹的盟友，匈牙利与德国一同战斗。索罗斯一家人进入最为艰难的时刻，但是此时的决定多数犹太人却并没有意识到。匈牙利当时已经实行了没收犹太人财产的政策，但是并没有推行到集中营和驱逐犹太人，此时德国纳粹要求匈牙利实行更为严格的排犹政策。在此之前，迪华达已经帮助孩子和自己办好了美国的签证。不久后，匈牙利开始全面排犹政策。但是，迪华达周围的犹太人却不以为然，他们认为希特勒将很快被打败。但是迪华达却并不这么想，他觉得应该尽快取得基督徒的身份，于是他列出一个名单，从中找寻最能帮上忙的人。他立即联系了其中一些人，但是都遭到了拒绝。最后，他找到了自己岳母的管理员，这位管理员帮助迪华达制造了一份假身份，从而掩护了大儿子。通过这位管理员的儿子，索罗斯一家都取得了各种各样的掩护身份。在整个战争期间，迪华达都在施展自己的外交手腕，打破那些日常的规则为家人的生存想办法。这段经历在索罗斯看来经常是益处胜过害处，他喜欢这种机智求生的感觉。这段经历奠定了索罗斯善于解决危机、临危不乱的王者风范。更为重要的是，一个金融交易者所具备的生存意识在这段时期已经开始生根发芽。

对于索罗斯而言，他的所有交易哲学都建立在生存的基础上，以生存为基础，以反身性理论为主体。每位大师都有自己的投资体系，其中有基础，也有核心。索罗斯是我们介绍的最后一位大师，也是最有传奇色彩的一位，巴菲特的名声在于他在无声无息中将财富稳定增长，林奇的名声在于金融界，格雷厄姆的名声在于其开辟了证券分析这一职业，而索罗斯的名声在于其纵横于世界舞台光线最闪亮的地方，每次世界局势的变动都有其身影，无论是英镑危机，还是东南亚经济危机，无论是苏联的解体还是乌克兰的玫瑰革命，他真的是当代吕不韦。**他的乐趣超越了数字，超越了金钱，他关注的领域超越了国界，他通过哲学来获取金钱，再用金钱去实践哲学，如果金融世界中有帝王的话，他一定是柏拉图所称道的"哲学王"，他是全世界唯一拥有独立外交政策的平民，他致力于开放社会的推广，所有这些都与他早年的经历有关。所以，伟人的一生早在其童年就已经注定。**

（2）保住资本。

金融交易中的"生存之道"在于保住资本，然后才是赚钱，无论是哪位交易大师，无论他信奉何种流派，只要他想通过实践的考验成为名副其实的大师，就需要坚持这一原则，巴菲特从格雷厄姆那里学到了保住资本的第一课，通过安全空间和分散投资

来控制损失，后来费雪又教会他通过界定能力范围和集中投资来控制损失，索罗斯也经历了大师的教诲。卡尔·波普并非金融界人士，对于交易恐怕也一无所知，但是他的学说却滋养了索罗斯这样的金融大鳄。波普教给了索罗斯控制风险的一种哲学方法，这就是为自己的判断界定有效空间，也就是明确知道自己判断得以成立的基础。**如果一项判断没有前提，则一定无法控制损失，因为根本不知道什么情况下它是错误的。**

正是为自己的交易决策界定了有效空间，索罗斯才能够在事实超出此有效空间时发现自己的决策是错误的。**不光是科学需要可证伪性，一笔交易也需要可证伪性。只要提前知道什么情况下一笔交易是错误的，才能进行一笔可能正确的交易，同时为可能错误的交易做好防范措施。**

*科学的交易是可证伪的交易。*

对于价值投资者而言，一笔交易的可证伪性来自确定某个基本要素的就表明交易是错误的。比如你买入一家公司，并且你规定，当这家公司的市盈率超过 30 时，你的交易头寸就是错误的，那么这样的交易决策就具有可证伪性。但是，绝大部分投资者的交易决策根本没有可证伪性，比如一个交易者买入了一家公司，但是他却没有确定一个退出信号，那么无论这家公司怎么变化，这家公司的股价怎么变化，他都不知道自己是否错误，是否应该退出，这类交易就没有可证伪性，无论情况怎么变化都不能表明他是错误的。

我们再举一个技术交易者的例子。在建立一个头寸时，要界定什么情况下这个头寸是正确的，什么情况下这个头寸是错误的。通常我们使用支撑阻力线来界定。比如我们建立一个多头头寸，那么我们可以假定如果价格跌破最近的一条支撑线则表明这个多头头寸是错误的。很多技术交易者很少，甚至从来不界定自己错误的情况，这样的头寸就是一个不可证伪的头寸。**一个不可证伪的头寸就是毫无积极意义的头寸，往往带来实际的损失和虚幻的利益，这就好比那些不可证伪的学术一样，可以圆满地解释一切现象，正因为如此，这个理论必然没有实际利益，最多带来"安慰剂效应"。**

索罗斯从其父亲那里学到了生存意识，从波普那里学到了生存技能，这就是对自己的判断持有审慎态度，进而为每笔交易界定判断对错的标准，简而言之就是使得每笔交易具有可证伪性。

巴菲特的伟大之处在于，他几乎不在商业分析之外发表自己的建议，他固守一个核心领域，其他领域都是为此服务。但索罗斯却能够像查理·芒格一样将看起来不相关的事物联系起来，哲学上的可证伪可以为交易所用，而且非常好用，这就是索罗斯了不起的地方，一个**金融哲学家**。

查理·芒格和索罗斯有很多的类似之处，大家有兴趣可以对比一下。

除了利用可证伪性来界定头寸，索罗斯才采取了其他保住本金的措施。巴菲特和索罗斯都是经济学专业毕业的，而经济学里面对于概率论有相当深入的涉及。无论是巴菲特还是索罗斯，以及其他的交易大师，都是在采取某种方式获得一个大概率的事件，减少不确定性，增加确定性。格雷厄姆认为价值投资比价格投资更具确定性，也就是成功的概率更大，所以提出"投资为王"法则，同时他还通过"避免轻信"和利用保险精算法来获得大概率事件。巴菲特则通过市场性专利锁定那些具有持续确定性收益的公司，并通过能力范围来确保成功概率。索罗斯通过在大概率事件上下大注来保证本金，同时也是增值本金。除了抓住大概率，还有一种方法可以保证本金，那就是将本金放在那些具有**较低风险报酬比的机会中**。所谓风险报酬比就是一笔交易的潜在亏损和潜在盈利份额之间的比率。这个比率越小越好。总体而言，索罗斯通过使头寸具有可证伪性，并在大概率和低风险报酬比下重注来保障本金安全，同时这既是最好的防守也是最佳的进攻方式，只要资金以正确稳健的方式增值则资本金自然就安全。

换言之，就是较高的风险报酬率。

索罗斯资金的起伏要远远大于巴菲特，比林奇的资金管理更为激进，相对于格雷厄姆这类保守投资者而言，其他三位大师都过**于激进了**。巴菲特采用集中投资，这让崇尚分散投资的格雷厄姆感到不适，林奇虽然采用了分散投资，却偏

索罗斯的收益离差很大。

好于那些成长性的投资，这让恐惧成长预期的格雷厄姆诚惶诚恐，索罗斯不仅集中投资，而且基本根据预期在交易，这可能让格雷厄姆感到愤怒，幸好索罗斯并非格雷厄姆的门徒。其实，索罗斯的集中投资不会危害到本金的安全，因为他也同巴菲特一样，对于投资对象有深入的了解，而且投资对象主要集中于债券和外汇，外汇的种类远远小于可供选择的股票数目。同时，索罗斯采用了可证伪性来界定头寸，这使得他可以在犯错误的时候全身而退。在亚洲金融风暴中，他之所以失败也是因为违背了可证伪性，他没有为自己在香港建立的头寸界定有效空间，所以当他发现中国大陆和香港可以动用巨额外汇储备应对危机时，他没有及时退出，而是一直死守一个一开始就没有**退出条件的头寸**。其实，这次他犯错还主要是因为他分心于其他事务，比如开放社会基金会的运作等。

> 忽略了对手的实力，这是索罗斯狙击香港失败的关键。

（3）规避风险。

在交易中，规避风险与获取利润是一枚硬币的两面，但是却不是同一面。所以，交易者应该同时兼顾规避风险和获取利润两个方面。前一节我们讲到了保障本金安全，其中提到的很多方法都与规避风险有关，但是索罗斯还有一些专门应对风险的措施，我们需要单独来了解一下。**管理风险，减少不确定性是人类诞生以来一直面对的首要问题，人类的历史就是风险管理的历史，从最初的防范野兽袭击，到现在的对付恐怖袭击，无论是赌场的二十一点玩法，还是避孕套的发明，都是人类亿万个管理风险举措中的一个。**《与天为敌》这本书值得一看，它完整地讲述了人类有史以来的各种风险管理技巧和进步。

> 最大的风险是基因灭绝的风险。

在讲到风险的规避方法上，很多大师做出了不同的选择，有时候甚至是相反的，比如格雷厄姆是分散化的投资，而林奇虽然基本只持有股票，却将资金分散到许多不同的股票上面，巴菲特和索罗斯则基本上是集中持股，但是两者又有区别。巴菲特基本上会持有几只长期类别股票，而索罗斯则几乎没有长期持有长期类别资产。索罗斯通过以月度为单位进

行资产轮流操作，其操作的依据就是基本面变化和价格走势，但是他对价格的走势并没有技术派的那类分析，价格走势只是他用于观察基本面的温度计而已。

索罗斯规避风险的方法建立在"生存第一"的风险厌恶理念上，以"反身回归"法则作为提高胜率和报酬率的工具。通常而言，他不会选择在"主流偏向"发生时进场，也不会选择价格回归"基本趋势"时进场，他选择反身和回归过程的临界点。之所以这样做是因为他认为"主流偏向"推动的价格过程是非理性的，充满了泡沫，在此过程中人和价格之间相互影响，一个交易者很难在此中独善其身，容易受到市场的影响，所以他一般不会参与这类过程。作为一个特立独行的大师，能够成功的关键就在于与市场和群体保持了一段距离，如果参与到"主流倾向"中，则是与市场和狂颠群体走到了一起，这必然影响自己的判断力，在群体狂热的氛围中，索罗斯有所顾忌。在回归发生，价格已经处在回归主流趋势的途中，此时入场索罗斯觉得心理上处于劣势，因为行情已经发生了一段时间，此时入场一是可能面临大幅度的调整，二是剩下的回归过程很难估计能走多远，所以索罗斯为了控制风险也不愿意介入已经发生的回归过程。那么，他只能选择临界点进行交易了。他的交易方式近乎于技术流派，却是依据基本面来做决策的。技术流派在进行股票、外汇和黄金、期货等资产交易时，会寻找临界点，临界点也称为支撑线和阻力线，这些线条可以经由一些具体的规则找出，比如前期的成交密集区，波段的高点和低点等的水平延伸线，或者是利用斐波那契折返位置和延伸位置来确定支撑阻力线。索罗斯的好朋友，也就是为他撰写《金融炼金术》前言的保罗·琼斯就是利用波浪理论来确定潜在的反转点的，也就是阻力或者支撑所在的位置。保罗·琼斯找到非常重大的支撑阻力位置之后，会在支撑位置做多，在阻力位置做空，并且将止损放在支撑位置之下，阻力位置之上。索罗斯的操作与此类似，但是他却是采用基本面分析。他的方法类似于格雷厄姆，

如何通过基本面确定临界点？

也就是通过价值和价格的背离幅度是否足够来确定。通过在临界点交易，他可以获得较高的报酬风险比，因为是在临界点，所以他可以将止损设置较小，而且回归过程创造的利润**要大于止损额**。这就是索罗斯的"反身回归"法则所带来的风险规避效应。

除了坚守"生存第一"的信条以及坚持以"反身回归"来管理风险报酬比之外，索罗斯还运用了下面即将阐述的几个法则来规避风险。第一，他进行了全球化的资产配置，我们以他1985年12月9日持有的资产组合结构为例：

- 美国股票
- 美国指数期货
- 外国股票
- 美国政府短期债券
- 美国政府长期证券
- 日本政府债券
- 石油
- 黄金
- 德国马克
- 日元
- 英镑
- 美元
- 其他货币

看看上面这份名单，你都会被吓死，这就是索罗斯遵循"全球投资"理念所进行的交易组合，虽然林奇拥有几百上千只股票，但是他几乎没有去触碰证券市场之外的品种，即使是股票也集中于美国市场。而格雷厄姆和巴菲特虽然也对国际储备资产有所介入，但是与索罗斯比起来又相差甚远。通过"全球投资"索罗斯可以进行最优化的资产配置和风险规避，新兴市场的机会也可以大举把握。

在集中投资上，索罗斯也有类似的操作，不过他的交易大多很短暂，所以用通常意义的"投资"来描述恐怕会显得有点突兀，而且他的交易并非通常意义上的集中，而是非常集中，注全身力道于一点，非常像中国的拳法精神，无论是北方的大成拳，还是南方的咏春拳，都讲求集中全身力量于一点取胜，这非常符合索罗斯的交易风格，虽然他在平时的交易中会全球化投资，但是在关键的盈利时刻他会集中兵力于**一处来解决问题**。不知道索罗斯看过《孙子兵法》和《拿破仑文选》没有，前者讲求"并力一向，千里杀敌"、"避实击虚"，后者讲求"集中兵力原则"。索罗斯运用"反身回归"原

则时就是讲求"避实击虚"，在临界点处，价格运动是最虚弱的，"主流偏向"也是最虚弱的。通过"全力出击"索罗斯可以获得最大的利益和最小的风险，前提是抓住市场和"主流偏向"最虚弱的一刻。

索罗斯知道每个人都存在天生的认知缺陷，一个群体也是如此，所以他总是找到一个能够与自己互补的人来成为搭档。吉姆·罗杰斯这样的旷世奇才，朱肯米勒专业的顶尖高手无疑增添了金融大鳄的风采。通过引入那些黄金搭档，索罗斯做出了超越无数大师的业绩，经常取得超过30%的年化回报率，如果他能够在金融交易上集中精力的话，他应该能够做得更好。也许一个金融哲学王不甘于金钱本身的快乐吧，毕竟他最初和最大的梦想是成为一个哲学家。

在规避风险方面，他汲取了哲学上的精华，无论是波普还是哈耶克都认为人类的认知和制度应该是通过渐进的方式来进步的，凡是僵化和绝对的认知与制度都会带来灾难。索罗斯从中得出了一个结论，那就是认知一旦具有了局限性，明白了自己的疆界才能真正发挥用处，这与可证伪理论基本一致。索罗斯出于"生存专家"的本能总是对环境抱有怀疑的态度，因为他认为这是为了在金融市场中获得生存的自我本能。他的父亲迪华达是一个不相信政府和环境的人，这使得迪华达成功地躲过了纳粹和苏联带来的浩劫。无论是迪华达，还是波普和哈耶克都对政府抱有不信任，这一思想影响了索罗斯，所以他对于封闭社会和新帝国主义抱有强烈的戒心，为此创立了开放社会基金会。为了避免自己在交易中犯下与那些集权政府一样的错误决策，他总是选择优秀的搭档，并且经常反思自己是否发生了错误，他与查理·芒格一样有着一种先假定自己错误，再来查看自己是否犯错的习惯。这就是他的"假定错误"原则，通过这一原则，他将交易中的失误减少到了最小。无论是可证伪性还是"假定错误"原则，"能力范围"原则都是基于人的认识具有不可避免的缺陷这一命题，在这里我们看见了价值大师们和哲学家们的共同之处。

（4）破产意味着死亡。

很多技术分析派大师都破产过至少一次以上，但是这些破产都发生在他们从事金融交易的开始阶段，这类破产使得部分菜鸟级的交易者很快成熟起来，开始领悟到"生存"两字的意义，然后开始注意止损和资金管理。但是，对于那些在交易初级阶段没有经历过破产，或者对破产认识不深的投资者而言，此后的交易行为往往是冒失而风险巨大的。

在交易的开始阶段，交易者投入的资金往往非常少，这时破产的教育价值胜过了损失的经济价值。但是，到了交易者开始投入大量资金的阶段时，破产则往往意味着"死亡"，因为本金在亏损后已经处于不能继续交易的状况，而且心理上也遭受到了重创，交易信心崩溃，要想在短期内重建**几乎不可能**。只是因为这一阶段的破产带来了资金和心理的双重巨亏，所以我们一定要避免因为遭受到这样的破产而过早结束自己的交易生涯。

那么如何做到避免这样的破产出现呢？我们认为只有投资者按照下列步骤和要则去操作就不会面临"死亡"。

第一个步骤是认识到破产的危害，要认识到破产的危害就必须清楚破产带来的长期影响，特别是对心理上的影响。通常而言，**对破产危害的最有效认识却是来自于早期小规模交易的破产**。早期的小规模破产就是在给交易者打疫苗。没有经历过破产和较大亏损的投资者是不会下定决心戒绝那些导致破产的习惯的。认识破产的危害除了经历破产本身之外，还需要得到理性上的认识，这就需要从概率论的角度来认识破产，关于这方面的知识希望大家可以去认真读读《期货交易者的资金管理策略》这本书，重点看看《破产动态学》一章的数理分析。

第二个步骤是科学地管理风险，这就要求大家将风险放在首要位置予以考虑，其次才是收益问题。很多交易者在行情研判时往往只看到收益，看不到风险，或者是低估风险。在交易的时候总是不停地盘算哪个交易品种的收益水平更高，

*学习交易和尝试新策略的时候，应该先用小资金进行摸索。*

而不管其对应的风险水平。这种思维习惯将极大危害本金的安全，交易者如果具有这种错误思维的话将不可避免地迅速走向破产。要科学地进行风险管理，就必须遵循下一小节我们将提到的凯利公式 $K=[(1+W)R-1]/W$。

第三个步骤是计划你的交易和交易你的计划。**人的非理性是导致破产的根源所在，要避免破产，最为根本的办法是走向理性**。但是，完全走向理性是不可能的，所以我们只能尽最大努力做到理性。要成为一个理性的交易者，最为关键的一点是在交易前制订计划，在交易中执行计划，在交易后反省计划。索罗斯在每次交易前都会进行审慎的考虑，并据此制定一个**交易计划**。这一做法使得索罗斯的绩效远远超过绝大多数投资者。但是，制订交易计划并不能保证成功，只有严格地执行既定的交易计划才能带来正确的交易行为，从而得到一个优良的交易结果。

通过上述三个步骤我们就能够避免部分破产带来的金融"死亡"了，但是知道做什么并不足够，还需要知道不做什么。下面我们就来看看什么做法会导致破产：

第一，情绪化的交易；所谓情绪化交易就是交易的目标函数并不是利润最大化，而是其他某种因素的最大化。比如在 2007 年末的期货市场上出现了一位将资金从 4 万炒到 2000 万的女中豪杰。由于媒体的宣传使得她开始以名誉最大化为交易的目标函数，在此后的交易中，虽然遇到市场大幅度转折，但是她仍旧持仓不平，为的就是不愧对自己头上的光环，最终当资金又重新回到 4 万附近时被期货公司强行平仓。交易的目的是利润最大化，而不是其他什么最大化，但是很多交易者并不是朝着利润最大化来的，或许是为了证明自己是股神，是高手而进行交易，凡是抱着错误的心态进行交易，必然为情绪所干扰，最后落得个郁郁寡欢的下场。交易中，虚名虚誉是最害人的东西，索罗斯虽然拥有不少市场大众给予的头衔，但是他并没有就此陷入"光环综合征"。在中国 2007 年的权证市场上，出现过一位权证高手，此人尽量不与

没有计划，就难以进行有效的检讨，没有检讨就无法进步。

媒体接触，后来干脆隐居退出，抱着 7 万到 3 亿的收入继续金融市场的游戏。要避免情绪化交易，就要做到"淡泊明志，宁静致远"。只要做到了这两句诸葛亮的修身警句，则可以轻易地避免情绪化交易。

第二，仓位过重的交易；想要快速致富的梦想加上对自己的能力估计过高，对收益估计乐观，而对风险完全忽视必然导致仓位过重的交易。**当一个投资者以不合理的重仓介入一项交易时，他要么低估了风险，高估收益，导致报酬率过高，要么是高估了胜率。**仓位过重的人似乎只看到了收益，看到了重仓的好处，却没有看到风险，看到重仓的害处。要避免重仓交易的冲动，只需要做到两点：首先不要超过一个单笔亏损上限，那就是 5%；其次要根据我们下节将要介绍的凯利公式来进行仓位计算。

第三，过度频繁的交易；过度频繁的交易来自两种原因：一是交易者追求过高的资金增长率，对自己的盈利能力过度乐观；二是交易者急于扳回先前的亏损。过度频繁的交易使得交易者陷入情绪化中，同时减少了每次交易花费的精力和时间，进而从整体上降低了交易绩效。更为重要的是频繁的交易还会累积大量的手续费，多次下来就会消耗投资者不少资金。

第四，疲劳状态下的交易；由于身体抱恙，或者心情低落，又或者是长时间持续工作导致的疲劳状态会使得交易者无法做出理性和清醒的判断。我们见过许多外汇和期货交易者在长时间盯盘后注意力和思考能力出现了急剧的下降，此后的交易绩效一落千丈。所以，不要自负地认为你足以避免疲劳状态下的低效率决策，其实没有人能够逃过这一关。疲劳状态下继续交易经常会把先前赚到手的利润全部亏出去，甚至还会**危及本金安全。**

第五，没有止损设置的交易；不设置止损指令，这是需要交易者的通病，甚至那些多年从事交易的交易者也是如此。索罗斯认为这样做的交易者根本就没有搞清楚交易是一项概

身态决定心态。

365

率游戏，必须随时做好犯错的准备。交易者不设置止损主要有两个原因：第一个原因是交易者盲目地认为自己不会犯错，所以不必设置止损；第二个原因是交易者惧怕自己的止损被市场噪声波动触发，造成不必要的损失，这种想法是交易者根本没有搞懂止损意义的表现，建议有这样想法的读者好好想想"概率"一词的含义。

> 避免止损的办法不是不设止损。

第六，抱着侥幸心理的交易；很多时候，交易者会因为亏损而拒绝退出，一直抱有回本的心理在市场中生存；也有一些交易者抱着一个不顾当前走势的过高盈利目标。前者因为亏损而抱有侥幸心理，后者因为盈利而抱有侥幸心理。其实，这两种交易者忘了最为根本的一条：**市场从来就不关心你在想什么**。无论你是亏损，还是盈利，无论你认为市场将回转，还是认为市场将继续前进，这些都是你认为的罢了，市场不一定会按照你的设想走，你怎么能够为市场定下路线图。但是，可笑的是，市场中有很多这类抱着一厢情愿想法的投资者，他们认为市场会照顾他们的想法和心情，这真是大错特错。

第七，没有交易计划，或者随意改动交易机会的交易；人的天性趋向于散漫，人的天性不喜欢规则和约束，这也正是绝大部分投资者不能长久在市场中生存的最关键原因。要在金融交易中生存，不是做自己喜欢的事情，不是做自己感到习惯的事情，而是要反**其道行之**。

> 市场中绝大多数人做的事情一定是错误的事情。

我们在上面揭示了导致破产的七种情况，基本上"正常"的交易者身上都同时出现上面几种情况，而要在金融市场中成功就不要做"正常"的交易者。

（5）凯利公式涉及生存之道。

索罗斯将价值投资以短线投机的形式展示给了世人，这使得很多人都错误地认为索罗斯是一个非价值投资者，其实这是一个非常错误的认识。凯利公式运用的集大成者——索普与青年巴菲特有过一次桥牌对局，索普认为巴菲特是这个世界上少数几个能够在金融市场上熟练运动**凯利公式**的投资

> 巴菲特将复利原理的运用送入了顶峰，而索罗斯则是运用凯利公式的集大成者。

者。那么，什么是凯利公式呢？索罗斯与它有什么关系呢？

所谓的凯利公式是指 $K=[(1+W)R-1]/W$，其中的 K 代表此次交易动用的资金比率，而 R 则代表此次交易的风险回报率，W 是此次交易的胜率。无论是巴菲特这样的长期投资者，还是索罗斯这样的短期投资者，在运用凯利公式上都是一流的高手。**索罗斯认为任何一次投资下注都涉及到取胜概率和风险回报率两个方面，如果忽视其中的一个因素，连续几次交易之后必然犯下不可挽回的错误。**

只有趋近于凯利公式的资金管理策略才能保证金融交易者在市场中站稳脚跟，长期生存。可以这样说：凯利公式首先是一个生存法则，其次才是一个盈利法则，当然生存和盈利在金融市场中是两位一体的。当你重视生存时，利润自然来到你的身边，但是当你只追求利润时，则死亡已经离你不远了。

索罗斯相当重视报酬率问题，他之所以选择在临界点正是因为这个原因。报酬率是风险和报酬的比率，也就是说以多大的风险去追求多大的潜在利润。在临界点，市场继续向前运动的幅度很小，但是回归运动的幅度很大，所以在临界点反向操作的风险较小，但是潜在利润却很大。比如，市场先前向上运动，数据和推理都显示市场目前位于临界点附近，此时我们入场做空，理由是市场继续上行的空间很小，但是下跌的空间却很大，做空的止损可以放置很小，但是做空的盈利目标却较大，这样就得到了一个理想的风险报酬率。

在凯利公式中，风险报酬率还不是唯一的资金分配决定要素，胜率也很重要，索罗斯在临界点交易的另外一个原因是可以获得一个较高的胜率。比如市场先前的走势向下，现在位于临界点处，继续向下的概率小于反转向上的概率，因此做多的胜率高于做空的胜率。

**通过临界点，索罗斯可以获得较高的报酬率和胜率，这样就可以动用较大份额的资金介入到一项交易中。**但是更多的交易者却在趋势继续向上的时候做空，在趋势继续向下的时候做多，或者是在临界点处跟随先前的趋势做交易，这样的交易只能带来较低的胜率和报酬率，但是这些交易者却没有相应地降低动用资金份额，其最终结果当然是很快就在市场中破产了。

索罗斯很早就认识到动用资金份额应该随着当下交易的胜率和报酬率而相应变化，只有在胜率高和报酬率高的时候动用更多资金，在胜率低和报酬率低的时候动用更少资金才能够在市场中长期生存下来，利润自然也就随之而来了。但是，一般的投资者基本上没有听说过凯利公式，当然也没有几个人能够自觉地遵从凯利公式的引导。

财富的产生来自确保本金，只有确保了本金才能带来增值。我们在巴菲特一章专

门介绍复利原理，可以说巴菲特将复利原理的运用送入了顶峰。而索罗斯则是运用凯利公式的集大成者，因为他在短期交易中充分地考虑了胜率和报酬率在资金分配中的决定性作用。**财富公式有两个，一个是复利公式，一个是凯利公式，凯利公式保证一个较高资金增长率的获得，而复利公式保证了长久下来财富能够得到指数式的增长。**

生存是第一要务，复利公式中有一个本金项，有一个复利项，有一个交易年数，或者说交易次数项。只有遵循凯利公式的资金分配原则，才能保证本金，才能真正实现本金项的指数式增长。只有遵循了凯利公式的资金分配原则，才能保证一个较高的复利水平，从而保证一个出色的终值。只有遵循了凯利公式的资金分配原则，才能把握更多的高效能交易机会，从而得到一个较大的交易次数，发挥更大的指数式增长。

对于复利原理，交易者只能被动地接受，它告诉了我们一个客观的规律和事实，一个实证的真相。而凯利公式则教导交易者要主动地处理交易仓位，通过明晰胜率和报酬率的影响来决定具体的仓位，主动控制自己的交易成败。复利原理是中性的，它可以让资本逐渐消失，也可以让资本不断增加。而凯利公式则是非中性的，它告诉交易者如何更久更好地在市场中生存。

索罗斯非常伟大，因为他明白凯利公式带来的积极意义，所以他总是在计算了胜率和报酬率后积极主动地管理自己的交易，在自然法度之内处理交易仓位。但是，又有几人知道积极管理仓位的重要性，他们都沉迷于判断行情的各类技巧，对于资金管理策略从不过问，最多关心下止损问题。

索罗斯不止一次地向自己的助手强调了概率的意义，他认为市场的运动并不在乎交易者的想法和利益，而交易者也无法确知市场下一刻的运动方向和幅度，以及持续时间等。正是因为索罗斯对于交易的不确定性有充分的认识，才使得他坚持以概率的思维和原则来把握交易，而凯利公式正是一个非常好的概率管理工具。

复利公式强调"与时间为友"，而凯利公式则强调"与概率为友"。一般的投资方法和投机方法都会随着时间而露出丑陋的面目，但是高效的时间方法却可以借助市场而日益发达。时间是宇宙优胜劣汰法则得以贯彻的保证，而复利公式则是进化论的一种体现。对于坏的交易方法而言，时间是最大的敌人，因为侥幸的成功将很快让位于不可挽回的失败；而对于好的交易方法而言，时间是最好的朋友，因为偶然的失败将很快让位于持续的成功。坏的交易方法总是将交易建立在确定性上，因此它忽略了失败的可能性，进而忽略了止损的必要性，结果可想而知；而好的交易方法则知道"谋事在人，成事在天"的道理，所以会积极应对糟糕的情况出现。

索罗斯认为一个好的交易方法必然具有两个特征，那就是：**第一，这个方法一定**

是"与时间为友"的；第二，这个方法一定是"与概率为友"的。索罗斯建议那些想要从事金融交易者的年轻人好好想想"与时间和概率为友"的问题，如果找不到符合这一要求的交易方法，那么就永远不要参与到交易中去。很多人在没有亲自确认某一方法能够持续获利之前就匆忙入市交易，交易中屡屡犯下违背"与时间和概率为友"的错误，很快就被市场淘汰了。

要想在市场中生存，就必须长期做正确的事情。要做正确的事情，就要以凯利公式为准绳；而之所以要长期做正确的事情则是因为复利公式的缘故。

> 规律是最好的朋友和最强大的盟友。

# 第四节　索罗斯的智慧法则三：全球投资

在大部分时间里，索罗斯专注于整体经济思考，而罗杰斯则专注比较小的趋势和机会。

——迈克尔·考夫曼

索罗斯对整个世界有宏观的看法，他消化了所有的信息，在此基础上得出自己的观点。

——格雷斯坦

索罗斯是对冲基金经理人的业界标准。

——朱肯米勒

（1）对冲基金与全球交易。

索罗斯是少有的能够持续几十年盈利的对冲基金管理者，他伴随着对冲基金业一路成长，应该算得上是对冲基金界的元老级人物，要明白索罗斯的全球投资策略就一定要知道对冲基金的历史和一种特殊类型的对冲基金：全球宏观基金。索罗斯正是采用了这一类型的对冲基金，从而成为世界上为数不多的宏观基金的领袖，也成为对冲基金界的翘楚。

1949 年一位名叫阿尔佛雷德·琼斯的人设立了全世界第一个对冲基金，此时索罗斯和巴菲特都不到 20 岁，可以说琼斯的投资方法与格雷厄姆的价值投资方法存在一些差别，通过品种之间的微妙关系，琼斯可以创造出风险极低的客观收益，而格雷厄姆的方法则是利用价值和价格的偏差来赚取利润。从这里我们可以发掘出三类金融盈利模式：品种间套利、价格套利和价值价格间套利。通常而言，价格套利是投机者和技术交易者的主要盈利模式，而品种间套利则是对冲基金盈利的主要模式，价值价格间套利则是价值投资者的盈利模式。随着金融交易水平的提高以及交易工具的改进，品种间套利模式开始融入到价值价格间套利和价格套利之中。

阿尔佛雷德·琼斯创立的这个对冲基金遵循一个原则：证券组合中的多头应该有空头来对冲，做多的证券是那些被认为具有上涨潜力的股票，做空的证券是那些被认为具有下跌可能的股票。通过同时持有多头和空头股票，琼斯可以在理论上抵消风险，同时创造出客观的盈利，当然在实践中这样做存在一定的小概率事件影响，这取决于对冲管理者对证券组合的把握能力。当证券市场出现下跌时，那些不看好的股票比看好的股票下跌的幅度更大，这样空头的盈利将超过多头的亏损；当证券市场出现整体上涨时，那些看好股票的上涨将比不看好股票的上涨幅度更大，这样多头的盈利将超过空头的亏损。到了 20 世纪 60 年代，出现了大量的对冲基金。那时候，对冲基金是一种新兴的具有时髦元素的金融投资模式，管理对冲基金的人被看作最聪明的人，当时的买入持有策略投资已经获得了主流的地位，所以对冲基金的出现带来了新气象。对冲基金经理人被视为华尔街的特权阶层，他们是精英文化的代表，这些独具创新精神的人具有广泛的见识和精密的分析思维，通过让一般人觉得神秘而复杂的交易工具来赚取客观的利润。最初的对冲基金都是以股票为主要交易对象。此后的 20 年，也就是 20 世纪 70 年代到 80 年代，那些表现较好的基金都取得了超过 20% 的年均回报率，80 年代后期，对冲基金的投资范围开始扩展到了全球市场，主要原因是布雷顿森林体系崩溃后浮动汇率制度建立起来，这使得外汇市场迅速发展，在此后 30 年的时间内成为全球第一大金融市场，其日交易量是全球证券交易数量的 20 倍。对冲基金在流通性更好的外汇市场上更加好操作，高额的杠杆增加了外汇市场的吸引力。汇率浮动使得全球主要发达资本主义国家的资本项目都实行了较大程度的开放，这使得全球投资具备了前提条件。

对冲基金介入全球市场最早最出名的应该是索罗斯的量子基金，最初他的年收益目标是 50%，在刚开始相当长的时间内，他完全超越了这一水准，从 1969 年到 2004 年的 35 年里，量子基金的年均收益率超过了 30%，**索罗斯为了吸引最优秀的人才给出**

**了极为丰厚的报酬**，像吉姆·罗杰斯和朱肯米勒这样的巨星人物也聚集到了量子基金旗下。1992年狙击英镑是索罗斯最为出名的一次战役，其获利数目估计在10亿美元以上，有人估计超过了30亿美元。相对于巴菲特这类宁静致远的投资大师，索罗斯真的是轰轰烈烈类型的投资大师。

在过去的十几年，每年都会有大量的对冲基金出现，其资产的增长率超过20%，资产增长的很大一部分来自新增资金。2005年底有超过8000只注册的对冲基金在经营中。近十几年来更是专门出现了投资对冲基金的基金，同时大量的金融人才从传统的金融机构涌入到对冲基金。丰厚的待遇和先进的交易理念都为对冲基金带来了繁荣。

对冲基金的主要客户都是那些社会精英和家产丰厚的人。最近国内名声大震的私募股权机构也基本上可以算作是对冲基金的一个变种，很多对冲基金也有这类业务。

传统的证券投资形式使得投资者依赖于良好的市况，虽然那些像格雷厄姆和巴菲特一样的长期投资者可以利用整体市场不佳的时候封底吸入优质资产和优质公司，但是对于绝大部分证券投资而言，股市的寒冬是让人头痛的。对冲基金却可以不受大环境的困扰，为投资者提供更加广泛和**灵活的投资策略**。对冲基金根据核心交易策略的不同可以划分为如下类型：

- 股票对冲类型
- 股票市场中性类型
- 并购套利类型
- 困境投资类型
- 固定收益套利类型
- 全球宏观交易类型

索罗斯主要采取了最后一种交易策略，也就是全球宏观交易类型。值得一提的是巴菲特也从事过并购类套利，而彼得·林奇则是一位困境投资的高手，当然巴菲特也从事过困境投资，但是他遵循的理念并非对冲避险而是价值投资的根本

*现在的对冲基金其实与对冲这两个字关系不大。*

371

理念。

下面我们来简单看看索罗斯的宏观对冲基金类型。**进行全球宏观交易必须熟知全球的金融动态和宏观经济以及政治形势**。宏观对冲基金从事任何类型的金融品交易及各国的股票、政府债券、企业债券、外汇、贵金属、商品期货和金融期货。**现在的宏观对冲基金并非遵循最初的避险式策略，而是以高杠杆为险要特征进行全球操作**。正是由于宏观对冲基金这种高杠杆特性使得全球的金融市场承受了巨大的波动风险，从欧洲汇率机制的崩溃到东南亚经济危机，可以说对冲基金强大的杠杆使得那些本已聚集的**泡沫迅速被刺穿**。

苍蝇不叮无缝的蛋，趁火打劫是宏观对冲基金的基本原则之一。

以索罗斯旗下基金为首的宏观交易基金只占整个对冲基金的一小部分，但是这类基金的经理人却是对冲基金业中最让世人崇拜的，最为出名的当然就是乔治·索罗斯。1992 年，他通过杠杆交易大肆做空英镑，其后《经济学家》等杂志披露了这一事实，这使得宏观交易基金声名远扬，成为整个金融界的孤胆勇士。通常而言，宏观交易基金是对冲基金中风险较高的一类，但是绝不至于有大众认为的那样高风险，毕竟无论是索罗斯还是其他宏观交易基金都是对冲基金的一种，风险控制永远是摆在其中第一位的目标，虽然高杠杆成为双刃剑，但是索罗斯一直都很会处理高杠杆和风险之间的关系。

（2）把握全球脉动和宏观交易策略。

索罗斯最近几年的杰出是在"安倍经济学"背景下的操作。

对于索罗斯管理的这类首屈一指的宏观交易基金而言，交易的范围太广了，品种也多得令人眼花缭乱。正是由于有这么多的品种可供选择才使得宏观交易的策略多如牛毛。通过在不同市场和品种上的投资，宏观交易者可以在全球舞台上施展才华和魅力，像索罗斯这类的宏观对冲基金会关注国际上的一些重大事件，那些能够引起重大变化的细微之处也在**他们的关注之中**。1981 年 1 月，里根就任总统。索罗斯通过对里根新政策的分析，确信美国经济将会开始一个新的"盛—衰"序列，索罗斯开始果断投资。正如索罗斯所预测的，美国经济在里根的新政策刺激下，开始走向繁荣。"盛—

衰"序列的繁荣期已经初显，1982 年夏天，贷款利率下降，股票不断上涨，这使得索罗斯的量子基金获得了巨额回报。到 1982 年底，量子基金上涨了 56.9%，净资产从 1.933 亿美元猛增至 3.028 亿美元。索罗斯渐渐从 1981 年的阴影中走出来。

随着美国经济的发展，美元表现得越来越坚挺，美国的贸易逆差以惊人的速度上升，预算赤字也在逐年增加，索罗斯确信美国正在走向萧条，一场经济风暴将会危及美国经济。他决定在这场即将到来的风暴中搏击一场。他密切关注着政府及其市场的动向。

随着石油输出国组织的解体，原油价格开始下跌，这给美元带来巨大的贬值压力。同时石油输出国组织的解体，美国通货膨胀开始下降，相应地利率将下降，这将促使美元贬值。索罗斯预测美国政府将采取措施支持美元贬值。同时，他还预测德国马克和日元即将升值，他决定**做一次大手笔。**

> 美元和美元相关的信贷周期是索罗斯观察和分析的重点。

从 1985 年 9 月开始，索罗斯开始做多马克和日元。他先期持有的马克和日元的多头头寸达 7 亿美元，已超过了量子基金的全部价值。由于他坚信他的投资决策是正确的，在先期遭受了一些损失的情况下，他又大胆增加了差不多 8 亿美元的多头头寸。

索罗斯一直增加投入，是因为他认为浮动汇率的短期变化只发生在转折点上，一旦趋势形成，它就消失了。他要**趁其他投机者还没有意识到这一转折点之时**，利用美元的下跌赚**更多的钱**。当然，索罗斯增加投入的前提是他深信逆转已不复存在，因为一旦趋势逆转，哪怕是暂时的，他也将拥抱灾难。

> 大众的盲点带来利润。

到 1985 年 9 月 22 日，事情逐渐朝索罗斯预测的方向发展。美国新任财长詹姆士·贝克和法国、西德、日本、英国的四位财政部部长在纽约的普拉扎宾馆开会，商讨美元贬值问题。会后五国财长签订了《广场协议》。该协议通过"更紧密地合作"来"有序地对非美元货币进行估价"。这意味着中央

银行必须低估美元价值，迫使美元贬值。

《广场协议》公布后的第一天，美元被宣布从 239 日元降到 222.5 日元，即下降了 4.3%，这一天的美元贬值使索罗斯一夜之间赚了 4000 万美元。接下来的几个星期，美元继续贬值。10 月底，美元已跌落 13%，且 1 美元兑换 205 日元。到 1986 年 9 月，美元更是跌至 1 美元兑换 153 日元。索罗斯在这场大手笔的金融行动中前后总计赚了大约 1.5 亿美元。这使得量子基金在华尔街名声大噪。量子基金已由 1984 年的 4.489 亿美元上升到 1985 年的 10.03 亿美元，资产增加了 223.4%。索罗斯凭着他当年的惊人业绩，在金融界华尔街地区收入最高的前一百名人物排名中，名列第二位。按照这家杂志的报道，索罗斯在 1985 年的收入达到了 9350 万美元。1986 年还是索罗斯的丰收年，量子基金的财富增加了 42.1%，达到 15 亿美元。索罗斯个人从公司中获得的收入达 2 亿美元。

（3）一个私人基金的宏观交易策略。

从索罗斯的著作和言论中可以得到关于其宏观交易的些许线索，总体而言，**他非常注重经济发展的平稳性和外汇币值是否相符合**，所以他的交易方式基本是以国家和货币为对象的，**国家的基本经济状况和社会稳定程度可以说是货币的内在价值，而货币的价格则表现为汇率，他的交易体系比较关键的部分在于信贷周期**，也就是货币供应和信贷供应，这与他受到哈耶克的影响应该有密切关系，他当年在伦敦政治经济学院读书时，正是哈耶克发挥其影响力的时候，哈耶克对于货币的研究非常深入，对于**货币的非中性**有过**惊人的论断**。而且他们认为由于产业中消费、生产和资本支出的周期不同促成了萧条，而且他们还是认为货币供给和信贷的过度扩展为经济的通缩埋下了伏笔。**如果大家想深入研究索罗斯的交易策略，可以从《金融炼金术》和奥地利学派的主要经典入手**，奥地利学派也称维也纳学派，与芝加哥学派既是盟友又是对手。另外最好读一下卡尔·波普的相关著作，有助于理解索罗斯的"反身性理论"。

*货币会对经济结构产生影响，进而对经济增长产生影响。*

在这里我们介绍自己使用的一个宏观分析和交易体系，以便可以让读者对宏观交易策略有具体的了解。这个体系分为三个步骤，请参看下面的体系结构：

步骤一：提醒信号，收益率分析。

①信用供给分析：联邦基金期货。

②信用需求分析：收益曲线。

步骤二：确认信号。

①金属期货分析：铜期货。

②房地产分析：新屋开工率。

③能源分析：原油期货。

④农作物分析：玉米期货。

⑤世界稳定分析：黄金期货。

步骤三：交易信号，波动率分析。

现在我们对上面三个步骤进行大致的说明，有感兴趣的读者请通过微信公众号与我们交流。

第一步，查看一些重要的收益率，由于美联储实际上充当着准世界央行的作用，而且美国经济关系欧洲和亚洲的出口，所以我们需要关注美国经济中主要收益率的变化，收益率的变化会影响资金的流动，从而引起宏观经济，乃至政治的波动，在这个框架上我们通过第二步骤中的黄金来考察世界的经济和政治的稳定性。收益率的分析需要抓住货币和信贷的供求，因为这决定了基准性的收益率，进而引起整个收益率体系的变化，信用和货币供给由美联储的联邦基金利率确定，**通过观察联邦基金期货的价格我们可以大致确定未来的利率是上涨还是下跌**，然后再结合后面步骤二来确认利率涨跌的判断。联邦基金期货价格存在期限结构，如果期限越往后的期货价格高，则说明未来联邦基金期货降息的可能性大，查看联邦基金期货价格的网址可以参看我们给出的一个网址 http：//www.cbot.com/cbot/pub/page/0，3181，1563，00.html。当我们判断利率将持续走低时，意味着货币和信贷的供给将增加，这通常对经济有利，但是会逐渐推高物价，然后形成一个反向的运动。分析完了信用供给，接着分析需求，这个分析主要是基于收益曲线，如果你不明白什么是收益曲线的话请到百度或者维基百科查询，**收益曲线是将债券按照收益率和期限两个维度标注在直角坐标系中，横轴是期限，纵轴是收益率**。期限越长的债券收益率越高则表明经济处于正常的状态，当经济进入过热状态时，收益曲线将变得水平，这是由于对资金的需求增加，使得短期内的资金成本，也就是短期利率上升了。当经济萧条时，短期利率就会变得比中期甚至长

期利率更高，这就是利率曲线倒置。查看收益曲线可以到 http://www.bloomberg.com/markets/rates/index.html 这个网站上。**通过分析联邦基金期货的价格，我们可以得出信用的供给走向，通过收益曲线我们知道了信用的需求，结合起来我们就能对美国的经济乃至世界的经济提出一个初步的观点，而这个观点对于宏观交易是非常重要的。**

第二步，我们将要进行确认，验证第一个步骤提出来的宏观看法，我们通常是利用期货来验证的，对于黄金也可以使用现货，因为现货黄金本来就是一个先行指标。对于全球的工业经济而言，铜是很好的先行指标，有人甚至认为铜是最好的经济学家，所以我们要观察铜期货的期限结构，看看是不是期限越长的铜期货价格越高，如果是的则表明经济往上看，铜期货的价格在很多网站和行情软件上都可以看到，接着我们要分析房地产，毕竟股市和房市都是经济中比较先行的部门，而新屋开工率则是一个很好的先行指标，美国的新屋开工率可以在外汇信息类网站上及时查到，你也可以到美国政府或者经济资讯的网站上查到，比如 NBER 的网站就提供了自动邮件提示服务，会将第二天要公布的重要经济数据发到你的邮箱中。对于新屋开工率而言，应该结合历史进行同比和环比，不能单独看**一个数字**。新屋开工率持续上升一般是一个良好的经济走好的象征。现代的经济建立在石油之上，经济萧条而物价水平猛增一般是由原油或者农产品价格上涨引发的，所以关注原油期货非常重要，而且原油的走势与黄金走势相关性高，因为两者都与地缘政治的变化有密切关系，而且与经济稳定也有密切的关系，原油价格上涨使得经济变得不稳定，这会增加对黄金的需求，从而推动金价上涨，所以原油和黄金呈现出**很强的同步性**。玉米是饲料的主要成分，也是人类的主食之一，其价格变化足以引起物价水平变化。黄金则是一个良好的地缘政治或者说国际政治的**先行指标**。这个体系唯一的缺点就是对气候的考虑要依赖于玉米期货，如果能更早预测到气候的大趋势则更好。毕竟对

新屋开工率与铜价走势关系密切。

原油与中国经济关系密切，同时与美元关系也很密切。

黄金有三重属性，比较复杂。

人类活动影响最大的还是气候。

第三步，通过第一个步骤和第二个步骤，我们可以把握大多数的宏观走向，接下来就是选择具体的交易品种和选择进场时机。证券和外汇以及贵金属是比较好的选择，其流动性大，而且可以长期持有。通过证券可以投资那些在宏观角度看来有利的行业，通过外汇可以投资那些在宏观角度看来较好的国家和地区。如果选定了一个品种，何时进场呢？我们的意见是观察蜡烛线或者是布林线，这是两个技术分析上常用的工具，当蜡烛线连续缩短，而布林线收口时，通常市场选择方向的前夜，这时候价格波动较慢，易于进场和控制风险。大体而言，我们就是经过这三步进入到了宏观交易中，至于出场的办法，就是再用一次上述步骤。

（4）把脉宏观经济运行规律，才能决胜国际投资。

索罗斯非常擅长把握一国乃至全球的宏观经济局势，这使得他在长达几十年的宏观对冲基金交易生涯中屡建奇功。**宏观经济规律具体而言就是经济周期的运行规律**。对于经济周期的深入研究使得索罗斯形成了一套自己独有的宏观走势研判体系，以系统的眼光查看全球金融市场的动态运行，这是索罗斯得以成功的另外一个原因。

那么，索罗斯的宏观经济研判体系具体内容是什么呢？其实，索罗斯的宏观研究体系是以三部门、三市场和六阶段建构起来的，一旦掌握了这些知识，你也能够采用索罗斯式的思维分析国际经济走势，并找出其中隐藏的投资机会。

所谓的"三部门"是指整个经济分为消费支出部门，消费品生产部门和资本品生产部门。由于索罗斯早年在伦敦政治经济学院学习的时候受到哈耶克等奥地利经济学派大家的熏陶，耳濡目染之下自然对所谓的**"哈耶克三角"**有所了解和自发的运用。哈耶克认为经济大致分为三个部门，分别为消费品支出部门、消费品生产部门和资本品生产部门，其中消费品支出部门的调整周期较短，而资本品生产部门的调整周期较长，消费品生产部门的调整居中，所以当消费品支出

对于宏观对冲基金而言，周期比增长更为重要。

部门向下调整时，资本品生产部门不能及时向下调整，这就使得资本品生产过剩，从而加剧了经济的波动。而索罗斯更进了一步，他认为繁荣期的信贷和信贷管理都非常宽松，无论是政府部门还是私人部门都对前景过于乐观，这样就进一步导致了生产部门的过度投资，进而加剧了经济波动，而当金融市场处于调整前夜时，索罗斯钟爱的交易机会就大量出现了。总体而言，**索罗斯认为三部门本身的调整周期存在差别，加上人的预期总是直线地受到此前情况的影响，这两个因素使得经济以剧烈波动的形式运动，而波动中自然有投资机会出现。**

所谓的"三市场"是指信贷市场（债券和货币市场）、股票市场和商品期货市场。索罗斯认为由于货币的供求变化，或者说信贷的供求波动是导致经济波动的两个要素之一，所以信贷市场的变化总是先于其他金融市场变化，而股票市场则与生产企业密切相关，所以在信贷市场变化后资金流的变化会导致市场心理和企业绩效的变化，进而带来股票市场的变化。**由于企业的绩效变化，这会导致企业管理者加大或者缩减生产规模，进而带来工业原料价格的变化，也就是说股票市场的变化会导致商品期货市场的波动。**"信贷市场—股票市场—商品市场"这就是经济运行导致的**金融市场热点变化**。

所谓的"六阶段"则是在"三市场"的基础上提出来的。经济的运行存在六个依次出现的变动阶段，每个阶段的特征都是由上述三个市场标注的。在第一个经济运行阶段，信贷市场开始上升，具体而言就是债券的价格开始上扬，但是股票和商品市场却没有向上的走势。在阶段一，索罗斯认为最好的投资标的是债券。大致而言，索罗斯认为在第一个阶段，应该将75%的资金配置在债券上，将15%的资金配置在股票上，将剩余10%的资金配置在高利率的货币上。

在第二个经济运行阶段，信贷市场和股票市场开始引起走牛，债券和股票的价格都一路走高，但是商品市场却没有任何走牛的迹象。在阶段二，索罗斯认为最好的投资标的是

*整体而言，债券分析师敏锐度高于股票分析师，股票分析师敏锐度高于商品分析师。*

股票。大致而言，索罗斯认为在第二个阶段，应该将75%的资金配置在股票上，将20%的资金配置在债券上，而将剩下5%的资金配置在高息货币上。

在第三个经济运行的阶段，无论是信贷市场，还是股票市场，以及商品期货市场都发力向上，三个市场的一起走牛代表了经济最具有活力的时候。在阶段三，索罗斯认为最好的投资标的仍旧是股票。大致而言，索罗斯认为在第三个经济发展阶段，应该将75%的资金保留在股票市场上，而将15%的资金放在债券市场上，将5%的资金放到商品期货市场上，将5%的资金放到高息货币上。

在第四个经济运行阶段，债券市场开始走低，但是股票和商品市场仍旧处于上升趋势中。这时候经济已经进入最后的冲刺阶段。在阶段四，索罗斯认为最好的投资标的仍旧为股票，但是应该适当增加商品期货的份额。根据索罗斯的看法，在阶段四应该将70%的资金分配到股票市场上，将20%的资金分配到商品期货上，而将另外10%的资金分配到高息货币上。

在第五个经济运行阶段，股票市场也开始跟随债券市场走熊了，不过商品市场仍旧处于上升趋势中，这似乎是一个滞涨的阶段，也就是说经济增长减速，但是物价水平却处于持续上升阶段。根据索罗斯的看法，在经济运行的第五个阶段应该将资金转化为高息货币存款。大致而言，在阶段五应该将45%的资金持有高息货币存款，将30%的资金投入到股票市场，而将剩下的25%资金放到商品期货市场。

在第六个经济运行阶段，无论是债券市场、股票市场，还是商品期货市场都开始进入熊市下跌。根据索罗斯的看法，在经济运行的第六个阶段，应该将大部分的资金投资于高息货币存款。具体而言，索罗斯建议投资者在经济运行的第六个阶段将65%的资金投入高息货币存款，将20%的资金持有债券，将15%的资金用于股票投资。

**索罗斯利用了上述三项知识也就是"三部门"、"三市场"和"六阶段"理论来把握宏观经济运行的周期。然后在宏观经济转折出现临界点的时候迅速果断地介入操作，以最小的风险承担来获得最大的利润。**

基本上内地很多的投资者都以巴菲特和索罗斯两人为偶像和楷模，但是又有几人能够做到巴菲特的执着和理性，做到索罗斯的果断和全面。索罗斯的果断和全面基本上都是因为他脑海中始终以宏观大局变动为思考对象，以上述的三项知识作为思考的准则，以凯利公式作为投资的法度。绝少有投资者做到如此的全面和果断，因为绝少有投资者能够站在宏观全局的角度进行思考，绝少有投资者能够以"三部门"、"三市场"和"六阶段"理论为基础进行思考，绝少有投资者能够按照凯利公式对交易进行资金管理。

好的分析框架让索罗斯先人一步，先发制人。

金融市场是全面看问题的人战胜片面看问题的人。

这里，请本书的读者反思一下，自己与索罗斯信念、价值观和具体思维方法上的显著差异。你们是以确定性看待自己的交易方法，还是以概率性看待自己的交易方法；你们是全面和发展地思考分析经济走势和金融市场走势，还是片面和静止地思考分析经济走势和**金融市场走势**。

**巴菲特是一个以长期和发展眼光看待金融市场的人，而索罗斯则是一个以全面和系统眼光看待金融市场的人。**试问当今的投资者能否做到巴菲特 1/10 的长远眼光，能够做到索罗斯 1/10 的全局眼光，"不谋万世者，不足以谋一时；不谋全局者，不足以谋一域"。要成为与索罗斯一样伟大的投资者就必须先成为一个索罗斯式的投资者，而要成为一个索罗斯式的投资者则必须首先具有索罗斯式的思维方式，本小节恰恰有助于你走向索罗斯式的思维方式。

我们在本小节已经谈到了太多的方法和策略，这些方法和策略都是关乎索罗斯对宏观经济研判方法的，那么如何能够将这些技巧运用于中国的投资呢？这点可能是大家更为关心的，毕竟一个好的投资策略如果没有在适合的环境中得到运用也不会带来任何收益，甚至还会造成糟糕的后果。给人方法并不足以保证这个方法在具体的实践中有效，只有同时将如何运用这一方法的方法告知初学者才能达到最初的期望。

将索罗斯的上述宏观经济走势研判和投资方法运用于中国本土需要注意以下几点：

第一，中国的债券市场对于普通投资者而言比较陌生，所以要形成为一个索罗斯式的宏观交易者就必须了解中国的债券市场，看看具体的交易手续和费用，以及有哪些可供交易的债券品种，怎样查看**相关品种的走势图**等。

国债是要重点关注的债券品种，银行间拆借市场和回购市场也要随时关注。

第二，索罗斯的"六阶段"理论对应于美国这样的发达国家，其经济高度市场化，所以在中国这样的发展中国家应该有所变化，对于差异我们应该有充分的心理准备。

第三，养成同时关注债券市场，股票市场和商品期货市场的习惯，为此应该掌握一种囊括三个市场走势的行情软件，

比如彭博和文华财经提供的金融**行情软件**。

第四，要在对新闻报道的解读中有意识地运用三部门分析法，将消费支出，消费品生产与资本品生产与新闻报道对号入座，看看某则财经新闻关乎消费支出，还是消费品生产，抑或是资本品生产。

只有你搞清楚了上述四个注意事项，并且用具体行动去解决这些问题，则很快就可以进入索罗斯的思维模式。只有进入成功者的思维模式，你才能成为一个成功者；思维模式决定了一个投资者是否是成功的投资者。索罗斯的方法决定了他在发达国家资本市场和国际金融市场的成就，而你的方法将决定你在中国和世界资本市场上的成就，要想与索罗斯比肩，就必须用索罗斯式的方法进行分析和交易决策。而要想超越索罗斯，就必须用超索罗斯式的方法进行分析和交易决策。

跨市场能够帮助你更好地观察具体的市场走势。

# 第五节　索罗斯的智慧法则四：全力出击

机不可失，时不再来。

——中国古语

眼光和追随此等眼光的坚定意志是伟大统帅的最高品质。

——克劳塞维茨

（1）即刻行动。

对于索罗斯来说，金融大鳄是他最不喜欢的一个称号，他更喜欢哲学家和金融奇才这两个头衔，不过对于投资者而言，金融大鳄一词将索罗斯的凶悍和果断描绘得十分深刻。朱肯米勒是索罗斯的第二任搭档，其影响力甚至超出了吉姆·罗杰斯，在卸任后的日子，朱肯米勒总是对那些问起索罗斯的人们反复讲一个故事，其中的大致意思是索罗斯对于看准

《说苑·谈丛》："天予不取，反受其咎；时至不迎，反受其殃。"

的事情，绝不犹豫，这令他感到恐慌，甚至表示怀疑，不过后来他才发现这是索罗斯制胜的**关键法宝之一**。"看得准，下手狠"，这就是索罗斯的最大成功秘诀。

"看得准"是索罗斯采取果断行动的必要前提，只有经过大量全面和细致的分析，索罗斯才敢采取最为果断的行动。在索罗斯看来，所有的金融信息洞察都是建立在"反身性理论"框架下的，透过这一信息分析和处理系统，索罗斯可以察觉绝大多数的宏观世界变化，应该过滤掉哪些信息，应该将哪些信息作为重点思考对象，这些都是通过"反身性理论"达到的。索罗斯非常幸运地遇到了卡尔·波普，也无意中受到了奥地利学派的熏陶，所有这些都为他建立自己的金融世界观察体系提供了基础。同时，索罗斯父亲的谨慎和果断也深深地扎根于他的内心世界。**无论是父亲带来的品质，还是伦敦政治经济学院带来的思想，都成为索罗斯得以洞察这个世界，并对世界做出果敢反应的基础。**

"下手狠"是在"看得准"的基础上的必然结果，但是对于很多具有卓越见识的交易者来说，要果敢地采取行动是如此之难，以至于不得不求助于机械交易系统的纪律。在索罗斯看来，纪律与生存几乎是同义词，只有坚持必要的克己才能在金融市场中胜出。他所谓的纪律并非是外在他人或者社会政府所强加的，而是自然的纪律，金融市场的纪律以及内在的纪律。通过坚持自己得出的结论，索罗斯得以将最深邃的目光转化为令世人赞叹的利润。**王者就是王者，其伟大之处在于既有旷世之才，又有坚忍不拔之志。**

但是索罗斯也有犯下错误的时候，但他将情感深入到交易过程中时，他就面临最大的危险，在对待港元保卫战的问题上，他没有与朱肯米勒一样保持客观的精神，他认为应该通过香港这个跳板来攻击中国大陆的金融体系，这完全是出于情感，而非金融家的理性。朱肯米勒主张攻击日元，且此后日元确实大跌，而索罗斯则选择了攻击港元。这就是因为情感因素而影响眼光，并因为情感而鲁莽行事的做法，最后

结果必然是失败，港元一战，索罗斯将前面攻击东南亚国家金融的所得利润全部亏出。

而在 1992 年的英格兰银行一战中，索罗斯却表现得如此的理性和果敢，他也心存恐惧，不过他坚决按照理性的结论行事，并力求运用最大的仓位来执行自己的分析决策。

一成一败反映在果断行事中，理性是非常重要的。为了让交易者的理性占据主导，巴菲特选择了"远离市场"，一些技术类交易者则选择了机械交易法。无论是价值投资根据内在价值和价格的关系来交易，还是技术交易者根据价格和指标来定量交易，都是为了追求确定性。追求确定性的目的是为了避免感情的消极影响，避免感情下的盲目交易。制定严密的交易原则就是为了让投资者的行为有所约束，那些存在纪律约束的果断才是交易者所必须的，没有纪律约束下的果断基本上是率性而为的感情之举。

在水门事件中，索罗斯思考了几秒钟，就下令平掉了日本股票的仓位；而巴菲特则能够在 5 分钟内对一个并购的出价做出回应。这些如此之快的分析决策都是在既定的体系下产生的，**巴菲特可以根据"市场专利"法则和估值法则很快计算出一个公司的实际价值，而索罗斯可以凭借"反身回归"根据国际形势的变化，很快地做出行动的决策。**

（2）全力出击。

索罗斯没有像巴菲特那样集中投资，也没有像格雷厄姆和彼得·林奇那样分散投资，他是两者的结合。**在平静的世界中，他采用分散化的投资，持有各类资产，而在那些即将风云变幻的时刻，他会毫不犹疑地选择最大的仓位出击。**所以，他的分散投资胜过了格雷厄姆和林奇，他的集中投资胜过了巴菲特，要知道他分散投资的时候持有的资产种类远远超过了格雷厄姆和林奇，在他集中投资的时候其最大的仓位远远大于巴菲特。朱肯米勒这样评价索罗斯的全力以赴精神："索罗斯告诉我，**交易最为重要的是你判断正确的时候赚了多少钱。**"在朱肯米勒进入量子基金初期，他按照自己的习惯进行

*任何一个高手都必然有自己的分析框架。*

*风险报酬率和胜算率更高的时候采用更大的头寸，这也是符合凯利公式的。*

了谨慎的交易，当时他做空了美元兑德国马克，此时头寸已经处在盈利中，索罗斯询问了朱肯米勒的持仓量。朱肯米勒回答道："十亿美元"，索罗斯立马反问："这也叫仓位?!"索罗斯这句话后来成为了华尔街名言。

在索罗斯看来，作为一个宏观交易者，重大的盈利机会往往不多，每三到五年世界才会提供这样一次机会，所以必须好好把握，通过把握这些重大的经济和政治变化，索罗斯可以将几年的总回报率水平提高很多，在量子基金的成立初期，他的年复合回报率超过了 30%，这完全得益于这一思维，在 1992 年击败英格兰的战役中他获得了单笔最大交易利润，而在对港元的战役中，他损失惨重。但是此后，他还是保持了超过 20% 的年回报率。从这点我们可以得出两个结论：**第一，索罗斯的宏观价值交易方法必须依靠把握几年一次的重大宏观变动才能提供较高的回报率；第二，要把握这些重大的交易机会，需要做到三点：要理性，要有一个良好的观察世界变动的工具，要得到全力出击的机会。**索罗斯借助"人类认识不完备性"理论和"可错性"思维来促成交易理性，而通过"反身性理论"和奥地利经济学来观察世界，通过集中资金于最大交易机会来做到"全力出击"。

鹰的眼睛，豹的速度，熊的力量，这就是金融大鳄索罗斯的伟大之处。巴菲特是一头大象，而索罗斯就是一只猎豹，大象依靠的是稳健前行，而猎豹则是迅速制胜，无论是大象还是猎豹都需要实力作证。

无论是巴菲特还是索罗斯在大学都主修经济学专业，所以他们对于利润最大化和效用最大化的原理一定非常清楚，只有将稀缺的资源投入到那些能够产生最大利润的地方，才能获得最大的收益，只有保持长期的最大利润化，风险才是最小的，如果一味为了避免风险而分散投资，则会将资源浪费于那些获利甚少的机会上，长期下来必定造成收益损失，而这对于一个投资者而言，无疑是非常不利的。在索罗斯和巴菲特看来，集中投资就是为了避免分散投资的利润损失，

鳄鱼法则。

就是为了扩大本金，攻击是最好的防守。当然，凡事都有好坏两面，索罗斯的集中投资使得他的资金起伏很大，在一般人看来这是不可承受的盈亏波动，而在金融理论学家们看来则是风险过高的投资，因为收益的标准差太大。

对于价值投资者而言，集中有集中的好处，比如巴菲特和索罗斯，分散有分散的好处，比如格雷厄姆和林奇，但是要注意前提，这四个大师的投资方法都有效，但是都存在一个局限范围，**一旦忽视了大师方法的前提和适用环境就会发生错误，从而带来重大的损失**。

（3）以钱证念。

索罗斯经过对华尔街的考察，发现以往的那些经济理论是多么的不切实际。他认为金融市场是动荡的、混乱的，**市场中买入卖出决策并不是建立在理想的假设基础之上，而是基于投资者的预期**，数学公式是不能控制金融市场的。而人们对任何事物能实际获得的认知都并不是非常完美的，投资者对某一股票的偏见，不论其肯定或否定，都将导致股票价格的上升或下跌，因此市场价格也并非总是正确的、总能反映市场未来的发展趋势，它常常因投资者以偏概全的推测而忽略某些未来因素可能产生的影响。实际上，并非目前的预测与未来的事件吻合，而是目前的预测造就了未来的事件。所以，投资者在获得相关信息之后做出的反应并不能决定股票价格。其决定因素与其说是投资者根据客观数据做出的预期，还不如说是根据他们自己心理感觉做出的预期。投资者付出的价格已不仅是股票自身价值的被动反映，还成为决定股票价值的积极因素。同时，索罗斯还认为，由于市场的运作是从事实到观念，再从观念到事实，一旦投资者的观念与事实之间的差距太大，无法得到自我纠正，市场就会处于剧烈的波动和不稳定的状态，这时市场就易出现"盛—衰"序列。投资者的盈利之道就在于推断出即将发生的预料之外的情况，判断盛衰过程的出现，逆潮流而动。但同时，索罗斯也提出，投资者的偏见会导致市场跟风行为，而不均衡的跟

如何确定崩溃点？

风行为会因过度投机而最终导致**市场崩溃**。

索罗斯在形成自己独特的投资理论后，毫不犹豫地摒弃了传统的投资理论，决定在风云变幻的金融市场上用实践去检验他的投资理论。

例如，前面曾经提到过1981年1月，里根就任总统。索罗斯通过对里根新政策的分析，确信美国经济将会开始一个新的"盛—衰"序列，索罗斯开始果断投资。正如索罗斯所预测的，美国经济在里根的新政策刺激下，开始走向繁荣。"盛—衰"序列的繁荣期已经初显，1982年夏天，贷款利率下降，股票不断上涨，这使得索罗斯的量子基金获得了巨额回报。到1982年底，量子基金上涨了56.9%，净资产从1.933亿美元猛增至3.028亿美元。索罗斯渐渐从1981年的阴影中走出来。

在实践自己理念的过程中，索罗斯也有失败的经历，这就是"以钱证念"的第二种结果，不过失败是反馈，通过反馈，索罗斯可以做得更好。

在1987年索罗斯遭遇了他的"滑铁卢"。根据索罗斯金融市场的"盛—衰"理论，繁荣期过后必定存在一个衰退期。他通过有关渠道得知，在日本证券市场上，许多日本公司，尤其是银行和保险公司，大量购买其他日本公司的股票。有些公司为了入市炒作股票，甚至通过发行债券的方式进行融资。日本股票在出售时市盈率已高达48.5倍，而投资者的狂热还在不断地升温。因此，索罗斯认为日本证券市场即将走向崩溃。但索罗斯却比较看好美国证券市场，因为美国证券市场上的股票在出售时的市盈率仅为19.7倍，与日本相比低得多，美国证券市场上的股票价格还处于合理的范围内，即使日本证券市场崩溃，美国证券市场也不会被过多波及。于是，1987年9月，索罗斯把几十亿美元的投资从东京转移到了华尔街。

然而，首先出现大崩溃的不是日本证券市场，而是美国的华尔街。1987年10月19日，美国纽约道琼斯平均指数狂跌508点，创当时历史纪录。在接下来的几星期里，纽约股市一路下滑。而日本股市却相对坚挺。索罗斯决定抛售手中所持有的几个大的多头股票份额。其他的交易商捕捉到有关信息后，借机猛向下砸被抛售的股票，使期货的现金折扣降了20%。

5000个合同的折扣就达2.5亿美元。索罗斯因此在一天之内损失了2亿多美元。索罗斯在这场华尔街大崩溃中，据报载，损失了大约6.5亿到8亿美元。这场大崩溃使量子基金净资产跌落26.2%，远大于17%的美国股市的跌幅，索罗斯成了这场灾难的最大失败者。

索罗斯虽然痛恨赔钱，但他却能够忍受痛苦。对于其他人而言，犯错是耻辱的来源；而对于他来说，认识到错误则是一件可以引以为自豪的事情。因为在他看来，对

于事物的认识缺陷是人类与生俱来的伴侣，他不会因为错误百出而备感伤心丢脸，他随时准备纠正自己的错误，以免在曾经跌倒过的地方再度绊倒。他在金融市场上尽量避免感情用事，因为他明白理智的投资者应该是心平气和的，不能求全责备。正如他经常所说的：**"如果你的表现不尽人意，首先要采取的行动是以退为进，而不要铤而走险。而且当你重新开始时，不妨从小处做起。"** 当你决策失误，造成巨大损失时，自责是毫无意义的，重要的是勇于承认自己的错误，及时从市场中撤出，尽可能减少损失。只有保存了竞争的实力，你才能够卷土重来。索罗斯具有比别人能更敏锐地意识到错误的才能。当他发现他的预期设想与事件的实际运作有出入时，他不会待在原地坐以待毙，也不会对那些该死的错误视而不见，他会进行一次彻底的盘查以期发现错误所在。一旦他发现错误，他会修正自己的看法以图东山再起。正是因为索罗斯的这一宝贵品质，他才始终能够在动荡的市场中保存实力。一个投资者之所以被称为"伟大的投资者"，关键不在于他是否永远是市场中的大赢家，而在于他是否有承认失败的勇气，能否从每一次的失败中站起来，并且变得更加强大。索罗斯恰恰具备了作为一个"伟大投资者"的素质。这也就是为什么索罗斯在经历了1987年10月的惨败之后，却仍能使量子基金1987年的增长率达到14.1%，总额达到18亿美元的原因之一。

> 索罗斯也强调要及时止损。

索罗斯不是那种奉传统若神明的人，他有自己独特的一套市场理论。他认为，金融市场动荡无序，股票市场的运作基础不是逻辑，而是心理的。**跑赢市场的关键在于如何把握这种群体心理。** 索罗斯在预测市场走向时，善于发现相关市场的相互联系，这使得他能准确地判断一旦某一市场发生波动，其他相关市场将会发生怎样的连锁反应，以便更好地在多个市场同时获利。

> 市场先生！

索罗斯在金融市场上能够获得巨额利润除了依赖于他独特的市场理论外，还在于他超人的胆略。因为索罗斯认为一

个投资者所能犯的最大错误并不是过于大胆鲁莽，而是过于小心翼翼。虽然有一些投资者也能准确地预期市场走向，但由于他们总是担心一旦行情发生逆转，将遭受损失，所以不敢建立大的头寸。当市场行情一直持续看好，才又后悔自己当初的头寸太少，坐失赚钱良机。索罗斯一旦根据有关信息对市场做出了预测，就对自己的预测非常自信，当他确信他的投资决策无可指责，那么建立再大的头寸都在所不惜。当然要建立巨额的头寸，需要有超人的胆略和勇气，否则，他将无法承受由此带来的巨大压力。

（4）善用杠杆，增加筹码。

索罗斯管理的基金是宏观对冲基金，在以前，所谓的对冲基金又被翻译为避险基金，最初的对冲基金以降低和锁定风险为目的，但是现在的对冲基金则以运用高杠杆和新的套利方式为主要特征，所以现在的对冲基金可能并不能"对冲"风险。在索罗斯看来，虽然对冲基金的高杠杆使得其对冲风险的功能被大大削弱，但是**高杠杆可以帮助优秀的对冲基金经理人打出全垒打**。索罗斯认为杠杆是一把双刃剑，如果冒失或者不恰当地使用这一手段将导致本金受到危险，但是如果能够善用这一工具则无疑可以极大地提高资本增值速度。

在搞清楚如何使用杠杆前，我们首先来搞清楚什么是杠杆。对于从事过外汇保证金或是期货交易的读者而言，"杠杆"的含义并不陌生。所谓的杠杆，就是让交易者以标的交易品的实际价值的某个比率支付价格。比如20倍的杠杆意味着，你可以用价值1单位的资金交易价值20单位的金融产品。在商品期货市场上，你可以看到20倍的杠杆，而在外汇和黄金保证金交易中，你则可以看到从20倍到2000倍不等**的杠杆**。在美国股市上，一般投资者可以获得2倍的杠杆，但是中国内地的A股市场这项功能并不便利和稳定，融资融券政策在某种程度上改变这一现状。

对于像索罗斯这样的对冲基金而言，30倍的杠杆基本就是上限了。在1999年左右的长期资本公司危机中，该公司的

外汇零售商们为了割韭菜而推广超过100倍的杠杆。

杠杆就因为等于甚至超过 30 倍的水平而带来了灾难，要知道这家公司的决策团队里有美联储前副主席，诺贝尔经济学家得主，以及华尔街顶尖的操盘高手，但是小概率事件加上过度使用的杠杆使得这家名扬一时的对冲基金公司不得不请求政府和财团的援助。

索罗斯和巴菲特当时都目睹了这一灾难性的金融事件，而且两位大师还在某种程度上加入到了救助行动中。在索罗斯看来**交易杠杆本身是一个中性的工具**，这就好比科学对核能的**掌握一样**。当你善用交易杠杆时，可以打出一个漂亮的全垒打，将你的交易决策利润最大化。当你误用交易杠杆时，则可以带来极大的风险，往往会危及你的本金安全，不但让你血本无归，还极有可能欠下一大笔债务，在商品期货交易中这种情况实在太普遍了。

在交易中，索罗斯首先强调了杠杆带来的风险，而不是收益。索罗斯认为冒失地运用最大杠杆往往是许多菜鸟级交易员的通病，他们认为只要用足全部兵力就能保证胜利，殊不知这恰恰造成了灭亡的结局。**索罗斯一再强调交易杠杆的使用一定要遵循凯利公式的规定。**凯利公式中的胜率和风险报酬率是决定资本分配的关键，很多菜鸟级别的交易员往往乐观地估计胜率，甚至他们潜意识认为胜率是 100%，因为他们没有考虑过如果犯错怎么办。另外，这些菜鸟级别的交易员还只注意到风险报酬率中的报酬水平，而忽略了相应的风险水平，在一个胜率高达 100%，而只有收益没有风险的交易中，使用最大的可用杠杆似乎是最明智的选择。但索罗斯提醒投资者，这种做法的前提假设就是错误的，因为胜率不可能是 100%，而风险也不可能无限小，收益也不可能无限大。

杠杆带来的好处在于交易者可以根据胜率和风险报酬率更加灵活地调整仓位，因为杠杆使得交易者仓位调整的范围增加了，也就是说可以更好地遵照凯利公式进行资金管理了。对于索罗斯这样的投资者而言，交易杠杆提供了更加充足的回旋空间。**当交易者难以发现有价值的交易机会时，他可以**

> 凯利公式中的胜率和风险报酬率是决定资本分配的关键。

不介入交易；当交易者发现了极其有价值的交易机会时，他可以采用较大的交易杠杆。索罗斯在英镑之战和泰铢之战中都使用了极大的杠杆，这反映出他在良好交易机会出现时的果断。当报酬率和胜率都很高的交易机会出现时，全力以赴是必然的选择，而杠杆无疑是做到全力以赴的一个助推器。

既然杠杆能够为索罗斯所善用，帮助索罗斯在最有价值的机会出现时做到全力以赴，并因此而获得丰厚的利润，那么对于本书的读者而言，在交易者具体应该如何对待和使用交易杠杆呢？

第一，我们需要正确认识交易杠杆存在的意义和价值。交易杠杆不是邪恶的，也不是友好的，所以不能将交易杠杆视为洪水猛兽，也不能将交易杠杆看作良师益友。交易杠杆的价值在于给交易者提供了一个控制仓位的弹性，你可以利用这一弹性做正确的事情，也可以利用这一弹性做错误的事情。**自由本身无所谓对错，错在你用自由做了错误的事情，对在你用自由做了正确的事情。**

第二，我们要在使用杠杆的时候掌握该金融品种的风险特征。对于商品期货而言，其品种波动风险是非常大的。虽然通常情况下，商品期货的交易杠杆只有外汇保证金交易杠杆的五分之一，但是商品期货交易的风险可能远远大于外汇保证金交易的风险。为什么会出现这样的情况呢？那是因为商品期货价格走势的跳空缺口出现得太频繁，而且不少缺口的尺度较大，这样投资者对于风险的控制能力就被削弱了，因为很多时候的实际止损价位远远超出了当初设定的止损价位。对于这类波动风险较大的金融品种应该采用相对较小的交易杠杆。

第三，**对于时间期限越长的交易应该采用相对较低的交易杠杆比率。**对于日内交易者而言，采用较高的杠杆一般面临的风险远远低于中长期交易者，因为金融产品在日内的波动都有一个极限，但是较长的时期内价格的波动可以完全超出资金的承受能力。所以，对于投资期限较长的投资者而言，应该采用较低的杠杆；而对于投资期限较短的投资者而言，则可以采用较高的杠杆。

第四，针对具体交易机会而言，当该交易机会的胜率和报酬率代入凯利公式得出较高的值时可以采用较高的交易杠杆；当该交易机会的胜率和报酬率代入凯利公式得出较低的值时应该采用较低的交易杠杆。

第五，**当交易者出现连续失误后，交易信心深受打击，则应该从较低杠杆的小额交易做起。**交易者的情绪不稳定时，应该以较低的杠杆比率从事交易，这样可以避免情绪冲动带来无可避免的巨大亏损。

我们已经谈到了如何认识和使用交易杠杆的具体要点，那么在中国目前的金融市

场上如何具体实施上述要领呢？

第一，首先要对我国的各主要金融市场有所熟悉，比如债券市场，股票市场，商品期货市场，权证市场，共同基金市场和金融期货市场等。要对这些市场的最大杠杆有明确的了解。

第二，要对上述各大金融品种的涨跌停制度有准确的了解。

第三，要对上述各大金融品种价格走势的跳空缺口数量和尺度有准确的统计。

通过上述三个步骤，我们就可以将索罗斯关于利用交易杠杆全力以赴的思想运用于中国投资的**具体实践了**。当然，这里需要再次强调的一点是，即使我们将索罗斯的某一投资思想和盘托出，并相应地给出了适合中国国情的实践指南，这仍不能保证你能恰当地使用交易杠杆。这是因为交易学习涉及的不仅仅是知识，而更多的应该是能力。所以，要想正确利用交易杠杆成为一个"全力以赴打出本垒打"的投资者就必须以身体力行上述要点，并不断反思总结。

> 一切要从具体的实际出发。

# 第六节 索罗斯的智慧法则五：一流搭档

> 索罗斯的优秀在于其永远都用最优秀的搭档。
>
> ——本书作者
>
> 使用不同方法的各类人才我都愿意起用，只要他们是正直的。
>
> ——乔治·索罗斯

（1）用人的艺术。

每个成功男人背后都有一个优秀的女人，这句话套在大师们身上并不合适，想想看索罗斯那糟糕的婚姻记录，再看

看巴菲特过着的异常婚姻生活，同一个女人保持婚姻关系，却与另外一个女人居住了几十年，直到最近几年才结婚，而格雷厄姆却与索罗斯差不多，结婚次数远远超过了他认为的投资次数。四个人之中只有林奇是一位双丰收的人。所以，四个人当中只有林奇符合了"一个成功男人背后有一个优秀女人"的说法，其他三个人则要打折扣，巴菲特和格雷厄姆好一点。除了林奇之外的三个人都有一个很好的搭档，格雷厄姆的搭档是杰罗姆·纽曼，巴菲特的搭档是查理·芒格，索罗斯的搭档先是吉姆·罗杰斯，后是朱肯米勒。

从中看出什么门道没有，大师要不就是身后有一位优秀和贤惠的女性共同组成一个圆满的家庭，要么就是身旁有一位优秀和坦诚的一流搭档，组成一个最佳的天才组合。

就用人而言，索罗斯善于发现那些极具潜力和资质的人，但是他又陷入到不得其人的局面，在吉姆·罗杰斯走后，他一直没有找到合适的搭档，后来格拉德斯坦和朱肯米勒的出现才解决了这一问题。索罗斯在用人上最为擅长的一点不是选择人才，而是善于放权，对于一个忙于慈善和金融的大师而言，放权是必然的选择，无论是在开放社会基金会还是量子基金的管理上，索罗斯都是朝着放权的方向走的。

与吉姆·罗杰斯的分道扬镳也是由于两人的分歧，索罗斯倾向于扩充团队，实行分工，而罗杰斯则认为仅凭他们两人对抗整个世界是最具挑战和乐趣的，罗杰斯更喜欢精英主义和集权组织机构。这导致了索罗斯和罗杰斯的分手，此后量子基金遭遇了首次亏损，不过索罗斯仍旧挺了过来，保持了量子基金较快的增长。此时，由于慈善事务繁多，使得索罗斯分身乏术，最后他开始在开放社会基金和量子基金上推行进一步的放权，他始终遵循波普的教诲：人的认知能力是有限。所以，他觉得要管理好慈善事务和金融投资就必须借助其他人的力量，经过多次实验后，他成功地找到了开放社会基金的管理者和量子基金的管理者。

**索罗斯的所有用人艺术都集中于放手让最合适的优秀人才去做最重要的事务。**通过引入搭档，索罗斯不断造就新的神话。那些出生于量子基金的人才都成为了金融的翘楚，无论是吉姆·罗杰斯还是朱肯米勒，以及其他许多精英。可以说，索罗斯的开放社会理念体现到了他的公司管理中，那就是放权，汲取众人的智慧，集众人之所长为己所用。

下面我们就来看看索罗斯的两位前任黄金搭档。

（2）吉姆·罗杰斯。

1967 年，索罗斯凭借他的才能晋升公司研究部的主管。索罗斯此时已是一个比较

优秀的投资分析师，他在不断地创造自己新的业绩。索罗斯的长处就在于他能从宏观的角度来把握全球不同金融市场的动态。他通过对全球局势的了解，来判断各种金融和政治事件将对全球各金融市场产生何种影响。为了更好地施展自己的才华，索罗斯说服 Arilhold&S.Bleiehlneoer 公司的老板建立两家离岸基金——老鹰基金和双鹰基金，全部交给他进行操作。这两只基金运作得相当好，索罗斯为公司赚了不少钱。**但真正给索罗斯以后的投资生涯带来重大转折的是他遇到了耶鲁大学毕业的吉姆·罗杰斯，两人联手。在他们联手的 10 年间，成为华尔街上的最佳黄金搭档。**

索罗斯和罗杰斯不愿总为他人作嫁衣，他们渴望成为独立的基金经理。1973 年，他们离开了 Arilhod&S.Bleichrocder 公司，创建了索罗斯基金管理公司。公司刚开始运作时只有三个人：索罗斯是交易员，罗杰斯是研究员，还有一人是秘书。索罗斯基金的规模虽然并不大，但由于是他们自己的公司，索罗斯和罗杰斯很投入。他们订了 30 种商业刊物，收集了 1500 多家美国和外国公司的金融财务记录。**罗杰斯每天都要仔细地分析研究 20 份至 30 份年度财务报告，以期寻找最佳投资机会。**他们也善于抓住每一次赚钱机会。例如 1972 年，索罗斯瞄准了银行，当时银行业的信誉非常糟糕，管理非常落后，投资者很少有人光顾银行股票。然而，索罗斯经过观察研究，发现从高等学府毕业的专业人才正成为新一代的银行家，他们正着手实行一系列的改革，银行盈利还在逐步上升，此时，银行股票的价值显然被市场大大低估了，于是索罗斯果断地大量介入银行股票。一段时间以后，银行股票开始大幅上涨，索罗斯获得了 50% 的利润。

1973 年，当埃及和叙利亚大举入侵以色列时，由于以色列的武器装备技术已经过时，以色列遭到重创，付出了血的代价。索罗斯从这场战争联想到美国的武器装备也可能过时，美国国防部有可能会花费巨资用新式武器重新装备军队。于是罗杰斯开始和国防部官员和美国军工企业的承包商进行会谈，会谈的结果使索罗斯和罗杰斯更加确信是一个绝好的投资良机。索罗斯基金开始投资于诺斯罗普公司、联合飞机公司、格拉曼公司、洛克洛德公司等握有大量国防部订货合同的公司股票，这些投资为索罗斯基金带来了巨额利润。

索罗斯除了正常的低价购买、高价卖出的投资招数以外，他还特别善于卖空。其中的经典案例就是索罗斯与雅芳化妆品公司的交易。为了达到卖空的目的，索罗斯以市价每股 120 美元借了雅芳化妆品公司 1 万股股份，一段时间后，该股票开始狂跌。两年以后，索罗斯以每股 20 美元的价格买回了雅芳化妆品公司的 1 万股股份。从这笔交易中，索罗斯以每股 100 美元的利润为基金赚了 100 万美元，几乎是 5 倍于投入的

盈利。

正是由于索罗斯和罗杰斯超群的投资才能和默契的配合，他们没有一年是失败的，索罗斯基金呈量子般的增长，到 1980 年 12 月 31 日为止，索罗斯基金增长 3365%。与标准普尔综合指数相比，后者同期仅增长了 47%。

1979 年，索罗斯决定将公司更名为量子基金，来源于海森伯格量子力学的测不准定律。因为索罗斯认为市场总是处于不确定的状态，总是在波动。在不确定状态上下注，才能赚钱。

随着基金规模的扩大，索罗斯的事业蒸蒸日上，特别是 1980 年，更是一个值得骄傲的年度，该年度基金增长了 102.6%，这是索罗斯和罗杰斯合作成绩最好的一年。此时，基金已增加到 3.81 亿美元，索罗斯个人也已跻身到亿万富翁的行列。但令人遗憾的是，罗杰斯此时却决定离开。这对合作达 10 年之久的华尔街最佳搭档的分手，多少有点令索罗斯失落。在随后的一年，索罗斯遭受到了他金融生涯的一次大失败。索罗斯判断美国国债市场会出现一个较大的上升行情，于是用所借的银行短期贷款大量购入长期国债。但形势并未像索罗斯所预料的那样发展，相反，由于美国经济保持强势发展，银行利率在不断地快速攀升，已远远超过国债利率。这一年，索罗斯所持有的国债每股损失了 3 到 5 个百分点，总计大约损失了几百万美元，量子基金的利润首次下降，下降程度达 22.9%。大批的投资者弃他而去，带走了公司近一半的资产约 1.93 亿美元。索罗斯有一种被抛弃的感觉，他甚至曾想过要退出市场，去过一种平淡的生活。

（3）斯坦利·朱肯米勒。

量子基金前首席基金经理斯坦利·朱肯米勒，1997 年与索罗斯成功地策划了震惊国际的东南亚金融风暴，1998 年再次手握巨资与香港政府进行了一场"世纪豪赌"，虽然以失败告终，但令金融界认识了这位年仅 40 多岁就掌管着世界上最大的对冲基金的基金经理。

与索罗斯的匈牙利犹太人背景截然不同的朱肯米勒，是美国费城土生土长的人士，他在缅因州的波德恩学院获得经济与英国文学学位，稍后进入密歇根大学攻读经济研究生，但由于课程过于理论与计量化，与现实世界脱节，使他厌烦透顶。当年斯坦利·朱肯米勒决定放弃当研究生，直接进入现实社会后，在匹茨堡国家银行股票分析师的职务他干了不到一年，就被提升为股票研究主管。斯坦利·朱肯米勒相当热爱工作，早上 6 点进入公司，一直到晚上 8 点才离开。刚开始时，斯坦利·朱肯米勒对某一行业或某一股票都写了长篇大论的报告。在去委员会演讲前，必须先把报告交给研究主任看。有一次交了一份有关银行业的报告，斯坦利·朱肯米勒对自己的工作很骄傲。可是研究

主任在读了之后对他说："这份报告没用。**是什么使股票上涨和下跌呢？**"他的这次评价对斯坦利·朱肯米勒是一大刺激。之后，**斯坦利·朱肯米勒就把自己的分析集中到寻找与确认跟股票涨跌有密切关系的因素上，而不是罗列所有的基本因素。**

　　**绝大多数涨跌关键的因素是与收益有关**，对银行股而言尤其是这样。化工股表现得就相当不同，在这一行业中，关键因素是化工生产能力。买入化工类股票的最佳时机是当化工界出现大量增加的刺激因素的时候。相反地，最理想地卖出化工类股票的时机是当化工界宣布有大量的新化工厂建立起来，但化工类股票的收益尚未下跌的时候。这样做的理由是因为任何发展计划都意味着在两三年内公司的收益会降低，而股市总是对这种发展预先反应。

　　另外一个帮助判别哪只股票会涨会跌的信条是技术分析。斯坦利·朱肯米勒非常注重技术分析，而斯坦利·朱肯米勒比部门其他人更愿意接纳技术分析。即使斯坦利·朱肯米勒的老板，许多同事还因为他喜欢收藏所有股市图表而把他看成是个怪物，然而斯坦利·朱肯米勒却认为技术分析还是挺有用的。

　　两年后，1980年，年仅28岁的斯坦利·朱肯米勒就辞别银行，创立了自己的财务管理公司——瑞格逊资产管理公司。一开头就干得极好，抓住了低价位的小公司股票猛涨的势头。到1981年中，股市已达价值区的顶部，同时利率也猛涨到19%。这已是十分明显的卖出股票的时候了。斯坦利·朱肯米勒把一半股票转成现金，在那时，斯坦利·朱肯米勒想这已经是令人惊讶的举动了。结果在1981年第三季度，斯坦利·朱肯米勒把之前取得的成绩都抹掉了。因为另一半的股票继续持有，结果造成亏损就把原来好业绩都抹掉了。原因是投资银行的标准投资程序总是全额投资。虽然斯坦利·朱肯米勒已不再为投资银行工作，但仍明显地保留了一些投资银行的思维方式。斯坦利·朱肯米勒在1981年6月是绝对不看好股市的，在这一观点上绝对正确，可是结果仍然在第三季度产生了12%的亏损。对合伙人说："这简直是犯罪！我们对市场的

股价的驱动因素。

抓关键驱动因素。

悲观看法从来没有这么强烈过，然而却在第三季度还是以失败而告终。"从那件事后，斯坦利·朱肯米勒改变了投资哲理，只要再次感觉到市场不好，就往往百分之百地撤离，转为现金。

1986 年，朱肯米勒被屈佛斯基金聘为基金经理。屈佛斯基金公司仍然准许斯坦利·朱肯米勒继续管理自己的瑞格逊基金。在他加盟屈佛斯基金之时，他的管理风格已从传统的单一持有股票组合转向债券外汇和股票相互组合起来的折中性投资战略，灵活地在这些市场上进行买入多头和沽出空头的多样化交易。屈佛斯基金对他的市场天赋万分倾倒，又以他为首，创立了 7 个基金归他管理，外加他自己的 1 个基金，达 8 个基金之多。其中最出名的是"积极主动策略投资基金"，该基金自他设立开始（1987 年 3 月）至斯坦利·朱肯米勒在 1988 年 8 月离开屈佛斯为止，一直是基金行业中成绩最卓越的基金。最后他竟由于渴望与索罗斯一起工作，又由于他们的交易气质相近，促使他辞别了屈佛斯而到索罗斯管理公司工作。他认为索罗斯是他这一时代最伟大的投资家。之后不久，索罗斯就把他的基金管理工作交给斯坦利·朱肯米勒，因为索罗斯决定去帮助苏联和东欧的封闭的经济进行改革。

索罗斯于 1969 年至 1988 年管理量子基金之际，该基金年平均报酬率为 30%，朱肯米勒在接管后的前五年，使年报酬率上升至 40%（1989 年至 1993 年的年报酬率依次为 31.6%、29.6%、53.4%、68.6% 与 72%）。

1991 年初，朱肯米勒在美、日股市建立 30 亿美元的空头头寸，也对美国与全球债市大量放空。但在一月底美国对伊拉克的"沙漠风暴"战役前，他将多达 60 亿美元的空头部位全部转为多头，战争爆发之后证明他的看法正确无误。他最为成功的投资则是在该年稍后于欧、美、日本债市与汇市建立的 120 亿美元部位，当八月与九月因经济疲软而使债券大幅上扬之后，他使量子基金获利大增，该年报酬率增至 53.4%，年底净资产达 31 亿美元。

索罗斯使朱肯米勒受益最多的可能是"操作方向的对错并不重要，重要的是方向正确时赚了多少，方向错误时赔了多少"，索罗斯对朱肯米勒的责难绝少是多空的错误，而是在操作方向正确时没有尽可能地扩大利润。

自 1993 年起，索罗斯旗下基金的投资组合已经突破 500 亿美元大关，朱肯米勒除了直接管理量子基金外，也负责监控其他基金的表现，但整体上仍承袭索罗斯的投资哲学，即使索罗斯立即宣布退休，也将不会影响此等避险基金的长期运作。

斯坦利·朱肯米勒的成功投资主要有两个原因：要银子不要面子，风险控制——勇于认错；要够胆去赢——头寸管理。

在 1987 年股市大崩溃之前，上半年行情非常之好，斯坦利·朱肯米勒本来看好股市，股价直线上升。每个基金大致都增长了 40% 至 85%。许多经纪人在那年很早就获利了结了，因为他们已经有很多收获了。可是斯坦利·朱肯米勒的哲学是，如果你因积极进取而获利，就更应积极进取，这一点道理为索罗斯先生所强调。由于自己在这年一早就大赚，是你应该大胆抓住的好时期。斯坦利·朱肯米勒感到他有本钱跟市场斗一斗。斯坦利·朱肯米勒知道牛市总要结束，只是不知道究竟什么时候结束。同样，由于市场常常过度发展，斯坦利·朱肯米勒想在牛市真正结束时，他也许早已跑得老远令人惊叹不止了。6 月开始斯坦利·朱肯米勒看到几个因素：对股票的估价已极端过分；股利收益下跌 26%；而市盈率一直维持在历史高位；联邦储备委员会已经收紧银根有一段时间了。最后技术分析显示股市将要断气了——那就是市场的力度集中在大盘股和高价股票上，大量其他股票都远远落在后面。这一因素使得股市高涨就像喷射一样。斯坦利·朱肯米勒转变了角色，实际上沽空股票。之后的两个月市场动荡很大，斯坦利·朱肯米勒一直在抗衡市场，股价还是往上涨。

市场在此后几个月中一直在顶部徘徊，斯坦利·朱肯米勒一直持有做空的头寸不放。到 1987 年 10 月 16 日，道琼斯指数跌到近 2200 点，曾一度达到 2700 点的顶部。斯坦利·朱肯米勒不仅弥补了原来沽空的亏损，而且恢复了以往的业绩表现，几乎使这年成为大盈利的一年。然而这一年是斯坦利·朱肯米勒工作生涯中，曾犯下一个几乎造成悲剧结果的严重错误的一年。图表上在 2200 点附近显示有很强的支撑，这是由 1986 年大半年以来的交易构成的一个底。由于斯坦利·朱肯米勒在这年上半年做多头赚了不少钱，有了足够的实力。后来又一头做空更赚了好多，所以就在 1987 年 10 月 16 日的星期五下午轧空头寸转头做多头，又利用投资达到 130% 的多头仓位。

那时周五下午股市结束后，斯坦利·朱肯米勒碰巧跟索罗斯说起。索罗斯说有一篇保尔·刁托琼恩所做的研究报告想给斯坦利·朱肯米勒看看。斯坦利·朱肯米勒去了他的办公室，他拿出保尔在一两个月前所做的分析报告。该研究表明，过去股市的历史显示，一旦跌破向上伸展的抛物曲线，股市就会加速下跌，这次正显示出了这种情况。该报告也显示了 1987 年股市与 1929 年股市大崩溃时在股价活动上呈现极为接近的相关性，这意味着我们处于股市大崩盘的边缘。那天傍晚回家，斯坦利·朱肯米勒就犯了胃病。斯坦利·朱肯米勒意识到自己这一下搞砸了，股市即将崩盘！斯坦利·朱肯米勒决定如果周一开盘还在支撑线之上的话，即道琼斯指数低开 30 点左右，而不立刻产生反弹，就认赔平仓。不料周一开盘市场低开竟然超过 200 点，斯坦利·朱肯米勒知道他仍必须认赔离场。幸亏开市后很快有一个短暂的反弹，使斯坦利·朱肯米勒有机会平去

全部买入的头寸，并且再进行做空，后来市场继续暴跌。

这是一个有益的教训：**如果发觉做错了，就应立刻纠正。**如果当时心胸狭窄一些，面对与己不利的证据仍维持自己原来的头寸，或者拖延等待，希望看看市场能否恢复的话，朱肯米勒就会遭受巨大的损失。这种善于接受痛苦的真理，并毫不迟疑，毅然决然地做出相应反应的能力，是一个伟大投资者的标志。

斯坦利·朱肯米勒的长期业绩远远超过了该行业的平均水平。原因是采纳了乔治·索罗斯的哲理：保管好资本和经营好基地，才是获得长期收益之道。当你获利时，应该尽量积极进取。许多基金经理一旦盈利达到30%至40%，就往往对他们这一年的交易获利入账结束。在这年的其余时日，他们交易非常小心谨慎，为的是不破坏已经实现的很好的年收益率。要想真正获得出色的长期高收益，就要苦心努力，在达到30%至40%收益后，如果你仍具有信心，就应该力争达到收益100%。如果你能把一些接近100%收益的年头连在一起，而避免亏损年份，你就能真正达到杰出的长期高回报。

斯坦利·朱肯米勒从索罗斯那里学到最有意义的，倒并不是搞明白你是对还是错才是重要的，而是要搞明白你对的时候你能赚多少钱，你错的时候你会亏多少钱，这才是最重要的。索罗斯曾经批评过斯坦利·朱肯米勒一两次，的确对市场判断对，但没有能量最大限度地充分利用机会。举例说，在斯坦利·朱肯米勒为索罗斯开始工作不久，斯坦利·朱肯米勒对美元很不看好，故而建立大量做空美元做多马克的头寸。这些美元空头头寸开始对他有利了，斯坦利·朱肯米勒很感到自傲，索罗斯来到斯坦利·朱肯米勒的办公室谈起这笔交易。

他问斯坦利·朱肯米勒："你建了多大的仓位？"斯坦利·朱肯米勒回答："10亿美元的仓位。"他不屑地反问："你把这也叫作仓位？"这句话成了华尔街的经典。当你某件事干对时，对索罗斯来说，他会认为你总还是仓位持有的不够。他鼓励斯坦利·朱肯米勒把仓位翻一倍，斯坦利·朱肯米勒照办了。结果该笔交易变得极为有利，获利惊人！索罗斯教导斯坦利·朱肯米勒，**一旦你对某笔交易极端有信心时，你就应该敢于扼住机会的咽喉不松手。**这需要有做"头猪"的勇气，敢于抓住盈利不放。

1997年的东南亚金融风暴后，1998年斯坦利·朱肯米勒根据各方面的经济数据和资料，选择了日本金融市场作为下一个攻击目标，但是由于索罗斯对社会主义国家有一种特殊的情结（当年资助颠覆匈牙利和苏联），错误地分析了中国政府支持中国香港的坚决立场和形势，感情用事没有选择最弱的日本市场而选择了香港开战，最后以失利告终。同时显示了斯坦利·朱肯米勒青出于蓝的理智的投资心态（后来日元暴跌近40%）。

（4）对冲基金界的黄埔军校。

索罗斯和老虎基金的罗伯逊号称是对冲基金界的两大翘楚，但是罗伯逊却要逊色于索罗斯，因为索罗斯不仅有着打败英格兰银行的辉煌历史，而且还培养了一大批在各个时期叱咤风云的对冲基金经理人。索罗斯管理的基金公司成了华尔街名副其实的"黄埔军校"。对于绝大部分投资者而言，基金经理人是否系出名门没有太大意义，但是对于华尔街那些挑选人才的基金管理公司而言，招募对象此前的工作经历就显得重要了。

很多曾经服务过索罗斯量子基金的交易员和索罗斯的助手都成为了投资界的大师级人物，比如吉姆·罗杰斯，朱肯米勒等。在期货界，理查德·丹尼斯的海归们称雄到今日，所以丹尼斯不愧是期货界的"黄埔校长"；而在对冲基金的圈子中，索罗斯则是"黄埔校长"。为什么索罗斯基金旗下的人才成了华尔街的香饽饽？那得益于索罗斯良好的识人、选人、用人机制。

首先，我们来看看索罗斯识别人才的方法。索罗斯对于助手和独立基金经理的要求是不一样的，识别两种人才的方法也是不一样的。对于如何识别一个有效的助手，索罗斯是这样看的：他认为**一个优秀的助手必须能够做出独立的分析判断，能够给出足够的证据来支撑其判断，并且能够对自己的研判能力形成互补，能够与整个基金团队共融**。为什么索罗斯强调助手要能够顶住压力保持独立的分析思维呢？这是因为索罗斯认为任何人都有认知缺陷，再优秀的基金经理人也是如此，所以如果基金经理人的助手不能提供一个独立视角的话则基金经理人很可能走入偏颇的认知误区，进而导致基金的投资决策进入到盲区，引发一系列投资失误。那么为什么索罗斯要求助手为其自己的意见提供充足的证据呢？首先助手的责任更多的是给出细节信息和定量分析，而基金经理则负责定性分析和最后决策，一个好的助手应该给出具有定量形式的证据方能保证基金经理的决策建立在客观的分析之上。由此看来，要求助手与基金经理形成优势互补也是顺理成章的事情。对于最后一点要求，索罗斯是从吉姆·罗杰斯事件上学习到的。吉姆·罗杰斯不太喜欢团队作战，他倾向于精英主义和一定程度的独断专行，但是索罗斯认为随着基金规模的扩大，应该吸引和起用更多的人才，通过更大规模的团队来运作整个基金，而不是以前那种少数精英主义运作。但是，罗杰斯无论是言论还是行为上都非常抵触索罗斯的团体观念，罗杰斯给团体带来了紧张，破坏了团体的融洽，最后索罗斯只能与他分道扬镳。

在识别基金经理人才能方面，索罗斯的识别准则有所差异，**他将责任感和长期历史绩效放在最重要的位置**。索罗斯认为金融市场的复杂程度远远超过了最深奥的金融

理论，即使最聪明的人也不能在短时间内适应这个市场并取得良好的收益。所以，那些纸上谈兵的"专家"绝不是索罗斯看重的类型，他认为**与其听到些天花乱坠的理论，不如看看这位应聘者的历史绩效如何。**

其次，我们来看看索罗斯挑选人才的方法。索罗斯挑选人才的方法是"赛马制度"，他会给几个应聘者一段同样的时间，然后让这些应聘者用自己的绩效说话。当然，他也允许那些在该段时间绩效不佳的应聘者为自己提出充分可信的理由。赛马机制似乎有些达尔文式的残酷味道，但是索罗斯认为，与其让自己来教训和选拔这些应聘者，不如交给市场来做，因为市场绝对是检验人才的唯一标准。当然，索罗斯也有人情的一面，对于那些熟读其哲学的应聘者，他总是网开一面，给予这些心心相通之士以优先的测试机会。不过，真正能够通过测试留下来的应聘者应该说是凤毛麟角，寥寥无几。也许正是由于索罗斯这种大浪淘沙式的人才选拔法才使得索罗斯旗下的对冲基金成为藏龙卧虎之地。

最后，我们来看看索罗斯使用人才的方法。索罗斯在对待人才问题上最为出色的一点是他的人才使用之道。他的人才使用遵循几个原则，我们一一进行解读。

第一，应该根据人才的思维视角决定其岗位。索罗斯认为人的思维视角分为两种类型，一种是着重于整体特征和各个部分联系的思维，另一种是着重于局部细节和内部机制的思维。对于第一种思维，索罗斯称之为"全局性思维视角"，有这种思维的人，索罗斯倾向于任命为基金决策人员。而对于第二种思维，索罗斯称之为"细节性思维视角"，有这种思维的人，索罗斯倾向于任命为基金分析人员。当然，这是一种极端理想的情况，因为很多人才的思维视角既具有整体性，又具有局部性，只是所占比例不同而已。

第二，应该根据人才的情绪特征决定其岗位。索罗斯认为人的情绪特征有波动型和稳定型两种，情绪波动较大的人不太胜任决策性岗位，而情绪稳定性的人则不太胜任需要激

情的研发岗位。

第三，应该根据人才的人格特质决定其岗位。人格特质主要分为两种类型，第一种类型是外向型的，第二种类型是内向型的。对于外向型的人，索罗斯认为比较适合处理基金的公关和外联工作，而对于内向型的人，索罗斯则认为比较适合数据分析等工作。

第四，应该根据人才的从业经历决定其岗位。不同的人才必然形成于不同的经历，有擅长于 A 领域分析的人才，也有擅长于 B 领域分析的人才。除了擅长分析的人才外，还有擅长决策和公关的人才。人的具体才能一方面受到先天因素的影响，另一方面受到后天经历的制约，而且后者的作用更为强大。**索罗斯喜欢那些具有独立见解，而且绩效不凡的人才，而且他认为这类人才只有去不知名的小公司才能找到，因为这些角落通常有很多价值被严重低估的人力资本。**在小公司当中，这些思维卓尔不群的人才能得到最大限度的自由发挥，毕竟小公司没有那么多的条条框框，宽松的环境可以给他们才能自由发挥的空间。小公司的从业经历经常被索罗斯看作一封非常有价值的求职信。

第五，应该根据人才的兴趣爱好决定其岗位。人的兴趣是最好的老师，索罗斯本人就是凭着对哲学的热爱走入金融市场的，而且也是凭着对哲学的热爱才将哲学融入到了交易中，成就了"哲学王"的美誉。在量子基金中，索罗斯非常尊重属下和应聘者的兴趣爱好。他认为强烈的动机和兴趣足以改变一个人的命运，并提升一个人的才能到足够的高度。所以，在具体的岗位决定和人事任免上，索罗斯非常注意个人兴趣爱好的重要意义。

第六，应该根据基金的具体需要考虑人才的岗位。一个基金的强大需要一帮团结的人，每个职能领域都需要有人尽职尽责地做好。索罗斯认为在考虑人才的岗位时，还要从一个中立的角度来识别这个人才的真正能力所在，并结合基金的真实需要予以安排。

> 发掘价值被低估的人力资本。

我们已经将索罗斯的识人才，选人才和用人才的原则方法详细地加以解说。虽然本书的读者不可能个个都成为基金最高管理者，但是如何处理投资团队内部的关系，做到择人任势却是每个投资者都会遇到的问题。一个家庭在面临投资理财决定时，就是一个投资团队，就会面临上述问题。请理智而恰当地运用团队中每个人的才能，做到因材发挥，因材使用。

# 第七节 索罗斯的智慧法则六：预定错误

> 波普的《开放社会及其敌人》使我感到了启示的力量。
>
> ——乔治·索罗斯
>
> 虽然我主要提到波普，我其实也受到了其他思想家的影响，比如哈耶克。
>
> ——乔治·索罗斯

（1）王者之师：卡尔·波普。

要了解索罗斯，就要了解卡尔·波普。索罗斯在任何交易决策之前，总是假定自己存在错误，然后看能不能找到证据，如果找不到确实合理的证据，他就会放手一搏。索罗斯预先假定自己存在错误的做法与卡尔·波普的哲学有密切关系，波普的一生是一个化绚烂于平淡的一生。这位犹太裔思想家于1902年出生于维也纳，**10 岁时就开始接触马克思主义和达尔文进化论**，17 岁时曾为弗洛伊德的弟子、精神分析学家阿德勒工作过。早年崇拜的这些思想大师都成为波普后来怀疑与批判的对象，唯有爱因斯坦是一个例外。1919 年爱因斯坦在维也纳的演讲对他的一生发生了决定性的影响。

波普 1928 年在维也纳大学获得博士学位，后来与著名的"维也纳小组"成员接触。1932 年完成《知识理论的两个基本

阿尔弗雷德·阿德勒（1870年 2 月 7 日至 1937 年 5 月 28 日），奥地利精神病学家。个体心理学的创始人，人本主义心理学先驱，现代自我心理学之父。弗洛伊德的学生之一，但也是精神分析学派内部第一个反对弗洛伊德的心理学体系的心理学家。

阿德勒有《神经病的形成》、《自卑与超越》等著作，他将精神分析由生物学定向的本我转向社会文化定向的自我心理学，对后来西方心理学的发展具有重要意义。

问题》，手稿在维也纳小组中传阅。1934 年在石里克的推荐下，手稿的压缩版《研究的逻辑》以德文出版。后来两年中，波普访学英国，结识了哈耶克、罗素和伯林等学者，又到哥本哈根会见了物理学家波尔。在反犹太主义浪潮的压力下，波普计划离开奥地利。1936 年末，他向英国学术资助委员会提出申请，希望在英联邦地区的学术机构获得工作。他的推荐人当中有爱因斯坦、波尔、李约瑟、罗素、卡尔纳普和摩尔。委员会批准了他的申请，在剑桥大学为他安排了一个临时教职，但波普同时获得了新西兰坎特伯雷大学的一个永久职位。1938 年到新西兰任教，开始写作《历史决定论的贫困》和《开放社会及其敌人》，前者在 1944 年哈耶克主编的《经济学》上发表，后者 1945 年在英国出版，使他获得了国际性的声誉。

**索罗斯的很多哲学思想和投资理论都是根据卡尔·波普的思想得出的。**索罗斯在金融市场投资的同时，也在不断地发展和完善他自己的投资理论。

索罗斯认为，股票市场本身具有自我推进现象。当投资者对某家公司的经营充满信心，大笔买进该公司股票，他们的买入会使该公司股票价格上涨，于是公司的经营活动也得心应手：公司可以通过增加借贷、出售股票和基于股票市场的并购活动获得利润，更容易满足投资者的预期，使更多的投资者加入购买的行列。但同时，当市场趋于饱和，日益加剧的竞争挫伤了行业的盈利能力，或者市场的盲目跟风行为推动股价持续上涨，会导致股票价值被高估，而变得摇摇欲坠，直至股票价格崩溃。索罗斯将这种开始时自我推进，但最终又自我挫败的联系称为"相互作用"。而正是这种相互作用力导致了金融市场盛衰过程的出现。

索罗斯认为，一个典型的盛衰过程具有如下特征：

- 市场走势尚不明朗，难以判断
- 开始过渡到自我推进过程
- 成功地经受了市场方向的测试
- 市场确认度不断增强
- 在现实与观念之间出现偏离
- 发展到巅峰阶段
- 然后，出现与自我推进过程相反的步骤

**投资成功的秘诀就在于认识到形势变化的不可避免性，及时确认发生逆转的临界点。**索罗斯强调，当某一趋势延续的时候，为投机交易提供的机遇大增。对市场走势信心的丧失使得走势本身发生逆转，而新的市场趋势一旦产生，就将按其自己的规律开始发展。

识别趋势和趋势反转点。

在选择股票方面，索罗斯也有自己独到的见解。他在一个行业选择股票时，一般同时选择最好和最差的两家公司作为投资对象。这一行业中业绩最好的公司的股票是所有其他投资者考虑购买时的第一选择，只有这样才能保证其价格会被推上去；而这一行业中最差的公司，比如负债率最高的、资产负债表最糟的公司。在这种股票上投资，一旦股票最后吸引了投资者的时候，就为赚取巨大的利润提供了最好的机会。另外，索罗斯喜欢双面下注。他在对宏观进行分析时，会通过对国际政治、世界各地的金融政策、通货膨胀的变化、利率和货币等因素的预测，搜寻从中获利的行业和公司，在这些股票上做多；而同时，他也找出那些会因此而受损的行业和公司，大量卖空那些行业和公司的股票。这样，一旦他的预测是正确的，他将会获得双份的巨大收益。

《孙子兵法·虚实篇》："出其所不趋，趋其所不意。"

索罗斯在金融市场中，虽然并不遵循常规行动，但他同样对市场中的游戏规则兴趣浓厚，只不过他的兴趣是在试图理解这些规则在何时将发生变化。因为在他看来，当所有的投资者都习惯某一规则的时候，游戏的规则也将发生变化。而这种变化将会使投机者有机会获得与风险相称的收益。

因为袭击英镑，使英国政府遭受重大损失，索罗斯曾被一些媒体描述为一个冷酷无情的"金融杀手"。也许，索罗斯的罪过就在于他赚了太多的钱。如果从社会和个人两个不同的角度来看，有些行为的结果是不同的。由于儿时的经历，他一向对金钱比较淡漠。从社会的角度来看，他提倡控制货币，谴责不顾廉耻的拜金行为；但若单从个人的角度来看，当事物的发展无法逆转的时候，他也会对货币进行投机，因为他认为这是金融市场的游戏规则所允许的。其实，对于索罗斯而言，除了赚钱，他还有很多更重要的事情要做，那就是通过慈善事业为社会多做贡献。

索罗斯从事慈善事业有他宏伟的目标，他希望运用他的财富来促进社会开放，促进民族自决，使人们能够自由表达自己的思想，并追求他们自己的目标。他在这方面主要是受

卡尔·波普《开放社会及其敌人》一书的影响。在他看来，处于封闭社会中的人们受专制主义所统治，很难有自由，他要把西方开放社会的观念随着他的金钱输入到他所认为的封闭的国家中。

他选择了一些东欧国家如匈牙利、波兰、罗马尼亚以及苏联作为慈善资助对象，在这些国家建立了一系列基金会，耗资几亿美元。但他深深地卷入东欧也引起了许多争议。加之，他花费大量的时间和精力在慈善事业上，使他照顾量子基金的时间大为减少，使一些股东对此颇有微词，索罗斯渐渐又把一些主要精力重新放入到华尔街上。

（2）王者之师：弗里德里希·哈耶克。

哈耶克对索罗斯的盛衰周期理论和信贷管制周期理论有深刻的影响，这在很多索罗斯的传记中没有提到。哈耶克1899年5月8日生于维也纳。他与纲纳·缪达尔深入研究了货币理论和经济波动，并深入分析了经济、社会和制度现象的互相依赖而于1974年获得诺贝尔经济学奖。哈耶克一生中与科学哲学家卡尔·波普保持了长期的友谊关系，两人都来自维也纳。在一封写给哈耶克的信中，波普写道："我想我从你身上学到的东西可能超过所有其他在世的思想家。"

哈耶克早年研究货币和经济周期理论。他认为货币仅仅是流通手段和计算单位，对于经济体系的运行没有影响，但要保持货币的这种性质，必须使货币流通总量不变。他以此来反对调节通货以稳定经济的政策主张。他还认为，资本主义经济本身有一种自行趋于稳定的机能。造成经济萧条的原因是投资过度，货币供给不足，但只要听其自然，经济萧条所引起的物价下跌就会改变储蓄率下降的趋势，从而货币供给不足的状况就会扭转，经济也就自然而然地走向复苏。由此断言，国家对经济生活的干预是多余的，甚至是有弊无利的。

哈耶克的资本主义经济可以自动维持稳定的论点无非是20世纪30年代以前传统庸俗经济学美化资本主义制度的一种论调，早已被经济危机的史实所粉碎。但他对凯恩斯主义理论和政策的批评，揭露了资本主义国家经济调节政策的矛盾。

哈耶克一直反对社会主义，反对计划经济。他认为，经济效率来自利己的动力，有效的决策来自充分的市场信息。但在社会主义条件下，由于利己的动力受到限制，计划经济中的集中决策不能像自由市场的分散决策那样灵活，所以社会主义不可能有高效率。哈耶克还认为社会主义是违背人本性的一种制度，计划经济导致政治上的极权，是"通向奴役的道路"。他甚至反对西欧社会民主党和英国工党理论家所主张的"收入均等化"、"福利国家"之类的社会改良主义措施，认为这种措施不仅损害效率，而且最终仍会导致政治的极权化。正因为如此，西方经济学界把他的理论称为"保守

的"、"右翼的"理论。

1931 年哈耶克在《物价与生产》一书中提出。他认为**资本主义经济中货币因素是促使生产结构失调的决定性原因**。以没有闲置的生产资源为前提，在经济扩张阶段，资本市场上对于投资资金的需求将超过储蓄，生产者将会利用银行膨胀的信用，扩大资本物的生产，这导致部分先用于制造消费品的土地和劳动要素转用于资本物的生产，但是，当银行扩大的信贷经过生产者转手变成人们的货币收入后，按哈耶克的假定，人们将把他们的消费恢复到正常比例，这就引起消费品价格上涨，导致生产要素又转用于生产消费品。一旦信用扩张被迫停止，危机就会爆发。这时或表现为高涨阶段利用银行信用正在进行的投资（新建厂房设备等），由于资本缺乏而萎缩或中止；或者表现为已生产出来的机器原材料等，由于其他资本家缺乏资本而销路不好，价格猛跌。哈耶克认为危机所引起的物价下跌会自动改变储蓄率下降的趋势，一旦资本供给恢复和增加，经济也就自然地走向复苏，无须国家干预。也就产生了哈耶克经济周期理论，这是奥地利学派的经济周期理论的基础。**奥地利学派认为，不仅货币供应规模的变化，而且货币进入实际经济以及在经济体系中运行的途径，都会影响真实变量和最终市场结果**（这种"坎梯隆分配效应"强调了货币注入的途径，认为货币总是起作用的，它在影响真实经济部门方面不是中性的）。

在注入货币后，不同商品受影响的程度不同，货币通过影响相对价格和生产的时间结构来影响经济的真实方面，它使资源在不同的生产环节上重新分配。哈耶克的资本理论是在庞巴维克"迂回生产"概念框架基础上，从自己的货币理论中推导出来的，大致可以概括如下：**资本不是同质的存货，不是同一种东西的堆积，而是各种物品之间相互联系的一个网络，是相互补充的各种组成部分之间形成的一种复杂的结构，生产过程应该被视为一个接一个的"阶段"，从最终消费层层递进，一直到更为遥远的阶段**。非消费品的杂乱堆积，未必能够增加最终产出。每种资本投资如果要想能够提高最终消费品产出，就必须适应指向最终消费阶段资本的完整结构。那些没有能够构成这样完整结构的投资，就是扭曲的投资，只能造成资本损失和运营亏损。价格的根本作用在于只有在它能够反映所涉及的不同种类的资本品（不断变动的）的相对稀缺程度的时候，资本结构才能整合为一个整体，才能显示出那部分扭曲的投资。

哈耶克具体考察了相对价格，说明为什么在人为的繁荣之后不可避免地出现衰退。他的分析从充分就业的假设开始。由银行体系派生的信用增加将使市场利率下降，使之低于自然利率，企业家在这个虚假信息的误导下，重新配置资源，从消费转移到投资。假定公众的时间偏好没有改变，对更为迂回，或更长的生产过程的盈利性就会形

成错误的预期。这种脱离消费的投资增加不会维持。因为，随着生产过程的增长，占用了大量的资源，而消费品的产出下降，价格上升，消费者需要维持既有的消费水平，因而生产的时间结构需要重新调整，回到更直接的生产过程。如果在人为繁荣时期，或者说在强制储蓄时期有利可图的投资现在无利可图时，危机就出现了。

　　哈耶克的经济周期理论继承、发展了早期奥地利学派以及相关学者的研究，其中门格尔奠定了具有鲜明特色的奥地利学派方法论基础和基本分析框架，先于凯恩斯考虑到不确定性、非均衡以及关于货币本质的货币理论；米塞斯尽力将货币纳入一般经济结构，给出了奥地利学派早期的经济周期理论，说明由于货币在定价和生产过程中具有独特而关键的作用，显示货币干扰是如何导致资源配置不合理，如何导致协调问题；**维克塞尔则区分了自然利率与市场利率**，以及它们的不相等对一般价格水平的影响。庞巴维克提出了"迂回生产"的分析框架。

> 市场利率大幅低于自然利率会引发过度投资。

　　（3）投资哲学王：索罗斯。

　　柏拉图曾经说如果哲学家当上国王，则国家必定兴盛和平，而国民的素质和道德必定得到很大的提高，他提出了"哲学王"的理念。罗马帝国的国王**奥勒留**应该算作其中一个典范，而在金融帝国当中，索罗斯无疑是最佳人选。

　　无论是巴菲特还是索罗斯都对哲学具有很大的兴趣，据说巴菲特喜欢躺在地板上与西岸的哲学家通电话。但是，如果讨论对哲学的热情，则索罗斯更胜一筹。我们看看历史，**大凡那些旷世之才都有良好的哲学智慧**，比如物理学之爱因斯坦，心理学之卡尔·荣格，社会学之马克思，武学之李小龙，加上一人，金融投资之索罗斯。

> 马可·奥勒留（公元121~180年），公元161年至180年担任罗马帝国皇帝。他不但是一个很有智慧的君主，同时也是一个很有造诣的思想家，有以希腊文写成的著作《沉思录》传世。他是著名的"帝王哲学家"，在整个西方文明之中，马可·奥勒留也算是一个少见的贤君。更值得一提的是，虽然他向往和平，却具有非凡的军事领导才干。

　　索罗斯最初的兴趣完全集中于哲学，其人生梦想是成为一个哲学家。到美国，也仅仅是为了能够回国后成为独立哲学研究人士。他回忆当年来美国时的想法，那时只是想来美国这块淘金之地赚个50万美元就"打道回府"，对于金钱本

身他并不感兴趣。而且他的数学不是很好，以至于虽然学过经济学和会计学，但是仍旧无法成为一个能把账目做平的小店员，最后避免不了被扫地出门，阴差阳错地成为一个证券分析和投资人员，在此过程中，他总是试图将那些哲学思想与日常生活，金融投资和社会运行，国际治理联系起来，哲学生活化，哲学万能化，哲学具体化，这就是投资哲学王索罗斯的过人之处。他在金融世界和政治世界中找到了实践和印证哲学思想的机会，金融和制度成为他进行实验的场所。

哈耶克的经济周期理论，卡尔·波普的可证伪理论都在索罗斯的实验中加以检验，他成为了一个卓越的国际投资高手。在初期，他发掘欧洲那些存在格雷厄姆所谓隐形价值的公司，在布雷顿森林体系瓦解后，他进入到外汇市场，成为了一位卓越的货币投资大师，通过评估货币的价值，他进行所谓的"反身回归"交易，这时候他更像那些卖空价值高估的投资者。无论如何，他都评估价值，然后进行交易，早年的时候他以买入价值低估的证券资产为主，到了 20 世纪 90 年代，他则以做空那些价值高估的货币资产为主。**他是一位坚持价值投资的哲学王！**

（4）止损认错的科学和艺术。

索罗斯从卡尔·波普和哈耶克那里学习到了"局限性"的意义，面对人类普遍具有的认知局限性和能力局限性，索罗斯采用了积极的应对方法，而不是消极逃避，拒绝承认自己的局限性或者是避免任何金融交易。

索罗斯认为既然我们承认了自我认知能力的缺陷，那么接下来如何处理这一问题就是需要考虑的问题了。止损认错是索罗斯倡导的积极应对办法。那么什么是止损认错呢，为什么说止损认错既是一门科学，又是**一门艺术呢？**

止损就是"结束错误交易带来的亏损继续扩大态势"，这句中最为关键的修饰语有两处，第一处是"错误的"，第二处是"继续扩大"。所谓"错误的"交易是指当初交易的前提假设已经被否决，继续持有该交易头寸的理由已经不存在。前

*设置止损是索罗斯交易哲学的最直接体现，其中的科学成分可以很快从书面上加以掌握，但是对于其中的艺术成分，则是必须经过大量和长期的实践才能领悟的。*

提假设分为两种类型，第一种类型是基本面型，第二种类型是技术面型。比如，一项做多英镑交易的基本面假设前提是英格兰银行将在明天继续升息，如果英格兰银行没有在第二天加息，则做多英镑的基本面前提已经不存在，那么就应该止损退出交易。又假如我们假定英镑兑美元在 2.0000 以上将保持上升态势，所以我们做多，但是如果英镑兑美元跌破 2.0000 则我们持有多仓的理由就被否决，也就说继续持有多头的技术面前提假设已经被否决，应该立即退出交易。

我们已经搞清楚了"错误"的含义，接下来我们谈谈"继续扩大"的含义。止损的目的是制止亏损继续扩大不至于危及本金安全，进而削弱以后的交易能力。在什么情况下，损失会容易继续扩大呢？具体而言，就是前提假设被否决的时候，也就说是基本面或者技术面因素反向突破临界点的时候。

上面讲了止损认错的含义，那么什么是止损的科学成分呢？止损的设置充满了科学的成分，通常而言，止损的设置需要考虑到四个关键因素：

第一个因素是技术上的临界点，具体而言就是支撑阻力位置。当我们进行做多交易的时候，止损应该放在支撑位置的下方；当我们进行做空交易的时候，止损应该放置在阻力位置的上方。为什么做多的时候止损应该放在支撑位置的下方呢？这是因为支撑位置是一个临界点，当价格在支撑位置之上运动时，其继续向上运动的概率和幅度都会更大，而当价格跌破支撑位置时，则其反转向下运动的概率和幅度都会更大。那么为什么做空的时候止损应该放在阻力位置之上呢？这同样是因为阻力位置是一个临界点，当价格在阻力位置之下运动时，则其继续下跌的概率和幅度都会更大，而当价格突破阻力位时，则其反转向上运动的概率和幅度都会更大。当然，基本面因素也有临界点，也可以进行上述类比，但是理解起来比较困难，所以这里就不再深入下去。

第二个因素是过滤市场噪声，一般是通过布林带和 ATR（平均真实波幅）指标来过滤。设置止损的时候要避免被那些非真实的临界点突破所欺骗，布林带和 ATR 可以过滤大部分这样的市场噪声，或者说假突破。通常而言，止损应该设置在布林线的外轨之外，当进行做空交易时，止损放在布林线上轨之上，当进行做多交易时，止损放在布林线下轨之下。对于 ATR 的运用我们就不再介绍了，大家参看相关书籍。

第三个因素是资金管理要求，具体而言有两种方法，第一种方法是固定每次动用的资金比率，比如不高于 8%，还有一种是根据凯利公式 $K=[(1+W)R-1]/W$，其中 W 是胜率，R 是风险回报率，K 是承受风险的资金比率。我们推荐使用凯利公式作为资金管理的具体方法。

第四个因素是时间止损点，除了基本面和技术面的止损要求外，我们还应该对交

易进行持仓时间上的限制，如果在规定的时间内价格没有出现预期方向和幅度的运动则应该退出交易。

当然，前三个因素是科学止损必须基本的要素，第四个则是可选择的要素。

我们讲完了止损的科学要素，那么现在来讲讲止损的艺术成分。止损的艺术成分蕴含在其科学成分之中，我们现在就分别述及。索罗斯也承认即使所谓的科学也正是因为其具有某种局限才能被当作科学，上述四条止损设置的科学原则本身也有局限性，那就是它们存在一些不确定的因素，而人性可能因为这些不确定的部分而犯下主观性过强的错误。

第一，我们来看看阻力位置和支撑位置的寻找。阻力和支撑位置可能是前期价格的高点和低点，也可能是前期成交密集区，当然还可能是黄金分割率位置，黄金延伸率位置等，这么多潜在的阻力位置和支撑位置需要我们加以确认，这其中难免夹杂不少主观性的成分，所以虽然我们说做多的时候止损放置在支撑位置之下，做空的时候止损放置在阻力位置之上，但是支撑位置和阻力位置的确认却存在极大的主观性。要提高我们准确研读支撑阻力位置的能力需要借助于长年累月的实践，而这无疑是止损设置具有艺术性的一面。

第二，我们来看看布林带的运用。通常而言，布林带可以将市场的噪声运动筛选出来，但是很多时候一些噪声运动仍旧突破布林带，也就说布林带对假信号的过滤也存在局限。要弥补这一不足之处就需要结合 K 线进行，而这就是涉及到止损的艺术，而不是科学。

第三，在我们运用凯利公式 $K=[(1+W)R-1]/W$ 进行资金管理的时候，我们需要输入两个变量值：一个是胜率 W 的值，另一个是风险报酬率 R 的值。胜率 W 的值可以根据历史数据得出，但是这并不表明当下和未来的交易具有同样的胜率，因为市场结构在不断变化，而这会影响到历史数据的有效性，对于风险回报率而言也存在同样的问题。

从上述这些止损的艺术成分，我们就可以得出一个非常关键的结论：止损是任何交易都不可或缺的一个组成部分，但是关于如何设置止损却是一个同时包含科学成分和艺术成分的问题。

设置止损的科学一方面在于通过支撑阻力线筛选出高概率和高回报率的交易机会，另一方面通过布林线过滤绝大部分虚假的交易信号，然后利用凯利公式决定介入交易的资金比率。

而设置止损的艺术一方面在于如何确认支撑阻力线，如何进一步过滤到布林线发

出的假信号，另一方面如何准确地估计风险报酬率和胜率。

**设置止损是索罗斯交易哲学的最直接体现**，其中的科学成分可以很快从书面上加以掌握，但是对于其中的艺术成分，则是必须经过大量和长期的实践才能领悟的。

# 第八节　索罗斯投资方法总结

我的主要理念是我们对所处世界的理解注定天生就是不完全的。

——乔治·索罗斯

473：1，这就是量子基金从 1968 年到 1993 年的投资记录。

——保罗·琼斯

（1）索罗斯式的投资适应对象。

索罗斯立意高远，以国家和社会作为投资对象，其投资的主要资产并不局限于证券，对于外汇和贵金属，商品期货他也经常涉及。要采用索罗斯式的操作方法，必须处在金融业较为发达和开放的地区，能够接触国际主要金融市场的交易品种，同时在操作上要更为激进。**最为重要的是对于宏观经济运行有深入的了解**。作为宏观交易大师，索罗斯更加注重的是对崩溃前夜中经济体法宏观交易，所以**对于泡沫经济学应该有深入研究**。

索罗斯是一位巨人，其思想根植于比不可知论和决定论更为中性的可证伪思想，而且我们推断他对奥地利学派的经济周期理论有深入的掌握。从《金融炼金术》一书中，我们可以看到卡尔·波普和哈耶克的影子。所以**索罗斯的投资方法适合那些精通经济周期理论，特别是哈耶克经济周期理论的人，对于行为金融学和群体心理学也应该有所掌握**。

把奥地利经济学派的经典都找来看一看吧。

索罗斯的方法要求综观全局，这使得不少受到专业训练的科班学生容易陷入狭窄的专业面，吉姆·罗杰斯影响了索罗斯的部分思维，正如查理·芒格影响了巴菲特的部分思维。而且**罗杰斯和芒格都有不可思议的一个共同之处，那就是博学多闻，能够从许多不同的角度来观察世界。**而索罗斯的哲学功底更是提升了其宏观把握的能力，这种全局思维应该是每一个使用索罗斯式投资的人应该具备的。

索罗斯的投资业绩短期内波动较大，所以投资者必须具备良好的心理素质和风险承受能力，四位大师中，索罗斯式投资方法的风险是最大的。风险极端厌恶型的投资者最好不要采用索罗斯的投资策略。

（2）索罗斯的关键投资理念和智慧法则。

**索罗斯的关键投资体系主要是以"反身回归"为核心，以"生存第一"为基础构建起来的，其他的投资法则都是以此衍生出来的。**

**索罗斯的"反身回归"法则与马克思的"价值规律"，格雷厄姆的"价值回归"和"安全空间"理念基本一致，都是强调资产价格在群体情绪和资金的推动下出现背离价值中枢的运动，但是价格回归价值中枢的运动是必然发生的。在索罗斯那里，"基本趋势"就是价值中枢，"主流偏向"就是群体情绪和资金引起的资产供求，"主流倾向"体现为价格运动。从这点看来，索罗斯就是一个价值投资者，这一传统最早发源于马克思的价值论，而正式的传统来源于格雷厄姆，索罗斯经由波普的启发，在金融交易和社会实验中自己得出了这一理论体系。**

由于回归可以发生在各种类型的资产上，所以索罗斯在全球范围内寻找最大的"回归"机会，这使得"全球投资"法则成为一种投资理念，并且有助于"生存第一"法则的实现。在人类的认知活动中，人类始终存在某些缺陷，为了避免缺陷，索罗斯采取了两类措施：第一是找寻"一流搭档"，第二是不断反思，看看自己是不是犯了错误，这与查理·芒格非常相似，后者也认为人的认知存在偏差，首先假定自己错误，然后看能不能找到确实的证据，这就是"假定错误"法则，这一法则来自波普和哈耶克的思想。为了最大化"回归交易"的利润，索罗斯总是力图抓住全球几年一次的重大"回归"，所以他会"全力一击"去最大化收益。这就是投资哲学王索罗斯的投资智慧所在。

（3）索罗斯的宏观价值交易方法。

在本书中，我们已经提出了宏观交易的两个体系：一是宏观泡沫交易法，二是通用宏观交易法，下面我们再次归纳一下这两个体系。

宏观交易体系一：宏观泡沫交易法

信号1：实体部门的预警信号

● 私人部门价值受到破坏

● 利息保障比率

信号2：金融系统的预警信号

● 银行的盈利水平

● 贷款组合迅速增长

● 存款萎缩或存款利率飞速上升

● 不良贷款

● 银行同业利率、资本市场拆借利率

信号3：国际货币和国际资本流动

● 外国银行贷款的期限结构

● 国际货币和资本流动的猛增或骤减

信号4：资产价格泡沫

● 资产价格泡沫

宏观交易体系二：通用宏观交易法

步骤一　提醒信号　收益率分析

● 信用供给分析：联邦基金期货

● 信用需求分析：收益曲线

步骤二　确认信号

● 金属期货分析：铜期货

● 房地产分析：新屋开工率

● 能源分析：原油期货

● 农作物分析：玉米期货

● 世界稳定分析：黄金期货

步骤三　交易信号　波动率分析

最后，我们给出一个结合中国实际的具体宏观交易体系，下面这篇文章写作的时间大约在2007年10月。

## 飙涨行情交易法和当前股市分析

笔者细数了最近几百年来众所周知的资产价格飙涨行情，从荷兰郁金香泡沫，法国密西西比泡沫，英国南海泡沫到20世纪末的中国台湾、日本、东南亚各国的股市或

（和）房市飙升。我所亲历的泡沫飙升是 1994 年左右以四川资阳为中心掀起的海狸鼠价格泡沫，以及现在正在经历的房地产和股市泡沫。泡沫的度量指标是本益比，过高的本益比意味着泡沫的存在，而本益比的大小就是泡沫程度的定量表示。笔者这里的本益比就是资产价格和资产生产收益的比值。对于股票来讲就是市盈率，对于房地产来讲就是房价收入比（房价租金比也是等价的）。当然普洱茶也是此轮泡沫的一个品种，笔者对它不是很了解也不多说。

泡沫的度量指标是本益比，而对于想抓住资产价格飙升行情的人来说知道泡沫的驱动因素更为重要。笔者将这些驱动泡沫的因素称为泡沫动力指标，这些指标并不是随意给出的，而是从上述各次资产价格狂飙中总结出来的。泡沫的动力指标是：

（1）供给刚性。也就是说供给在短时间内是无法改变的，郁金香、普洱茶、股票、房地产在当时的技术和环境下短时间内的供给是大致固定的，海狸鼠的养殖也是。

（2）流动性充裕。郁金香泡沫爆发前荷兰是欧洲的一等强国，国内经济经过较长时间的强劲增长，国内资金大量累积；法国南海泡沫爆发与约翰·劳滥发纸币有关；英国南海泡沫也是滥发纸币；20 世纪 90 年代的中国台湾和日本泡沫是贸易顺差积累引起的货币供给过剩；紧随其后的东南亚各国泡沫是全面开放资本市场导致资本项目下资金大量流入引起国内资金过剩引起的。中国大陆现在资产价格高涨跟当年中国台湾地区和日本的情形一致。

（3）预期高涨。资产本身的价值在未来才能验证，买卖预期是资产能够出现飙涨和泡沫的第三个关键因素。郁金香期货，地产未来价值，股票预期收益这些都是资产买卖当中的预期因素，也是其价格上涨的主要原因之一。

泡沫的行为指标是笔者给出的第三个指标，这是从资产价格本身进行分析的工具，好比金融交易中的技术面分析。

一个是 N 字顶和底，第二是价格—消息的背离。如果价格回落后创出新高意味着价格上涨的趋势没有结束；如果出现负面的政策或者基本面消息，资产价格仍旧上涨，那么上涨趋势就没有结束。下降趋势则相反。

现在我们就用这三个指标来分析当前的股市飙升行情：

第一个是泡沫度量指标。市盈率，现在股票的市盈率平均在 50 倍左右，也就是说按照目前的价格买进中国大陆 A 股，则在目前的企业盈利能力下，需要大概 50 年才能收回投资，除非盈利能力持续提高。对于大多数股票来说要超越目前的盈利水平是不现实的，所以中国股市目前铁定存在整体泡沫。

第二个是泡沫动力指标。

（1）供给刚性：这里主要是新股发行量的多寡，短期内的新股上市已经挤占了大量资金，对于二级市场存在很大的资金分流作用，但是目前的扩容对市场影响还不大，至少一个月内如此。下面的新股申购调查（见图 5-1）和新股的涨幅（见图 5-2）表明了一级市场吸引了大量资金。随时关注扩容的绝对值是了解供给刚性程度的关键。一旦新股大量集中上市肯定会使得股市资金充裕度下降，大面积上涨的行情将不再。

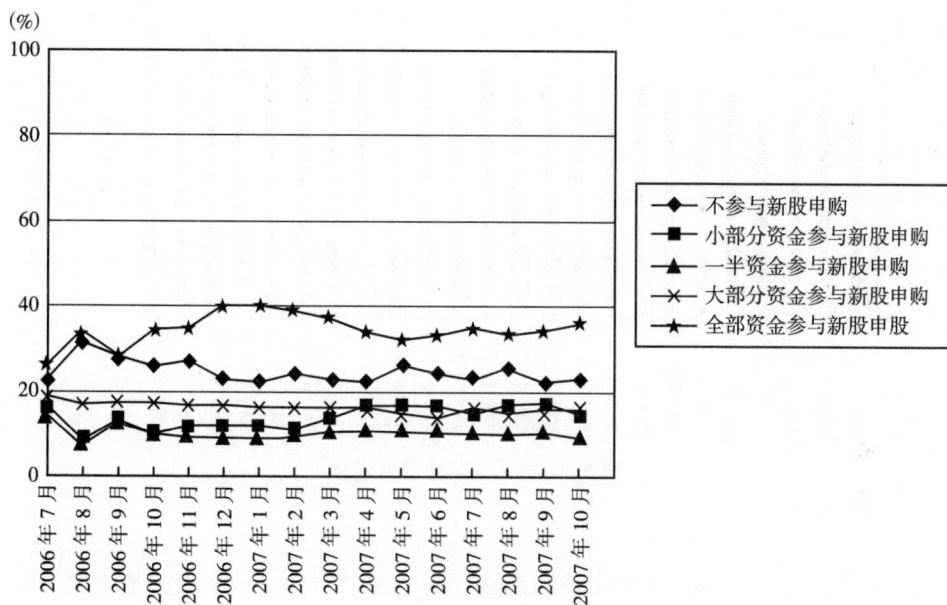

**图 5-1 新股申购历史走势**

资料来源：中财网。

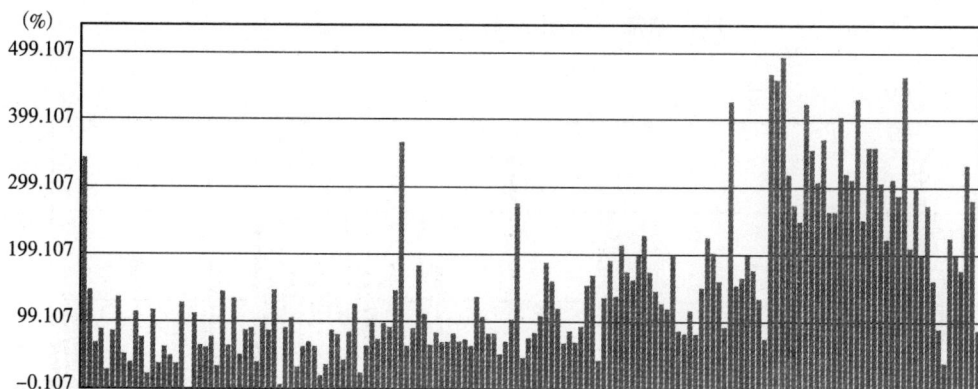

**图 5-2 新股上市首日涨幅统计**

资料来源：中财网。

（2）流动充裕：货币供给（M2）。根据对中国台湾股市飙升因素的分析，货币供给是一个最关键变量，对于其他国家和地区的飙升行情也有类似的分析结论。下面是最近的货币供给，口径是 **M2** 的柱状图（见图5-3）。

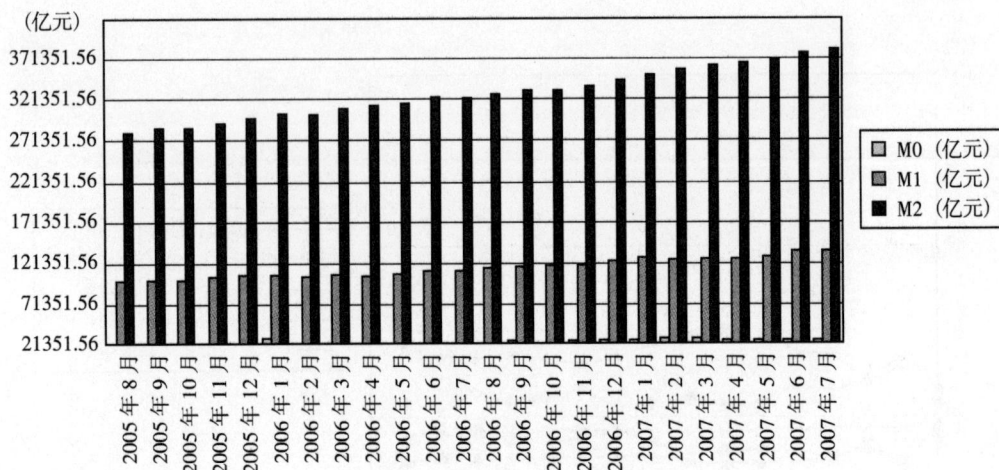

*信贷有收紧迹象。*

图5-3 货币供应量月度走势

资料来源：中财网。

（3）预期高涨：对于这个指标我们采用的分析变量较多，下面分别列出。

①新增开户数。这个指标稳定在高位，显示**新股民的数量在增加**（见图5-4）。

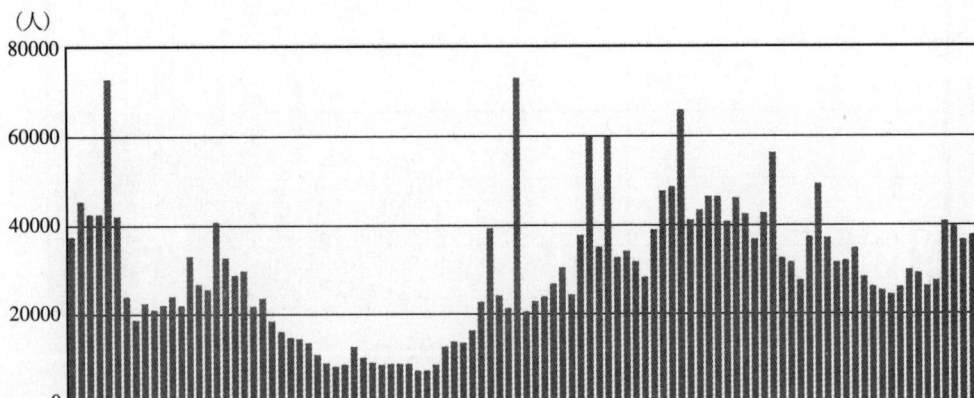

*新韭菜不断长出来！*

图5-4 A股开户人数走势

资料来源：中财网。

②多空情绪。这个指标显示看多的人数一直占据上风（见图5-5）。

超过60%的人持续看多。

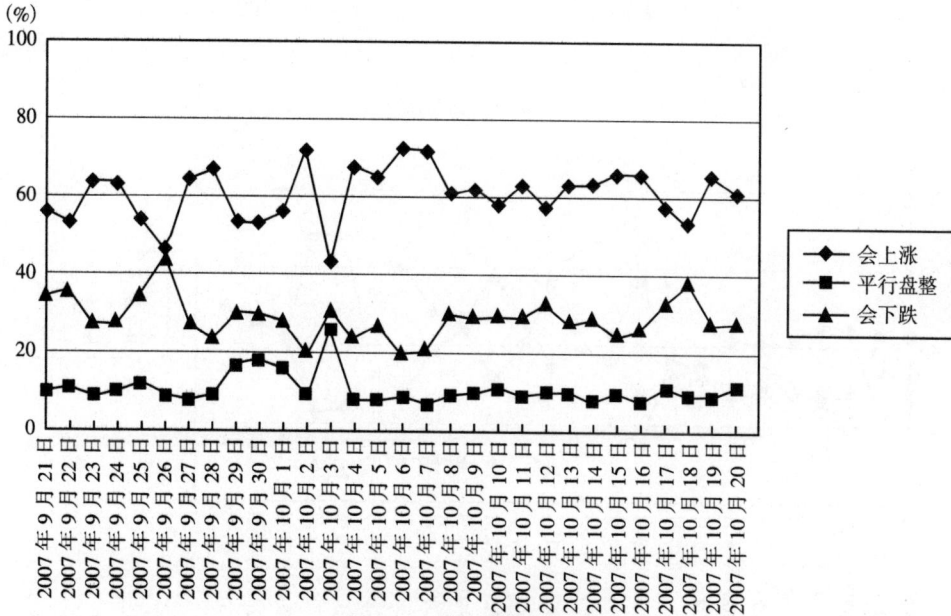

**图5-5　股市多空情绪调查**

资料来源：中财网。

③总成交金额。在日线图上看成交量有些萎缩，可能是新股申购热引起的，但是总额成交量并没有**明显下滑趋势**（见图5-6）。

大盘价涨量缩，追高意愿不足。

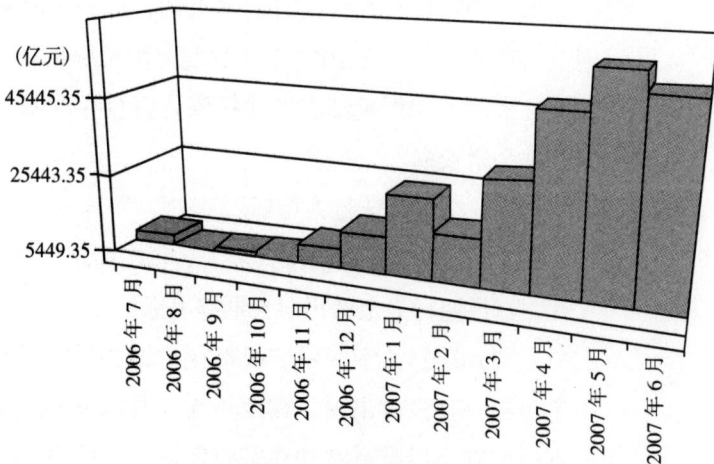

**图5-6　A股总成交金额**

资料来源：中财网。

市场会让绝大多数人将丰
厚利润落袋吗？

④散户盈亏比。正常情况下，散户交易者应该是亏损的，因为散户交易基本是投机性质的短线，但是**目前的散户盈利程度非常高**，这对于市场情绪有很大的刺激作用（见图5-7）。

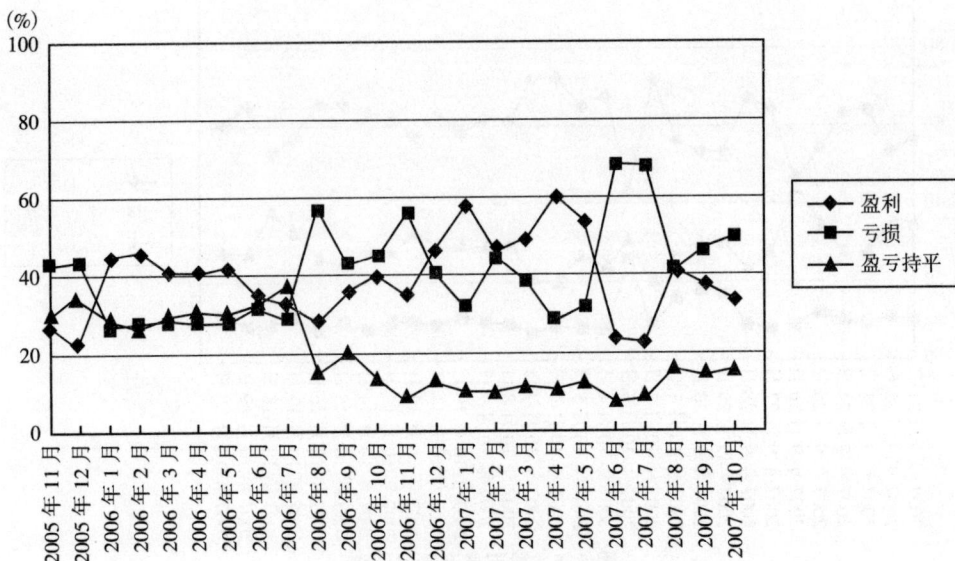

**图5-7 股市月度盘亏调查**

资料来源：中财网。

账面盈利都比较丰厚了，
这是反向指标。

⑤股票型基金盈亏比率。这个比率根据最近的调查似乎**盈利面在90%左右**。

⑥指数涨幅。这个比率实际上是观察股票市场的整体收益率，印花税上涨，银行利率上调，这些仍旧敌不过指数的上涨幅度，一个月10%~20%的复合增长率是有的，这使得其他投资收益相形见绌，工业投资，银行存款的收益率远远低于**这个增长率**。

这么高的收益率能够继续
上升吗？

第三个是泡沫行为指标。

（1）利空反涨的情况太多了，每次加息宣布后股市反而上涨，这说明行为上看仍旧会继续上涨。

（2）关于N字底目前股市在上涨过程中屡屡出现，而N字顶则一直没有出现。在今年5~7月出现过一轮调整，反弹不过前高，但是下跌却没有破前低，之后则上涨创新高，所以这是一个失败的N字顶。上周大盘下跌，但是只有在反弹

失败后创新低才表明趋势很可能反转。

我们从上述三大指标的分析可以得出结论，目前股市肯定存在泡沫，所以价值投资者此时应该不在场内。对于投机性交易者，特别是飙升行情交易者**应该密切注意货币供给中的 M2 以及 N 字顶是否出现**，对于新股上市的总量应该有所关注。随着资金的稀释，大盘可能让位于板块和个股。

作为价值投资者和技术派分析专家，此类资产价格飙升行情从来没有出现在他们的理论和操作指南内，但是此类行情的巨大暴利，使笔者决心将其纳入研判和操作的范畴。仅以上文弥补从前忽略此类暴利的遗憾。

总结一下泡沫飙升行情交易的分析指标。

泡沫度量指标：本益比

泡沫动力指标：①供给刚性；②流动充裕；③预期高涨。

泡沫行为指标：①N 字顶和底；②价格—消息的背离。

# 20 世纪全球十大顶尖基金经理简介

本书就是要总结大师的精髓，将大师的智慧打通，通过价值投资这条线索，我们可以整合格雷厄姆、巴菲特、彼得·林奇和索罗斯的核心投资思想，每个大师都有一个核心理念加上五个辅助理念，每个人就是六个理念，四个人就是二十四个投资理念，这些理念也反映了大师们的人生态度。除了这四位大师之外，还有很多著名的投资巨擘，我们这里根据 2006 年《纽约时报》的评选简要介绍一些全球顶尖的基金经理，可以发现他们当中除了约翰·伯格之外，绝大多数都是价值投资者。股神巴菲特名列榜首，其中的约翰·坦普尔顿，麦克尔·普里斯以及马克·默比乌斯，都属于富兰克林坦普尔顿基金集团。十位基金经理人目前大多已经退休，只有马克·默比乌斯还在操盘，他是富兰克林坦普尔顿发展基金及富兰克林坦普尔顿亚洲成长基金的基金经理人，以投资新兴市场闻名于世，被《华尔街日报》誉为"新兴市场教父"，目前管理的基金资产规模达 120 亿美元。

1. 沃伦·巴菲特（Warren E. Buffett）——股神

2. 彼得·林奇（Peter Lynch）——投资界的超级巨星

3. 约翰·邓普顿（John Templeton）——全球投资之父

4. 本杰明·格雷厄姆（Benjamin Graham）——价值投资之父

5. 乔治·索罗斯（George Soros）——宏观对冲基金大师

6. 约翰·内夫（John Neff）——市盈率鼻祖、价值发现者、伟大的低本益型基金经理人

7. 约翰·伯格（John Bogle）——指数基金教父

8. 麦克尔·普里斯（Michael Price）——价值型基金传奇人物

9. 朱利安·罗伯逊（Julian Robertson）——对冲基金界的教父级人物

10. 马克·墨比乌斯（Mark Mobius）——新兴市场投资教父

**沃伦·巴菲特**　美国最大和最成功的集团企业塑造者，一个全球公认为现代"久经磨炼"的经理人和领导人。一个比杰克·韦尔奇更会管理的人，一个宣称在死后50年仍能管理和影响公司的人。作为划时代的投资圣人、华尔街的常青树、美国第二大富豪，巴菲特以世界顶尖股票推荐人和惊人的创造财富的能力而为人津津乐道。

**彼得·林奇**　彼得·林奇是当今美国乃至全球最高薪的受聘投资组合经理人，是麦哲伦100万共同基金的创始人，是杰出的职业股票投资人、华尔街股票市场的聚财巨头。彼得·林奇在其数十年的职业股票投资生涯中，特别是他于1977年接管并扩展麦哲伦基金（Magellan Fund）以来，股票生意做得极为出色，不仅使表哲伦成为有史以来最庞大的共同基金，使其资产由2000万美元增长到84亿美元，而且使公司的投资配额表上原来仅有的40种股票增长到1400种。林奇也因此而收获甚丰。惊人的成就，使彼得·林奇蜚声金融界。美国最有名的《时代周刊》称他为第一理财家，《幸福》杂志则称誉为股票领域一位超级投资巨星。并在1988年被晨星公司选为年度最佳基金经理人，且获得全美13所大学颁赠荣誉博士学位，1990年宣布退休时，据说个人总资产达4500万美元，闲暇之余喜爱打高尔夫球、航海及听歌剧。

**约翰·邓普顿**　邓普顿爵士是邓普顿集团的创始人，一直被誉为全球最具智慧以及最受尊崇的投资者之一。福布斯资本家杂志称他为"全球投资之父"及"历史上最成功的基金经理之一"。虽然邓普顿爵士已经退休，不再参与基金的投资决策，但他的投资哲学已经成为邓普顿基金集团的投资团队以及许多投资人永恒的财富。

**本杰明·格雷厄姆**　本杰明·格雷厄姆作为一代宗师，他的金融分析学说和思想在投资领域产生了极为巨大的震动，影响了几乎三代重要的投资者，如今活跃在华尔街的数十位上亿的投资管理人都自称为格雷厄姆的信徒，他享有"华尔街教父"的美誉。但本杰明·格雷厄姆的名字并没有留在华尔街的光荣榜上——以他的名字命名的格雷厄姆·纽曼公司，在他退休之后就解散了，而那些历史地位不如他的金融家却往往能留下以自己的名字命名的公司。这也从一个侧面证实，格雷厄姆的伟大是出自个人的伟大，这种伟大是难以为继的。所幸他通过课堂讲授，为自己的理论留下了继承人。

**乔治·索罗斯**　乔治·索罗斯号称"金融天才"，从1969年建立"量子基金"至今，他创下了令人难以置信的业绩，以平均每年35%的综合成长率令华尔街同行望尘莫及。他好像具有一种超能的力量左右着世界金融市场。他的一句话就可以使某种商品或货币的交易行情突变，市场的价格随着他的言论上升或下跌。一位电视台的记者曾对此作了如此形象的描述：索罗斯投资于黄金，正因为他投资于黄金，所以大家都认为应

该投资黄金，于是黄金价格上涨；索罗斯写文章质疑德国马克的价值，于是马克汇价下跌；索罗斯投资于伦敦的房地产，那里房产价格颓势在一夜之间得以扭转。索罗斯成功的秘密是许多人都急切地想知道的，但由于索罗斯对其投资方面的事守口如瓶，这更给他蒙上了一层神秘的色彩。

**约翰·内夫**  金融界专家会选哪一位资金管理人来管理他们的钱呢？一个很好的答案是：约翰·内夫，这位在非金融界名不见经传的来自宾夕法尼亚州的理财专家。他在投资界以外几乎是默默无闻，因为他处世低调而且毫不引人注目。他的行为举止完全不像华尔街的显赫人物，倒像是美国中西部地区的一个普通官员。一座离市中心不远的住宅、一位三十多岁的妻子，普通甚至有些凌乱的衣着是内夫的生活；没有豪华的办公室，文件杂乱倒像大学生宿舍。他从不关心报纸，更别提小道消息了。社会上许多其他的行业对他可能闻所未闻，但他确实是美国最负盛名的金融界人物，实际上，几个民意测验表明，他是资金管理人管理他们自己钱的首选经理人。

**约翰·博格尔**  先锋集团（Vanguard Group）的创始人、前首席执行官，1974年博格尔断定并不存在能战胜市场指数的基金，开始推行以指数为基准进行投资的原则，同年成立了先锋指数基金。发展初期尽管只有1100多万美元，但经过数十年的发展，先锋基金管理资产规模已高达8840亿美元，一半资产来自机构投资者，先锋集团也成长为美国第二大基金管理公司。

**麦克·普莱斯**  美国价值型基金经理人中的传奇人物，以价值投资著称，尤其喜爱复杂的交易，如并购、合并、破产、清算等可以利用超低价买进被市场严重低估的资产，在其基金投资生涯中，参与的并购案不计其数，如西尔斯（后来改名施乐百）、柯达、梅西百货（Macy's）及大通银行（Chase）和华友银行（Chemical）的合并等，皆是投资史上知名的大事。麦克·普莱斯是典型的价值投资者，他认为只要找出符合下列条件的股票，价值投资即可成功；股价低于资产价值；公司经营阶层持股越高越好；干净的资产负债表，负债愈少愈好。

**朱利安·罗伯逊**  曾经管理的老虎管理基金的规模，仅次于索罗斯创办的量子基金。综观全球金融市场的老虎管理基金以选股精准著称。1980年，罗伯逊以800万美元创立老虎基金，1998年前平均每年回报为32%，因而被视为避险基金界的教父级人物。罗伯逊的投资策略以"价值投资"为主，也就是根据上市公司取得盈利能力推算合理价位，再逢低进场买进、趁高抛售。

**马克·墨比尔斯**  马克·墨比尔斯研究新兴市场的股票已经有三十年的经验。1997年和1998年连续被路透社选为"年度最佳全球基金经理"。1998年和1999年连续被美

国 Money 杂志选为"全球十大投资大师"之一，被《华尔街日报》誉为"新兴市场教父"。1999 年被世界银行和经济合作发展组织指派为董事及全球公司治理工作团队负责人。其研究团队被英国"国际财富管理"基金杂志评选为"2001 年最佳新兴市场股票研究团队"。马克·墨比尔斯管理的邓普顿新兴市场基金长期以来拥有出色的投资业绩。

# 2007 年和 2015 年《福布斯》全球亿万富豪排行榜

　　全球享有盛誉的财富杂志《福布斯》2007 年 3 月 8 日公布全球身价在 10 亿美元以上的富豪排行榜。了解全球富豪榜的走势可以明晰商业气候的变化和产业的循环，对于掌握全球区域经济的走向也有帮助。2007 年全球有 946 位身价 10 亿美元以上的富豪。前 10 名中有三位美国人，一位墨西哥人，一位瑞典人，一位印度人，一位法国人，一位西班牙人，一位加拿大人和一位中国香港人。比尔·盖茨以 560 亿美元的身价，连续第 13 次高居全球首富。排名仅次于比尔·盖茨的是投资专家"股神"巴菲特（520 亿美元），第三名是墨西哥电信巨子卡洛斯·斯利姆·埃卢（490 亿美元）。身价 230 亿美元的中国香港大亨李嘉诚从 2006 年的第 10 名上升到第 9 名。从中看看你能找到多少金融投资人士。

附表 2-1　2007 年《福布斯》全球亿万富豪排行榜

| 排名 | 姓名 | 国籍 | 年龄 | 净资产（10 亿美元） | 居住地 |
|------|------|------|------|------|------|
| 1 | 比尔·盖茨（William Gates Ⅲ） | United States | 51 | 56.0 | United States |
| 2 | 沃伦·巴菲特（Warren Buffett） | United States | 76 | 52.0 | United States |
| 3 | 卡洛斯·斯利姆·埃卢（Carlos Slim Helu） | Mexico | 67 | 49.0 | Mexico |
| 4 | 英瓦尔·坎普拉德家族（Ingvar Kamprad & family） | Sweden | 80 | 33.0 | Switzerland |
| 5 | 拉克希米·米塔尔（Lakshmi Mittal） | India | 56 | 32.0 | United Kingdom |
| 6 | 谢尔登·阿德尔森（Sheldon Adelson） | United States | 73 | 26.5 | United States |
| 7 | 贝尔纳德·阿尔诺（Bernard Arnault） | France | 58 | 26.0 | France |
| 8 | 阿曼西奥·奥尔特（Amancio Ortega） | Spain | 71 | 24.0 | Spain |

| 排名 | 姓名 | 国籍 | 年龄 | 净资产（10亿美元） | 居住地 |
|---|---|---|---|---|---|
| 9 | 李嘉诚（Li Ka-shing） | China Hong Kong | 78 | 23.0 | China Hong Kong |
| 10 | 戴维·汤姆森家族（David Thomson & family） | Canada | 49 | 22.0 | Canada |
| 11 | Lawrence Ellison | United States | 62 | 21.5 | United States |
| 12 | Liliane Bettencourt | France | 84 | 20.7 | France |
| 13 | Prince Alwaleed Bin Talal Alsaud | Saudi Arabia | 50 | 20.3 | Saudi Arabia |
| 14 | 穆克什·安巴尼（Mukesh Ambani） | India | 49 | 20.1 | India |
| 15 | Karl Albrecht | Germany | 87 | 20.0 | Germany |
| 16 | Roman Abramovich | Russia | 40 | 18.7 | United Kingdom |
| 17 | Stefan Persson | Sweden | 59 | 18.4 | Sweden |
| 18 | Anil Ambani | India | 47 | 18.2 | India |
| 19 | 保罗·艾伦（Paul Allen） | United States | 54 | 18.0 | United States |
| 20 | Theo Albrecht | Germany | 84 | 17.5 | Germany |
| 21 | Azim Premji | India | 61 | 17.1 | India |
| 22 | 李兆基（Lee Shau Kee） | China Hong Kong | 79 | 17.0 | China Hong Kong |
| 23 | Jim Walton | United States | 59 | 16.8 | United States |
| 24 | S. Christy Walton & family | United States | 52 | 16.7 | United States |
| 24 | Robson Walton | United States | 63 | 16.7 | United States |
| 26 | Sergey Brin | United States | 33 | 16.6 | United States |
| 26 | Larry Page | United States | 34 | 16.6 | United States |
| 26 | Alice Walton | United States | 57 | 16.6 | United States |
| 29 | Helen Walton | United States | 87 | 16.4 | United States |
| 30 | 迈克尔·戴尔（Michael Dell） | United States | 42 | 15.8 | United States |
| 31 | 史蒂夫·鲍尔默（Steven Ballmer） | United States | 51 | 15.0 | United States |
| 31 | Kirk Kerkorian | United States | 89 | 15.0 | United States |
| 31 | 郭氏兄弟 Raymond Kwok（郭炳联），Thomas Kwok（郭炳江）& Walter Kwok（郭炳湘） | China Hong Kong | NA | 15.0 | China Hong Kong |
| 34 | Francois Pinault | France | 70 | 14.5 | France |
| 35 | Suleiman Kerimov | Russia | 41 | 14.4 | Russia |
| 36 | Vladimir Lisin | Russia | 50 | 14.3 | Russia |
| 37 | Jack Taylor & family | United States | 84 | 13.9 | United States |
| 38 | Vladimir Potanin | Russia | 46 | 13.5 | Russia |
| 38 | Mikhail Prokhorov | Russia | 41 | 13.5 | Russia |
| 40 | Oleg Deripaska | Russia | 39 | 13.3 | Russia |
| 40 | Michael Otto & family | Germany | 63 | 13.3 | Germany |
| 42 | Carl Icahn | United States | 71 | 13.0 | United States |
| 42 | Abigail Johnson | United States | 45 | 13.0 | United States |
| 44 | Adolf Merckle | Germany | 72 | 12.8 | Germany |

| 排名 | 姓名 | 国籍 | 年龄 | 净资产 (10 亿美元) | 居住地 |
|---|---|---|---|---|---|
| 45 | Barbara Cox Anthony | United States | 83 | 12.6 | United States |
| 45 | Anne Cox Chambers | United States | 87 | 12.6 | United States |
| 45 | Mikhail Fridman | Russia | 42 | 12.6 | Russia |
| 48 | Vagit Alekperov | Russia | 56 | 12.4 | Russia |
| 49 | Charles Koch | United States | 71 | 12.0 | United States |
| 49 | David Koch | United States | 66 | 12.0 | United States |
| 51 | Silvio Berlusconi & family | Italy | 70 | 11.8 | Italy |
| 52 | Nasser Al-Kharafi & family | Kuwait | 63 | 11.5 | Kuwait |
| 52 | Leonardo Del Vecchio | Italy | 71 | 11.5 | Italy |
| 54 | Alexei Mordashov | Russia | 41 | 11.2 | Russia |
| 55 | Gerald Cavendish Grosvenor & family | United Kingdom | 55 | 11.0 | United Kingdom |
| 55 | Spiro Latsis & family | Greece | 60 | 11.0 | Switzerland |
| 55 | Birgit Rausing & family | Sweden | 83 | 11.0 | Switzerland |
| 58 | Forrest Mars Jr | United States | 75 | 10.5 | United States |
| 58 | Jacqueline Mars | United States | 67 | 10.5 | United States |
| 58 | John Mars | United States | 70 | 10.5 | United States |
| 61 | Viktor Vekselberg | Russia | 49 | 10.4 | Russia |
| 62 | Serge Dassault & family | France | 81 | 10.0 | France |
| 62 | 查尔斯·埃尔根（Charles Ergen） | United States | 54 | 10.0 | United States |
| 62 | Michele Ferrero & family | Italy | 80 | 10.0 | Monaco |
| 62 | Naguib Sawiris | Egypt | 52 | 10.0 | Egypt |
| 62 | Kushal Pal Singh | India | 75 | 10.0 | India |
| 62 | Alain & Gerard Wertheimer | France | NA | 10.0 | NA |
| 68 | Susanne Klatten | Germany | 44 | 9.6 | Germany |
| 69 | Philip Knight | United States | 69 | 9.5 | United States |
| 69 | Sunil Mittal & family | India | 49 | 9.5 | India |
| 71 | John Kluge | United States | 92 | 9.1 | United States |
| 71 | Vladimir Yevtushenkov | Russia | 58 | 9.1 | Russia |
| 73 | 罗伯特·默多克（Rupert Murdoch） | United States | 76 | 9.0 | United States |
| 73 | Hans Rausing | Sweden | 81 | 9.0 | United Kingdom |
| 73 | Reinhold Würth | Germany | 71 | 9.0 | Germany |
| 76 | Ernesto Bertarelli | Switzerland | 41 | 8.8 | Switzerland |
| 76 | Pierre Omidyar | United States | 39 | 8.8 | United States |
| 78 | Maria-Elisabeth & Georg Schaeffler | Germany | NA | 8.7 | Germany |
| 79 | Rafael del Pino & family | Spain | 86 | 8.6 | Spain |
| 80 | Donald Bren | United States | 74 | 8.5 | United States |
| 80 | George Kaiser | United States | 64 | 8.5 | United States |

续表

| 排名 | 姓名 | 国籍 | 年龄 | 净资产（10亿美元） | 居住地 |
|---|---|---|---|---|---|
| 80 | 乔治·索罗斯（George Soros） | United States | 76 | 8.5 | United States |
| 83 | Nikolai Tsvetkov | Russia | 46 | 8.4 | Russia |
| 83 | August von Finck | Germany | 77 | 8.4 | Switzerland |
| 85 | Dan Duncan | United States | 74 | 8.2 | United States |
| 86 | Mohammed Al Amoudi | Saudi Arabia | 61 | 8.0 | Saudi Arabia |
| 86 | Abdul Aziz Al Ghurair & family | United Arab Emirates | 53 | 8.0 | United Arab Emirates |
| 86 | Kumar Birla | India | 39 | 8.0 | India |
| 86 | German Khan | Russia | 45 | 8.0 | Russia |
| 86 | Iskander Makhmudov | Russia | 43 | 8.0 | Russia |
| 86 | Sumner Redstone | United States | 83 | 8.0 | United States |
| 86 | Shashi & Ravi Ruia | India | NA | 8.0 | India |
| 93 | Philip Anschutz | United States | 67 | 7.9 | United States |
| 93 | Galen Weston & family | Canada | 66 | 7.9 | Canada |
| 95 | Enrique Bañuelos | Spain | 41 | 7.7 | Spain |
| 96 | Stefan Quandt | Germany | 41 | 7.6 | Germany |
| 97 | Maan Al-Sanea | Saudi Arabia | 52 | 7.5 | Saudi Arabia |
| 97 | Edward Johnson Ⅲ | United States | 76 | 7.5 | United States |
| 99 | Sulaiman Al Rajhi | Saudi Arabia | 87 | 7.4 | Saudi Arabia |
| 100 | Donald Newhouse | United States | 77 | 7.3 | United States |
| 100 | Samuel Newhouse Jr | United States | 79 | 7.3 | United States |
| 102 | Leonard Blavatnik | United States | 49 | 7.2 | United States |
| 102 | Charlene de Carvalho-Heineken | Netherlands | 52 | 7.2 | United Kingdom |
| 104 | John Fredriksen | Cyprus | 62 | 7.0 | Norway |
| 104 | Philip & Cristina Green | United Kingdom | 55 | 7.0 | Monaco |
| 104 | 何鸿燊（Stanley Ho） | China Hong Kong | 85 | 7.0 | China Hong Kong |
| 104 | 郭鹤年（Robert Kuok） | Malaysia | 83 | 7.0 | China Hong Kong |
| 104 | Ronald Perelman | United States | 64 | 7.0 | United States |
| 104 | Viktor Rashnikov | Russia | 58 | 7.0 | Russia |
| 104 | Tsai Hong-tu & family | China Taiwan | 54 | 7.0 | Taiwan |
| 111 | Johanna Quandt | Germany | 80 | 6.7 | Germany |
| 112 | Antonia Johnson | Sweden | 63 | 6.6 | Sweden |
| 113 | 郑裕彤（Cheng Yu-tung） | China Hong Kong | 81 | 6.5 | China Hong Kong |
| 114 | Ramesh Chandra | India | 67 | 6.4 | India |
| 114 | Curt Engelhorn | Germany | 80 | 6.4 | Switzerland |
| 116 | Alexei Kuzmichov | Russia | 44 | 6.2 | Russia |
| 116 | 埃里克·施密特（Eric Schmidt） | United States | 51 | 6.2 | United States |
| 118 | 黄廷芳（Ng Teng Fong） | Singapore | 78 | 6.1 | Singapore |
| 119 | Anacleto Angelini | Chile | 93 | 6.0 | Chile |
| 119 | Eli Broad | United States | 73 | 6.0 | United States |

| 排名 | 姓名 | 国籍 | 年龄 | 净资产（10亿美元） | 居住地 |
|------|------|------|------|--------------------|--------|
| 119 | Gustavo Cisneros & family | Venezuela | 61 | 6.0 | Venezuela |
| 119 | Erivan Haub & family | Germany | 74 | 6.0 | Germany |
| 119 | Petr Kellner | Czech Republic | 42 | 6.0 | Czech Republic |
| 119 | 阿南达·克里斯南（Ananda Krishnan） | Malaysia | 68 | 6.0 | Malaysia |
| 119 | Lorenzo Mendoza & family | Venezuela | 41 | 6.0 | Venezuela |
| 119. | Hasso Plattner | Germany | 63 | 6.0 | Germany |
| 119 | Joseph Safra | Brazil | 68 | 6.0 | Brazil |
| 128 | Klaus-Michael Kühne | Germany | 69 | 5.9 | Switzerland |
| 129 | Micky Arison | United States | 57 | 5.8 | United States |
| 129 | James, Arthur & John Irving | Canada | NA | 5.8 | Canada |
| 129 | 孙正义（Masayoshi Son） | Japan | 49 | 5.8 | Japan |
| 132 | Steven Jobs | United States | 52 | 5.7 | United States |
| 132 | Karl-Heinz Kipp | Germany | 83 | 5.7 | Switzerland |
| 132 | Akira Mori & family | Japan | 69 | 5.7 | Japan |
| 132 | Dmitry Pumpyansky | Russia | 43 | 5.7 | Russia |
| 132 | Julio Mario Santo Domingo | Colombia | 83 | 5.7 | Colombia |
| 137 | Alexander Abramov | Russia | 48 | 5.6 | Russia |
| 137 | Charles Johnson | United States | 74 | 5.6 | United States |
| 137 | Esther Koplowitz | Spain | 56 | 5.6 | Spain |
| 137 | Eliodoro Matte & family | Chile | 61 | 5.6 | Chile |
| 137 | Pallonji Mistry | India | 77 | 5.6 | India |
| 142 | Robert Bass | United States | 59 | 5.5 | United States |
| 142 | Michael Bloomberg | United States | 65 | 5.5 | United States |
| 142 | Terry Gou | China Taiwan | 56 | 5.5 | China Taiwan |
| 142 | Vladimir Kim | Kazakhstan | 46 | 5.5 | Kazakhstan |
| 142 | James Packer | Australia | 39 | 5.5 | Australia |
| 142 | Madeleine Schickedanz | Germany | 63 | 5.5 | Switzerland |
| 142 | Thomas Schmidheiny | Switzerland | 61 | 5.5 | Switzerland |
| 142 | Alisher Usmanov | Russia | 53 | 5.5 | Russia |
| 150 | Robert Rowling | United States | 53 | 5.4 | United States |
| 150 | Roustam Tariko | Russia | 45 | 5.4 | Russia |
| 152 | Leonid Fedun | Russia | 50 | 5.3 | Russia |
| 152 | Bradley Hughes | United States | 73 | 5.3 | United States |
| 152 | Michael Kadoorie & family | China Hong Kong | 66 | 5.3 | China Hong Kong |
| 155 | John Menard Jr | United States | 67 | 5.2 | United States |
| 155 | Charles Schwab | United States | 69 | 5.2 | United States |
| 157 | YC Wang & family | China Taiwan | 90 | 5.1 | China Taiwan |
| 158 | Alberto Bailleres | Mexico | 74 | 5.0 | Mexico |
| 158 | Jean-Claude Decaux & family | France | 69 | 5.0 | France |

| 排名 | 姓名 | 国籍 | 年龄 | 净资产（10亿美元） | 居住地 |
|---|---|---|---|---|---|
| 158 | Alicia Koplowitz | Spain | 54 | 5.0 | Spain |
| 158 | 拉尔夫·劳伦（Ralph Lauren） | United States | 67 | 5.0 | United States |
| 158 | Nicky Oppenheimer & family | South Africa | 61 | 5.0 | South Africa |
| 158 | Onsi Sawiris | Egypt | 77 | 5.0 | Egypt |
| 158 | Samuel Zell | United States | 65 | 5.0 | United States |
| 165 | Jorge Paulo Lemann | Brazil | 67 | 4.9 | Brazil |
| 165 | Edward Rogers | Canada | 73 | 4.9 | Canada |
| 167 | David Geffen | United States | 64 | 4.7 | United States |
| 167 | Boris Ivanishvili | Russia | 51 | 4.7 | France |
| 167 | Nobutada Saji & family | Japan | 61 | 4.7 | Japan |
| 167 | Luis Carlos Sarmiento | Colombia | 74 | 4.7 | Colombia |
| 167 | Wee Cho Yaw | Singapore | 78 | 4.7 | Singapore |
| 172 | Rupert Johnson Jr | United States | 65 | 4.6 | United States |
| 172 | Frank Lowy & family | Australia | 76 | 4.6 | Australia |
| 172 | Andrei Melnichenko | Russia | 35 | 4.6 | Russia |
| 172 | Sergei Popov | Russia | 35 | 4.6 | Russia |
| 172 | Ricardo Salinas Pliego | Mexico | 51 | 4.6 | Mexico |
| 177 | 乔治·阿玛尼（Giorgio Armani） | Italy | 72 | 4.5 | Italy |
| 177 | Otto Beisheim | Germany | 83 | 4.5 | Switzerland |
| 177 | Martin & Olivier Bouygues | France | 54/56 | 4.5 | France |
| 177 | Lester Crown & family | United States | 81 | 4.5 | United States |
| 177 | James Goodnight | United States | 64 | 4.5 | United States |
| 177 | Herbert Kohler & family | United States | 68 | 4.5 | United States |
| 177 | Edward Lampert | United States | 44 | 4.5 | United States |
| 177 | Sean Quinn & family | Ireland | 60 | 4.5 | Ireland |
| 177 | David & Simon Reuben | United Kingdom | NA | 4.5 | United Kingdom |
| 177 | James Sorenson | United States | 85 | 4.5 | United States |
| 177 | Ty Warner | United States | 63 | 4.5 | United States |
| 188 | Saleh Al Rajhi | Saudi Arabia | 95 | 4.4 | Saudi Arabia |
| 188 | Jeffrey Bezos | United States | 43 | 4.4 | United States |
| 188 | Kunio Busujima & family | Japan | 81 | 4.4 | Japan |
| 188 | Henry Ross Perot | United States | 76 | 4.4 | United States |
| 188 | Bernard（Barry）Sherman | Canada | 65 | 4.4 | Canada |
| 188 | Stef Wertheimer & family | Israel | 81 | 4.4 | Israel |
| 194 | Jeronimo Arango | Mexico | 81 | 4.3 | Mexico |
| 194 | Shari Arison | Israel | 49 | 4.3 | Israel |
| 194 | Hubert Burda | Germany | 67 | 4.3 | Germany |
| 194 | Walter Haefner | Switzerland | 96 | 4.3 | Switzerland |
| 194 | Simon Halabi | United Kingdom | 57 | 4.3 | United Kingdom |
| 194 | Kwek Leng Beng & family | Singapore | 66 | 4.3 | Singapore |

| 排名 | 姓名 | 国籍 | 年龄 | 净资产（10亿美元） | 居住地 |
|---|---|---|---|---|---|
| 194 | Leonid Mikhelson | Russia | 51 | 4.3 | Russia |
| 194 | Johann Rupert & family | South Africa | 56 | 4.3 | South Africa |
| 194 | Michael & Rainer Schmidt - Ruthenbeck | Germany | NA | 4.3 | Germany |
| 194 | Hiroko Takei & family | Japan | NA | 4.3 | Japan |
| 204 | Robert Holding | United States | 80 | 4.2 | United States |
| 204 | Lim Goh Tong & family | Malaysia | 89 | 4.2 | Malaysia |
| 204 | Ronald McAulay | China Hong Kong | 70 | 4.2 | China Hong Kong |
| 204 | David Murdock | United States | 83 | 4.2 | United States |
| 204 | Jeffrey Skoll | Canada | 42 | 4.2 | United States |
| 204 | 龚如心 (Nina Wang) | China Hong Kong | NA | 4.2 | China Hong Kong |
| 210 | Matthew Bucksbaum & family | United States | 81 | 4.1 | United States |
| 210 | William Davidson | United States | 84 | 4.1 | United States |
| 210 | Adi Godrej & family | India | 64 | 4.1 | India |
| 210 | Lev Leviev | Israel | 51 | 4.1 | Israel |
| 214 | Rinat Akhmetov | Ukraine | 40 | 4.0 | Ukraine |
| 214 | Paul Desmarais | Canada | 80 | 4.0 | Canada |
| 214 | Aloysio de Andrade Faria | Brazil | 86 | 4.0 | Brazil |
| 214 | Michael Herz | Germany | 61 | 4.0 | Germany |
| 214 | Wolfgang Herz | Germany | 56 | 4.0 | Germany |
| 214 | Shiv Nadar | India | 61 | 4.0 | India |
| 214 | Richard Schulze | United States | 66 | 4.0 | United States |
| 214 | Harold Simmons | United States | 75 | 4.0 | United States |
| 214 | James Simons | United States | 69 | 4.0 | United States |
| 214 | Andreas Strüngmann | Germany | 57 | 4.0 | Germany |
| 214 | Thomas Strüngmann | Germany | 57 | 4.0 | Germany |
| 214 | Yitzhak Tshuva | Israel | 58 | 4.0 | Israel |
| 226 | Antonio Ermirio de Moraes & family | Brazil | 78 | 3.9 | Brazil |
| 226 | Sammy Ofer & family | Israel | 85 | 3.9 | Monaco |
| 226 | Nassef Sawiris | Egypt | NA | 3.9 | Egypt |
| 226 | Hiroshi Yamauchi | Japan | 79 | 3.9 | Japan |
| 230 | Anil Agarwal | India | 53 | 3.8 | United Kingdom |
| 230 | Richard Branson | United Kingdom | 56 | 3.8 | United Kingdom |
| 230 | Frits Goldschmeding | Netherlands | 73 | 3.8 | Netherlands |
| 230 | Stein Erik Hagen & family | Norway | 50 | 3.8 | Norway |
| 230 | Eitaro Itoyama | Japan | 64 | 3.8 | Japan |
| 230 | Jim Pattison | Canada | 78 | 3.8 | Canada |
| 230 | Anton Schlecker | Germany | 62 | 3.8 | Germany |
| 237 | Vladimir Bogdanov | Russia | 55 | 3.7 | Russia |

| 排名 | 姓名 | 国籍 | 年龄 | 净资产（10亿美元） | 居住地 |
|---|---|---|---|---|---|
| 237 | Alexander Lebedev | Russia | 47 | 3.7 | Russia |
| 237 | Luis Portillo | Spain | 45 | 3.7 | Spain |
| 237 | Leonard Stern | United States | 68 | 3.7 | United States |
| 237 | Joan Tisch | United States | 81 | 3.7 | United States |
| 237 | Tadashi Yanai & family | Japan | 58 | 3.7 | Japan |
| 243 | Pyotr Aven | Russia | 52 | 3.6 | Russia |
| 243 | Charles Cadogan & family | United Kingdom | 70 | 3.6 | United Kingdom |
| 243 | Bernard Ecclestone & family | United Kingdom | 76 | 3.6 | United Kingdom |
| 243 | George Lucas | United States | 62 | 3.6 | United States |
| 243 | 戈登·摩尔（Gordon Moore） | United States | 78 | 3.6 | United States |
| 243 | Stephan Schmidheiny | Switzerland | 59 | 3.6 | Switzerland |
| 249 | Bjorgolfur Thor Bjorgolfsson | Iceland | 40 | 3.5 | United Kingdom |
| 249 | Richard DeVos | United States | 81 | 3.5 | United States |
| 249 | Kenneth Hendricks | United States | 65 | 3.5 | United States |
| 249 | 许荣茂（Hui Wing Mau） | China Hong Kong | 56 | 3.5 | China Hong Kong |
| 249 | Ray Hunt | United States | 64 | 3.5 | United States |
| 249 | Manuel Jove | Spain | 65 | 3.5 | Spain |
| 249 | Saleh Kamel | Saudi Arabia | 65 | 3.5 | Saudi Arabia |
| 249 | Peter Kellogg | United States | 65 | 3.5 | United States |
| 249 | Leonard Lauder | United States | 74 | 3.5 | United States |
| 249 | Paul Milstein & family | United States | 84 | 3.5 | United States |
| 249 | Reinhard Mohn & family | Germany | 85 | 3.5 | Germany |
| 249 | Husnu Ozyegin | Turkey | 62 | 3.5 | Turkey |
| 249 | 史蒂夫·施瓦茨曼（Stephen Schwarzman） | United States | 60 | 3.5 | United States |
| 249 | Patrick Soon-Shiong | United States | 55 | 3.5 | United States |
| 249 | Karl Wlaschek | Austria | 89 | 3.5 | Austria |
| 264 | Isak Andic | Spain | 52 | 3.4 | Spain |
| 264 | Heidi Horten | Austria | 66 | 3.4 | Austria |
| 264 | Gérard Louis-Dreyfus & family | France | 74 | 3.4 | United States |
| 264 | Rosalía Mera | Spain | 63 | 3.4 | Spain |
| 264 | Melvin Simon | United States | 80 | 3.4 | United States |
| 264 | Charoen Sirivadhanabhakdi | Thailand | 62 | 3.4 | Thailand |
| 264 | Stephen Wynn | United States | 65 | 3.4 | United States |
| 271 | Kjeld Kirk Kristiansen | Denmark | 59 | 3.3 | Denmark |
| 271 | Dmitry Rybolovlev | Russia | 40 | 3.3 | Russia |
| 273 | William Cook | United States | 75 | 3.2 | United States |
| 273 | Nicolas Hayek | Switzerland | 78 | 3.2 | Switzerland |
| 273 | John Simplot & family | United States | 98 | 3.2 | United States |
| 273 | Friede Springer | Germany | 64 | 3.2 | Germany |

续表

| 排名 | 姓名 | 国籍 | 年龄 | 净资产（10亿美元） | 居住地 |
|---|---|---|---|---|---|
| 273 | Steven Udvar-Hazy | United States | 61 | 3.2 | United States |
| 273 | Leslie Wexner | United States | 69 | 3.2 | United States |
| 279 | Nadhmi Auchi | United Kingdom | 69 | 3.1 | United Kingdom |
| 279 | Elena Baturina | Russia | 44 | 3.1 | Russia |
| 279 | Khalid Bin Mahfouz & family | Saudi Arabia | 60 | 3.1 | Saudi Arabia |
| 279 | Edgar Bronfman Sr | United States | 77 | 3.1 | United States |
| 279 | Albert Frere | Belgium | 81 | 3.1 | Belgium |
| 279 | Dilip Shanghvi | India | 51 | 3.1 | India |
| 279 | Michael Ying | China Hong Kong | 57 | 3.1 | China Hong Kong |
| 279 | Chaleo Yoovidhya | Thailand | 75 | 3.1 | Thailand |
| 287 | Abdulla Al Futtaim | United Arab Emirates | NA | 3.0 | United Arab Emirates |
| 287 | David & Frederick Barclay | United Kingdom | NA | 3.0 | United Kingdom |
| 287 | Lee Bass | United States | 50 | 3.0 | United States |
| 287 | Sid Bass | United States | 64 | 3.0 | United States |
| 287 | Clive Calder | United Kingdom | 60 | 3.0 | Cayman Islands |
| 287 | Francesco Gaetano Caltagirone | Italy | 64 | 3.0 | Italy |
| 287 | Steven Cohen | United States | 51 | 3.0 | United States |
| 287 | Jesús de Polanco | Spain | 77 | 3.0 | Spain |
| 287 | Maurice Greenberg | United States | 81 | 3.0 | United States |
| 287 | Otto Happel | Germany | 59 | 3.0 | Switzerland |
| 287 | Henry Hillman | United States | 88 | 3.0 | United States |
| 287 | Indu Jain | India | 70 | 3.0 | India |
| 287 | Bruce Kovner | United States | 61 | 3.0 | United States |
| 287 | Ronald Lauder | United States | 63 | 3.0 | United States |

　　2015 年 3 月 2 日，《福布斯》发布 2015 年全球富豪榜。其中，排名前三的分别为比尔·盖茨、卡洛斯·斯利姆·埃卢、沃伦·巴菲特，财富数分别为 792 亿美元、771 亿美元与 727 亿美元。2015 年全球富豪榜中，美国与中国富豪占比显著高于其他国家。美国 2015 年上榜富豪数显著上升，首次超过 500 人。华人在《福布斯》全球富豪榜上创人数 300 的新高（2014 年为 290 位华人上榜），而来自中国内地的企业家人数也达到了 213 人，同 2014 去年增加了 28.6%，这说明华人企业家尤其是中国内地企业家在全球经济中的地位日渐上升。与此同时，俄罗斯等新兴经济体近两年遭受了经济动荡。俄罗斯上榜人数显著减少。在六七年前，俄罗斯在全球富豪榜的富豪数量超过中国。中美两国在全球富豪榜上榜人数的遥遥领先，显示"两国集团"（Chimerica）效应明显，中美两国正在引领全球的财富创造。富豪榜的第二名是墨西哥商人卡洛斯·斯利姆·埃卢，

第三名是美国富传奇色彩的投资家沃伦·巴菲特。他的财富为 727 亿美元。在世界前 20 位亿万富豪中，美国高科技公司的创办人和总裁仍占相当比例，共有 6 人。脸书创办人马克·扎尔伯克在富豪榜中的排名上升了 5 位，首次进入前 20 名。而最年轻的亿万富翁是手机应用程式 Snapchat 创始人之一的埃文·斯皮尔格，财富价值 15 亿美元。世界前 20 名富豪中，15 人来自美洲。

# 世界首席执行官排行榜（包括巴菲特和索罗斯）

在世界金融界中也涌现出了许多杰出的管理者，他们大多是基金管理者。《时代周刊》、《财富》、《福布斯》、《商业周刊》、《投资家》、《纽约时报》、《金融时报》、《星期日泰晤士报》等权威媒体联合评出《世界 CEO 排行榜》，其中就有我们本书的两位大师沃伦·巴菲特和彼得·林奇。

## 世界 CEO 排行榜

● TOP1 阿尔弗雷德·斯隆（Alfred P. Sloan JR，1875-1966）美国（U.S.A）通用汽车（GM）董事长、CEO 100.00 20 世纪最伟大的经理人；他开创了经理人管理的世纪

● TOP2 杰克·韦尔奇（Jack Welch）美国（U.S.A）通用汽车（GE）董事长、CEO 97.70 全球企业家和经理人的偶像，他重新定义了现代企业的运作模式

● TOP3 亨利·福特（Henry Ford，1863-1947）美国（U.S.A）福特汽车公司（Ford）创始人 92.00 为我们留下了流水线、八小时工作制和个人汽车

● TOP4 沃伦·巴菲特（Warren E. Buffett）美国（U.S.A）伯克希尔·哈撒韦公司董事会主席 87.64 世界最伟大的投资家，华尔街著名投资人

● TOP5 比尔·盖茨（Bill Gates）美国（U.S.A）微软（Microsoft）董事长、CEO 87.09 一代人的成功楷模

● TOP6 山姆·沃尔顿（Sam Walton，1918-1992）美国（U.S.A）沃尔玛百货（Wal-Mart）创始人、董事长 86.57 最好的店主，确立了"面对顾客"的基本原则

● TOP7 鲁伯特·默多克（Rupert Murdoch）美国（U.S.A）新闻集团（News Corporation）创始人、董事长 85.80 建立了一个传媒帝国，改变了大众的传媒消费观念

● TOP8 松下幸之助 日本（Japan）松下（Panasonic）创始人 81.33 经营之神，日

本企业家的代表

● TOP9 迈克尔·戴尔 (Michael Dell) 美国 (U.S.A) 戴尔公司 (Dell) 首席执行官 72.00 最年轻、最有潜力的 CEO，创立了一套新的分销手段

● TOP10 安迪·格鲁夫 (Andrew S·Grove) 美国 (U.S.A) 英特尔 (Intel) 董事长、首席执行官 69.67 领袖中的领袖，重新定义了英特尔

● TOP11 卡莉·费奥里娜 (Carly Fiorina) 美国 (U.S.A) 惠普 (HP) 董事长、首席执行官 69.62 全球第一女 CEO

● TOP12 路易斯·郭士纳 (Louis Gerstner) 美国 (U.S.A) 国际商业机器公司 (IBM) 首席执行官兼总裁 68.65 时代的先锋和佼佼者，成功地挽救并变革了 IBM

● TOP13 约翰·钱伯斯 (John Chambers) 美国 (U.S.A) 思科公司 (Cisco) 首席执行官兼总裁 66.50 这个星球上最有价值的 CEO，第二代网络霸主

● TOP14 李嘉诚 中国·香港 (HK) 长江实业 集团主席 62.40 全球华人首富，华人管理的代表者

● TOP15 约玛·奥利拉 (Jorma Ollila) 芬兰 诺基亚 (NOKIA) 董事长兼首席执行官 58.78 芬兰人的骄傲，为高科技企业管理树立了全新的风格

● TOP16 拉里·埃利森 (Larry Ellison) 美国 (U.S.A) 甲骨文 (Oracle) CEO 54.30 离世界首富最近的人

● TOP17 史蒂夫·乔布斯 (Steve Jobs) 美国 (U.S.A) 苹果电脑 (Apple) CEO 52.90 全球最酷的企业家、IT 产业的艺术家、黑客们不朽的偶像

● TOP18 盛田昭夫 日本 (Japan) 索尼公司 (Sony) 创始人，总裁 44.74 日本第一品牌创始者

● TOP19 乔治·索罗斯 (George Soros) 美国 (U.S.A) 对冲基金 量子基金董事会主席 36.80 金融大鳄，一半是魔鬼，一半是天使

● TOP20 孙正义 日本 (Japan) 软件银行 (softbank) 总裁 31.77 闯入者与破坏者，打碎了日本式的管理模式

# 著名宏观对冲基金简介

宏观对冲基金中最出名的莫过于乔治·索罗斯的量子基金及朱里安·罗伯逊的老虎基金，它们都曾创造过高达40%至50%的复合年度收益率。下面我们就简单介绍这两只基金，以便本书的读者对索罗斯的相关章节有更深入的理解，同时我们也希望有读者能够将价值投资的智慧在全球交易中发扬光大，将价值投资与对冲交易策略有机结合起来。

## 量子基金简介

1969年量子基金的前身双鹰基金由乔治·索罗斯创立，注册资本为400万美元。1973年该基金改名为索罗斯基金，资本额跃升到1200万美元。索罗斯基金旗下有五个风格各异的对冲基金，而量子基金是最大的一个，也是全球最大规模的对冲基金之一。1979年索罗斯再次把旗下的公司改名，正式命名为量子公司。之所谓取量子这个词语是源于海森堡的量子力学测不准原理，此定律与索罗斯的金融市场观相吻合。测不准定律认为：在量子力学中，要准确描述原子粒子的运动是不可能的。而索罗斯认为：市场总是处在不确定和不停地波动状态，但通过明显的贴现，与不可预料因素下赌，赚钱是可能的。公司顺利地运转，得到超票面价值，是以股票的供给和要求为基础的。

量子基金的总部设在纽约，但其出资人皆为非美国国籍的境外投资者，其目的是为了避开美国证券交易委员会的监管。量子基金投资于商品、外汇、股票和债券，并大量运用金融衍生产品和杠杆融资，从事全方位的国际性金融操作。凭借索罗斯出色的分析能力和胆识，量子基金在世界金融市场中逐渐成长壮大。由于索罗斯多次准确地预见到某个行业和公司的非同寻常的成长潜力，从而在这些股票的上升过程中获得超额收益。即使是在市场下滑的熊市中，索罗斯也以其精湛的卖空技巧而大赚其钱。

至 1997 年末，量子基金已增值到资产总值近 60 亿美元。在 1969 年注入量子基金的 1 美元在 1996 年底已增值至 3 万美元，即增长了 3 万倍。

## 老虎基金

1980 年著名经纪人朱利安·罗伯逊集资 800 万美元创立了自己的公司——老虎基金管理公司。1993 年，老虎基金管理公司旗下的对冲基金——老虎基金攻击英镑、里拉成功，并在此次行动中获得巨大的收益，老虎基金从此声名鹊起，被众多投资者所追捧，老虎基金的资本此后迅速膨胀，最终成为美国最为显赫的对冲基金。

20 世纪 90 年代中期后，老虎基金管理公司的业绩节节攀升，在股、汇市投资中同时取得不菲的业绩，公司的最高盈利（扣除管理费）达到 32%，1998 年夏天，其总资产达到 230 亿美元的高峰，一度成为美国最大的对冲基金。

1998 年下半年，老虎基金在一系列的投资中失误，从此走下坡路。1998 年期间，俄罗斯金融危机后，日元对美元的汇价一度跌至 147 : 1，出于预期该比价将跌至 150 日元以下，朱利安·罗伯逊命令旗下的老虎基金、美洲豹基金大量卖空日元，但日元却在日本经济没有任何好转的情况下，在两个月内急升到 115 日元，罗伯逊损失惨重。在有统计的单日（1998 年 10 月 7 日）最大损失中，老虎基金便亏损了 20 亿美元，1998 年的 9 月及 10 月，老虎基金在日元的投机上累计亏损近 50 亿美元。

1999 年，罗伯逊重仓美国航空集团和废料管理公司的股票，可是两个商业巨头的股价却持续下跌，因此老虎基金再次被重创。

从 1998 年 12 月开始，近 20 亿美元的短期资金从美洲豹基金撤出，到 1999 年 10 月，总共有 50 亿美元的资金从老虎基金管理公司撤走，投资者的撤资使基金经理无法专注于长期投资，从而影响长期投资者的信心。因此，1999 年 10 月 6 日，罗伯逊要求从 2000 年 3 月 31 日开始，旗下的"老虎"、"美洲狮"、"美洲豹"三只基金的赎回期改为半年一次，但到 2000 年 3 月 31 日，罗伯逊在老虎基金从 230 亿美元的巅峰跌落到 65 亿美元的不得已的情况宣布将结束旗下六只对冲基金的全部业务。老虎基金倒闭后对 65 亿美元的资产进行清盘，其中 80% 归还投资者，朱利安·罗伯逊个人留下 15 亿美元继续投资。

另外，桥水基金和大奖章基金也是后起之秀，属于现在的对冲基金王者，有兴趣的读者可以了解一下。

# 菲利普·费雪的主要投资观点

本书限于篇幅不能将菲利普·费雪纳入，作为价值投资的第一代领袖，费雪的思想在林奇身上得以完整呈现，如果有机会我们会专门写一本关于菲利普·费雪和其追随者的专著。本杰明·格雷厄姆对于主流的证券分析影响很深，但是在当代投资大师的身上费雪的影子要更多一些，比如巴菲特，彼得·林奇，索罗·金等。这里我们将菲利普·费雪三本著作中的核心扼要叙述，根据其子肯尼斯·费雪的意见，我们认为闲聊策略和十五点原则是菲利普·费雪投资思想精华所在，所谓闲聊策略主要就是通过与公司管理者、顾客、员工、供应商和竞争对手直接交流，询问一些有意义的问题来了解这家公司的经营状况和前景，我们在林奇一章中的"消息优势"法则中对此有所深入介绍，老实说我们怀疑林奇真的只是一个原教旨费雪主义者，因为除了分散投资外，他几乎在很多方面都是费雪的化身。在四位大师中，唯有林奇如此注重成长性。费雪将成长性分为三类，然后在此基础进行资金划拨和投资组合，而林奇也是根据成长性将企业分为三类，然后加入另外三类比较特殊类型形成了林奇六分组合投资理念。

## 菲利普·费雪的十五点原则

1. 这家公司的产品或服务有没有充分的市场潜力——至少几年内营业额能大幅成长。

2. 管理阶层是否决心开发新产品或制程，在目前有吸引力的产品线成长潜力利用殆尽之际，进一步提升总销售潜力。

3. 和公司的规模相比，这家公司的研发能力，有多大的效果？

4. 公司有没有高人一等的销售组织？

5. 公司的利润率高不高？

6. 公司做了什么事，以维持或改善利润率？

7. 公司的劳资和人事关系好不好？

8. 公司的高阶主管关系很好吗？

9. 公司管理阶层深度够吗？

10. 公司的成本分析和会计记录做得好吗？

11. 是不是有其他的经营层面，尤其是本行业较为独特的地方，投资人能得到重要的线索，知道一家公司相对于竞争同业，可能多突出？

12. 公司有没有短期或长期的盈余期望？

13. 在可预见的将来，这家公司是否会因为成长而必须发行股票，以取得足够资金，使得发行在外的股票增加，现有持股人的利益将预期的成长而大幅受损？

14. 管理阶层是否报喜不报忧？

15. 管理阶层的诚信正直态度是否毋庸置疑？

## 菲利普·费雪的十诚

1. 不买处于创业阶段的公司。

2. 不要因为一只好股票未上市交易就弃之不顾。

3. 不要因为你喜欢某公司年报的格调，就去买该公司的股票。

4. 不要因为一家公司的本益比高，便表示未来的盈余成长已大致反映在价格上。

5. 不要锱铢必较。

6. 不要过度强调分散投资。

7. 不要担心在战争阴影笼罩下买进股票。

8. 不要忘了你的吉尔伯特和沙利文。

9. 买进真正优秀的成长股时，除了考虑价格，不要忘了时机因素。

10. 不要随群众起舞。

## 菲利普·费雪的八点投资心得

1. 投资目标应该是一家成长公司，公司应当有按部就班的计划使盈利长期大幅成长，且内在特质很难让新加入者分享其高成长。这是费雪投资哲学的重点。盈利的高速增长使得股价相对而言愈来愈便宜，假如股价不上升的话。由于股价最终反映业绩变化，因此买进成长股一般而言，总是会获丰厚利润。

2. 集中全力购买那些失宠的公司。这是指因为市场走势或当时市场误判一家公司

的真正价值，使得股票的价格远低于真正的价值，此时则应该断然买进。寻找到投资目标之后，买进时机亦很重要；或者说有若干个可选的投资目标，则应该挑选那些个股相对于价值较低的公司，这样投资风险降到最低。费雪有过教训，在股市高涨的年代，买到一家成长股，但是由于买进的价格高昂，业绩即使成长，但也赚不了钱。

3. 抱牢股票直到公司的性质从根本发生改变，或者公司成长到某个阶段后，成长率不再能够高于整体经济。除非有非常例外的情形，否则不因经济或股市走向的预测而卖出持股，因为这方面的变动太难预测。绝对不要因为短期原因，就卖出最具魅力的持股。但是随着公司的成长，不要忘了许多公司规模还小时，经营得相当有效率，却无法改变管理风格，以大公司所需的不同技能来经营公司。长期投资一家低成本买进、业绩高成长的公司，不应因为外部因素而卖出持股，应该以业绩预期为卖出依据。因为外部因素对公司的影响很难精确分析和预测，同时这些因素对股价的影响亦不及业绩变动对股价的影响大。我们投资的是公司不是 GDP，亦不是 CPI 或者定期存款利率。许多人信奉波段操作，但是至今没有一个靠波段操作成为投资大师的。波段操作企图提高盈利效率，所谓抄底逃顶，这些乌托邦式的思维，实际可望而不可即。

4. 追求资本大幅成长的投资人，应淡化股利的重要性。获利高但股利低或根本不发股利的公司中，最有可能找到十分理想的投资对象。分红比例占盈余百分率很高的公司，找到理想投资对象的概率小得多。成长型的公司，总是将大部分盈利投入到新的业务扩张中去。若大比例分红，则多数是因为公司的业务扩张有难度，所以才将盈利的大部分分红。不过，这是指现金分红，而以红股形式的分红则应该鼓励。

5. 为了赚到厚利而投资，犯下若干错误是无法避免的，重要的是尽快承认错误。一如经营管理最好和最赚钱的金融贷款机构，也无法避免一些呆账损失，了解它们的成因，并学会避免重蹈覆辙。良好的投资管理态度，是愿意承受若干股票的小额损失，并让前途较为看好的股票，利润越增越多。好的投资一有蝇头小利便获利了结，却听任坏的投资带来的损失越滚越大，是不良的投资习惯。绝对不要只为了实现获利就获利了结。无论是公司经营还是股票投资，重要的是止损和不止盈。此处的止损是指当你发现持有的股票出现与当初判断公司基本面的情况有相当大的变化则卖出持股的做法。不止盈是即使持有的股票大幅上升但公司盈利仍将高速增长且目前股价相对偏低或者合理的情况下继续持股的做法。许多投资者往往是做反了，买进一只股票一旦获利，总是考虑卖出；相反，买进的股票套牢了便一直持有，让亏损持续扩大。

6. 真正出色的公司数量相当少，当其股价偏低时，应充分把握机会，让资金集中在最有利可图的股票上。那些介入创业资金和小型公司（如年营业额不到 2500 万美

元）的人，可能需要较高程度的分散投资。至于规模较大的公司，如要适当分散投资，则必须投资经济特性各异的各种行业，对投资散户（可能和机构投资人以及若干基金类别不同）来说，持有 20 种以上的不同股票，是投资理财能力薄弱的迹象。通常 10 或 12 种是比较理想的数目。有些时候，基于资本利得税成本的考虑，可能值得花数年的时间，慢慢集中投资到少数几家公司。投资散户的持股在 20 种时，淘汰一些最没吸引力的公司，转而持有较具吸引力的公司，是理想的做法出色的公司在任何市场都只有 5% 左右，而找到其中股价偏低的则更是千载难逢的好机会，应该重仓买进，甚至是全部资金买进。

7. 卓越的普通股管理，一个基本要素是能够不盲从当时的金融圈主流意见，也不会只为了反其道而行便排斥当时盛行的看法。相反的，投资人应该拥有更多的知识，应用更好的判断力，彻底评估特定的情境，并有勇气在你的判断结果告诉你是对的时候要学会坚持。

8. 投资普通股和人类其他大部分活动一样，想要成功，必须努力工作，勤奋不懈，诚信正直。

# 吉姆·罗杰斯的主要投资观点

吉姆·罗杰斯这几年大力唱多中国，2007年我们在写本书初稿最后部分的时候他刚好出了一本新书"A Bull in China"，我们已经向出版商推荐了这本书，估计很快大家就可以看到国际宏观投资大师对中国机会的深入分析了。吉姆·罗杰斯与查理·芒格非常相似，两人都曾经是大师的搭档，而且是大师级别的搭档，而且两人的阅读和思考范围都非常广，两人都是那种在旁人看来极端固执的人，以至于罗杰斯最终与索罗斯分道扬镳。彼得·林奇曾经在书中调侃道："吉姆·罗杰斯这个小子在哪里都看空。"但是最近几年他却一直看好商品期货和中国股市，在美国次级房贷危机爆发后他认为美联储应该关闭，同时再次强调全球只有中国是最佳的投资对象。了解索罗斯就要了解吉姆·罗杰斯，从耶鲁和牛津毕业后，罗杰斯和索罗斯共同创立了量子基金。在1970~1980年的十年，量子基金的年复合回报率高达37%，超过了同期巴菲特的29%和彼得·林奇的30%。我们在这里给出吉姆·罗杰斯的主要投资观点作为参考。

## 吉姆·罗杰斯的七条投资法则

1. "我并不觉得自己聪明，但我确实非常、非常、非常勤奋地工作。如果你能非常努力地工作，也很热爱自己的工作，就有成功的可能。"这一点，索罗斯也加以证实，在接受记者采访时，索罗斯说，"罗杰斯是杰出的分析师，而且特别勤劳，一个人做六个人的工作"。

2. "我总是发现自己埋头苦读很有用处。我发现，如果我只按照自己所理解的行事，既容易又有利可图，而不是要别人告诉我该怎么做。"罗杰斯从来都不重视华尔街的证券分析家。他认为，这些人随大流，而事实上没有人能靠随大流而发财。"我可以保证，市场永远是错的。必须独立思考，必须抛开羊群心理。"

3. "学习历史和哲学吧，干什么都比进商学院好；当服务员，去远东旅行。"罗杰斯在哥伦比亚经济学院教书时，总是对所有的学生说，不应该来读经济学，这是浪费时间，因为算上机会成本，读书期间要花掉大约 10 万美元，这笔钱与其用来上学，还不如用来投资做生意，虽然可能赚也可能赔，但无论赚赔都比坐在教室里两三年，听那些从来没有做过生意的"资深教授"对此大放厥词地空谈要学到的东西多。

4. "除非你真的了解自己在干什么，否则什么也别做。假如你在两年内靠投资赚了50%的利润，然而在第三年却亏了 50%，那么，你还不如把资金投入国债市场。你应该耐心等待好时机，赚了钱获利了结，然后等待下一次的机会。如此，你才可以战胜别人。""所以，我的忠告就是绝不赔钱，做自己熟悉的事，等到发现大好机会才投钱下去。"

5. 如果你是因为商品具有实际价值而买进，即使买进的时机不对，你也不至于遭到重大亏损。"平常时间，最好静坐，愈少买卖愈好，永远耐心地等候投资机会的来临"。"我不认为我是一个炒家，我只是一位机会主义者，等候机会出现，在十足信心的情形下才出击。"罗杰斯如是说。

6. 市场走势时常会呈现长期的低迷不振。为了避免使资金陷入如一潭死水的市场中，你就应该等待能够改变市场走势的催化因素出现。

7. "投资的法则之一是袖手不管，除非真有重大事情发生。大部分的投资人总喜欢进进出出，找些事情做。他们可能会说'看看我有多高明，又赚了 3 倍。'然后他们又去做别的事情，他们就是没有办法坐下来等待大势的自然发展。"罗杰斯对"试试手气"的说法很不以为然。"这实际上是导致投资者倾家荡产的绝路。若干在股市遭到亏损的人会说："赔了一笔，我一定要设法把它赚回来。"越是遭遇这种情况，就越应该平心静气，等到市场有新状况发生时再采取行动。"

# 附录七

# 巴菲特犯下的错误

从来没有哪本书谈过巴菲特犯过的错误并进行总结。如果能够将巴菲特犯过的错误也弄清楚，那么对于大师的了解才是透彻的。人非圣贤，孰能无过，即使是纵横市场近四十年，战果辉煌的投资大师巴菲特，也曾遭遇难堪的挫败。根据记录，他历年来在柏克夏海瑟威公司股东会上总共承认做下六项错误的投资决策。不过尽管如此，他仍庆幸自己不曾犯下他最担心的错误：声誉的受损。

巴菲特的六大错误投资是：

● 投资不具长期持久性竞争优势的企业。1965 年他买下柏克夏海瑟威纺织公司，然而因为来自海外竞争压力庞大，他于 20 年后关闭纺织工厂。

● 投资不景气的产业。巴菲特 1989 年以 3.58 亿美元投资美国航空公司优先股，然而随着航空业一路下滑，他的投资也告大减。他为此懊恼不已。有一次有人问他对发明飞机的怀特兄弟的看法，他回答应该有人把他们打下来。

● 以股票代替现金进行投资。1993 年巴菲特以 4.2 亿美元买下制鞋公司 Dexter，不过他是以柏克夏海瑟威公司的股票来代替现金，而随着该公司股价上涨，如今他购买这家制鞋公司的股票价值 20 亿美元。

● 太快卖出。1964 年巴菲特以 1300 万美元买下当时陷入丑闻的美国运通 5% 的股权，后来以 2000 万美元卖出，若他肯坚持到今天，他的美国运通股票价值高达 20 亿美元。

● 虽然看到投资价值，却没有行动。巴菲特承认他虽然看好零售业前景，但是却没有加码投资沃尔玛。此错误使得柏克夏海瑟威公司的股东平均一年损失 80 亿美元。

● 现金太多。巴菲特的错误都是来自于有太多现金。而要克服此问题，巴菲特认为必须耐心等待绝佳的投资机会。巴菲特表示自这六项错误的投资行动中学到不少教

训。然而他也指出，这些还不是最严重的错误。他最怕的是会犯下损及他声誉的错误。

他在一封给柏克夏海瑟威公司各级主管的信中写道："我们负担得起亏损，甚至是严重的亏损，然而我们却负担不起声誉的受损，哪怕只是丝毫的损伤。"

# 向大师们学习

伟大的时代需要伟大的人物，美国 20 世纪下半叶的经济大发展产生了沃尔玛和微软这样的富翁俱乐部，同时一大批金融实体应时而生，2006 年评选出来的全球顶尖基金经理只是沧海一粟，注定伟大的国家必定产生伟大的投资者，我们需要追随四位价值投资大师的足迹，以中国经济腾飞为契机，成为世界超一流的投资巨擘。

让我们记住：

本杰明·格雷厄姆的"安全空间"智慧法则。

沃伦·巴菲特的"市场专利"智慧法则。

彼得·林奇的"成长为王"智慧法则。

乔治·索罗斯的"反身回归"智慧法则。

沿着四位价值投资大师的道路，将动态价值评估发展到第四代，成为超越大师的大师。

本书的读者中一定会出现引领全球投资的顶尖好手。

在世界的东方，我们在崛起，金融大国的称号必定有金融大师作支撑，最后一句话送给大家：

请一定要为中国加油！投资报国！经济天下！

# 参考文献

1. Ayano Morio.Warren Buffett ［M］. New York：John Wiley and Sons Ltd，2004.

2. Robert P. Miles. Warren Buffett Wealth ［M］. New York：John Wiley and Sons Ltd，2004.

3. Aswath Damodaran. Damodaran on Valuation ［M］. New York：John Wiley and Sons Ltd，2006.

4. Kaoru Kurotani. Geogrge Soros ［M］. New York：John Wiley and Sons Ltd，2006.

5. Fracois-serge Lhabitant. Global Asset Management. Wikipedia.

6. Wiki pedia.

7. 哈里·S. 登特. 下一个大泡泡 ［M］. 北京：中国社会科学出版社，2005.

8. 林森池. 证券分析实践：投资王道 ［M］. 北京：当代世界出版社，2005.

9. 本杰明·格雷厄姆，戴维·多德. 证券分析 ［M］. 北京：中国人民大学出版社，2013.

10. 菲利普·费雪. 怎样选择成长股 ［M］. 北京：地震出版社，2013.

11. 斯科特·A.沙恩. 寻找创业沃土 ［M］. 北京：中国人民大学出版社，2005.

12. 中财网.